£273

£8.00

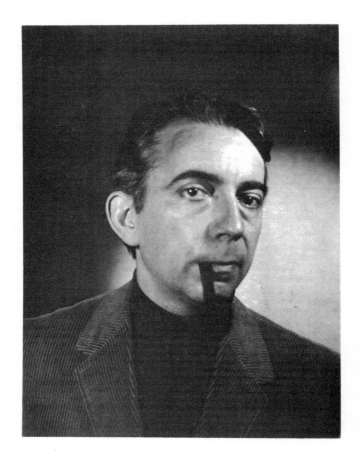

Professor André Guillou

Studies on Byzantine Italy

Other Variorum Reprints:

G. A. ILYINSKIY
Gramoty bolgarskikh carey - Moscow 1911 edition.

A. P. RUDAKOV
Ocherki vizantiyskoy kul'tury po dannym grecheskoy agiografii - Moscow 1917 edition, with an introduction by Dimitri Obolensky.

THE DALIMIL CHRONICLE
Facsimile of MS 0.7.38 with English translation and introduction by Robert Auty.

THE BOOK OF THE EPARCH
Le Livre du Préfet by Jules Nicole - Geneva 1893 edition and French translation - Geneva 1894 edition.

Facsimile of EΠARXIKON BIBΛION - Codex Genevensis 23.

Ordinances of Leo VI c. 895 from the Book of the Eparch,
English translation by E. H. Freshfield - Cambridge 1938 edition.

With an introduction by Ivan Dujčev.

In the Collected Studies series:

ROMILLY J. H. JENKINS
Studies on Byzantine History of the 9th and 10th Centuries.

IVAN DUJČEV
Slavia Orthodoxa: collected studies in the history of the Slavic Middle Ages.

NIKOLAY ANDREYEV
Studies in Muscovy: Western influence and Byzantine inheritance.

André Guillou

Studies on Byzantine Italy

with a preface by Raffaello Morghen

VARIORUM REPRINTS
London 1970

SBN 902089 02 1

Published in Great Britain by
VARIORUM REPRINTS
21a, Pembridge Mews, London W.11.

Printed in Switzerland by
REDA SA,
1225 Chêne-Bourg, Geneva.

VARIORUM REPRINT CS3

CONTENTS

ITALIE

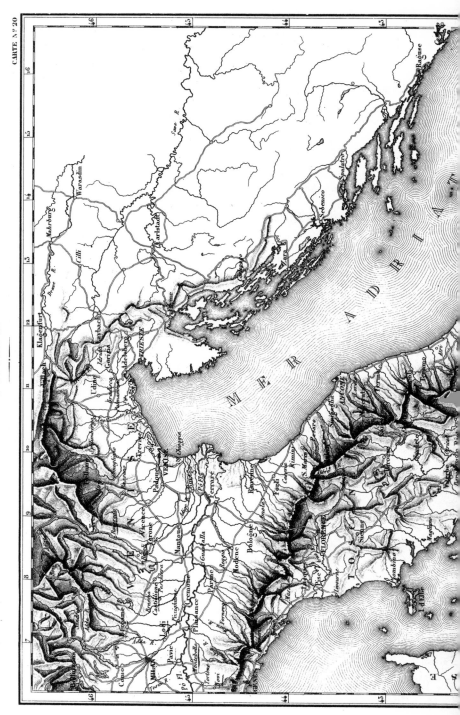

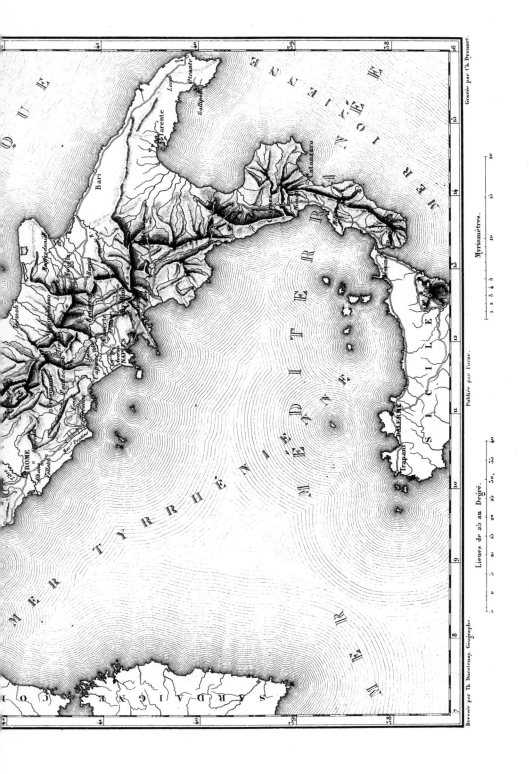

MER IONIENNE

MER ADRIATIQUE

MER MÉDITERRANÉE

MER TYRRHÉNIENNE

MER

SARDAIGNE

CORSE

SICILE

ROME

NAPLES

Bari

Tarente

Otrante

Gallipoli

Brindes

PALERME

Trapani

Catanzaro

Messine

Reggio

Dressée par Th. Duvotenay, Géographe.

Publiée par Furne.

Gravée par Ch. Dyonnet.

Lieues de 25 au Degré.

Myriamètres.

PREFACE

In the new interest taken by historians in the medieval period since the second world war, an avowed intention can be observed to continue, indeed to devote themselves, to erudite research — no longer, however, with the sole purpose of pursuing research for its own sake: from now on it is for them too a question of writing history in the truest sense of the word. One discerns the need to widen the accepted field of historical vision of the Middle Ages beyond the boundaries of the Occident and the Orient, to include as one whole the Arab and Byzantine worlds, indissolubly linked with Christian Europe gravitating around Rome, hitherto the subject of strictly specialised studies.

André Guillou's book entitled *Regionalisme et indépendance dans l'Empire byzantin au VIIe siècle,* published in French in the Collection *Studi storici* of the Italian Historical Institute for the Middle Ages, has been conceived and written in this new frame of mind. The first three studies in this present volume introduce and complete the book. In them, research is intentionally limited to the Exarchate and Pentapolis of Italy, which by their spirit of independance and provincial autonomy within the Byzantine Empire provide exemplary material for such an approach.

In the eleven studies which follow, research spreads out to other regions of Byzantine Italy: Longobardia, Lucania and Calabria.

The author, who spent many years examining the phenomenon of the Byzantine presence in Italy, has succeeded in putting to the best use in his work not only his philological knowledge but also his experiences as an epigraphist, an art historian and an archaeologist, not to mention his intimate knowledge of the vast historical bibliography of the early Middle Ages for the period which follows the Lombardian invasion.

Data, newly discovered or already known, often restored to their rightful worth, and interpreted with a keen historical sense, serve as a basis for a largely new presentation of the Byzantine province of Italy — a province endowed with all the signs showing clearly the influences accepted or repulsed by the complex world which throbs and wavers between local

PREFACE

interests and ideological dependence upon Byzantium, between religious pressures and the social and economic motives of the new society which developed its specific character between the 7th and 9th centuries in Northern Italy and the 9th and 11th centuries in the South.

This present book is the first of a series which the author must be prevailed upon to publish on the different provinces of the Byzantine Empire and the role played by each of them in the history of the civilization of the Mediterranean basin. Such an endeavour demands sustained labour and much experience. The works which the author has already published, such as the studies gathered in this volume, are a guarantee of his ability in both respects.

Raffaello Morghen

Member of the Accademia dei Lincei,
Member of the Institut de France,
President of the Instituto Storico
Italiano per il Medioevo.

FOREWORD

At the invitation of Mrs. Eileen Turner of "Variorum Reprints" and thanks to the generosity of the original publishers, fourteen of my studies on Byzantine Italy are here collected. They are introduced by a most flattering preface by Professor Raffaello Morghen, Member and ex-Chancellor of the Accademia dei Lincei, honorary Professor of Medieval History at Rome University, and President of the Instituto Storico Italiano per il Medioevo.

Byzantine history such as we have learned it from studies of over a century is essentially the history of the Byzantine State. It has been seen from the viewpoint of Constantinople, and the phenomenon of the provinces is just beginning to be glimpsed.

Many years spent in Italy, which have allowed me to collect a vast documentation of unpublished material and to reexamine at leisure from the originals themselves the documentation which has already been published, and in addition the fruitful study of the works of the geographers and sociologists, have gradually convinced me that it should be possible to begin investigating the peripheral domains of the Byzantine Empire in their proper sphere (including ethnography, demography, social and economic structures, and culture) once their political and administrative history, as well as their artistic history, have become relatively well known. This is precisely the case for Italy, which has been studied and described in the works of Ch. Diehl, L. M. Hartmann, E. Bertaux, J. Gay and F. Chalandon, to cite only the most important authors who are no more.

The example of Italy, whose choice owes much to circumstances, presents several advantages. Byzantium established itself there in two economically and socially different periods — from the sixth to the eighth century in the area extending from Sicily to the River Po, the Exarchate, and then, from the ninth to the eleventh century, in South Italy — and there rubbed shoulders with civilizations of Latin and Arab languages which have been the object of numerous studies, especially on the part of the Italian historical school; the presence of Byzantium, however, survived its grand departure of 1071, thanks to the existence of a numerous Greek population

FOREWORD

in South Italy and perhaps also in Sicily, thanks also to the attraction which its art exercised on the aristocracy of the Norman rulers who succeeded it; it is therefore never a question of Byzantine history only, but rather of the history of the western basin of the Mediterranean. The geography of Italy, moreover, has produced numerous modern studies which provide a firm regional framework. Finally, the documentation in that country is especially rich, whether in the field of archaeological and artistic monuments or of notarial acts, historical accounts, or writings concerning religious practice: these sources make it possible to examine the role played by Constantinople in the province and in the development of the province itself, and thus one can hope to establish, in terms of research, the features of an oversea Byzantine province. To this end one has to apply oneself to a series of enquiries into groups of documents or even on isolated documents of all kinds, which may furnish an answer to these important problems. Such is the object of the articles which are offered here.

All of them have been published elsewhere, with one exception (No. VIII) which I decided to include here because it throws a new light on the Byzantine methods of government and provides an indicative example of the economic power of the great Byzantine families in the provinces.

The Errata and the Index will add, I believe, to the interest of this collection, which is intended both by the publisher and by me to serve as an instrument of research.

I hope that all those who have been responsible in many ways for this enterprise or who have made its realization possible, to whom I here express my gratitude, will find just recognition on the part of the reader who will appreciate, if not the contents, at least its presentation.

André Guillou

I

L'Italia bizantina
douleia e oikeiôsis

Bullettino dell'Istituto Storico Italiano per il Medio Evo 78
Roma 1967

L'Italia bizantina

Δουλεία e οἰκείωσις

Ho notato due tendenze negli storici che si sono occupati dei domini periferici dell'impero bizantino tra il VI secolo, epoca della grandezza, e il XV, quello del tramonto: o esaminano da Costantinopoli le relazioni tra il governo centrale e le province lontane, l'Egitto copto, la Bulgaria slava, l'Africa latina, ad esempio, e descrivono o spiegano degli aspetti di un pan–bizantinismo uscito dall'universalismo romano; o ricercano in Egitto, in Bulgaria, in Africa, attraverso lo studio della documentazione locale, l'originalità di tale provincia e le influenze subite. Le fonti sono sempre frammentarie, numerose quelle che parlano troppo poco; si finisce dunque spesso nel primo caso in schematizzazioni ingannatrici che fanno la caricatura ad un governo bizantino dalle idee stranamente fisse, nel secondo caso in una immagine di totale impermeabilità delle popolazioni, dovuta all'impressione di una storiografia rimasta nazionale.

È così che l'Italia bizantina, insegnataci dai migliori manuali classici, è divenuta un racconto dei controversi rapporti religiosi tra l'Oriente e l'Occidente, oppure una provincia bizantina senza Greci. Dell'Italia e dei suoi abitanti si parla ben poco. Con un tentativo di psicologia collettiva vorrei cercare di conoscerli, se non sotto tutti gli aspetti almeno sotto certi che credo essenziali per la conoscenza dell'esatto ruolo giocato dall'Impero bizantino nei suoi domini periferici. Dato che si tratta di una prima prova, procederò a successivi balzi, interrogando uno ad uno dei documenti, che credo i più chiari, aggiungendo agli uni e agli altri degli oggetti sempre più parlanti, per riunire poi il senso dei loro discorsi [1].

---

[1] Il soggetto di questo articolo è stato il tema di una conferenza fatta il 4 maggio 1966 nella Facoltà di Lettere e Filosofia dell'Università di Bologna e il 12 maggio nella Facoltà di Lettere dell'Università di Bari.

Ma in primo luogo, che cosa è una provincia bizantina, o piuttosto come si giudica a Costantinopoli una provincia; quale idea se ne ha? L'imperatore Costantino VII Porfirogeneto, nel trattato sui paesi e i popoli che dipendono dall'Impero, redatto per suo figlio Romano, scrive tra il 948 e il 952: « Bisogna sapere che nei tempi « antichi tutto il dominio dell'Italia, Napoli, Capua, Benevento, « Salerno, Amalfi, Gaeta, la Lombardia tutta intera, era in balia dei « Romani, voglio dire quando Roma era la capitale dell'Impero. « Dopo il trasferimento della sede imperiale a Costantinopoli, tutti « questi territori furono divisi in due governi e due patrizi furono « inviati dall'Imperatore: uno governava la Sicilia, la Calabria, « Napoli e Amalfi, l'altro, che risiedeva a Benevento, governava « Pavia, Capua e gli altri territori »; si sarà notato che l'imperatore Costantino VII, insegnava, in modo molto strano e inesatto, la storia amministrativa a suo figlio. Ma ciò che m'interessa è l'immediato seguito di questo passo, che serve da conclusione a questo piccolo esposto di storia ufficiale del passato: « I due patrizi versavano ogni « anno all'imperatore le somme dovute al fisco. E tutti questi paesi « erano allora abitati da Romani » [1]. Il futuro imperatore, Romano I Lecapeno, apprende dunque che l'espressione normale dell'amministrazione bizantina in Italia è il reddito rimesso da questa provincia al tesoro dello Stato ogni anno. Ogni volta che ho potuto afferrare, e proprio recentemente anche per la Lucania [2], il funzionamento, dal VI all'XI secolo, delle istituzioni bizantine in Italia, sono stato colpito dalla chiarezza dell'amministrazione fiscale. Sembra proprio che lo Stato bizantino si sentisse a casa propria in una provincia, quando l'amministrazione fiscale era esercitata con regolarità. E non si tratta qui del solo punto di vista finanziario. Il senso di oppressione fiscale, notato da alcune cronache latine, si spiega con la spietata regolarità di questa macchina perfettamente a punto, anche quando si può provare che sotto altri padroni la popolazione soppor-

---

(1) *De administrando imperio*, ed. GY. MORAVCSIK–R. J. H. JENKINS (*Magyar-Görög Tanulmányok*, 29), c. 27, l. 3–13, pp. 112, 114.

(2) Vedi A. GUILLOU, *La Lucanie byzantine*, *Byzantion*, 35, 1965, pp. 132, 139, ecc., dove rinvio alla bibliografia anteriore.

tava degli oneri molto più pesanti. Inoltre lo Stato bizantino non delegò mai i suoi diritti e riscosse sempre direttamente le sue tasse, nessuno poteva sfuggirle tranne che per una concessione del potere centrale, e questa era sempre temporanea [1]. Le province più lontane non erano dimenticate: uno dei rari documenti dell'amministrazione bizantina conservati in Sardegna è un'iscrizione dove un editto dell'imperatore Maurizio, che fissa le tasse della provincia o di una parte di essa, può essere ricostituito con qualche frammento [2]. Il primo quadro quotidiano della popolazione è dunque, a mio avviso, fiscale.

L'autorità assoluta dello Stato, dato che questo è di origine divina e che l'Imperatore è l'unico rappresentante di Dio in terra per i Bizantini, congloba ciò che chiamerei l'amministrazione dell'ortodossia o del dogma. Ci introduciamo attraverso questa scappatoia al suo seguito nei quadri di pensiero della popolazione. Esaminiamo un curioso documento, sempre della Sardegna. Si tratta della professione di fede del vescovo di Sulci, Euthalios, scritta tra il 668 e il 680. È conservata in un manoscritto del monastero della Grande Lavra al Monte Atos e, benché sia stata pubblicata [3], è rimasta sconosciuta agli storici. Il vescovo greco di Sardegna vi

---

(1) G. OSTROGORSKY, *K istorii immuniteta v Vizantii*, *Vizantijskij Vremennik*, 13, 1958, pp. 55–106, tradotto sotto il titolo *Pour l'histoire de l'immunité à Byzance*, in *Byzantion*, 28, 1958 (1959), pp. 165–254; HÉLÈNE GLYKATZI-AHRWEILER, *La concession des droits incorporels. Donations conditionnelles*, *Actes du XIIe Congrès International des Etudes Byzantines*, II, Belgrado 1964, pp. 103–114.

(2) Ed. *Ephemeris epigraphica, Corporis Inscr. Lat. Supplementum*, vol. VIII, 1899, n. 721, p. 175. I frammenti dell'iscrizione debbono essere conservati nel Museo Archeologico Nazionale di Cagliari; conto di farne un commento storico appena potrò presentare una fotografia.

(3) H. F. VON SODEN, *Die Schriften des Neuen Testaments*, I, 1, Göttingen 1911, pp. 638–641; questa edizione ha il torto di non essere accentuata, le abbreviazioni non sono risolte, il commento è inesistente, l'identificazione dell'autore dell'Ὁμολογία con il diacono di Antiochia che ha redatto delle lettere di Paolo è insostenibile. Una traduzione italiana approssimativa e una datazione della professione di fede sono state date da B. R. MOTZO, *Barlumi dell'età bizantina*, *Studi Cagliaritani di storia e filologia*, I, 1927, pp. 71–80.

dichiara: « I dottori che il trono apostolico di San Pietro, cioè la
« grande e santa chiesa apostolica di Roma, ha respinto e respinge,
« io li condanno, quelli che riceve, io ricevo ... Riconosco i quattro
« concili ecumenici di Nicea, di Costantinopoli, d'Efeso e di Calce-
« donia e il secondo concilio di Costantinopoli riunito sotto l'Impera-
« tore Giustiniano di devota memoria; riconosco inoltre il concilio
« riunito a Roma dal fu santissimo papa Martino, per la conferma dei
« dogmi ortodossi e apostolici ... Condanno tutte le eresie antiche e
« recenti, come la professione di fede sleale e perversa preparata
« dall'*exceptor* del ducato di Sardegna (notiamo che si tratta di un alto
« funzionario del fisco), Giovanni, per rovinare la memoria del fu
« abbate Massimo, che avevo sottoscritto senza rendermi conto della
« sua portata, perché trovavano da me i libri condannati dell'Abbate
« Massimo ... » [1].   Questo importante testo si iscrive nello sviluppo
di discussioni teologiche, nel cui dettaglio non è il caso di entrare [2].
Notiamo soltanto, per il nostro scopo, la ripercussione molto precisa
in Sardegna di ogni avvenimento di politica ecclesiastica costantinopoli-
tano nella grande causa del monotelismo [3]; l'imperatore Costante II,
consigliato dal patriarca di Costantinopoli, Paolo, emette nel 648
una legge che deve porre termine alle sanguinose discussioni tra
quelli che cercano una sola energia e quelli che ammettono una sola
volontà (monothélèma) nel Cristo, ordinando il silenzio in questa
materia; Roma, rifiutandosi di vedere la verità di queste due volontà
restare così senza difesa, condanna il patriarca; il papa Martino,
considerato ribelle alla volontà imperiale, è deportato e morirà nel
Chersonese il 15 maggio 655, dopo esser stato condannato regolar-

---

(1) Ed. citata nella nota precedente pp. 640-641.

(2) Per un rapido esposto degli avvenimenti, vedi L. PARGOIRE, *L'Eglise byzantine de 527 à 847*, Parigi 1905, pp. 157-251; L. DUCHESNE, *L'Eglise au VIe siècle*, Parigi 1925, pp. 431-485; V. GRUMEL, *Recherches sur l'histoire du monothélisme*, Echos d'Orient, 27, 1928, pp. 6-16, 257-277; 28, 1929, pp. 19-34, 272-282; 29, 1930, pp. 15-28.

(3) Leggere, a questo proposito, la lettera di Anastasio il monaco, compagno e discepolo di Massimo il Confessore, del 655, ai monaci greci di Cagliari (con-servata in una traduzione latina di Anastasio il Bibliotecario, ed. *Patrol. Gr.*, 90, coll. 133-134).

mente a morte dai giudici del Boukoléôn per crimine politico; la stessa sorte sarà subita dall'igumeno Massimo, il più grande teologo del secolo, che, dopo un lungo soggiorno in Africa e in Italia, dove aveva difeso la dottrina delle due volontà nel Cristo per iscritto e a voce, condannato dal governo, era stato preso e condannato ad avere la lingua e la mano destra tagliate, prima di essere confinato ai piedi del Caucaso; la professione di fede di Euthalios mostra che i libri di propaganda di Massimo erano letti fino in Sardegna così che vi furono trovati dal rappresentante del potere centrale, che, inoltre, dalla morte dell'imperatore Costante II nel 668 e la salita al trono di suo figlio Costantino IV, che voleva la pace religiosa, il vescovo sardo poteva tornare al ditelismo governativo.

Questa è la mano efficace dello Stato fino nei luoghi più lontani della provincia.

Questa manifestazione del potere si può vedere ancora nelle espressioni meno dirette dell'autorità, ma sempre così evidenti. Non è delle rappresentazioni dell'imperatore sulle monete che voglio parlare, e che si possono interpretare come sicuri strumenti di propaganda imperiale, ma delle immagini imperiali presenti nella provincia; per prendere degli esempi noti, San Vitale di Ravenna e Sant'Apollinare in Classe. Nel primo monumento, sui due grandi pannelli che sono uno di fronte all'altro nella parte inferiore dell'abside, appare la corte imperiale sotto la corte celeste: da un lato [1] un artista di Costantinopoli ha posto l'imperatore Giustiniano in abiti da cerimonia, preceduto dall'arcivescovo Massimiano e da due ecclesiastici, avanzante lento portando una patena d'oro, seguito da altri dignitari civili e da soldati della sua guardia; dall'altro [2], un artista locale ha posto l'imperatrice Teodora che porta un grande calice d'oro, esce dal palazzo, preceduta da due ministri e seguita da un gruppo di damigelle della sua corte. Nei due casi è certo che i due archetipi sono stati disegnati a Costantinopoli [3]. Gli abiti sono

(1) Vedi fig. 1.

(2) Vedi fig. 2.

(3) Vedi, ad esempio, abbastanza recentemente A. W. BYWANCK, *I mosaici imperiali di San Vitale di Ravenna, Corsi di cultura sull'arte ravennate e bizantina*, 1958, pp. 49-53.

ricchi e sontuosi, la plasticità e il rilievo assenti, non distruggendo
i colori vivi questa impressione.   Immagini ufficiali del restauratore
dell'impero universale, che autentificava gli estesi poteri dell'esarca
e della sua amministrazione.   A Sant'Apollinare in Classe, sul
pannello che occupa il lato sinistro dell'abside [1], ad onta dei rimaneg-
giamenti di cui è stato oggetto il mosaico nel corso dei secoli, lo storico,
se non l'artista, deve soffermarsi davanti alla solenne rappresentazione
dell'imperatore Costantino IV Pogonato e dei suoi fratelli coregnanti
Eraclio e Tiberio, che rimettono, forse nel 675, a Reparato un
rotolo contenente un privilegio imperiale di natura fiscale.   Il
mosaico è stato ordinato dall'arcivescovo; reca i nomi dei tre imperatori così indicati: *Constantinus major imperator* (μέγας βασιλεύς),
esatta traduzione del titolo imperiale, *Heraclius et Tiberius imperatores*,
titolo ufficiale dei due fratelli dell'imperatore associati all'Impero
dal 668 al 681 [2], immagini ufficiali, anche questa volta, destinate
a commemorare un favore imperiale particolarmente apprezzato
dalla Chiesa di Ravenna, una larga immunità fiscale [2].   Potrei

(1) Vedi fig. 3.

(2) S. MAZZARINO, *Su un'iscrizione trionfale di Turnis Libisonis, Epigraphi-
ca,* 2, 1940, p. 304; poi, *Da Lollianus et Arbetio al mosaico di S. Apollinare in
Classe,* in *Helikon,* 5, 1956, p. 58, ha precisato bene, per l'identificazione dei
personaggi, che si trattava del privilegio di Costantino IV al vescovo Reparatus
(= F. DÖLGER, *Regesten der Kaiserurkunden . . .,* I, Monaco 1924, n. 237, la cui
data di 671-679 deve essere modificata) e no, come si diceva, di quello col quale
Costanzo II aveva accordato l'autocefalia alla sede di Ravenna nel 666 (= F.
DÖLGER, op. cit., n. 233); AGNELLUS (*Liber Pontificalis Ecclesiae Ravennatis,*
ed. G. WAITZ, *M. G. H., Scriptores rer. lang. . . .,* Hanovre 1878, c. 115, p. 353),
indica che l'imperatore concedeva con questo *praeceptum* al clero di Ravenna in
primo luogo l'esenzione dal pagamento del *census* al fisco imperiale = imposta
fondiaria) e delle tasse sulle merci venute a Ravenna per mare (*ripaticum, portaticum, siliquaticum, teloneum*), in secondo luogo l'esenzione dalle tasse (in natura o
in moneta) riscosse in genere dagli ufficiali imperiali e dagli esattori in particolare
presso i *commendati* della Chiesa o dei monasteri di Ravenna, ciò che significa,
si sa nell'Impero bizantino, che la Chiesa e i monasteri di Ravenna ricevono
quanto a loro i vantaggi che lo Stato traeva dei loro *commendati*; si tratta dunque
di una importante concessione di ἀσώματα δίκαια.   La presenza sul mosaico
del defunto arcivescovo Mauro, il grande difensore della Chiesa di Ravenna e
antico « padrone » di Reparatus (*socius meritis,* come dice l'iscrizione che questo

citare altri esempi di questa affermazione visiva del potere in altre province dell'Impero in epoche diverse [1].

Quadri autoritari a prima vista; aggiungerei quadri accettati, probabilmente, dato che, allo stesso livello culturale e fuori delle esigenze ufficiali, un San Luca ed una Madonna col Bambino sono stati dipinti, ad esempio, alla fine del VII secolo, come una specie di miniatura bizantina, in una piccola catacomba romana, quella di Santa Felicità sulla Via Salaria Nuova [2]; e dato che d'altra parte si riconosce bene oggi che a Roma come a Ravenna i monumenti del VI secolo sono, per la loro architettura, delle creazioni occidentali, e che sono stati arricchiti di idee e di elementi bizantini [3]. È importante notare che la popolazione dell'esarcato di Ravenna, se comprendeva qualche Greco e dei mercanti orientali, segnalati dai papiri, contava anche dei Goti e soprattutto dei Latini [4]. Questa realtà demografica dà tutto il suo rilievo ai documenti artistici che vi ho appena segnalato.

ultimo ha fatto mettere in basso sul mosaico), che mette la mano sinistra sulla spalla di questo, come per felicitarsi con lui d'aver proseguito la sua opera, era necessaria in questa immagine ufficiale Stato bizantino–Chiesa di Ravenna; è il γέρων di Reparatus. Se la parola *privilegia* inserita nel rotolo che è stato rifatto anticamente è una copia fedele dell'originale, rappresentava per Reparatus le due concessioni comprese nel *praeceptum* che aveva ottenuto, o l'insieme degli importanti privilegi ottenuti dalla Chiesa di Ravenna cioè questo stesso *praeceptum* e la *jussio* di Costanzo II che decretava l'autocefalia. Credo che il commento di questo importante documento possa andare fin là, ma non oltre.

(1) Pensiamo, ad esempio, all'affresco storico di S. Demetrio di Salonicco; la bibliografia che riguarda questa pittura di cui non si ha ancora una definitiva interpretazione si trova in J. D. BRECKENRIDGE, *The « Long Siege » of Thessalonika: its date and iconography*, in *Byz. Zeitschr.*, 48, 1955, pp. 116–122; l'affresco è pubblicato da G. A. e MARIA G. SOTÈRIOU, Ἡ βασιλικὴ τοῦ Ἁγίου Δημητρίου Θεσσαλονίκης, Atene 1952, tav. a colori tra le tav. 78 e la tav. 79.

(2) Vedi C. CECCHELLI, *La pittura dei cimiteri cristiani dal V al VII secolo*, *Corsi di cultura sull'arte ravennate e bizantina*, 1958, p. 48.

(3) F. W. DEICHMANN, *Caratteristiche dell'architettura protobizantina in Occidente*, *Corsi di cultura sull'arte ravennate e bizantina*, 1957, pp. 53–56.

(4) Vedi G. CENCETTI, *Il contributo dei papiri alla conoscenza di Ravenna nei secoli VI e VII*, in *Corsi di cultura sull'arte ravennate e bizantina*, 1957, pp. 5–16.

Da questo stesso punto di vista, degli affreschi così straordinari
in ambiente latino come quelli di S. Maria di Castelseprio, che hanno
fatto correre, a giusto titolo, tanto inchiostro, e in modo più speciale
il Pantocrator di cui non si è visto che era una vergine rimaneggiata [1],
il Viaggio a Betlemme o la Prova dell'Acqua, le immagini romano–
bizantine di S. Maria Antica [2], il severo Pantocrator della cappella
S. Zenone a Santa Prassede in Roma [3], i Santi in costume bizantino
della cappella S. Lorenzo alle fonti del Volturno [4] e a Castel Sant'Elia

(1) Vedi fig. 4.   L'insieme del ciclo è stato pubblicato e commentato da
G. P. BOGNETTI, G. CHIERICI, A. DE CAPITANI D'ARZAGO, Santa Maria di
Castelseprio (Fondazione Treccani degli Alfieri per la storia di Milano), Milano
1948, poi da K. WEITZMANN, The Fresco Cycle of St. Maria di Castelseprio
(Princeton Monographs in Art and Archaeology, 26), Princeton 1951.   La bibliografia è stata riunita da P. LEMERLE, L'archéologie paléochrétienne en Italie, Milan
et Castelseprio, « Orient ou Rome », in Byzantion, 22, 1962, pp. 165–206; dopo
questo riassunto sono usciti N. LAZAREV, Freski Kastelprio, Viz. Vrem., 7 (32),
1953, pp. 359–378; ID., Gli affreschi di Castelseprio (critica alla teoria di Weitzmann sulla Rinascenza macedone), in Sibrium, 3, 1956–1957, pp. 87–102, che
parteggia per il VII–VIII secolo; P. J. NORDHAGEN, Freskeni in Castelseprio,
Kunst og Kultur, 40, 1957, pp. 79–94, che parteggia per l'VIII–IX secolo (stile);
M. MIRABELLA ROBERTI, Una basilica adriatica a Castelseprio, Beitraege zur
Kunstgeschichte und Archaeol. des Frühmittelalters, Graz–Colonia 1962, pp. 74–85
(basilica del VII secolo); ANNA ROZUCKA-BRYZEK, Molowidla Ścienne w kościele
Santa Maria w Castelseprio (= Le pitture murali della chiesa di S. M. di C.), in
Rocznik Historii Sztuki, 3, 1962, pp. 115–155 (architettura carolingia, fine
dell'VIII secolo); DJ. STRIČEVIĆ, I monumenti dell'arte paleobizantina in rapporto
con la tradizione antica e con l'arte medioevale nelle regioni centrali dei Balcani,
Zbornik Radova Viz. Instituta, kn. 8/2 (Mélanges Ostrogorsky, II), Belgrado 1964,
ammette il VII–VIII secolo (architettura).

(2) Vedi figg. 5–6; cf. il commento di P. ROMANELLI-P. J. NORDHAGEN,
S. Maria Antiqua, Roma 1964, pp. 31–47.

(3) Vedi fig. 7; l'unica monografia resta N. BALDORIA, La cappella di
S. Zenone in Roma, in Archivio Storico dell'Arte, 4, 1891, pp. 256–273. L'oratorio
di S. Zenone è stato costruito dal papa Pasquale I (817–824).

(4) Vedi figg. 8–9; cf. E. BERTAUX, L'art dans l'Italie méridionale, Parigi
1903, pp. 99–103; P. TOESCA, Reliquie d'arte della badia di S. Vincenzo al Volturno, in Bullettino Ist. stor. ital., 25, 1904, pp. 1–56 e Storia dell'Arte italiana,
I, Il Medioevo, I, Roma 1927, pp. 408–409; A. GRABAR, Le Haut Moyen Age
du quatrième au 12e siècle (Les Grands siècles de la peinture), Skira, s.d. (1957),

presso Nepi [1], le curiose scene della Vita del Cristo nella cripta pubblicata recentemente di S. Michele Arcangelo in Olivano sul Tusciano [2], tutti questi soggetti mi interessano tanto per i loro tratti locali che per i loro legami orientali, perché mi provano, – l'arte non mente –, la pratica dei temi orientali da parte dei soggetti latini dell'Impero.

Questa attrazione per l'Impero è arrivata fino alla coscienza e, talvolta, alla volontà di restargli attaccata.   Nel 590–591, Ingenuino, vescovo di Sabiona, Massenzio di Julia, Lorenzo di Belluno, Augusto di Concordia, Agnello di Trento, un secondo Agnello d'Acelina, Junior di Verona, Fonteius di Feltrina, Felice di Treviso e Oronzio di Veterina, tutti vescovi della Venezia longobarda, riuniti a Marano, scrivono all'Imperatore Maurizio: «Anche se, a causa dei nostri «peccati siamo sottomessi al pesante giogo dei Barbari, grazie a Dio «nessuna pressione ha potuto farci allontanare dall'integrità della fede «cattolica.   Inoltre, non abbiamo potuto dimenticare il vostro «santissimo Stato, sotto il quale abbiamo in altri tempi vissuto tran- «quilli e sotto il quale speriamo con tutte le nostre forze, con l'aiuto «di Dio, di tornare presto . . . Noi che siamo sempre rimasti fedeli «ai Tre Capitoli (testi condannati da Giustiniano I nel 543, con- «danna accettata in seguito dai papi e dalla maggior parte dei vescovi

pp. 29, 53–54, hanno più o meno vigorosamente sottolineato le influenze orientali; C. BRANDI, in *Boll. Ist. centrale Restauro*, 31–32, 1957, pp. 93–96, tratta del problema della conservazione degli affreschi; MARIA BAROSSO, *L'abbazia di S. Vincenzo martire alle fonti del Volturno*, Palladio, 5, 1955, pp. 164–167, ha cercato di definire la pianta del monumento che si trovava sopra la cappella di S. Lorenzo.   Gli affreschi sono stati dipinti fra l'826 e l'843.

(1) Vedi fig. 10.   Il documento mi è stato segnalato dal prof. Raffaello Morghen.   La sua stretta somiglianza col soggetto trattato a S. Vincenzo al Volturno è ancor più interessante per l'attribuzione dell'affresco all'XI secolo; Vedi per ultimo G. MATTHIAE, *Gli affreschi di Castel Sant'Elia*, in *Rivista Istit. Archeol. e Storia*, N. S., 10, 1961, pp. 181–223 (data 1050–1085), che sottolinea le influenze bizantine che è impossibile negare.

(2) Fra Montecorvino e Battipaglia, a 30 km. ad est di Salerno: G. KALBY, *La cripta di S. Michele Arcangelo in Olevano sul Tusciano*, in *Rassegna storica salernitana*, 24–25, 1963-1964, pp. 81–102, 12 tavole.

« occidentali) [1], abbiamo appreso che il papa, Gregorio, ha ottenuto
« un editto imperiale contro di noi. Domandiamo che, tornata
« la pace, possiamo venirci a giustificare al vostro tribunale. Siamo
« in disaccordo con il papa, non può dunque giudicarci, dato che le
« leggi imperiali stabiliscono che nessuno può essere giudice nella
« causa in cui è parte ». E il testo aggiunge: « Fino ad ora, ogni
« vescovo ha dato per iscritto, al momento della sua nomina, al pa-
« triarca di Aquileia, che è della vostra giurisdizione, la promessa
« di conservare intatta la fede del santo Stato. E se uno di essi
« condanna i Tre Capitoli, nessun ecclesiastico andrà a farsi ordinare
« da lui, ma ricorreranno tutti ai suffraganei del metropolita di Mi-
« lano . . . Alcuni, ignorando la giustizia divina, l'interesse del vostro
« santo Stato e le credenze del devoto Impero, che essi non temono
« di lacerare con i lamenti di tutto il popolo della nostra regione,
« insinuano Dio sa cosa all'Imperatore . . . » ecc. [2]. Sarà stato
notato in questo rapporto dei vescovi latini, sotto giurisdizione politica longobarda, l'invocazione all'Imperatore contro il superiore
ecclesiastico, qui il papa; e quale papa, Gregorio, il discendente di
un'antica famiglia romana, il creatore del potere temporale del
papato ! Questo ha il profumo degli ambienti bizantini di osservanza
molto stretta: il diritto di ricorrere al supremo tribunale dell'Imperatore per ogni soggetto dell'Impero. Ciò che mi colpisce ancora di
più nell'attitudine dei vescovi, è la loro unità costituita localmente
intorno ad un'idea andata in disuso, ma ferma, il loro attaccamento
alla dottrina dei Tre Capitoli, e la loro calda preghiera di non essere
esclusi dal seno dell'Impero bizantino, di cui pretendono preservare
l'*utilitas* e l'*opinio*, questi due punti essenziali della mentalità bizantina,

---

(1) Una chiara esposizione tradizionale dei « disordini » causati nel nord
d'Italia dallo scisma dei Tre Capitoli è stato redatto recentemente da R. CESSI,
Venezia Ducale. - I. *Duca e popolo (Deputazione di Storia Patria per le Venezie)*,
Venezia 1963, pp. 35-48.

(2) Il « suggerimento » dei vescovi riuniti a Murano è edito da P. EWALD -
P. L. HARTMANN, *M.G.H., Epist.,* in-4° I, *Gregorii I papae Registrum epistolarum*
I, Berlino 1891, pp. 17 sg. e R. CESSI, *Documenti relativi alla storia di Venezia
anteriori al mille*, I, V-IX (*Testi e documenti di storia e di letteratura latina medioevale*, I), Padova 1940, pp. 14-20.

douléia e oikeiôsis, che, nel VI e nel VII secolo potevano essere considerate come virtù romane, voglio dire quelle di un cittadino dell'antico Impero Romano, essendo l'Impero bizantino il suo erede. È forse in questo senso che lo intendono i vescovi di Marano, che proclamano il loro attaccamento alla *Res publica* e al *Pium Imperium*.

Trasportiamoci in un ambiente del tutto differente. I principati longobardi si sono costituiti materialmente e spiritualmente, hanno potuto assorbire delle popolazioni eterogenee arabe ed anche greche, dei principati marittimi di origine greca ma popolati diversamente si sono resi indipendenti, la Sicilia greco–latina è nelle mani degli Arabi. Al centro, verso la metà del X secolo, una provincia bizantina molto centralizzata, il katepanato d'Italia, formato chiaramente da tre giurisdizioni, chiamate *temata*, il tema di Longobardia, che ha per capitale Bari, quello di Lucania, che ha per capitale Tursi, infine quello di Calabria, la cui capitale è Reggio Calabria [1]. Si può ritenere che la ripartizione demografica fosse la seguente: una maggioranza di Latini nel tema di Longobardia, senza contare il Salento, che, erede del ducato di Otranto [2], era greco; una popolazione mista nel tema di Lucania, soprattutto nel Nord, probabilmente; degli Arabi, installati un po' dappertutto, che hanno oltrepassato o no il livello della vita militare; degli Ebrei nei dintorni o nei centri urbani [3]. Il katepano aveva l'alta autorità sull'amministrazione civile e militare; rappresentava l'imperatore, come lo ricorda spesso nei preamboli degli atti della pratica; resta in rapporto diretto con il governo centrale, che si assicura la precisa esecuzione delle consegne

(1) Vedi una recentissima scoperta che mi ha permesso di definire chiaramente i quadri politici e geografici dell'amministrazione bizantina in Italia del Sud, *La Lucanie byzantine. Etude de géographie historique*, in *Byzantion*, 35, 1965, pp. 119–149.

(2) Penso di poter definire presto la fisionomia di questo ducato d'Otranto, la cui esistenza è ormai assicurata dalla scoperta fatta da V. Laurent del sigillo del duca Giovanni (IX secolo): vedi *Les sceaux byzantins du Médaillier Vatican (Medagliere della Biblioteca Vaticana*, I), Città del Vaticano 1962, n. 108.

(3) Questo è il quadro demografico che vedo prender forma a poco a poco leggendo gli atti notarili.

fattegli, lasciandolo poco tempo in carica [1]: un periodo di 4 a 5 anni è per un funzionario bizantino all'estero un soggiorno normale. È anche il regime applicato ai governatori responsabili delle suddivisioni territoriali del katepanato: strateghi a capo dei temi, turmarchi in ogni turma, drungari in ogni drungo, topotereti o conti in ogni bandon. Per completare questa amministrazione locale, Costantinopoli manteneva anche degli uffici della fiscalità centrale, dipendenti più o meno dal katepano, ma in diretta relazione con la capitale; dei corpi dell'armata imperiale potevano completare la difesa fondata sul reclutamento di un'armata locale legata alla proprietà della terra [2].

La proprietà del suolo costituiva, infatti, l'essenza della ricchezza economica dei particolari e dunque dello Stato, proprietario della terra, su cui riscuoteva le tasse principali, e componeva la società. Grandi proprietari ecclesiastici, come questo vescovo di Trani il cui dominio si estendeva ai territori di Giovinazzo, Ruvo, Minervino, Montemilone; come quelle decine di monasteri, che, con donazioni interessate o no, continuavano ad ingrandirsi. Grandi proprietari laici, i cui beni sono delle proprietà di famiglia, come quelli dei Presbiteranoi a Stilo in Calabria, che non cambiarono fra l'inizio del x e la metà dell'xi secolo, o grandi proprietari beneficiari di concessioni imperiali a titolo vitalizio; proprietari medi, che possono essere degli artigiani che hanno investito nella campagna; piccoli proprietari, infine, che sussistono malgrado la voracità dei grandi proprietari laici ed ecclesiastici, malgrado i disordini, talvolta localmente gravi, grazie alla diversità delle culture praticate da ognuno, grazie all'autarchia della loro cellula economica. Alla base di questa scala rurale, dovrei citare i rappresentanti della massa dei contadini liberi, proprietari o no del loro pezzetto di terra, πάροικοι,

---

(1) Si leggerà ciò che ne dico in *Notes sur la société dans le katépanat d'Italie au XIe siècle*, in *Mélanges d'Archéologie et d'Histoire de l'Ecole Française de Rome*, 78, 1966, pp. 439–465.

(2) Cf. una presentazione didattica di questa organizzazione in HÉLÈNE GLYKATZI-AHRWEILER, *Recherches sur l'administration de l'Empire byzantin aux IXe–XIe siècles*, estratto da *Bulletin de Correspondance Hellénique*, 84, 1960, 111 pp.

salariati e schiavi, questi ultimi, sempre meno numerosi, divenuti domestici di fattoria [1].

Per afferrare lo stretto legame che unisce questa popolazione rurale al potere centrale, sceglierò un esempio molto evocativo, perché tratta di una proprietà monastica, di quella, dunque, che è la meno attaccata all'amministrazione statale, a causa delle esenzioni che questa le accorda. Il fatto avviene nella regione di Tricarico [2]. Verso il 983, un monaco Jonas, che ha dissodato una bella estensione di terra, dona al monastero della Théotokos, detta « del Rifugio », il dominio da sfruttare; l'igumeno Kosmas chiama su questo dominio una mano d'opera esente da tasse fiscali (gli ἐλεύθεροι, ξένοι, del documento che ho citato), e forma quello che è chiamato in greco medievale un chôrion, che è una giurisdizione fiscale, nel 998; nel 1023, il katepano d'Italia, dietro domanda del monastero, riconosce a questo la proprietà della giurisdizione fiscale che ha fondato, iscrivendo da quel momento una nuova circoscrizione nei registri del fisco. Si può riconoscere, credo, una proiezione al suolo di questi chôria in numerosi abitati rupestri che sono stati interpretati, forse a torto, come dei centri monastici.

Sotto l'effetto della paura causata dall'insicurezza dovuta agli attacchi arabi, franchi, poi normanni, la società rurale ha cercato un rifugio: il potere bizantino le ha costruito delle mura. La popolazione rurale dispersa dalla cultura della vigna si è concentrata, è stata necessaria una nuova ripartizione del suolo. Ci ha pensato lo Stato bizantino. Un esempio: agli inizi dell'XI secolo, dietro richiesta degli abitanti e dopo inchiesta di una commissione recatasi sui luoghi, il katepano, Gregorio Tarchéneiôtès, fissa le frontiere economiche tra il kastron di Tolve, compreso nel territorio del kastron d'Acerenza e che tratta in suo nome, e il kastron di Tricarico, e conferma la comproprietà delle due società contadine sui pascoli

---

(1) Vedi le mie *Notes sur la société dans le katépanat d'Italie au XIe siècle*, citate nella n. 1 della pagina precedente.

(2) Vedi il molybdoboullon del katepano d'Italia Basilio Bojôannès di aprile 1023 per il monastero della Théotokos del Rifugio, ed. A. GUILLOU – W. HOLTZMANN, *Zwei Katepansurkunden aus Tricarico*, in *Quellen und Forschungen...*, 41, 1961, pp. 27-28.

e sui boschi [1]; un altro esempio: nel giugno 1019 dietro richiesta della popolazione latina che è venuta ad installarsi nelle mura di Troia innalzate recentemente, il katepano invia un protospatario, un topotereta, un cartulario, due conti della corte e il domestico del tema, a stabilire i confini del territorio del nuovo borgo fortificato e i campi che restano comuni a questo e al vicino borgo di Biccari per i pascoli del bestiame [2]. È chiaro che lo Stato concede così dei vantaggi ai due borghi, e fissa una giurisdizione su cui ha potere diretto. Se, poco a poco, questi villaggi fortificati nell'XI secolo mostrano una vita collettiva che si manifesta con la stessa personalità posseduta dal borgo non fortificato, manifestano come questo anche una responsabilità collettiva di fronte allo Stato: arconti, clero o popolo, come dicono i documenti della pratica, pagano globalmente ogni anno nel mese di agosto al fisco le tasse di cui sono responsabili collettivamente, e che comprendono in ogni caso l'imposta fondiaria [3]. Così, nel 1016, il piccolo borgo fortificato di Palagiano, invia per mezzo di un suo rappresentante, un certo Kinnamos, la somma dell'imposta fondiaria, di un ammontare di 36 nomismata d'oro, al katepano Basilio Mésardonitès, che gli rilascia una ricevuta che ci è stata conservata [4]. Se i quadri dello Stato avvolgono con tanta precisione la società rurale, pensiamo quanto più lo facciano per la popolazione urbana. Tutto viene dallo Stato, tutto vive con lo Stato. E il ritardo costatato nell'Italia meridionale dell'XI secolo dai miei colleghi sovietici nella tradizionale evoluzione, che essi ricercano, della società verso il feudalesimo, è una prova supplementare della resistenza bizantina a questo processo [5].

(1) Vedi il molybdoboullon di Gregorio Tarchanéiôtès del 1001–1002, nell'articolo citato nella nota precedente, pp. 18–20.

(2) Fr. Trinchera, *Syllabus graecarum membranarum*, Napoli 1865, n. 18, pp. 18–20.

(3) Vedi le mie *Notes sur la société dans le katépanat d'Italie au XIe siècle*, citate nella pagina precedente.

(4) Archivio di Monte Cassino, n. 6; ed. Fr. Trinchera, op. cit., n. 16, p. 17.

(5) Cf. M. L. Abramson, *O roli arendych otnošenii v socialno–ekonomičeskom razvitii Južnoj Italii (IX–XI vv.)* (=Ruolo delle relazioni coloniche nello svi-

In un periodo calmo, sotto una sovrastruttura così stretta, tenuto conto dalla magra documentazione conservata, lo storico ha poche speranze di conoscere il sentimento degli abitanti greci, latini, arabi o ebrei della provincia bizantina. Bisogna, come dicono gli studiosi statistici, sondare l'opinione nei tempi di crisi, d'ataxia, di disordine, – è la lingua ufficiale bizantina, – quando il caos costringe la gente a esprimersi e le cronache a farle eco.

Agli inizi del x secolo, lo stratego di Longobardia, Ursoléo, Lombardo di origine, senza dubbio, trova la morte ad Ascoli. Corre voce fino a Costantinopoli che il responsabile della ribellione è il principe longobardo Landolfo. Costui ha scritto al patriarca di Costantinopoli, Nicola il Mistico, che, in qualità di presidente del consiglio di reggenza, durante la minore età dell'imperatore Costantino VII, dirige la politica dell'Impero, per chiedergli di essere nominato stratego al posto di Ursoléo, come lo desidera tutta la popolazione del tema. In qualità di rappresentante del potere, Nicola il Mistico gli risponde: « Si dice che sei il responsabile di ciò che accade; « sono profondamente rattristato che tu abbia violato il giuramento « che avevi fatto al fu imperatore Leone (dunque prima del 912, « quando ha ricevuto il titoló di anthypatos, proconsole). Anche « se le accuse che rivolgi al defunto stratego sono fondate, non toc- « cava a te di castigarlo. A chi toccava? Ma all'imperatore dal « quale hai ricevuto tu stesso gli onori e che aveva nominato il defunto « al governo della provincia. Avresti dovuto ricorrere, dopo aver « tentato di far cambiare a Ursoléo il modo d'agire, alla divina potenza « dell'Imperatore e domandargli di curare il male; non toccava a te « di divenire l'uccisore di tuo fratello, servitore come te (σύνδουλος) « dell'imperatore. Questo sì che conveniva alla nobiltà della tua « nascita, alla ragione anche, alla lealtà, alla fedeltà (πίστις), al- « l'affetto (ἀγάπη) che devi all'imperatore, al giuramento anche « che tu gli hai fatto . . . Ho trasmesso all'imperatore (cioè al consiglio « di reggenza) la tua candidatura al posto di stratego. L'imperatore

luppo sociale ed economico dell'Italia meridionale, ix–xi sec.), in *Sbornik* « *Iz istorii trudjaščichsja mass Italii* » (= Raccolta « Sulla storia delle masse laboriose d'Italia ») Mosca 1959, p. 46.

« non l'ha scartata, ma vuole essere assicurato del tuo affetto (ἀγάπη)
« reale e non simulato verso l'Impero, della tua sottomissione (ὑπο-
« ταγή) e dei tuoi servizi: ti chiede di rinunciare ai *kastra* che hai
« occupato indebitamente e di inviare a Costantinopoli tuo figlio in
« ostaggio, il quale vi riceverà una dignità imperiale [1] ». Da queste
chiare parole risaltano, senza equivoco credo, le regole ufficialmente
ammesse nel gioco dei rapporti tra l'Imperatore e gli abitanti del-
l'Impero bizantino, e l'Italia bizantina in modo particolare, è quello
dei rapporti tra Dio e gli uomini; lo stesso vocabolario liturgico è
usato nei due casi: il Bizantino deve avere affetto e fedeltà per l'Imperatore, come deve affetto e fedeltà a Dio, è servitore (δοῦλος)
sottomesso di Dio come dell'Imperatore.

E l'Imperatore si fidava con ragione della saldezza di questi
legami. Lo stesso patriarca Nicola il Mistico, in occasione della
stessa causa, scrive ad un altro dignitario imperiale, anch'egli Longobardo, il protospatario Gaïdôn: « L'imperatore ha perdonato ai
« responsabili. Ma conto su di te, che sei un fedele servitore (δοῦλος)
« dell'imperatore, per dire e fare tutto il possibile affinché tutti si
« sottomettano . . . » [2].

Quando nel 1045, il katepano d'Italia, dona al giudice di Bari,
Byzantios, il kastron di Foliano e le sue risorse, precisa che questo
regalo vitalizio è una ricompensa accordata per i servizi resi contro
il ribelle Maniakès e contro i Franchi dal giudice, che si è sempre
mostrato fedele servitore dell'impero bizantino (πίστος καὶ ὀρθὸς
δοῦλος) [3]. I testi forniscono numerosi altri esempi dell'attaccamento delle popolazioni dello Stato bizantino all'impero nell'XI secolo.
Ne riporterò ancora uno, se volete, dato che non concerne un ambiente longobardo, ma un ambiente greco d'Italia. Il vescovo di Taranto,
Genesio, è un Greco nato in Italia. In circostanze ancora mal
definite si viene a trovare in mezzo agli intrighi di un partito ostile

(1) Lettera 82, ed. *Patrol. Gr.*, 111, col. 286-288.
(2) Lettera 84, ed. ibid., col. 289.
(3) L'atto era conservato una volta nell'archivio di S. Nicola di Bari; è
scomparso. È pubblicato male in *Cod. Dipl. Barese*, t. IV, Bari 1900, pp. 67-68;
la lettura può essere migliorata dal fac-simile (n. II).

all'impero, diretto da un Greco, Basilio Chrysochinos; Genesio è esiliato, si demoliscono le case che la sua famiglia possedeva nella città, si confiscano le sue terre e si maltratta sua madre. La ruota gira poi in suo favore, poiché il duca d'Italia, Argyros Mélès, riprende in mano la situazione, rende a Genesio la sua funzione ed i suoi beni e gli dà i beni dei suoi nemici. Conosciamo l'atto con cui il duca ricompensa Genesio; il preambolo di questo documento è particolarmente interessante, poiché menziona le qualità civiche del vescovo apprezzate dal potere bizantino: i suoi servizi legali e fedeli (δουλεία) resi al santo imperatore ed il suo spirito di famiglia (οἰκείω-σις) verso i Greci, qualità che egli ha dai suoi avi, dice il testo [1].

Credo di aver raggiunto qui la convergenza che desideravo, cioè di aver riassunto per mezzo di una penna ufficiale il sentimento che nutrì l'amministrato provinciale per l'Impero: egli si riconosce δοῦλος, servitore dell'Impero, adempierà dunque tutti i compiti da lui richiesti e in quanto tale, servizi finanziari e altri; egli si riconosce anche οἰκεῖος dell'Imperatore e degli altri Greci (chiamati Ῥωμαῖοι, cioè soggetti dell'Impero, non barbari), e questa tipica qualità, per la parola stessa si riattacca al termine che significa casa, è una specie di spirito di famiglia che deriva dal sentimento d'appartenere alla stessa casa: un Bizantino è οἰκεῖος dell'imperatore, come lo è degli altri Bizantini. La cosa che più m'importava era di osservare che questi sentimenti nascevano e si sviluppavano in Italia bizantina.

Mantenuti dalla teologia imperiale nelle città, coltivati o conservati nella popolazione rurale dall'insegnamento monastico, essi permetteranno le creazioni più nette, in architettura ad esempio, S. Pietro di Taranto, architettura concepita da un cervello bizantino [2], ci si può scommettere, la chiesa rupestre detta di S. Barbara a Matera,

---

(1) GERTRUDE ROBINSON, *History and Cartulary of the Greek Monastery of St Elias and St Anastasius of Carbone*, II, 1, *Cartulary* (*Orientalia Christiana*, XV, 2), Roma 1929, pp. 160–162. Non entro qui nell'analisi della natura dell' οἰκείωσις; mi pare certo che si è avuto torto di voler « istituzionalizzare » l'espressione (vedi per ultimo J. VERPEAUX, *Les oikeoi* ..., in *Revue des Et. Byz.*, 23, 1965, pp. 89–99). Il testo citato prova, penso, che la nozione deve essere studiata su di un piano più elevato della storia della civiltà.

(2) Vedi fig. 11.

le creazioni anche colorite di provincialismi, S. Marco di Rossano [1] o la Cattolica di Stilo, i Cristi di Carpignano [2] ugualmente, che, con qualche modifica, ma sono quelle che importano, potrebbero trovarsi in Focida a Hosios–Loukas, a S. Sofia di Kiev, o in Cappadocia, alla stessa epoca, infine i più netti esotismi, come tutte queste cupole greche installate su architetture latine [3].

Un altro testimone delle più quotidiane intenzioni, la scrittura, quella dell'amministrazione provinciale, quella dei funzionari di origine locale, voglio dire quella dei notai, che spesso sono dei chierici, ma non sempre, quella dei proprietari longobardi che firmano il loro nome latino con lettere greche [4]: questa scrittura ha i suoi modi provinciali, che si accentueranno con la partenza dei padroni alla metà dell'XI secolo, ma colpisce molto di più per la sua stretta relazione con la scrittura delle popolazioni delle altre province greche della stessa epoca. Io scommetterei forte che si può far cadere in errore uno specialista della paleografia greca dell'XI secolo, inserendo un documento greco privato di Lucania o di Calabria in un incartamento di Macedonia dello stesso periodo.

E quello che ci può dire la lingua, quella dei documenti scritti naturalmente, è poco, ma è molto. Si è cominciato a studiarla per essa stessa e si avrà così una grammatica dotta delle particolarità di questa lingua, ma si ignoreranno i suoi stretti legami con la lingua bizantina « media ». Potrei ricordare che un alto funzionario bizantino infuriato dalla ribellione degli abitanti di Rossano nel x secolo, giurava: « Μὰ τὴν κεφαλὴν τοῦ ἁγίου βασιλέως », che si traduce: « Per la testa del santo imperatore » [5]. All'altro capo del mio ragionamento: nelle isole tutte latine delle Tremiti nella metà dell'XI

---

(1) Vedi fig. 12.

(2) Vedi figg. 13 e 14.

(3) La lista di queste cupole e il loro studio architettonico dovrebbero essere intrapresi urgentemente.

(4) Archivio di S. Nicola di Bari, senza contrassegno, ed. *Cod. Dipl. Barese*, t. IV, Bari 1900, n. 34 (data 1048, Bari). Dopo la firma in latino del Giudice imperiale d'Italia Cricorio si leggono le firme di: † Ῥουμάλδος μαρτηρῶν ἠπέγραψα † e di † Ῥωδ(ό)στομος μαρτηρῶν ὑπ(έ)γραψα †; vedi fig. 15.

(5) Vita di S. Nilo, ed. *Patrol. Gr.*, 120, col. 109.

secolo, un contadino gettando l'anatema contro quelli che avrebbero potuto tentare di porre ostacolo alla pia donazione che aveva effettuato, quale termine userà? *Baranatha*, che è una cattiva lettura (il μ preso facilmente per un β) di una bestemmia greca particolarmente viva: Μαραναθᾶ [1].

Dopo la grande partenza dei Bizantini nel 1071 e soprattutto dopo il grande disastro demografico del 1058–1059 [2], i quadri amministrativi dell'Impero lasceranno definitivamente l'Italia. Le popolazioni greche proseguiranno qui la loro esistenza, accentuandosi il loro carattere provinciale a causa della progressiva rottura con i centri materni; i Greci hanno perduto allora uno dei due fattori della loro struttura mentale di Bizantini, la δουλεία, asservimento nel senso cristiano del servitore verso il suo padrone, ma resterà il secondo fattore, l'οἰκείωσις lo spirito di famiglia dei Greci fra loro, mantenuto dai centri monastici, animatori di una sopravvivenza sostanziale e colorita, dapprima consistente, poi sempre più pallida e sporadica. I documenti probabilmente più toccanti di questa continuità restano le immagini dei santi greci con leggende latine dipinte goffamente nelle cappelle rurali delle Puglie o della Lucania [3].

I modi intellettuali e sentimentali imposti al vescovo sardo di Sulci, molto più il suo attaccamento all'ortodossia nella sua versione romana del vi secolo – e questo vescovo è un greco nato in Oriente –; l'attraente invocazione all'Imperatore dei prelati eretici d'obbedienza longobarda della stessa epoca, ma anche le immagini imperiali negli alti luoghi di culto della provincia; l'affetto interessato delle popolazioni del katepanato, le rinunce talvolta drammatiche; in breve,

---

(1) A. PETRUCCI, *Codice diplomatico del monastero benedettino di S. Maria di Tremiti (1005-1237)* (*Istituto storico italiano per il Medio Evo. Fonti per la Storia d'Italia*, 98), Parte II, Roma 1960, p. 152.

(2) Non ne sono state misurate fino ad ora le conseguenze; vi faccio allusione nelle mie *Notes sur la société dans le katépanat d'Italie au XIe siècle*, menzionate qui sopra a p. 12.

(3) Vedi la pubblicazione di ALBA MEDEA, *Gli affreschi delle cripte eremitiche pugliesi* (*Collezione meridionale dir. U. Zanotti-Bianco*, Ser. III: *Il Mezzogiorno artistico*), Roma 1939, 2 vol. in-4°.

l'inserimento consentito di tutto un popolo nella psicologia collettiva bizantina che vuole essere in partenza sentimento di appartenere ad una aristocrazia di cultura. Una cultura strettamente legata allo Stato e alla Chiesa (e il fatto è ben noto agli storici della civiltà bizantina) ma che, in Italia, in seguito alla eterogeneità demografica e alle basi economiche di questa, non è stata alla chiesa interamente assoggettata. Indipendentemente dallo Stato bizantino e dalla Chiesa bizantina, l'Italia bizantina ha conosciuto lo sviluppo di una cultura, che ha avuto il suo periodo di formazione, il suo periodo di maturità, il suo declino anche, e la sua sopravvivenza nella tradizione comune. La forma esteriore di questa cultura, di fronte allo Stato e alla Religione, è una società di cui ho cercato di scoprire qualche sentimento–chiave, ma di cui non posso dire di aver terminato di comprendere e di spiegare la natura [1].

ANDRÉ GUILLOU

---

[1] L'idea di questa ricerca mi è nata alla lettura della traduzione francese delle *Considérations sur l'Histoire Universelle* di JACOB BURCKHARDT (*Travaux d'histoire éthico–politique*, 7), Ginevra 1965. Le teorie dell'autore sono, certamente, molto vecchie, ma gli elementi che egli disseziona (Stato, Chiesa, Cultura) possono servire da quadro di ricerca per una prima analisi delle psicologie nei domini periferici dell'Impero bizantino.

Prima di chiudere, ringrazio la Sig.na Maria Teresa Mirri di aver tradotto questo testo in italiano.

Fig. 1. – RAVENNA, S. Vitale: l'imperatore Giustiniano (da *La peinture byzantine*, Skira, p. 62) – VI secolo.

Fig. 2. – RAVENNA, S. Vitale: l'imperatrice Teodora (da *La peinture byzantine*, Skira, p. 63) – VI secolo.

Fig. 3. – RAVENNA, S. Apollinare in Classe: Costantino IV, Eraclio e Tiberio (foto E. Salbaroli, Ravenna) – VII secolo.

Fig. 4. – CASTELSEPRIO, Santa Maria: Madonna corretta in Pantocratore (da G. P. Bognetti, G. Chierici, A. De Capitani d'Arzago, *Santa Maria di Castelseprio*, Milano 1948, tav. XLII) – VII secolo (?).

Fig. 5. – ROMA, S. Maria Antiqua: I Maccabei (da P. Romanelli, P. J. Nordhagen, *S. Maria Antiqua*, Roma 1964, tav. II) – VII secolo.

Fig. 6. – ROMA, S. Maria Antiqua:
S. Andrea (da P. Romanelli, P. J. Nordhagen, *S. Maria Antiqua*, Roma 1964,
tav. I V) – VIII secolo.

Fig. 7. – ROMA, S. Prassede, Cappella di S. Zenone: Pantocratore – IX secolo.

Fig. 8. – S. Vincenzo al Volturno, Cappella di S. Lorenzo: angelo (foto Gab. Fot. Naz., Roma, E. 51.595) – IX secolo.

Fig. 9. – S. Vincenzo al Volturno, Cappella di S. Lorenzo: teoria di sante vergini (foto Gab. Fot. Naz., Roma, E. 51.601) – IX secolo.

Fig. 10. – CASTEL SANT'ELIA: teoria di sante vergini (foto Bibl. Hertziana, Roma) – XI secolo.

Fig. 11. – S. PIETRO D'OTRANTO: tetto (foto J. Lafontaine-Dosogne, Bruxelles) – XI secolo (?).

Fig. 12. – STILO, La Cattolica: tetto (da *Calabria*, a cura di U. Bosco, A. De Franciscis, G. Isnardi, Electra Editrice Milano, 1962, fig. 64) – XI secolo (?).

Fig. 13. – CARPIGNANO, Madonna delle Grazie, cripta di S. Marina e Cristina: Cristo in Trono (foto G. Guido, Lecce) – 959.

Fig. 14. – CARPIGNANO, Madonna delle Grazie, cripta di S. Marina e Cristina:
Cristo in Trono (foto G. Guido, Lecce) – 1020.

Fig. 15. – BARI, Archivio di S. Nicola: atto latino del giugno 1048.

II

Esarcato e Pentapoli, regione psicologica dell'Italia bizantina

Studi Romagnoli XVIII

Faenza 1967

ANDRÉ GUILLOU

ESARCATO E PENTAPOLI
REGIONE PSICOLOGICA DELL'ITALIA BIZANTINA *

Nel quadro delle ricerche che conduco da molti anni sulla civiltà delle popolazioni dell'impero bizantino nel VII secolo, epoca chiamata da alcuni storici il « secolo di ferro », perché ha conosciuto i ripetuti e vittoriosi assalti degli Arabo-Slavi, dei Longobardi e degli Arabi contro le frontiere « romane » piú o meno ricostituite da Giustiniano, epoca avvincente, perché è quella dei profondi mutamenti nella società degli uomini, epoca difficile da comprendere, perché è di quelle in cui poco è stato scritto, mi sono imbattuto in un testo che è stato il punto di partenza delle riflessioni che vi presenterò stasera.

Agnello, prete di Ravenna, abbate di S. Maria alle Blacherne e di S. Bartolomeo, dopo aver raccontato con diletto nel *Liber Pontificalis Ecclesiae Ravenatis* (cronaca dell'arcivescovado di Ravenna, che egli terminò verso la metà del IX secolo sul modello — e l'intenzione è da ritenere utilmente — del *Liber Pontificalis* della Chiesa di Roma) la resistenza dell'arcivescovo di Ravenna Sergio alle pretese di assoggettamento del papa Stefano II, la sua prigionia per tre anni a Roma, la sua liberazione all'avvento di papa Paolo I, spiega cosí l'attitudine del prelato: « Sergio riteneva che i territori che si estendono dai confini di Perséceto (cioè S. Giovanni in Persiceto, 20 km a NO di Bologna) fino alla foce del Po, fino alla Tuscia e tutta la Pentapoli,

---

* Questo tema ha costituito la prolusione ai lavori del XVIII Convegno di Studi Romagnoli, tenuta a Cattolica il 1° giugno 1967; esso è stato sviluppato ed esteso in un volume stampato col titolo *Régionalisme et indépendance dans l'empire byzantin au VIIᵉ siècle* (Istituto Storico Italiano per il Medio Evo. Studi storici, fasc. 75-76), Roma 1969, pp. 348.

gli appartenessero in quanto esarca (*ut exarchus*), come apparte-
nevano all'esarca al tempo dei Romani (*Romani*) »; ed il cronista
ravennate usa il termine « Romano », come fanno gli annalisti
greci, nel senso di Bizantino. Secondo quanto dice Agnello, l'arcivescovo di Ravenna si considera dunque, qualche anno dopo la
caduta dell'esarcato bizantino sotto i colpi dei Longobardi, come
il successore del funzionario che rappresenta l'imperatore bizantino, l' ἔξαρχος, a capo di una provincia che comprendeva, certamente, non tutta l'Italia del 540, ridivenuta bizantina (Istria,
ducati di Ferrara, Perugia, Roma, Napoli, Calabria, Esarcato propriamente detto e ducato della Pentapoli), ma la parte compresa
tra il Po a nord e il Musone a sud, cioè l'Emilia, il Piceno an-
nonario e il Piceno suburbicario. L'Esarcato e la Pentapoli con-
ducevano già alla fine della dominazione bizantina un'esistenza
indipendente e potevano, ad esempio, aiutare con le armi il duca
di Spoleto contro il re longobardo Liutprando, alleato del papa.
L'arcivescovo di Ravenna rifiuterà dunque di lasciar entrare nel
« suo » territorio gli amministratori pontifici, ignorando gli ac-
cordi conclusi a Pontion tra Pipino, il re franco, e il papa Stefano II.

Ed ecco la mia domanda: sotto l'amministrazione fortemente centralizzata, molto gerarchizzata, dell'impero bizantino,
prefettura d'Italia dapprima (fino al 584), Esarcato d'Italia poi
(fino al 751), si è dunque formato un paesaggio umano struttu-
rato con tale coesione che i suoi abitanti, liberatisi da queste co-
strizioni limitative, possono pretendere di ricostituirsi, le armi
in pugno, in una provincia autonoma, indipendente dal papato,
nonostante che i loro rapporti con esso non siano mai stati con-
testati? Esplosione inattesa di cui tenterò di analizzare i fattori.

Il primo criterio di uniformità di questo gruppo umano che
si esprime con violenza alla metà dell'VIII secolo poteva essere
quello del suolo che lo nutrí. A sud del ducato della Venezia,
ma senza dirette comunicazioni con esso, si trovava il piú importante possedimento greco d'Italia, quello amministrato direttamente dall'esarca, e che prendeva, per questa ragione, il nome
di Esarcato di Ravenna, la Romania dei Longobardi, termine che
diventerà all'epoca dei Franchi il suo nome ufficiale. In genere
gli si riconoscono i seguenti confini approssimativi: a nord l'Adi-
ge, a NO il Panaro, ad ovest l'Appennino, a sud il Marecchia
(*Ariminus*); le sue città principali erano Adria e Gabello, tra

il Tartaro e il Po, Ferrara, Bologna, Imola, l'antico *Forum Cor-nelii*, Faenza, Forlí, Forlimpopoli, e un *kastron*, Cesena; l'accesso a queste città era impedito da fortezze, secondo i principii della difesa bizantina: *Buxo, Montebellium, Ferronianum* sulla riva destra del Tanaro, Castrocaro a SO di Forlí, Bertinoro vicino a Forlimpopoli, Montelucati presso Cesena, e, infine, Sarsina; secondo gli stessi canoni, Bologna era difesa dai *kastra* di Brinto e di Persiceto, Faenza da quello di Bagnacavallo, Ravenna da quelli di Argenta, Comacchio e il suo sobborgo fortificato di Cesarea. A sud dell'Esarcato propriamente detto si estendeva il ducato della Pentapoli: limitato a nord, come ho detto, dal Marecchia, seguiva il Musone a sud, poi, all'altezza di Jesi, risaliva l'Esino fino all'Appennino; le città erano Numana, Osimo, Urbino, Fossombrone, Cagli, Jesi, Gubbio; dei *kastra* sbarravano l'accesso alla costa: Pennabilli, S. Leo, S. Marino, sulla strada di Rimini; Gualdo Tadino, il *kastron* di Lucioli presso Cantiano e quello di Furlo sorvegliavano la strada di Fano; Arcevia e Serra S. Abbondio quella di Senigallia. Uno sguardo su una carta farebbe saltare immediatamente agli occhi che tutti i porti erano protetti da linee parallele di fortezze: Savarna, Porto Candiano, Classe, *Ponte Lionis, Sapis portus* alla foce del Savio, Cervia (vescovado), Cesenatico, Rimini (vescovado), Pesaro (vescovado), Fano (vescovado), Senigallia (vescovado), Ancona (vescovado). Dappertutto un fertile suolo sotto un clima contrastato, che permette la coltura dei cereali ricchi, della vigna e della frutta; è la regione valorizzata dagli Ostrogoti. Ma questa natura geografica si prolunga tanto a nord quanto a sud; l'Esarcato e la Pentapoli non si erano stabiliti in questo paesaggio altro che a causa delle frontiere politiche imposte dai Longobardi. Lo spazio regionale di cui abbiamo visto la manifestazione non è determinato dunque da dei confini di geografia fisica; in realtà è un centro di polarizzazione eccezionale che assicura qui la coesione: Ravenna. Allo sbocco della pianura padana, in prossimità della via Emilia, fiancheggiata dal porto di Classe, essa era atta ad essere, piú di Venezia poi, un centro di relazioni commerciali tanto con i Balcani e l'Oriente quanto con la pianura del Po, adatta a far vivere ed anche come ad assorbire il traffico a breve distanza del cabotaggio lungo le coste adriatiche, grazie ai porti che si scaglionavano a nord e a sud. Ma questa funzione portuaria di Ravenna, diciamo il suo potenziale economico, dipende dall'importanza politica della città: tutta la sua storia lo prova. E Ravenna fu capitale dell'Esarcato bizantino d'Italia soltanto perché era stata città imperiale prima della caduta dell'impero d'Occidente nel V secolo, poi capitale degli Ostrogoti. Sbocco normale delle città longobarde della pianura padana, essa non ha in terra, d'altronde, che un'unica via d'accesso verso Roma, la Flaminia, il cui percorso sarà spesso interrotto dalle incursioni nemiche che isolano il ducato di Roma dalla capitale. Centro geometrico dell'autorità politica, sostenuto da solidi mezzi di sussistenza locali e da scambi internazionali, tale è il centro di raggruppamento ufficiale della vita della provincia.

Le sue comunicazioni con i centri secondari, città (*civitates*) e fortezze (*kastra*), relativamente numerose a quel tempo, erano agevoli dal nord grazie alle strade piane costeggianti gli affluenti del Po, e la via costiera Ravenna-Adria (allora porto); con le città costiere del sud le relazioni erano assicurate dal prolungamento di quest'ultima, ma essa sola univa la costa ai siti dell'entroterra con strade di montagna parallele che seguivano il corso di torrenti perpendicolari alla costa. Si comprende senza fatica che Esarcato e Pentapoli guardavano al mare.

Solidi legami amministrativi univano la capitale agli abitanti piú umili della provincia, che si trattasse di amministrazione civile, quella che tocca la giustizia e le imposte di amministrazione militare, o di amministrazione ecclesiastica, dato che la Chiesa bizantina è un servizio dello Stato. La storia dell'evoluzione delle istituzioni nell'Esarcato, che è abbastanza ben decifrata malgrado la qualità e quantità delle fonti che sono a nostra disposizione, mostra come la progressiva militarizzazione di tutti i servizi facesse dipendere ogni soggetto dell'Esarcato dai « vicari », inviati sul posto dai tribuni; e i tribuni stessi nelle piccole città, e il duca di Rimini, per la Pentapoli, dall'esarca stesso. Prendiamo l'esempio dell'amministrazione fiscale che gravava anche su quelli che non erano obbligati al *tributum* perché non possedevano la terra, questa grande sorgente di vita per tutti i Bizantini nel Medioevo, e che doveva dunque essere la piú sensibile per tutti: per il 1° settembre di ogni anno, gli uffici di Ravenna fissavano, per ogni provincia e per ogni città, l'ammontare dell'imposta e la sua ripartizione in natura e in contanti. Queste tabelle, chiamate *particulares delegationes,* erano inviate ai governatori delle province, che le comunicavano alle città prima della fine del mese di ottobre; i governatori designavano gli esattori (*susceptores*) presi fra i funzionari dei loro uffici, che procedevano alla riscossione contro rilascio di ricevute dettagliate (*apochae*). Il prodotto dell'imposta in natura veniva distribuito localmente alle truppe, sempre contro rimessa di fattura (*pittacium*), il resto raggiungeva la cassa centrale di Ravenna, da dove partivano tutti gli ordini di pagamento. Questo legame amministrativo tra il suddito e il potere centrale doveva essere sentito personalmente da ciascuno, dato che, se è il proprietario del suolo che è teoricamente responsabile del versamento dell'imposta, sono, in generale, quelli che posseggono il godimento della terra, enfiteuti o coloni, che ne versano l'ammontare ai funzionari del fisco. La stessa presenza del potere centrale si manifestava in campo giudiziario con gli appelli del tribunale del tribuno a quello del duca, da quello del duca a quello dell'esarca e anche in campo militare, quando il reclutamento locale farà entrare gli uomini atti al servizio nei rigidi quadri dell'armata bizantina. Non è difficile immaginare le strade dell'Esarcato e della Pentapoli solcate, durante i duri inverni o sotto la canicola estiva, da tutti gli agenti del potere incaricati di una funzione ufficiale e decisi, se prestiamo fede alle numerose lagnanze portate contro di loro, a non tralasciare durante il cammino i propri interessi personali.

Centro delle vie di accesso e dei legami amministrativi, lo spazio geografico Esarcato-Pentapoli esiste: territorio individuato, caratterizzato dalla sua funzione politica. Dunque ritengo questo fattore come assodato.

Ma lo considero, se permettete, come una macchina di cui vorrei ora esaminare il motore, quel motore che è esploso all'inizio dell'VIII secolo. L'inchiesta è delicata, perché si fa nell'anima di una popolazione.

Il mio primo strumento sarà l'etnografia. La popolazione della regione è molto eterogenea, come quella delle altre contrade dell'Impero. La lettura delle firme portate in calce agli atti notarili (540 - inizio dell'VIII secolo) rivela una grande maggioranza di Latini, che si chiamano Leone, Basso Ilaro, Candidiano, Antonio Sarapione, Antonio Opilione, Pompilio Plauto, Flavio Floriano, Flavio Severo il Giovane, Armato, Bono, ecc., tutti nomi di indubbia pertinenza romana; accanto a questi Latini, dei Goti, i cui nomi sono Oderico, figlio del fu Boerda, Ghiverico, Riccitanco, Sisivera, liberta di Teodifara, ecc.; infine degli Orientali, Greci, Armeni, Persoarmeni, Siriani: Pacifico, Pietro, Gianni, Giovanni, Maurino, Paulacio, Stefano, Teodoracio, ecc. Su 190-200 nomi, di cui posso con quasi certezza determinare l'origine

del titolare fra la metà del VI e l'inizio dell'VIII secolo, sono
arrivato alla conclusione che il 61% è latino, il 26% orientale
e il 13% goto; dato che questa statistica si basa su di un ridotto
numero di unità non può essere che indicativa, e, d'altra parte,
essa non riguarda che la popolazione di Ravenna e dei suoi dintorni immediati. Se mi spingo temerariamente fino a ripartire nel
tempo l'oggetto dell'inchiesta, osservo che prima della creazione
dell'Esarcato la proporzione era del 70% di Latini contro il 16%
di Orientali ed il 14% di Goti; bisogna notare che tutti questi
Orientali non erano giunti insieme o al seguito delle armate di
spedizione di Belisario o di Narsete: una iscrizione greca di Suasa
(20 km a SW di Senigallia), se è autentica, farebbe pensare alla
presenza di Greci nella regione piú di un secolo prima, e un curioso frammento di un inventario di ricevute, proveniente dal-
l'archivio reale ostrogoto di Ravenna e datato al 510 circa, riporta tre *cautiones* scritte in greco. La progressiva immigrazione
di Orientali e il ristagno delle famiglie gote cambiano le proporzioni che si presentano come segue dopo la fine del VI secolo:
50% di Latini, 40% di Orientali e 10% di Goti. Non sembra
che questa differenza di origine sia stata d'ostacolo per la coesione
derivata dalla coabitazione all'interno delle stesse mura. Citerò
due esempi. Una dama latina, Rusticiana, vende, nel 591, un
latifondo situato nel territorio di Rimini ad un notabile di Ravenna, Giovanni, *adorator* (probabilmente un cappellano greco)
del *numerus* di Ravenna, unità tattica militare bizantina; le personalità che testimoniano dell'autenticità dell'atto di vendita redatto in latino sono: un ex-esattore delle imposte, Domnino
(molto probabilmente, a quell'epoca, un Greco), un certo Pacifico
che sottoscrive in greco, e tre Latini, Pietro, Luminoso e Teodato;
lo scriba è un tabellione di Classe, Onorato. Secondo esempio:
verso il 600, una Gota, Sisivera, dona un latifondo alla Chiesa
di Ravenna, e la sua donazione, redatta in latino da un tabellione
della città chiamato Bono, è autenticata da un ufficiale del palazzo
della prefettura (*scolaris*), Armato, da un commerciante (*nego-
tiator*) siriano, che scrive in greco la formula latina e il suo nome,
Gianni, forma popolare del nome 'Ιωάννης, da un ex-esattore
delle finanze, Laurenzio, che potrebbe essere greco, da un certo
Giulino e da un responsabile dei granai (*orrearius*), Giuvino.
Goti, Latini e Orientali vivono dunque gli uni accanto agli altri
in buoni rapporti, parlando e comprendendo il latino anche se
non tutti lo sanno scrivere; gli uni, naturalmente, andando a fare

le loro devozioni nella cattedrale ariana, gli altri nella Basilica Ursiana, ma ritrovandosi tutti con molta naturalezza davanti al notaio, quando uno di loro ha bisogno della firma degli altri. Non si tratta, però, qui, di legami creati da un'autorità accettata o subita, bensí di « legami di convenienza » di cui bisognerà ricercare il motore superiore, poiché essi non sono che un fatto sociale. Dietro a questi legami vive una popolazione attaccata ai suoi mezzi di produzione, e questi, nella misura in cui posso determinarli, debbono permettere di raggiungere le molle che cerco di scoprire.

Questa volta il mio strumento di analisi sarà l'archeologia sociale che comporta due gradi di investigazione: la sezione stratigrafica, che fornisce gli strati cronologici, ed i prelievi di fatti sociali nell'interno di ogni strato. Il metodo è nuovo e quindi richiede un impiego prudente.

Nella storia della società dell'Esarcato e della Pentapoli si possono distinguere due epoche, l'una che si estende fino alla fine del VI secolo e probabilmente un po' piú in là, ma la documentazione sfugge, l'altra che occupa tutto il VII secolo. Nel primo periodo la classe dirigente si compone dei discendenti di grandi proprietari fondiari, di cui conosco una quindicina di famiglie; la piú celebre e la piú numerosa è quella dei Melmini: Rustico e Tranquillo (a partire dal 504), Bonifacio, Cassiano, Cassiano il Giovane, Giovanni, Giovanni il Giovane e Teodosio, fra il 552 ed il 575; ma ci sono anche i Pompuli fra il 540 ed il 575, gli Aureli dall'inizio del VI secolo, i Commodiani, gli Ernili, i Firmiliani, ecc. Accanto a questi latifondisti, che sono incaricati delle funzioni curiali, vive un numero relativamente elevato di commercianti e, soprattutto, degli ἀργυροπρᾶται o χρυσοκαταλλάκται in latino *argentarii,* che sono dei cambiavalute od anche banchieri, poiché prestano del denaro; ne conosco sette a Ravenna per la seconda metà del VI secolo, di cui almeno due, Giuliano e Marino, non possono scrivere che il greco, ed il primo è figlio di un venditore di profumi, stabilitosi ugualmente a Ravenna (*pimentarius*); Greci anche, penso, i due Giorgi ed il Teodulo che vendono abiti di seta (ὁλοσηρικοπρᾶται), mercanzia ancora molto rara, essendo la seta importata nell'Impero dall'Iran; uno di essi è originario di Antiochia. Bisogna aggiungere a questi fornitori di grandi famiglie un tintore, un mercante di abiti di pelle e un venditore di sapone. Si rivolgono ad una clientela piú larga il commerciante di cera o di candele, il

fabbricante di pantaloni, i fornai? In ogni caso essi fanno parte
della stessa classe sociale dei precedenti, quella alla quale le leggi
dell'Impero riconoscono l'autorità sufficiente per apporre, anche
se non sanno scrivere, la propria firma in calce agli atti notarili,
come testimoni dell'atto giuridico che è stato compiuto; classe
sociale definita da una eloquente novella di Giustiniano nel
539, come quella di gente di buona reputazione (εὐυπόληπτοι),
di uomini di fiducia (ἀξιόπιστοι), che sono i chierici, quelli che
con la dignità aulica ad essi conferita, con la loro funzione (sarà
precisato piú avanti se civile o militare), con la loro fortuna e
la loro professione, offrono ogni garanzia al potere; bisognerà in-
cludervi dei proprietari goti (laici o chierici), dei funzionari dipendenti dalla prefettura del pretore o dagli uffici dell'esarca
(esattori di imposte, responsabili della moneta, della posta, del
guardaroba, delle truppe, dei magazzini generali dei cereali, ecc.),
un *defensor civitatis* che compra, nel 551, a titolo personale,
sembra, uno stagno dal clero ariano di S. Anastasia, un medico
greco, Leonzio, il cui figlio, Eugenio, è un alto funzionario, ecc.

La sezione stratigrafica dovrebbe far apparire, sopra il livello cronologico che ho appena precisato, una scura zona di de-
pressione demografica. Il cronista greco Procopio di Ceśarea, che
aveva partecipato alla campagna di Belisario in Italia come as-
sessore del generale in capo, racconta la seguente storiella: i Na-
poletani assediati dall'armata bizantina chiedono aiuto al re goto
Teodato che si trova a Roma. Quest'ultimo, come d'abitudine,
consulta un indovino prima di prendere una decisione, per conoscere da lui la riuscita della guerra. Costui, era un Ebreo, invita Teodato a chiudere trenta maiali dieci a dieci in tre gabbie,
dando ai primi dieci il nome di Goti, a dieci altri quello di Romani e agli ultimi dieci quello di soldati imperiali. Teodato fa
come gli dice l'indovino e gli animali sono lasciati cosí per un
certo periodo di tempo. Il giorno da lui fissato, l'Ebreo, accompa-
gnato da Teodato, penetra nelle gabbie e si trova davanti a questo
spettacolo: dei maiali ai quali era stato imposto il nome di Goti
ne restavano solamente due e gli altri erano morti, i « soldati del-
l'imperatore » erano ancora tutti in ottima forma, i « Romani »
erano rimasti dieci, ma avevano perduto tutti il pelo. Teodato,
comprendendo che i Goti sarebbero stati vinti, la metà dei Romani annientata e gli altri avrebbero perso le loro risorse, e l'imperatore avrebbe ottenuto senza perdite la vittoria, rinunciò a mi-
surarsi con Belisario. E il cronista conclude: « Ognuno dirà ciò

che di credibile o di incredibile c'è in questa storia ». Procopio scrivendo alcuni anni dopo la prima spedizione d'Italia e dopo la conquista dell'Africa, di cui fu anche testimone critico, poté apprezzare per l'appunto i vuoti lasciati fra i Goti ed i Latini d'Italia e le rovine subite dagli abitanti. Se si aggiunge poi che qualche anno dopo il re goto Totila liberava gli schiavi in massa per arruolarli nella sua armata, si ammette già per lo strato cronologico inferiore, che alcuni hanno chiamato la preistoria dell'Esarcato, un deficit demografico importante, tanto nelle città che nelle campagne. Questo deficit sarà gravemente aumentato dall'epidemia di peste bubbonica che devastò nel 592 Ravenna, Grado e l'Istria, secondo la secca menzione di Paolo Diacono. La corrispondenza di Gregorio Magno fa cogliere nel vivo uno degli aspetti piú durevoli di questa crisi demografica: la mancanza di braccia per l'agricoltura subito dai proprietari; il pontefice romano scrive in una lettera al suddiacono Pietro, responsabile del patrimonio della Chiesa di Roma in Sicilia, di inviare uno dei suoi collaboratori a trovare gli assoldatori imperiali (*scribones*), arrivati, egli dice, in Sicilia alla ricerca dei soldati dovuti dai proprietari fondiari, con dei regali destinati a renderli accomodanti. Il papa tenta, qui, di conservare i contadini di cui hanno bisogno le sue terre.

È dopo aver attraversato questa banda sterile della fine del VI secolo che raggiungiamo lo strato superiore, quello del VII secolo in generale, la grande epoca della dominazione greca. La società è completamente mutata. Non ci sono piú i rappresentanti dell'aristocrazia dei grandi proprietari romani: vittime del loro attaccamento all'Impero, che li ha esclusi dalla classe dirigente fin dal regno di Totila ed ha portato piú di uno a raggiungere, disingannato, Costantinopoli, lasciando cosí nell'abbandono le sue proprietà italiane, e vittime inoltre della crisi demografica che ha finito di rovinarli economicamente, essi non hanno saputo o potuto né riprendere la parte eminente da loro rappresentata nella città sotto Odoacre e Teodorico, né inserirsi in una società ed in una economia nuova. Queste riposano su due classi: i militari e la Chiesa. Il contratto stipulato nel 639 tra Paulace, soldato del *numerus* degli Armeni, figlio del fu Stefano, *primicerius,* il primo ufficiale (dell'ufficio?) del *numerus* di Verona, e la Chiesa di Ravenna, sarebbe forse la loro prima traccia: il soldato armeno vende alla Chiesa di Ravenna un latifondo per una somma di 36 *solidi* e riceve questo stesso bene in enfiteusi contro un censo annuale di 7 *solidi;* i notabili che fungono da testimoni sono tre funzionari del palazzo prefettoriale (ufficio delle finanze), due ufficiali ed un notaio di Ravenna. Questa immagine della civiltà ravennate può sorprendere; abbiamo una formale testimonianza che prova che essa era ancora mal conosciuta dai servizi centrali di Costantinopoli alla metà del VII secolo, quando corrispondeva esattamente alla realtà in tutta la penisola. Nell'autunno 649, in effetti, l'imperatore Costante II invia in Italia un nuovo esarca, Olimpio, con le seguenti consegne: seguendo i consigli del patriarca di Costantinopoli, Paolo, l'esarca raggiungerà Roma dove condurrà i vescovi, i chierici addetti alle chiese rurali ed i preti stranieri a firmare il *Typos,* professione di fede, che, per porre termine ad una delle piú violente controversie teologiche di questo secolo, il Monotelismo, esigeva il silenzio sulla materia in discussione; se Olimpio trova della resistenza, seguirà il suggerimento del patrizio Platone (che era esarca a Ravenna tre anni prima e conosceva bene, dunque, la situazione locale) e si impegnerà a convincere l'armata (*exercitus*), si impadronirà della persona del papa Martino, farà leggere poi il *Typos* in tutte le chiese e lo farà firmare da tutti i vescovi d'Italia. Se l'armata si dichiara all'inizio di parere ostile al papa, egli tacerà le sue intenzioni e attenderà d'aver ottenuto l'adesione dell'armata della città di Roma e dell'armata di Ravenna per renderle note. L'esercito e la Chiesa sono dunque, secondo questo testo, le due classi sociali di cui deve tener conto in Italia il potere bizantino; bisogna che io trovi la loro definizione sociale ed economica per comprendere e spiegare in seguito le loro comuni reazioni.

La natura della classe militare dell'Esarcato è stata, in senso largo, molto fraintesa, a parer mio, poiché per ottenere un quadro sufficiente, all'esatta lettura delle fonti sono state sostituite costruzioni teoriche, desunte da altre regioni piú ricche di informazione e, con la deduzione di alcuni fatti, ben noti per il VI secolo, si sono tratte conseguenze fondate su apprezzamenti delle fonti del IX secolo, mentre queste sono espressioni di un ambiente sociale molto diverso, quello dei Carolingi; e non si deve dimenticare che l'Esarcato era una provincia dell'Impero bizantino, di cui conosce il tradizionalismo amministrativo. Bisogna diffidare anche della lingua delle fonti latine che, con le stesse parole consacrate da una secolare storia romana, possono essere costrette ad esprimere delle nuove nozioni in un ambiente carico di tutta la tradizione dell'antica Roma. Pertanto, l'esame fi-

lologico deve essere qui molto preciso, senza però che il tradut-
tore dimentichi per un solo istante che sta leggendo delle fonti
bizantine.

La difesa bizantina in Italia del Nord, dopo la conquista
di Belisario e di Narsete, ha dovuto ripiegarsi, alle frontiere, sui
limitanei, come sotto l'impero romano; perché, se non abbiamo
testi che concernono l'Italia, sappiamo che Giustiniano ha creato
in Africa persino delle nuove unità, i *numeri limitaneorum,* con
degli ufficiali (*duces, tribuni*) incaricati di trascinarle e di difendere con esse localmente la frontiera, senza l'aiuto dell'armata di
campagna formata, come all'epoca romana, dai *comitatenses,* mercenari. La legge indirizzata a Belisario precisa che i *limitanei* hanno una duplice funzione: militare, progettere le fortezze (*kastra*)
e le città (*civitates*) della frontiera contro le incursioni nemiche;
economica, coltivare la terra, creando quelle condizioni di tran-
quillità che possono rassicurare la popolazione indigena e far sí
che essa si stabilisca nella parte bizantina. Giustiniano aggiunge
ancora, ciò che è essenziale, che i *limitanei* saranno reclutati sul
posto, non dovranno essere allontanati dalla frontiera e riceve-
ranno una paga. Essi non facevano dunque mai parte dell'armata
mobile e non ricevevano alcuna formazione militare adatta al servizio di campagna.

In quanto all'armata mobile del VI secolo, essa ha sempli-
ficato il suo vocabolario: non si parla piú di legione, d'*auxilium,*
d'ala o di coorte; l'unità tattica è l' ἀριθμός (in latino *numerus*)
per la cavalleria e la fanteria; la parola τάγμα (in latino *vexil-
latio*), termine tecnico riservato ai corpi di cavalleria, è poco
usata. Il *numerus* comprendeva da 3 a 400 uomini equipaggiati
e mantenuti dallo Stato che versava loro una paga; era coman-
dato da un tribuno che obbediva a un duca sotto il quale si trovava una variabile quantità di *numeri* e che riceveva i suoi ordini da un capo di spedizione, il *magister militum.* Queste truppe,
il cui reclutamento sul territorio dell'Impero era diventato difficile, non avevano piú in combattimento l'ardore corrispondente
ai nomi temibili che portavano ancora i loro *numeri, numerus Armeniorum* o *Persoarmeniorum* ad esempio; essi erano anche spal-
leggiati dai bucellari, mercenari che costituivano l'armata privata
del generale in capo, e dai federati (σύμμαχοι), truppe di mercenari barbari, inquadrati da ufficiali bizantini.

Delle due liste di *numeri* che si possono fare per l'Esarcato,
la prima che copre la fine del VI e il VII secolo, l'altra che

corrisponde all'organizzazione dell'armata di Ravenna nella prima metà dell'VIII secolo, risulta che sei *numeri* noti all'epoca precedente sono spariti nell'VIII secolo; essi sono: il *numerus felicum Theodosiacus,* che prendeva probabilmente il nome dalla città di Teodosia, ad est della penisola di Crimea (anticamente *Chersonesus Taurica*), il *numerus Persoarmeniae,* dal nome della Persarmenia, regione della frontiera orientale della Sofanene, luogo di origine di Narsete, il *numerus Armeniorum,* dal nome delle province armene, dove Narsete prese una parte delle sue truppe, il *numerus Dacorum,* dal nome delle due province di Dacia a sud del Danubio, il *numerus Argentensium,* il cui toponimo d'origine deve essere cercato anch'esso fuori dell'Esarcato, nella Bosnia Argentina (Srebrnica); queste cinque unità erano costituite da soldati stranieri. Un ultimo *numerus,* il *numerus Iuniorum,* sparisce ugualmente nell'VIII secolo, nello stesso momento degli altri; non si è potuto proporre fino ad ora nessuna ipotesi per identificare questa unità; ora, essa era conosciuta dalla *Notitia dignitatum* che, nel V secolo, riporta, a Ravenna, prima del Prefetto della Flotta, un *praefectus militum Iuniorum Italicorum,* che poteva essere a capo di una truppa di polizia e che dipendeva in ogni caso certamente dal *magister peditum praesentalis,* egli stesso, come indica il suo nome, annesso all'imperatore. Si conosce il ruolo militare rappresentato nel VI secolo, in varie città orientali, da coloro che le cronache greche chiamano i νεανίαι, i giovani, equivalente degli *iuniores* latini, e di cui si è recentemente ritenuto che potessero essere i membri delle fazioni urbane (δῆμοι); propongo dunque di vedere in questo *numerus Iuniorum* di Ravenna una unità originale rappresentante la milizia locale di Ravenna, inquadrata nell'armata bizantina della capitale dell'Esarcato. Allora si spiega la scomparsa di questa unità, quando l'organizzazione militare bizantina si trasformerà in una organizzazione ravennate, al di fuori dei quadri militari bizantini.

Accanto a queste truppe, reclutate all'esterno dell'Esarcato, noto la presenza di numeri, il cui nome indica chiaramente l'origine: il *numerus victricium Mediolanensium,* dunque di Milano, il *numerus Veronensium,* reclutato a Verona, il *numerus felicum Ravennae,* reclutato nella regione di Ravenna, il *numerus felicum Letorum,* reclutato senz'altro fra i Goti, infine il *numerus invictus,* le cui pretese sono evidenti, ma di cui non so altro. Queste ultime cinque unità italiane di reclutamento saranno mantenute nella Ravenna militare dell'VIII secolo e ad esse saranno aggiunte sette nuove unità per formare le 12 divisioni militari della città.

Questi *numeri* dell'armata bizantina d'Italia (*exercitus Italiae*), qualunque sia l'origine del loro reclutamento, sono disponibili nel VI secolo per tutti i compiti che vengono loro assegnati o dove sono richiesti; è cosí che i *Theodosiaci* sono sulle mura di Roma sotto Gregorio Magno, o i Leti a Genova. Ma, verso la metà del VII secolo (469), appare nel *Liber Pontificalis* la nuova espressione di *exercitus Ravennae,* come si ha quella di *exercitus Romanus* o di *exercitus orientalis,* la quale ultima formula prova che il redattore è molto addentro nella terminologia tecnica, poiché si tratta proprio, nei due casi in cui si usa questo termine, della esatta traduzione del nome dell'unità greca del « tema » degli Anatolici (θέμα 'Ανατολικόν), e non di una qualunque armata greca o orientale, come talvolta si è ritenuto. Da allora questa armata di Ravenna è territorializzata. Se rimane qualche dubbio, constatiamo che essa si esprime esattamente come un elemento fissato socialmente, quando, ad esempio, si oppone alla partenza per Roma dell'arcivescovo Mauro; infatti, il prelato si scusa col pontefice romano con questi termini: « Ero pronto a recarmi al tuo invito, ma ne sono stato impedito dall'esercito e dalla popolazione della città (di Ravenna) e anche della Pentapoli, che temono qualche attacco da parte dei barbari, quando l'esarca è assente ». L'unità del comando era rimasta quella dell'epoca precedente e l'esarca, capo di tutta l'armata d'Italia (*exercitus Italiae*), poteva, in caso di emergenza, mettere in piedi una armata che riuniva ancora sotto i vessilli imperiali i corpi di truppe territorializzate, come fece nel 668 per andare in Sicilia a sedare la ribellione del corpo degli Anatolici, che avevano proclamato imperatore l'armeno Mizizio.

La territorializzazione dei *numeri* nel quadro dell'*exercitus Ravennatis* mi pare dunque, alla metà del VII secolo al piú tardi, un fatto assodato; questo stabilirsi delle unità militari di manovra è stato reso possibile, sul territorio bizantino d'Italia, dal gran numero di città fortificate esistenti prima dell'arrivo delle truppe bizantine o dai militari bizantini stessi. La migrazione delle campagne verso le città fin dalla fine del V secolo in Italia è stata sottolineata piú volte, e la grande paura dei Longobardi, che mi sembra sia stato un fatto psicologico innegabile intorno al 680, non ha potuto che attirare al riparo delle mura cittadine o dei *kastra* la maggioranza della popolazione rurale, o piuttosto ciò che ne

restava, poiché la crisi demografica proseguirà fino alla fine del
secolo. In questa organizzazione non c'è piú posto per i *limi-*
tanei, queste milizie paesane del secolo precedente; essi sono
spariti dai testi. La formazione delle milizie locali addette alla
difesa delle loro mura darà una risposta alla stessa preoccupazione.

Questa territorializzazione dell'armata di campagna è il risultato di ciò che chiamerei la ruralizzazione dei militari di origine orientale o di reclutamento locale. Do qualche esempio. Gli
atti notarili fanno conoscere fin dall'inizio del VII secolo un gran
numero di ufficiali orientali divenuti proprietari nell'Esarcato e
nella Pentapoli: Giovanni, che da guardia del *magister militum*
è divenuto primicerio del *numerus* di Teodosia; Paulace, il
figlio del primicerio del *numerus* di Verona, Stefano, divenuto
soldato del *numerus* degli Armeni; un altro Giovanni, primicerio
del *numerus* di Ravenna, ecc. Sono proprietari di latifondi; probabilmente molti resteranno anche nella regione, dopo aver terminato il loro tempo di servizio attivo, dato che conosciamo un
chierico che, nel 752, eredita dal padre, il duca bizantino di Ravenna, dei beni importanti nelle regioni di Modena e di Bologna,
presso *Montebellium* sulla riva destra del Panaro e nel territorio
di Fermo. Ciò che ha contribuito in maniera determinante a fare
di questo strato superiore dei militari orientali una classe sociale
attaccata al suolo, e non soltanto un conglomerato di coloniali
arricchiti dallo sfruttamento della terra, è la fusione avvenuta tra
l'occupante e l'occupato. Due documenti del registro di Farfa,
poco utilizzati, sono eloquenti da questo punto di vista.

Primo documento: verso la metà dell'VIII secolo (744?),
il prete Guntario dona un latifondo ad un monastero, situato
molto probabilmente nella regione di Viterbo; il donatore è sposato con una certa Oclibonia (o Occlavia), anch'essa longobarda,
ha un figlio Teodoro che è cappellano (*observator*) dell'unità bizantina di Civitavecchia (*numerus militum Centumcellensium*),
che ha a sua volta una figlia che ha chiamato Orsana.

Secondo documento: lo stesso Teodoro, del *numerus* di Civitavecchia, affitta un bene contro rimessa di un censo annuale
di 10 *modioi* di grano. L'atto è steso a Viterbo nel 766, o 767,
alla presenza del vescovo della città, e menziona che il locatario
abita a Viterbo.

Mi pare normale concludere da questi due contratti, pur
con tutta la prudenza voluta dalla loro rarità, che una fa-

miglia di proprietari latini ha fornito all'armata bizantina un figlio, che è proprietario terriero, probabilmente importante, nel suo paese di origine, Viterbo, anche se la sua città di presidio si trova a 80 km di distanza, a Civitavecchia. La fusione degli interessi della proprietà fondiaria locale indigena con quelli dell'armata bizantina è completa qui dal duplice punto di vista sociale ed economico. Ma, nel caso preso in esame, manca il legame tra il possesso del suolo ed il servizio dovuto allo Stato, impossibile da provare in questa sede e difficile da supporre.

Viene in nostro aiuto un bellissimo documento, sfortunatamente ignorato dagli storici della civiltà bizantina: il giudizio reso nell'804 da tre *missi* carolingi a Risano, luogo molto vicino a Capo d'Istria, nell'antico ducato di Venezia-Istria, situato a nord dell'Esarcato, nella controversia che mette i grandi proprietari d'Istria di fronte al patriarca di Grado, Fortunato, ed al rappresentante del potere, il duca Giovanni. Nei reclami da loro presentati i proprietari d'Istria oppongono alla sorte che viene loro importa dal duca carolingio a causa della sua cupidigia, quello che era loro riservato dalle leggi bizantine. E possiamo cosí apprendere, *cum grano salis,* quanto fosse paradisiaca la situazione che era quella dei querelanti sotto la dominazione bizantina. Riterrò soltanto la qualità dei richiedenti e la natura dei loro legami con lo Stato. All'epoca bizantina, intendiamo alla fine dell'epoca bizantina, verso la metà dell'VIII secolo, gli antenati dei querelanti godevano dello statuto di tribuni, andavano all'ufficio o all'assemblea seguiti da domestici o da vicari e da un aggiunto (*locumservator*), i soli ad aver la precedenza sugli altri, essendo quelli che avevano ricevuto da Costantinopoli il titolo di console, e questi venendo perciò immediatamente dopo il *magister militum.* L'ordine di presenza era dunque: *magister militum,* consoli, tribuni, subalterni del tribuno cioè quello del VII secolo. Dopo questi notabili ci sono gli Istriani, tutta la popolazione, il *populus.* È proprio la ripartizione sociale dell'Esarcato, quale la decifriamo sotto la penna dell'arcivescovo di Ravenna Mauro: ἐξέρκετος καὶ λαός, l'armata e il popolo. Questi tribuni dell'VIII secolo avevano degli uomini liberi e degli schiavi per coltivare le loro terre, ed ognuno almeno cinque *excusati* (ἐξκουσσᾶτοι), che sono, nel diritto bizantino, dei contadini per i quali i proprietari non avevano obblighi fiscali di fronte allo Stato, intendiamo che riscuotevano da loro le tasse di Stato per loro stessi. Non ci è detto con precisione quali obblighi avessero invece i proprietari d'Istria verso lo Stato bizantino. Tuttavia, bisogna comprendere fra questi gli obblighi militari, perché i querelanti si lamentano di dover partire per la guerra, sotto il nuovo regime, con i loro schiavi, mentre erano invece accompagnati, sotto la dominazione greca, da uomini liberi, da contadini dunque, che coltivavano le (loro) terre. Gli antichi tribuni, comandanti dei *numeri,* sono dunque diventati i grandi proprietari d'Istria, ed i loro contadini prestano il servizio militare sotto la loro direzione, risultato della evoluzione della territorializzazione e della ruralizzazione dei *numeri* del VI secolo. Per completare il quadro bisogna aggiungere che questi grandi proprietari-tribuni abitavano dentro le mura di una città e che la società dei contribuenti del centro urbano poteva portare il nome di *civitas* oppure di *numerus,* come questo *numerus* di Trieste, che con questo nome pagava al fisco annualmente un'imposta fondiaria di 60 soldi d'oro, proprio come la *civitas* di Parenzo, che ne doveva 66, o quella di Citanova, che ne doveva 12.

Ha lo Stato contatti diretti con il contadino coltivatore per il reclutamento dell'armata, ad esempio? Non lo so; il testo succitato dice soltanto che all'epoca bizantina i tribuni partivano per la campagna con degli uomini liberi (e non degli schiavi), senza precisare che erano « i loro » uomini liberi, come dicevano « i loro » schiavi. E non vedo che dei rapporti di usufrutto fra i contadini ed i proprietari. È rilevato, ciò nonostante, che l'imposta fondiaria è riscossa globalmente sul *numerus* in base al ruolo stabilito per esso (*breve*).

I proprietari d'Istria aggiungono ancora a Risano la decadenza dei contratti d'enfiteusi dell'epoca bizantina in base al numero delle loro lagnanze; essi sapevano che a questi contratti di possesso a lungo termine, generalmente ereditari, se l'enfiteuta pagava regolarmente il censo e sfruttava la terra, era legata l'origine delle loro ricchezze; ma gli era stato detto il nome del proprietario di queste terre e gli stretti legami che aveva con lui in altri tempi?

È naturalmente della Chiesa che voglio parlare, l'altra classe sociale che abbiamo incontrato qua e là in questa relazione, avvertendone già tutto il potere. Nel VII secolo, la Chiesa arcivescovile di Ravenna è, in effetti, una potenza economica che equivale presso a poco a quella della Chiesa di Roma. I soli possedimenti siciliani le rendevano annualmente, al tempo dell'arcivescovo Mauro, 31.000 soldi d'oro, di cui un po' meno della metà doveva essere versato nella cassa imperiale a titolo di imposta, e 50.000 *modioi* di grano, senza parlare dell'approvvigionamento regolare della sua mensa e dei suoi forzieri personali; bisognerebbe aggiungere a queste terre siciliane, che dovevano trovarsi talvolta accanto a quelle dei papi, i suoi possedimenti dell'Esarcato e della Pentapoli, di cui non conosciamo l'ammontare come per la Sicilia, ma i cui documenti ci dicono il modo di sfruttamento. Abbiamo varie volte osservato che la soluzione adottata piú frequentemente dalla Chiesa di Ravenna per la valorizzazione delle sue immense proprietà fin dal VI secolo è stata la concessione di un contratto di enfiteusi, affitto a lungo termine che obbligava il locatario a coltivare la terra e a pagare un canone fisso, ma lo autorizzava a trasmettere, a certe condizioni, i suoi diritti ai propri eredi. Cosí la Chiesa di Ravenna si procurava le braccia che le mancavano e poteva anche ridurre un personale di intendenza che, tenuto conto della considerevole estensione dei suoi domini, avrebbe potuto raggiungere delle proporzioni enormi per lei. Il vantaggio per l'enfiteuta era la sicurezza. E bisogna convincersi per forza dell'interesse dell'enfiteusi per le due parti, quando si vede la Chiesa di Ravenna cedere, nel 639, in enfiteusi un terreno al proprietario che glielo ha appena venduto. Ed è cosí che l'esarca, un gran numero di ufficiali o di soldati semplici, i piú alti funzionari o dei modesti impiegati, divennero gli enfiteuti dell'arcivescovado di Ravenna, impegnandosi, ad ogni contratto, « a seminare, a moltiplicare, a difendere in tutto » il bene concesso, senza che nessuna spesa venga imputata alla Chiesa di Ravenna. Una parte del patrimonio fondiario dell'arcivescovado sembra cosí praticamente alienata a poco a poco, e la curia arcivescovile dà l'impressione di tentare, ma invano, di opporsi alla fuga del suo dominio fondiario nelle mani della nuova classe di proprietari. Ma la Chiesa conservava, in questa apparente disfatta economica, tutto il suo prestigio, dovuto al *patrocinium* con cui proteggeva gli enfiteuti che dipendevano da lei, e che le valeva col suo carattere spirituale le donazioni interessate fatte per la pace dell'anima da tanti fedeli inquieti: donazioni numerosissime e spesso importanti, provenienti dalle stesse categorie sociali che beneficiavano dei contratti di enfiteusi. Noterò soltanto questa grande quantità di terre donate nel territorio di Gubbio, non da un Ravennate, ma da un Greco di Napoli di nome Stefano, che firma in lettere greche e l'atto è steso a Roma: il fatto merita di essere sottolineato, perché mo-

stra che la clientela della Chiesa di Ravenna poteva estendersi
lontano dalle sue mura, e che le relazioni economiche esistenti
fra le due parti erano molto strette.

Il ruolo spirituale, sociale ed economico della Chiesa era
ufficialmente riconosciuto dagli imperatori, specialmente dal
tempo di Giustiniano, la cui legislazione è impregnata dal desi-
derio di preservarlo mentre lo sottopone a regolamenti. Tra i vantaggi immediatamente sensibili al potere della Chiesa — questo
servizio dello Stato, cosí caro dunque al potere come ai fedeli e, in
parte, per le medesime ragioni — erano ricercati in modo par·
ticolare i privilegi fiscali che alleggerivano l'interessato di una
parte, non di tutti gli obblighi finanziari verso lo Stato. Abbiamo
visto sopra quale considerevole somma inviava ogni anno a Costantinopoli l'arcivescovo di Ravenna per i suoi soli redditi fondiari di Sicilia; si può dunque immaginare in totale l'importanza
dello sgravio accordato da Costantino IV fra il 673 e il 679: esso
esentava di un certo numero di tasse il trasporto per via d'acqua
(*ripaticum, portaticum, teloneum*), la vendita delle mercanzie (*teloneum*) — tasse che influivano fortemente sul prezzo di costo —
ma sopprimeva soprattutto l'imposta fondiaria (*census*) dovuta
dal clero di Ravenna, e concedeva alla Chiesa di Ravenna le tasse
riscosse fino allora dallo Stato sui suoi *commendati,* intendiamo
il basso clero della cattedrale e dei suoi annessi, i servitori del-
l'arcivescovo, i bidelli (?) e tutti coloro che dipendono (economicamente) dall'arcivescovado. Non si sa se l'esenzione concer-
neva anche gli stabilimenti di carità, ma la generosità imperiale
fu altamente apprezzata, tanto che l'arcivescovo volle commemo-
rarla con un monumento: il mosaico imperiale di S. Apollinare
in Classe, documento che autenticava ufficialmente il privilegio
accordato dall'imperatore e gli dava tutta la pubblicità desiderata.
Un simile vantaggio poneva la Chiesa di Ravenna sopra la Chiesa
di Roma nella gerarchia dei beneficiari; situazione normale, perché Ravenna era la capitale della provincia; e situazione privilegiata che lo Stato bizantino aveva interesse a sostenere per an-
nettersi la grande potenza economica dell'Esarcato da cui dipendevano, a un grado o ad un altro, tutti i soggetti dell'Impero che
vi risiedevano e qualche altro, come abbiamo visto sopra.

Nella gerarchia della Chiesa bizantina, a questa posizione
politica ed economica del prelato di Ravenna, secondo personag-
gio di fatto dell'Esarcato, corrispondeva un rango di subordinato.
Sappiamo che a capo della Chiesa bizantina si trovavano cinque

patriarchi: quello di Costantinopoli, il cui ruolo primaziale si basa
sul fatto che risiede nella capitale dell'Impero, quello di Roma, legato a tutta la tradizione dell'Impero romano e alla sua ascenden-
za apostolica, e quelli di Alessandria, Antiochia e Gerusalemme.
Questi patriarcati sono divisi in province al cui capo si trovano
dei metropoliti che inviano ordini ai vescovi delle altre città.
Alcune sedi, non metropolitane, non dipendono eccezionalmente
che dal patriarca; sono i vescovadi autocefali che, a poco a poco,
diventano, malgrado l'assenza dei suffraganei, delle vere metropoli, mentre gli altri costituivano la classe numerosissima degli ar-
civescovadi bizantini. All'inizio del secolo, l'arcivescovo di Ravenna è, dallo stretto punto di vista del diritto ecclesiastico bizantino,
un metropolita dipendente dal patriarca di Roma, proprio come
quelli di Cagliari, Milano, Aquileia, Grado, o quelli delle importanti sedi dell'Illirico, ecc., ché tale è il senso del termine
archiepiscopus nel patriarcato d'Occidente. Il titolare di questa
sede, eminente per la sua posizione al centro della vita politica
della provincia, era dunque sottomesso alla giurisdizione del pontefice di Roma, situazione paradossale di cui ci si accorse fin dalla
fine del VI secolo, quando Giovanni III ebbe la meglio su una
coalizione del papa Gregorio Magno e dell'esarca Smaragdo, e
ottenne dall'imperatore la partenza di quest'ultimo. L'arcivescovo
Mauro mise termine a questa situazione di dipendenza della sede
di Ravenna: inviò il suo legato Reparato, abbate del monastero
di S. Apollinare, a Siracusa dove risiedeva l'imperatore e, con
la raccomandazione dell'esarca Gregorio (II), ottenne da Costante II, che non aveva mai trascurato gli interessi della sede
di Ravenna, l'autocefalia, compresa, secondo gli stessi termini del
diploma imperiale del I marzo 666, come indipendenza totale
dalla giurisdizione del patriarca dell'« antica città di Roma ».
Rango eccezionale nel patriarcato d'Occidente, che i « pontefici »
ravennati difenderanno con asprezza; titolo di indipendenza che
esprimeva, certo, un potere molto forte socialmente, ma anche
una eccezionale personalità di questa Chiesa.

Ravenna rappresenta, infatti, una curiosa mescolanza di solide tradizioni latine e di penetranti apporti greci. Dei recenti
studi mostrano la Chiesa di Ravenna che redige, nel VII secolo, per l'Avvento, una bellissima liturgia latina originale, del
tutto indipendente nella sua concezione dalla liturgia romana e
le cui fonti risalgono forse al V secolo: è il famoso Rotulus di
Ravenna. Si sa anche che l'agiografia di .Ravenna, questo quoti-

diano nutrimento dei fedeli, non comporta alcun santo greco, allo stesso modo in cui l'agiografia ravennate, i cui grandi nomi sono Apollinare e Vitale, è rimasta ignorata dalla Chiesa bizantina, e si deve ritenere dunque che le traduzioni delle loro vite erano redatte, per un interesse locale, da o per i monaci dei monasteri greci dell'Esarcato. Ciò sorprende, specie se ci si sovviene che le teorie dei santi rappresentate sui muri delle chiese e che servivano da illustrazione al culto ricevevano delle didascalie latine, allo stesso modo in cui fu redatta in latino da Reparato la didascalia del mosaico imperiale commentato piú in alto. Vengono ad aggiungersi, con l'immigrazione, a questa tradizione locale latina dei modi greci, sotto l'influenza dei monasteri greci installati a Ravenna in numero di quattro o cinque, forse. Le fonti non parlano molto di questi monaci greci, che sembrano aver avuto curiosamente una storia molto calma. Tuttavia un fatto prova che gli esarchi non avevano trascurato questo veicolo di propaganda greca: quando un nuovo metropolita era eletto da tre vescovi della provincia ecclesiastica e con il consenso dell'esarca, il rituale prevedeva un'entrata solenne del prelato nella città; era l'abbate del monastero di S. Maria in Cosmedin, rivestito degli ornamenti sacerdotali e circondato da tutti i suoi monaci che cantavano delle litanie greche, che andava a cercarlo fuori della città, lo riportava a Ravenna, gli poneva la mitra sul capo a S. Lorenzo in Cesarea, chiesa vicina al suo monastero, prima di lasciarlo andare ad officiare per la prima volta nella sua chiesa metropolitana. È a S. Maria in Cosmedin che si precipita l'arcivescovo Sergio, al suo ritorno a Ravenna, dopo la sua prigionia romana, per pregare davanti all'altare di S. Nicola di Myra. I legami fra questo monastero e il potere greco da un lato e la metropoli dall'altro sono dunque ben fissati; e giurerei che piú di un arcivescovo abbia trascorso qualche tempo a S. Maria in Cosmedin.

Affermazioni dunque della gerarchia greca, con la mediazione dei monaci in corcostanze solenni. Credo tuttavia che l'influenza greca sia ancora piú profonda.

Basandosi sul fondo latino antico, la liturgia seguita nella metropoli aveva lasciato penetrare dei riti che la Chiesa di Roma le rimproverava, e ai quali la Chiesa di Ravenna promette di rinunciare nei brevi periodi di riavvicinamento al papa. Lascerò parlare ancora una volta il cronista della Chiesa di Ravenna; egli racconta del regno dell'arcivescovo Sergio: « Sergio era giovane, piccolo, allegro, elegante, aveva degli occhi color verde pallido ed era nato in una famiglia dell'alta società (ravennate); era laico e sposato, ma quando ricevette la direzione della Chiesa, fece di sua moglie Eufemia una diaconessa. Alcuni preti, durante il suo regno, erano invasi soltanto dallo zelo religioso, altri avevano moglie, e ne nacque una scissione nella popolazione». Questo stato di preti sposati di cui si parla qui, se non mi sono sbagliato nell'interpretare questo testo difficile, e di laici promossi alla dignità episcopale non è possibile che nella Chiesa greca di quell'epoca. La nomina di Sergio non era, certamente, conforme alla lettera dei canoni greci, ma trovava degli esempi anche in Italia; infatti a Napoli un ex-duca, vedovo è vero, fu portato sul trono episcopale dalla devozione dei fedeli. Agnello continua: quando Sergio torna da Roma, dove era andato a cercare la consacrazione pontificia, i preti si rifiutano di celebrare l'ufficio con lui; si tratta evidentemente di coloro che sono rimasti attaccati all'autocefalia e non possono acconsentire a sottomettersi alle pretese di Roma. Sergio invita i recalcitranti (« diaconi ed altri ministri della Chiesa ») a rientrare in seno alla comunità ecclesiastica; questi rifiutano; Sergio è dunque costretto a consacrare dei preti e dei diaconi, perché il numero dei chierici necessario alla celebrazione delle funzioni non è, evidentemente, piú sufficiente; costoro, dopo aver pensato di essere arrivati, restano muti (comprendiamo che non celebrarono l'ufficio), imbarazzati di essere tenuti in disparte dai vecchi (*veteres*). Sergio si volge allora verso i chierici ribelli e, a forza di parole confortanti e calmanti, ottiene che essi ritornino sulla propria decisione; ma questi mettono una condizione, cioè che i nuovi vengano consacrati un'altra volta non con la dalmatica ma con il *superhumerale* secondo l'uso greco (*more Graecorum*), cioè l'ἐπιτραχήλιον, esatta traduzione del termine latino usato dal cronista. L'arcivescovo di Ravenna accetta, ed è cosí, conclude Agnello, che il numero dei diaconi fu a Ravenna superiore a quello fissato dai canoni. Questa piccola storia che oltrepassa di molto le porte della Basilica Ursiana, mostra, a mio avviso, il ruolo importante rappresentato a Ravenna, nella metà dell'VIII secolo, dal clero greco. I liturgisti ci diranno forse un giorno l'esatto valore delle difficoltà d'assimilazione nell'abbigliamento tra i due cleri, greco e latino. Quello che appare evidente, in questa circostanza, è che il clero greco sposato è quello che difende l'indipendenza di Ravenna di fronte a Roma, e che l'arcivescovo, che rappresenta la classe sociale dei grandi proprietari e che impersona un considerevole potere economico, capitola davanti al suo clero greco, perfino in un momento in cui non può piú attendersi nulla dall'amministrazione bizantina che si prepara a lasciare l'Esarcato sotto la spinta dei Longobardi. Questo spirito protestatario spiega, probabilmente, uno degli aspetti della psicologia collettiva dell'Esarcato e della Pentapoli: l'ostilità al papa di Roma. Dal 666, data del sigillo ufficiale coniato per la sua indipendenza rispetto alla giurisdizione romana, fino alla fine della dominazione bizantina, la Chiesa di Ravenna è stata in conflitto aperto con l'autorità pontificia intera durante piú di mezzo secolo. I capi di questa resistenza si chiamano Mauro, Felice, Sergio, tre prelati che ne erano particolarmente convinti.

Come se questa preoccupazione di autonomia ecclesiastica fosse su un piano particolare, troviamo, ma solo alla fine del VII secolo, nel 692, sulla strada di Roma, tutto l'*exercitus* di Ravenna che corre a difendere il papa contro gli intrighi dello spatario imperiale Zaccaria venuto da Costantinopoli per impadronirsi della persona del pontefice; e di nuovo nel 701, per spalleggiare il partito ostile al nuovo esarca, Teofilatto, che arriva da Napoli e al quale bisogna sbarrare l'accesso a Ravenna; ma mi si può obiettare che i papi regnanti allora sono degli orientali, un Greco e un Siriano; o forse queste due rivolte manifestano il progressivo affievolirsi della tendenza greca a Ravenna, essendo terminata la lotta a mano armata, scoppiata nella città nel 727 tra i partigiani del papa e i partigiani dell'imperatore iconoclasta, con la morte dell'esarca e la sconfitta dei Greci?

Ma ciò farebbe credere che l'analisi di una psicologia collettiva permetta di distinguere in una società delle categorie di esseri umani cosí staticamente collegate fra loro come i componenti di un corpo fisico.

Questa stessa popolazione resta legittimista: essa parteciperà nel 668 alla campagna di Sicilia, il cui scopo era di abbattere l'usurpatore armeno Mizizio; solleciterà cinquanta anni piú tardi l'aiuto delle truppe di Roma per annientare il ribelle Tiberio Petasio, che si era fatto proclamare imperatore in Tuscia prima di rinchiudersi a Monterano.

Ultima contraddizione: nel 616 una parte della popolazione si unisce ai notabili (*iudices*) per uccidere l'esarca Giovanni; nel 710, questi stessi notabili e l'arcivescovo Felice organizzano l'assassinio dell'esarca Giovanni Rizocopo, misfatto che attira sulla città la terribile repressione dell'imperatore Giustiniano II, che deporterà i principali colpevoli con il metropolita al quale verranno bruciati gli occhi. È allora che, senza vescovo, senza esarca, senza notabili, la città di Ravenna si sceglie come capo Giorgio, un dotto, figlio di Giovannico, un uomo molto erudito che era anche esperto nelle lettere greche come in quelle latine, frutto di quell'alto insegnamento dei grammatici, retori, medici e giuristi, al quale Giustiniano aveva reso la sua posizione ufficiale. Con l'unanime accordo della popolazione, egli organizza la difesa della pianura e la sorveglianza dei porti, e inquadra i Ravennati in dodici *numeri,* eredi dei numeri di reclutamento locale che esistevano ancora, o nuove unità che sostituivano i *numeri* di origine orientale, come ho esposto piú su. Questa organizzazione autonoma, con o senza esarca (ma ce ne sono stati almeno altri due dopo), guerreggiò a piú riprese contro i Longobardi, con dei successi diversi, e sigillò in seguito con il segno delle guerra l'unità delle sue forze per una causa comune a tutti. La regione psicologica dell'Esarcato e della Pentapoli è qui: un insieme demografico che ha una sua specifica unità e una sua differenza specifica.

Questa unità è il risultato di una fusione dei diversi interessi delle classi sociali che abbiamo visto svilupparsi intorno alla proprietà del suolo, fusione di tre razze, gota, latina e greca, legate tra loro dal comune possedimento della terra, sorgente essenziale del profitto, avvolte in un duplice reticolo di riti sociali e di propaganda, quello religioso e quello politico, sotto due poteri gerarchizzati e dipendenti per lungo tempo l'uno dall'altro, l'esarca e l'arcivescovo. La cultura latina tradizionale, che si era depauperata nelle mani della vecchia aristocrazia fondiaria scomparsa, è stata rinvigorita dalla Chiesa grazie all'apporto delle fonti orientali che cominciavano appena, negli alti strati, ad ellenizzarsi, ed ha accresciuto il potere economico-spirituale del vescovo. Appena spariva il capo politico, il capo religioso, sul quale erano poggiati molti piú interessi, prendeva subito il suo posto: questo è ciò che fece Sergio quando uscí dalle prigioni pontificie.

All'ora della sua morte, l'arcivescovo Mauro, che fu onorato per lungo tempo a Ravenna come l'araldo della resistenza all'assoggettamento papale, riuní tutti i suoi preti e disse loro solo queste parole: « Vi scongiuro di non sottomettervi mai al giogo dei Romani ». È sotto questo segno che la provincia si forgiò i quadri mentali dell'indipendenza.

III

Demography and Culture
in the Exarchate of Ravenna

A Giuseppe Ermini

Spoleto 1970

Demography and Culture
in the Exarchate of Ravenna ^(*)

In a recently published book, I set out to re-examine one of
the most intensively studied areas of Byzantine history, the province of Italy from the sixth to the middle of the eighth century,
using the techniques of the geographer, the demographer, the
statistician, the archaeologist, and the sociologist of art (¹).

To avoid diversions in an inquiry which is by no means free
of risk, I have taken as my guide the somewhat Platonic definition,
made by a cultivated man of action of the sixth century, Cosmas
Indicopleustes: Πᾶσα δὲ πολιτεία ἀνθρώπων διὰ τέχνης καὶ ἐπιστήμης
λογικῆς συνίσταται (²), i.e., every civilization rests upon technical
skill and reason. I have therefore examined my chosen fragment
of civilization by scrutinizing its artifacts. Since my interpretation of the relevant objects differs from the accepted one, it would
be useful to remove them from the context in which they are usually
featured as evidence, so that I may list more precisely the details
of the technique which justify my characterization of these objects.

The preliminary geographical study – geographical in the
broad sense, of seeking a social and economic as well as a spatial
entity – determines the geographical framework which supported
this civilization, was given life by it, caused it to produce its artifacts. This study reveals the existence of a region which corresponded to a social entity: the Exarchate proper and the Pentapolis (³). This region was formed around one large metropolis,

(*) This article is based on a lecture delivered on 20th February 1969 at the Dumbarton
Oaks Center for Byzantine Studies. I am most grateful to my colleague James Howard-John-
ston for doing this English translation.
(1) A. GUILLOU, *Régionalisme et indépendance dans l'Empire byzantin au VIIᵉ siècle.
L'exemple de l'Exarchat et de la Pentapole d'Italie* (Istituto storico italiano per il Medio Evo,
Studi storici, LXXV-LXXVI), Rome, 1969.
(2) *Topographie chrétienne*, III, 75, ed. WANDA WOLSKA-CONUS, I, Paris, 1968, 515 (Sources chrétiennes, XLI).
(3) See GUILLOU, *Régionalisme et indépendance*, 65-76; and the map of PL. I.

Ravenna, which was connected with the local centres by a good network of roads and by tight administrative bonds; a powerful and alluring metropolis, which cast out a traditional culture over the region, which absorbed and united educated men and expressed the desires of the ordinary population.

If one makes, like an archaeologist, a stratigraphic section of the population of this region by using all available sources, one may distinguish three layers: the bottom layer covers the sixth century, the middle layer, the end of the sixth, the upper layer, the seventh century and half of the eighth, that is, it extends up to the end of Byzantine rule. The statistics are as follows: in the sixth century, 70 % Latins, 14 % Goths and 16 % easterners (Greeks, Armenians, Persarmenians and Syrians), proportions which are based only on 150 personal names, but which correspond precisely with those obtained by the archaeological study of burials for the large towns of northern Italy, for instance, Concordia and Aquileia (⁴). The easterners were large landowners, soldiers, clergy, artisans, merchants, bankers, sailors, officials, who had come from Syria, Thrace, Bithynia, Cilicia, Armenia, Greece and had settled in Italy from the first century onwards; Jews, too, who were involved in all professions but normally had no economic power.

At the end of the sixth century the proportions have altered: 50 % Latins, 7 % Goths, 43 % easterners. This significant increase in the percentage of easterners, that is those who were neither Latins nor Goths, an increase of 27 %, is easily explained. Belisarius, Narses and other Byzantine generals had brought with them, as mercenaries and foederati, Isaurians, Thracians, Illyrians, Persians, Armenians, Antes, Slavs and Bulgars, many of whom probably did not return to their native country or their recruiting ground at the end of the campaigns. The establishment of a Byzantine province in the form of the Exarchate, with its own personality and considerable administrative autonomy, attracted tax-collectors, officials who managed the currency, the Post and granaries, and soldiers, too, who tended to settle themselves after investing their savings in estates abandoned by lay Latin owners who had been ruined by the Gothic administration and by economic decline.

---

(4) LELLIA RUGGINI, *Ebrei e Orientali nell' Italia Settentrionale fra il IV e il VI secolo d. Cr.*, in *Studia et documenta historiae et juris*, XXV (1959), 267-269 (Pontificium institutum utriusque juris).

No absolute numbers can be suggested for this population at the end of the sixth century, just as it is impossible to know the ratio of urban to rural population. But its diverse origins do not seem to have prevented its cohesion. Latins, Goths and easterners came together quite naturally before a notary, for example when one of them needed the signatures of the others as witnesses. Certainly some went to pray in the Arian cathedral, St. Anastasis of the Goths, and others went to the basilica Ursiana. Thus, long association in one area produced many everyday ties in this population. I think that one may speak of some sort of assimilation among the ethnic groups, since one can cite an example of inter-marriage, at least at the end of the sixth century [5].

Lacking the numerical evidence, which the devotees of the new quantitative geography consider fundamental [6], one may think that the layer of population which I have examined was uniform; but there were within it several sure signs of a serious demographic decline. Such a general decline in the Mediterranean basin is well known; but if one reads the narrative sources and at the same time examines the prices of the chief foodstuffs (corn, wine, oil) and the bullion value of the currency up to the end of the seventh century, one can assert that the crisis was especially acute in Italy. The causes were insecurity and fear, which made impossible to farm regularly or to maintain the irrigation channels; military requisitioning and plundering by Goths and Byzantine troops, natural disasters like the bubonic plague of 542-543, epidemics which ravaged an ill-fed population in unhealthy regions.

This demographic crisis halts at the end of the seventh century. I find that many houses were rented at this time; houses scattered over the countryside probably replaced the nucleated village – a sign of renewed security; large estates were managed without disturbance. I would explain this security and higher demographic level by an increased birth-rate, which followed the period of political and economic crisis, and also by an influx of population. For the proportions between ethnic groups have again

(5) G. MARINI, *I papiri diplomatici raccolti ed illustrati*, Rome, 1805, n. 122, p. 187.

(6) See W. WARNTZ, *Macroscopic analysis and some patterns of the geographical distribution of population in the United States, 1790-1950*, in W. L. GARRISON and D. F. MARBLE, *Quantitative Geography*, I, Evanston, 1967, 191 (Northwestern University – Studies in Geography, XIII): « It is possible that some of the lag in the development of social science is due to attemps to examine social change before understanding social equilibriums in the primitive terms », that is, « the numerical portrayal » of all human society.

altered: 45 % Latins, 5 % Goths, 50 % easterners. One must explain this further increase of those who are normally called « Asiatics »; for, moreover, the Latin population was increased at the beginning of the seventh century by a certain number of Italian émigrés, who had fled the Lombards and the Slavs.

Who were these new arrivals ? They were groups of Avaro-Sklavenes and of Bulgars, who have left numerous traces in the place-names, which I found in Latin archives dating from the eighth to the twelfth century ([7]); a few place-names exist today. The Avaro-Sklavenes penetrated into the Exarchate coming by land or over the lagoons from the North at the end of the sixth century, and by sea before the middle of the seventh century from Dalmatia, whence they had been driven by Croat tribes who installed themselves there with the authorization of the Emperor Heraclius. The Protobulgars were those who escaped massacre at the hand of the Franks and reached Italy with their chief, Altzek, during the reign of Constans II. Extensive archaeological work, which has been undertaken since the Second World War, particularly in the countries of eastern Europe, has greatly modified our ideas of the development of these peoples. The Avars, who made their final migration into Italy, were still semi-nomads; but they were no longer raising only horses, but cattle, sheep, pigs, and large numbers of poultry; and they were doing the intensive farming which is required for raising these animals, perhaps on a communal basis and with the help of slaves. They had arrived at the notion of a territory commanded by one chief. They were excellent goldsmiths; they knew how to work silver and bronze; they made, besides arms, sickles, chisels, colanders, scissors for cutting cloth ([8]). The Sklavenes were farmers, accustomed to living along rivers, near lakes and ponds; their huts were grouped in villages, which were connected by the routes of communication; they were hospitable and jealous of their liberty; they lived a communal life and were experienced sailors of rivers. They were thus a people who had developed out a patriarchal, communal culture into a tribal, communal culture, with no change in the strictly rural character of

(7) *Terra Bulgarorum* (VIIIth-IXth centuries), S. Giovanni in Bulgaria (1069), *vicus Sclavinorum, vicus Bulgarorum* (1085), *vicus Avarorum* (XIth century), S. Pietro in Bulgaria, S. Gervasio in Bulgaria (XIIth century): GUILLOU, *Régionalisme et indépendance*, 98-100.

(8) See G. LASZLO, *Etudes archéologiques sur l'histoire de la société des Avars,* in *Archaelogia Hungarica,* N. S., XXXIV (1955), passim, and especially 33, 37. 140.

their society (⁹). The Protobulgars are the least known: they lived in fortified towns, which consisted of a stone palace surrounded by mud huts, or in huts which were hidden in the forests; they knew no literary language, save Latin (¹⁰).

When one considers the first contacts between the new arrivals of the seventh century and the earlier inhabitants of the land, Latins, Goths and easterners, when one asks how well did they live together thereafter, one must remember that the implanting had two aspects: a physical one, where and how were they settled, and an intellectual aspect, what level of cultural development had they reached. We shall notice first that the Avars, Sklavenes and Bulgars, who were received by the Byzantine authorities in the Exarchate, were experienced fighting men, who could have been used against the Lombard enemies, for example on the frontier along the river Panaro, where I have discovered a place-name of Slavic origin, *Bodena*, translated in a document by *Aquaviva* (¹¹), or along other diagonal invasion routes. Nevertheless, I believe that, like the neighbouring Lombard powers, the Byzantine administration installed Slavs mostly in the hope of increasing the numbers of farmers. The ties between the so-called barbarian tribes and the native population must soon have become very close in the Exarchate, as elsewhere: archaeology has shown that in Transylvania the fusion was completed within two generations, roughly 50 to 60 years; the same happened in the region of Thessalonica between the Greeks of Thrace, Avars, Sklavenes and Bulgars, in Dalmatia between indigenous Latins, Slavs and Croats, and lastly in Istria, where burial finds have proved that a considerable number of free Slav settlers supplied the lack of agricultural labour and barbarized, if one can use the term, the Latin minority (¹²).

Thus we have a peaceful implanting after destructive migrations. Two obstacles might have hindered such a fusion in the Exarchate, a fusion which resulted from daily contact: religion and language, a basic spiritual framework and a vital instrument for social life. The Avars, Sklavenes and Bulgars, who installed

---

(9) GUILLOU, *Régionalisme et indépendance*, 105.

(10) ID., *Régionalisme et indépendance*, 106; ST. STANCEV VAKLINOV, *L'Orient et l'Occident dans l'ancien art bulgare du VIIᵉ au Xᵉ siècle*, in *Corsi di cultura sull'arte ravennate e bizantina*, Ravenna, 1968, 241-254 (Università degli studi di Bologna, Istituto di antichità ravennati e bizantine).

(11) Ed. GUILLOU, *Régionalisme et indépendance*, 270, l. 10 (752).

(12) ID., *Régionalisme et indépendance*, 108.

themselves in the Exarchate, were still pagan: they were animists; if we are to believe later sources, they worshipped the god of thunder, rivers, nymphs, forests, lakes, birds, fire, stars, the moon and the sun; but they believed in the immortality of the soul, and had family cults of house spirits and lares ([13]). The most cherished religious practices of seventh-century Byzantines were very similar: in town as well as country one visited sorcerers and diviners; one interpreted the shape or movement of clouds; one predicted the future; at the new moon one danced round a fire; one swore by pagan divinities; one sought from amulets and icons the cures which doctors had not given, if they indeed were consulted; moreover, in Byzantine Italy, in large towns, priests paid devotions to idols, and in certain regions peasants were mentioned who worshipped forests, stones and trees: in certain cases the Byzantine administration extracted money for authorizing these pagan sacrifices.

A linguistic map of the Exarchate, if one could draw it, as of Asia Minor, Macedonia or any other region of the Empire, would reveal a motley collection of languages, which corresponded to the diverse ethnic groups scattered there. In the countryside and even in Ravenna one could certainly hear talk in Latin, Greek, Goth, Avar and the Sklavene and Bulgar dialects. But the common language of the population was Latin, as it was during the Gothic period. The officials and soldiers who were appointed at Ravenna knew enough Latin, I suppose, to make possible preliminary contacts.

After all, who knew Greek at Ravenna in the seventh century ? The following story, told by the chronicler Agnellus, a family story, reveals the truth: in the third quarter of the century, the Exarch Theodore's notary died; and this high Greek official was searching in vain for a competent man to replace him; his confidants finally recommended a young man of excellent local family, who was called Johannicis, a name which corresponds to the Greek Ἰωαννίκης. The Exarch summoned him for a test, and snapped him up when he found that he could translate an imperial letter at first reading from Greek into Latin. The Exarch was disappointed only in that the young man had been so poorly endowed by nature; he was

---

(13) L. NIEDERLE, *Manuel de l'Antiquité slave*, I, 2, Paris, 1926 (Collection de manuels publiés par l'Institut d'Etudes slaves), 129-138, 168.

short and ugly ([14]). It is most likely that a man like Johannicis was a great rarity in Ravenna.

Poetry, chronicles, ecclesiastical works were written in Latin. The famous *Rotulus*, which has recently been re-edited, was written in Latin; it was a long poem composed for the Advent liturgy about the Incarnation of Christ, a subject which preoccupied the whole Byzantine world in the seventh century; when one reads it, one finds it hard which to admire more – the clever versification or the purity of the traditional language of the Church ([15]).

However, there is another aspect to this culture. All the surviving notarial documents, whether signed by high Byzantine officials or by private individuals who were certainly prosperous and might have been Latin, eastern or Goth, were written in Latin; but the language of these documents is no longer the traditional literary Latin; it was a transition toward the written Latin of the seventh century, which was filled with Greek derivatives and constructions, the language of a milieu which doubtless knew Greek but wrote Latin and intended to parade its Latin culture by quotations from classical Latin poets and prose writers, a language which was unfaithful to the classical tradition in both its morphology and its syntax. It was a crude style of a mostly illiterate world; a world whose members can be encountered as late as the ninth century, when the Byzantine administration had long before departed from northern Italy a century and a half before.

Nevertheless, these documents, of both the classicizing and the barbarizing variety, are the product of a restricted milieu. Its vocabulary was that of a narrow, governmental society; it adopted Greek terms for clothing, jewels, lay and ecclesiastical offices and terms of biblical language. It was a society which was also able to produce the moving funeral inscription in Greek, in which the Exarch Isaac expressed all his affection for his vanished young nephew, and which ends as follows:

"Εκλαυσε πικρῶς ἐκ βάθους τῆς καρδίας
Ὡς πρὸς πατρὸς μὲν θεῖος αὐτοῦ τυγχάνων
"Εχων δὲ πρὸς αὐτὸν σπλάγχνα πατρ.κοῦ πόθου ([16])

---

(14) AGNELLUS, *Liber Pontificalis ecclesiae Ravennatis*, § 120, ed. O. HOLDER-EGGER, in M.G.H., *Scriptores rerum Langobardicarum et Italicarum saec. VI-IX*, Hanover, 1878, 356-357.
(15) A local culture of a high level since it also produced the famous series of sarcophagi.
(16) The best edition is that of MONTFAUCON, *Diarium italicum*, Paris, 1702, 98; see a drawing of the inscription in *P.L.*, CVI, cols. 593-594. One must compare the language of

i.e., « Bitterly did he weep from the depth of his heart; he was his paternal uncle, but he felt a father's love and suffered a father's loss ».

This, I believe, is an instance of imported culture, since in other respects one has the impression that Greek was absent from this Byzantine territory, an impression which very probably would be reinforced if monuments had survived in the provincial centres. The population spoke Latin, but, whatever their origin, they prayed to God for the salvation of the emperor in Constantinople.

Religious monuments were likewise Latin. Archaeologists no longer speak of a Byzantine origin for the buildings of Ravenna. The architecture of the basilicas, of S. Apollinare in Classe, of S. Apollinare Nuovo, of S. Giovanni Evangelista, derived from the Roman tradition; the mausoleum of Theodoric or that ascribed to Galla Placidia, the baptisteries of the Arians and of the Orthodox, the domed octagonal church of S. Vitale, were all built in the fifth century or in the first half of the sixth, and they were all built by local architects. Since the Gothic period they often imitated Constantinople and adopted decorative or iconographic themes from the art of the Greek capital: Christ, the two archangels, S. Vitale and bishop Ecclesius in the apse of S. Vitale are instances of that; also the processions of saints, prophets and apostles; finally, the small scenes depicting the miracles and Passion of Christ against a gold background in the three registers in the nave of S. Apollinare Nuovo – except that this decoration dates from 526. Some eastern saints, Polycarp of Smyrna, Euphemia of Chalcedon, Pelagia of Antioch, were recommended for the pious devotions of the people of Ravenna; but the others were all African, Spanish or Italian. The Magi scene in S. Apollinare Nuovo, was a western scene; similarly, the allegorical representation of the Transfiguration in S. Apollinare in Classe (from 549) was an archaic trait derived from the Ravenna tradition, as was the fine figure of S. Apollinare orant, which reminds one of the art of the catacombs.

A close adherence to the local Latin tradition and a taste

---

this text, which, in my opinion, has been commissioned by the Exarch, with that of the bilingual funeral inscription written on Isaac's sarcophagus: the Greek text of the latter is rather gauche, as is also the literal translation (βασιλέων is translated *regum*, see below n. 42): ed. H. DUTSCHKE, *Ravennatische Studien. Beiträge zur Geschichte der späten Antike*, Leipzig, 1909, 11-12.

for introducing eastern decoration would have been natural when the patron was a local Greek banker, as seems to have been proved, for example, for S. Vitale. Above this local aspect of Ravenna culture of the sixth century, and providing it with its context, there was an evident political propaganda of the Byzantine administration, which has left its mark on the monuments. This administration substituted their own claims to sovereignty for those of the Ostrogoth kingdom by replacing, for instance, the procession of Theodoric's court in the lower register of S. Apollinare Nuovo, the palace church of the Ostrogoth king, by a row of male and female saints. Such claims were brilliantly expressed in the two votive panels of Justinian and Theodora in S. Vitale. They were expressed in the seventh century by generous concessions of considerable fiscal privileges to the church of Ravenna, which had become the representative of local economic power, and I refer to the heavily restored mosaic in the choir of S. Apollinare in Classe ([17]).

Such sources, or products as I prefer to call them, left by the civilization of the Exarchate, which I have hitherto used, now raise only few important problems for scholars, whether archaeologists or students of written material. This is not true of those which I shall now use. A few years ago, in a remarkable article, a historian of Italian art, G. de Francovich, reconsidered the best-known Lombard works of art; and by pushing a line of argument, which others had begun ([18]), to its logical conclusion he distinguished two categories among these works, one Lombard, the other not: this category seemed to him to have a special character – in inspiration, style and technique – which distinguished it both from Lombard and from eastern products ([19]). This discovery has not, to my knowledge, been disputed; but neither has any use been made of it, although it upsets accepted general views about the art of the Italian peninsula in the early Middle Ages and significantly increases the quantity of sources for the civilization of the Exar-

(17) GUILLOU, *Régionalisme et indépendance*, 85.

(18) P. TOESCA, *Storia dell'arte italiana*, I, *Il Medioevo*, Turin, 1927, 270-285; A. HASELOFF, *La scultura preromanica in Italia*, Florence, 1930, 47-64; L. KARAMAN, *Notes sur l'art byzantin et les Slaves catholiques de Dalmatie*. in *Deuxième recueil Th. Uspensky*, Paris, 1932, 338-351, and especially BIANCA MARIA FELLETTI MAJ, *Echi di tradizione antica nella civiltà artistica di età longobarda in Umbria*, in *Atti del II Convegno di Studi umbri (Gubbio, 1964)*, Perugia. 1965, 317-341, who, unfortunately, does not know de Francovich's paper.

(19) G. DE FRANCOVICH, *Il problema delle origini della scultura cosidetta 'Longobarda'*, in *Atti del I Congresso internazionale di studi longobardi, 1951*, Spoleto, 1952, 255-273.

chate. Since these products removed from Lombard art seem to me to conform exactly to the social structure which I believe I have discerned in the Byzantine province of Italy from the sixth through the eighth centuries ([20]), I now turn to look through the eyes of a Byzantinist from the vantage point of Ravenna at some of these products, i.e., artifacts, of a civilization which reveal an aspect not quite as refined as that which we have seen hitherto.

As I am not a specialist in art history, my conclusions can only be considered a hypothesis — a hypothesis, which is based on the examination of a few objects which seem to me significant and which I use as a sample. The hypothesis will, I hope, be confirmed by a general, specialized study of the archaeological and artistic materials.

The vital piece of evidence is, in my opinion, an object which is considered a unique example of one sort of Lombard production in the seventh century, and which is reproduced as such in textbooks and encyclopedias ([21]). It is a small plaque, which is supposed to have decorated the helmet of a Lombard military leader and to have represented the apotheosis of the Lombard king Agilulf, at the beginning of the seventh century. It is preserved in the Bargello Museum in Florence. The ground for such an attribution was that this piece of gilded copper was found in a tomb within the Lombard dominions, near Lucca; in reality this proves nothing. The letters beside the head of the enthroned personage have been read as D(ominus) N(oster) or Domini Nostri, Agilulfus or Agilulfi ([22]). Embarrassed by the quality of the workmanship, some scholars have concluded that it shows Byzantine influence ([23]), others, that a workshop survived under the Lombards, faithful to the Roman tradition ([24]). But the symmetrical composition around a central axis, as for example in the hunting scene and the scene of a city's surrender, which appears also on the casket at Troyes, is typically oriental ([25]); while the two crowns, which are carried

---

(20) GUILLOU, Régionalisme et indépendance, 147-202.

(21) I cite, as examples, TOESCA, op. cit., 274-275 and fig. 167, Enciclopedia italiana, s.v. « Agilulfo ».

(22) Cfr. Pl. II. Dimensions: mm 183 × 67.

(23) For instance, TOESCA, op. cit., 275.

(24) For instance, KL. WESSEL, Ikonographische Bemerkungen zur Agilulf-Platte, in Festschrift Johannes Jahn zum XXII. November 1967, Leipzig, 1967, 65.

(25) See G. DE FRANCOVICH, Il concetto della regalità dell'arte Sasanide e l'interpretazione di due opere bizantine del periodo della dinastia macedone, in Arte lombarda, IX (1964), 1-19. One should read the whole of this article, which makes an important contribution to the knowledge of the imperial imagery (adventus imperatoris, imperial hunt).

by the representatives of subjected cities, are Lombard crowns; fortunately one such crown has survived for us in Italy, found in Giulianova near Ancona; it is decorated, but with human or animal figures which have very few connections with reality ([26]). The theme of the conquered offering up the city to the conqueror has long been familiar in the art of Constantinople, as, for instance, on the column of Arcadius ([27]); the towers, representing the subjected city, are, for example, like those of the Dumbarton Oaks pyxis (dating from the sixth century) ([28]); counterparts of the two winged victories, carrying here the *labarum* with the inscription *VICTVRIA*, are found already in the art of classical Greece ([29]). The emperor without crown does appear on Byzantine coins ([30]); seated on a throne, his feet resting on a footstool, he receives the conquered with the gesture of speech ([31]); the two spathars flanking him carry round, embossed shields and lances, and plumed helmets, which are mentioned in Byzantine military tactical works ([32]). All elements of this scene can be found on the column

---

(26) See a good photograph in E. VON UBISCH and O. WULFF, *Ein Langobardischer Helm in königlichen Zeughause zu Berlin*, in *Jahrbuch der königl. preussischen Kunstsammlungen*, XXIV (1903), fig. 2 and a separate colour plate, and for other helmets the study of P. POST, *Der kupferne Spangenhelm. Ein Beitrag zur Stilgeschichte der Völkerwanderungszeit auf waffentechnischer Grundlage*, in *Deutsches archäol. Institut. Römisch-germ. Kommission, 34. Bericht* (1954), 115-150.

(27) See A. GRABAR, *L'empereur dans l'art byzantin*, Paris, 1936, 54-57 (Publications de la Faculté des Lettres de Strasbourg, LXXV).

(28) See W. FR. VOLBACH, *Frühchristliche Kunst*, Munich, 1958, fig. 236, top left.

(29) It is known that this winged victory and the legend *Victoria Aug.* disappear from the Byzantine coins during the first reign of Justinian II (685-695): cf. J. BRECKENRIDGE, *The Numismatic Iconography of Justinian II*, New York, 1959, 47-49 (Numismatic Notes and Monographs, CXLIV). On the reverse of a sesterce of Trajan, the winged victory is standing and presents a disc (a shield ?) inscribed *VIC. DAC*, which is supported by a column (cf. for instance, A. BELLINGER and MARJORIE ALKINS BELLINCOURT, *Victory, as a coin type*, New York, 1962, pl. XII, 3 [Numismatic Notes and Monographs, CXLIX]; it is a common motif on Roman imperial coins; one can find examples in H. COHEN, *Description historique des monnaies*, XX/7, Paris-London, 1888; the *labarum* is the emblem of the triumphant general, it is often held by the emperor from the fourth century; see, for example, COHEN, op. cit., VII, 420, no 111; one should note that the *labarum* of our plaque is that of the archangels Michael and Gabriel on either side of the apse of S. Apollinare in Classe (FR. W. DEICHMANN, *Frühchristliche Bauten und Mosaiken von Ravenna*, Baden-Baden, 1958, fig. 402, 403).

(30) Admittedly, on coins, examples are rare: see W. WROTH, *Catalogue of the Imperial Byzantine Coins in the British Museum*, I, London, 1908, pl. XXVII, nos 11, 12, 13, 14, etc. (Heraclius). One should note that the hair style is shaped like that of Christ on the reverse of Justinian's II coins (cf. BRECKENRIDGE, op. cit., pl. V, 30), but one should also remember that Theodoric, King of the Ostrogoths (495-535), was represented with a similar hair style: cf. P. E. SCHRAMM, *Herrschaftszeichen und Staatssymbolik*, Stuttgart, 1954, pl. 14 (Schriften der Monumenta Germaniae Historica, XIII/1).

(31) This gesture has been interpreted by H. P. L'ORANGE, *Iconography of Cosmic Kingship*, Oslo, 1953, cf. especially 171-183.

(32) PSEUDO-MAURITIUS, *Strategikon*, ed. J. SHEFFER, Uppsala, 1664, 20.

of Arcadius ([33]); but the last votive offering of barbarians, known
today, is that on the Barberini diptych of the sixth century ([34]).
I find that the *labarum,* as emblem of imperial victory, was no
longer used in the seventh century, i.e., no longer used in Constantinople ([35]). There is another oddity about this object: the bearded
emperor, who has Byzantine imperial slippers on his feet, seems
to be wearing trousers, which are no part of the imperial costume:
one may perhaps explain them as a false reading of the seated
figure's imperial chlamys, which was pressed in by the loros ([36]);
only a provincial craftsman would have made such a mistake.
Another oddity: the seated figure holds in his left hand a short,
sheathed sword, which rests on his left knee, a sword with a little
guard and hilt; this sword does not resemble any surviving Lombard
or Frankish swords ([37]); and one may observe that a short sword
is held by the enthroned Sassanid emperor, but between his legs
– as the one symbol of his power ([38]) – and that it reappears in
the left hand of the Emperor Basil II who is standing in military
costume in the eleventh-century Psalter of the Marciana ([39]).
Another oddity: the figures carry the crowns of the conquered
on small cushions, in the western manner ([40]). In conclusion, style
and technique of the plaque demonstrate that it cannot be Lombard; everything connects it with official Byzantine imagery. The
heavy-handed execution, certain archaic traits and other traits which
can only be explained by provincial manufacture seem to me to
entail an attribution to a provincial workshop, influenced by Constantinople as regards the theme and composition, and connected

(33) See GRABAR, *L'empereur dans l'art byzantin,* 54-55 and pls. XIV and XV.
(34) Ibid., 55-56.
(35) Ibid., 168.
(36) This ingenious interpretation was suggested to me by my colleague Mrs Doula
Mouriki – I am most grateful to her; cf., for example, R. DELBRUECK, *Die Consulardiptychen,*
Berlin-Leipzig, 1929, volume of plates, pl. 21: Anastase, 517 (Studien zur spätantiken Kunstgeschichte).
(37) Cf., for example, E. SALIN and A. FRANCE-LANORD, *Rhin et Orient,* II: *Le fer à
l'époque mérovingienne. Etude technique et archéologique,* Paris, 1943, 116-119.
(38) One example on a silver dish, preserved in the Hermitage Museum, representing
Chosroes I (531-578) among four dignitaries; cf. K. ERDMANN, *Die Kunst Irans zur Zeit der
Sasaniden,* Berlin, 1943, pl. 67.
(39) Cf. I. ŠEVČENKO, *The illumination of the Menologium of Basil II,* in *Dumbarton
Oaks Papers,* XVI (1962), pl. 17.
(40) I have in mind the early Christian sarcophagi which represent the *oblatio* of the
Magi: cf., for example, G. WILPERT, *I sarcofagi cristiani antichi,* Rome, 1929-1936, pls. 96,
166 (4), 178 (1), 179 (2), etc., and, for a very clear example of a possible model, pl. 219 (1).
In some cases it is not clear whether the Magi in fact carry cushions, but the objects in their
hands could have been interpreted as cushions by the engraver of the plaque.

with a Latin province, particularly since the inscription near the head of the enthroned figure, in a manner well-known in the Byzantine Empire ([41]) but unknown in the Lombard kingdom, is written in Latin. In my opinion, it should be read vertically and in the following way:

> BA (sign of abbreviation), for BA(sileus)
> IVCTIN, for IVCTIN(ianus) ([42]).

As the word *basileus* first appeared among the official imperial titles in 629, this plaque probably represents Justinian II ([43]) accepting the surrender of conquered Lombards; there is no need to ask whether a particular event is commemorated, for this was an image used by imperial propaganda of which there were probably several examples; it was probably meant to be attached to a casket by rivets, the holes of which are visible, and to be followed or preceded by other scenes on the other sides of the casket.

We find this same clientele with military tastes, this same workmanship and technique of manufacture, in a fragment of carved ivory ([44]) representing an armed cavalryman on horseback, holding a lance and wearing a plumed helmet. This object too must have come from a casket. It was found in a seventh-century tomb in Nocera Umbra (E. of Perugia, region Umbria), on the military Byzantine road going from Fano to Rome. Two other objects were found on the same site: a gold decoration for a saddle, of which the central piece bears a Greek monogram ([45]); and the

---

(41) See, for a very ancient example, E. COCHE DE LA FERTÉ, *L'Antiquité chrétienne au Musée du Louvre*, Paris, 1958, 10, no 5 (Vth century) and p. 87.

(42) This reading was suggested to me by the identification of the first letter, which is surely a B rather than a D. The abbreviation βα for βα(σιλεύς) is known from the earliest surviving official Greek documents of the beginning of the XIth century (see the protocols of the imperial chrysobulls of the XIth century, transcribed by F. DöLGER, *Die Entwicklung der byzantinischen Kaisertitulatur und die Datierung von Kaiserdarstellungen in der byzantinischen Kleinkunst*, in *Byzantinische Diplomatik*, Ettal, 1956, 144), and can, therefore, be considered very ancient. It is also found in the legends in Latin on coins (cf., for example, W. WROTH, *Catalogue of the Byzantine coins*, II, London, 1908, p. 416 and pl. XVLIII, 9: tremisses of Michael II at the beginning of the IXth century). There was no Latin equivalent of this title known at Ravenna in the middle of the VIIth century; for βασιλεύς is wrongly translated by *rex* in a funeral inscription of the Exarch Isaac (see above n. 16 and the article mentioned in the following note). And this, in my opinion, explains why, at Ravenna, during the reign of Justinian II, βασιλεύς was simply transcribed *basileus*. Cfr. Pl. II.

(43) See L. BRÉHIER, *L'origine des titres impériaux à Byzance.* βασιλεύς *et* δεσπότης, in *Byzantinische Zeitschrift*, XV (1906), 172-173.

(44) See Pl. III. (Rome, Museo dell'Alto Medioevo; provenance: Nocera Umbra, tomb 59).

(45) See Pl. IV, top (Rome, Museo dell'Alto Medioevo; provenance: Nocera Umbra, tomb 5). Such monograms inclosed within « boxes » are datable to the VIth century; this one is like those discovered in St. Polyeuktos at Sarachane (see C. MANGO and I. ŠEVČENKO,

boss of a shield (⁴⁶), similar to those in the hands of the spathars on the plaque, which I consider to belong to the time of Justinian II, probably representing an infantry battle above a decorative band of acanthus leaves which rests on a braided border.

One may attribute a similar provenance for a damaged gilded bronze plaque which is now preserved in the Bargello Museum (⁴⁷): the charging warrior with a lance shows a technique which is known from the plaque of Constans II, preserved in the Hermitage Museum (⁴⁸); the style recalls that of some Coptic or Sassanian textiles. This object too cannot have been of Lombard manufacture, as was thought until recently (⁴⁹); for Lombard productions reveal an exclusive taste for abstract designs (⁵⁰), a taste which they took over from the inhabitants of the steppes. Two examples of this Lombard taste will be adequate to prove here the truth of this: one side of the reliquary in the Coire cathedral in the Grisons, in Switzerland (⁵¹), and a gold bracteate, preserved in the Cividale Museum, which represents a warrior on horseback (⁵²). Many others could be cited (⁵³).

On the same grounds of technique, and in particular on account of the style of composition, one should now attribute many other objects to workshops in the Exarchate and doubtless in Ravenna itself: the closely related Tuscania (⁵⁴) and Aquileia (⁵⁵)

Remains of the Church of St. Polyeuktos at Constantinople, in *Dumbarton Oaks Papers*, XV (1961), 246 and fig. 13, for which it has been impossible to suggest a reading, and like the Byzantine «hallmarks» incised on silver vessels: see ERICA CRUIKSHANK DODD, *Byzantine Silver Stamps*, Washington, 1961, Table I (Dumbarton Oaks Studies, VII). I am most grateful to my colleagues C. Mango and I. Ševčenko, who helped me with their expertise.

(46) See Pl. V (Rome, Museo dell'Alto Medioevo; provenance: Nocera Umbra, tomb 1).

(47) See Pl. VI.

(48) See DELBRUECK, op. cit., pl. 57.

(49) See J. BAUM, *La sculpture figurale en Europe à l'époque mérovingienne*, Paris, 1937, 61, 76; another copy of this object (dimensions: mm. 100 × 75) is preserved at Berne (Bernisches Historisches Museum, no 14492); see BAUM, op. cit., pl. XII, 24.

(50) As DE FRANCOVICH proved in his masterly article: *Il problema* etc., in *Atti del I Congresso internazionale di studi longobardi, 1951*, Spoleto, 1952, 255-273.

(51) See Pl. VII One should note the lack of symmetry in the decoration and its disorderly appearance.

(52) See Pl. VIII. One should observe, as in the above note, the disorderly design inside the framework, and the highly schematic representation of the horseman.

(53) A firts list can be found in the article of de Francovich; cf. n. 50.

(54) S. Maria Maggiore, ambo; see Pl. IX.

(55) See Pl. X. The composition in squares framing circles is known around the mid-sixth century in Cyrenaica, for example (R. M. HARRISON, *A Sixth-Century Church at Ras el-Hilal in Cyrenaica*, in *Papers of the British School at Rome*, XXXII, 1964, pl. V, b, from the second or third quarter of the sixth century). The decoration is obviously oriental: the palmettes, which decorate the corner-triangles, are those of several capitals – of St. Polyeuktos at Sarachane (Istanbul) (R. M. HARRISON and N. FIRATLI, *Excavations at Sarachane in Istan-*

ambo plaques, the very fine plaque from the chancel of Cividale ([56]), which was long considered one of the finest pieces of Lombard sculpture and which resembles Byzantine ivory work by so many traits, and the plaque from Sirmione in the province of Brescia ([57]), which, for the choice of motifs, seems a counterpart of it.

One should make a similar attribution for certain other objects, chiefly because they were found in one of the tombs at Nocera Umbra, like the saddle decorations and the ivory fragment with a horseman. I will present here only three of them: a bronze

bul. Fourth Preliminary Report, in *Dumbarton Oaks Papers*, XXI, 1967, 276 and fig. 14), in the Cairo Museum (ibid., fig. 68), on the northern and southern ends of the facade of S. Marco in Venice (which perhaps came from St. Polyeuktos: see HARRISON and FIRATLI, 276), of S. Vitale at Ravenna (DEICHMANN, op. cit., figs. 297, 301, 303, 304), and also on the arch of the ciborium of John VII (705-707) at S. Maria Antiqua in Rome (P. ROMANELLI and P. J. NORD-HAGEN, *S. Maria Antiqua*, Rome, 1964, pl. 9 b); the technique of their carving, as well as the stylized leaves flanking the palmettes, which together recall the traditional canthari, reappear in the monuments cited above; the triangular bunches of grapes, hung on leaves which are not vine leaves, are also known in sixth-century Constantinople (A. GRABAR, *Sculptures byzantines de Constantinople (IV⁻-X⁻ siècle)*, Paris, 1963, pl. XXV, 2 (Bibliothèque archéologique et historique de l'Institut français d'archéologie d'Istanbul, XVII); they will be imitated at St. Gregory in Boeotia at the end of the ninth century (GRABAR, ibid., pl. XLIII, 3, 4); leaves stylized in the same way, with bunches of grapes filling the voids, recur again in the twelfth century, when they form an independent type of decoration inside gold icon frames (see, for example, KL. WESSEL, *Die byzantinische Emailkunst vom 5. bis 13. Jahrhundert*, Recklinghausen, 1967, no 55, p. 176). The carved decoration of the frame and its plaitwork, recur for example on the fragments of the ambo of Serres, which were attributed to the ninth century, but were inspired by much older models (GRABAR, ibid., 86-87 and pl. XXXVIII, 3). I am most grateful to my colleagues Mrs Nancy Ševčenko and R.M. Harrison, who suggested several of the comparisons used in this note.

(56) See Pl. XI. One should first note the perfect symmetry of the composition. The plaited cross, which stands over the tree of life, the two candelabra raised on three steps (as the cross on the reverse of the coins of Justinian II), the lower cross decorated with stylized leaves (see the previous note for the technique), the three symbolic animals which flank it (the lower two recur for example on a plaque which was re-used in the South wall of the Treasury of S. Marco at Venice: see O. DEMUS, *The Church of San Marco in Venice*, Washington, 1960, fig. 25 (Dumbarton Oaks Studies, VI); the lions recur on a chancel plaque, ibid., fig. 30), the bunches of grapes, the ivy leaves which decorate the circles containing the symbols of the Evangelists – these are all symbolic ornamentation, which was familiar to sculptors in the East (see, for example, GRABAR, *Sculptures byzantines de Constantinople*, passim.). The four winged animals of the Apocalypse are the four Evangelists, as it is attested by the inscriptions which they bear: eagle-John, man-Matthew, bull-Luke, lion-Mark; the symbolism derives from the early Christian period, perhaps from the second century, as C. NORDENFALK, *An Illustrated Diatessaron*, in *The Art Bulletin*, L (1968), 130-137, boldly suggests, who unfortunately knows nothing of Augustine's commentary (*P.L.*, XXXIV, col. 1046), which might have made him somewhat sceptical of the stemma which he believed could be drawn from the various personifications of the four animals and their eastern or western character. In the fifth century, Augustine knew of two interpretations: St-Jerome's, eagle-John, man-Matthew, bull-Luke, lion-Mark; and a second, which he preferred, eagle-John, lion-Matthew, bull-Luke, man-Mark; and there was another, older interpretation, that of St. Irenaeus (end of the second century), lion-John, man-Matthew, bull-Luke, eagle-Mark, and this was often, but not always, that of the Greek East. Our plaque has Jerome's interpretation, which Augustine rejected. Such were the three interpretations; I do not think that one can draw any conclusion from this.

(57) See Pl. XII.

lamp ([58]), a cult object that is but one among many examples for which a Syrian origin has been suggested ([59]); a bronze ewer, the pattern of which is, perhaps, Sassanian ([60]); and an ivory pyxis ([61]), which is one of a group of known pyxides from the early Byzantine period, all datable perhaps to the sixth century, and nearly all discovered in the West ([62]). The first scene on the pyxis represents the sacrifice of Isaac; the second, Daniel in the den of lions ([63]) – doubtless of eastern iconography ([64]), but one should note that this type of object was especially valued in the West ([65]) and that the execution reveals a crudeness which would not appear in the products of workshops in Constantinople or Alexandria, which were very experienced at working with ivory.

I suggest that these objects, and the Tuscania ambo, the chancel plaques of Cividale, Aquileia and Sirmione, and Bobbio and others too, were made not in Lombard workshops, but at Ravenna.

And now, this Nocera Umbra pyxis – which may have had a lay use ([66]) – allows me to turn to a group of objects which were

(58) See Pl. XIII (Rome, Museo dell'Alto Medioevo; provenance: Nocera Umbra, tomb 30).

(59) Cf. M. C. Ross, *Catalogue of the Byzantine Early Mediaeval Antiquities in the Dumbarton Oaks Collections*, I: *Metalwork, Ceramics, Glass, Glyptics*, Washington, 1962, nos 32, 35, 36 and especially 34. For an identical bronze lamp of unknown provenance, with a ring and a bird (?) for lifting the top to pour in oil, see P. R. Garrucci, *Storia dell'arte cristiana*, VI, Prato, 1880, pl. 468, fig. 5.

(60) Pl. XIV: Nocera Umbra, tomb 17 (= Rome, Museo dell'Alto Medioevo). Cf. A. Pasqui, in *Monumenti Antichi*, XXV (1919), 197-198 and fig. 45, who by mistake says that it is a silver vase; height 180 mm. The shape is that of a bronze Persian vase preserved in the Herat Museum (cf. R. Ettinghausen, *The Wade Cup in the Cleveland Museum of Art*, in *Ars Orientalis*, II, 1957, 332 and fig. 36). The decoration with palmettes and ivy leaves cannot have been of Lombard origin; cf. J. Werner, *Italisches und koptisches Bronzegeschirr des 6. und 7. Jahrhunderts nordwärts der Alpen*, in *Mnemosynon Theodor Wiegand*, München, 1938, 83 and fig. 28, 1.

(61) W. Fr. Volbach, *Elfenbeinarbeiten der Spätantike und des frühen Mittelalters*, Römisch-germanisches Centralmuseum zu Mainz, Katalog, VII, Mainz, 1952, no 164, p. 78.

(62) Volbach, ibid., 77-89.

(63) See Pl. XV and XVI (Rome, Museo dell'Alto Medioevo; provenance: Nocera Umbra, tomb 39).

(64) Cf. I. Speyart van Woerden, *The Iconography of the Sacrifice of Abraham*, in *Vigiliae Christianae*, XV (1961), 229.

(65) At least to judge by the overwhelming proportion found in the West. It was hitherto thought that the pyxides had a liturgical purpose (for the Host, or for relics), considering the iconography of almost all of them (see Volbach, *Elfenbeinarbeiten*, 77, and *Dictionnaire d'archéologie chrétienne et de liturgie*, s.v. « Pyxide »). But the provenance of the Nocera Umbra pyxis, which came from a soldier's tomb, seems to suggest that it was used by a layman. It does not seem to me that a religious iconography conflicts with this, since such iconography was very generally used (Guillou, *Aspects de la civilisation byzantine*, in *Annales*, XXIV, 1969, in the press). If one admits that our pyxis and certain others were manufactured in Ravenna, one must asks where did the ivory come from.

(66) See the previous note.

intended exclusively for lay use: jewels and household utensils. A group of gold earrings, decorated with garnets: two, found in a Nocera Umbra tomb ([67]), have the design of seated birds, and one should also note the decoration in gold thread (filigree), which was frequently used in Byzantine jewelry ([68]); three come from a tomb at Castel Trosino near Ascoli Piceno (region Abruzzi) and the frontier of the Byzantine Pentapolis ([69]). A wedding-ring, again from Castel Trosino ([70]). Three gold brooches from Castel Trosino – one ([71]) decorated with an old cameo in the centre and garnets, while the other two are of very delicate workmanship with a rich embellishment of gold thread ([72]). Other jewels of the same type are known from other parts of the Empire and from outside; for instance, the analysis of the bronze cores of jewels from certain seventh-century barbarian tombs in eastern France proves that they are imported objects ([73]). Finally, a gold brooch from Nocera Umbra is more classical in design; in the centre one can discern the bust of a woman whose hair is done according to an entirely Roman tradition; the double beaded border which surrounds her derives from the same tradition ([74]).

I think I may say that all these objects bear some resemblance to each other. This would be more obvious if one were to add to my sampling other sculptures which have hitherto been

(67) See Pl. XVII (Rome, Museo dell'Alto Medioevo ; provenance : Nocera Umbra, tomb 164).

(68) See, for example, the decoration of the frame of the big cameo of Honorius and Maria in the Ed. de Rotschild collection (L. BRÉHIER, *La sculpture et les arts mineurs byzantins*, Paris, 1936, pl. XVI), and that of the twelfth-century gold medaillon (WESSEL, *Die byzantinische Emailkunst*, no 44), etc.

(69) See Pl. XVIII *a*, *b*, Pl. XIX; one finds the same decoration in gold thread, considered in the previous note.

(70) See Pl. XX (Rome, Museo dell'Alto Medioevo).

(71) See Pl. XXI (Rome, Museo dell'Alto Medioevo; provenance: Castel Trosino, tomb 16).

(72) See Pl. XXII, XXIII (Rome, Museo dell'Alto Medioevo; provenance : Castel Trosino, tomb 16).

(73) These brooches, found in different sites beside clearly « barbarian » objects, are attributed to Byzantine art and associated with the numerous jewels which came to Gaul or Germany directly from Constantinople or Italy (E. SALIN, *Le Haut-Moyen-Age en Lorraine d'après le mobilier funéraire. Trois campagnes de fouilles et de laboratoire*, Paris, 1939, 144, 146, 147-151, and pl. XVII, 6, 7, 8 a and b). A similar analysis should be done of the jewels and metal objects found in « Lombard » tombs in Italy; it should corroborate my attributions. The jewels found in France are dated to the second half of the sixth century; and one knows that the Lombard tombs are dated (from the coins) to the beginning of the seventh century. The evidence is therefore consistent.

(74) See Pl. XXIV (Rome, Museo dell'Alto Medioevo; provenance: Nocera Umbra, tomb 39). One should compare the head of a fifth-century Empress, preserved in the Castello Sforzesco in Milan (VOLBACH, *Frühchristliche Kunst*, pl. 68), and that of St. Anne in S. Maria Antiqua in Rome (ROMANELLI and NORDHAGEN, *S. Maria Antiqua*, pl. 19).

considered Lombard but which are not, and other jewels found in Lombard tombs or preserved in museums, which are quite distinct from true Lombard products. A complete inventory will have to be made by archaeologists ([75]).

One should add to this group some of the bronze basins found in Lombard tombs in Italy, two of which come from Castel Trosino ([76]). Others penetrated as far as England, Spain, along the Rhine, and Central Europe. They were long thought to be of Coptic manufacture, but twenty years ago German archaeologists restored part of them to the Exarchate; Byzantinists, however, have made no use at all of this discovery ([77]).

All these objects were produced in considerable quantities and are of a significant quality. They are distinct from Lombard products in that they represent real figures and show respect for the true lines of the subject, for composition and for symmetry. It was a classical heritage, perhaps a local heritage; it felt the influence of the East and it revealed vivacity and dynamism, which taken together formed its originality.

It was the art of a tightly-knit social group, clergy, laity, officials, soldiers, representing new social classes which had formed during the seventh century in the Exarchate. This social group did not break with local tradition, but it expressed itself in its own new and original way.

Were they barbarians who were being civilized or civilized people who were being barbarized ? This is an important and relevant problem when one studies these earrings and brooches, the plaque from the Bargello Museum, the pyxis, the chancel plaques – all products of one civilization – which have a high historical interest, although they cannot be compared for artistic value with other contemporary works or with works which preceded or followed them in time, in the Exarchate and the rest of the Byzantine world.

---

(75) And it will be probably necessary to reconsider the origins of the « tempietto » of Cividale sculpture; also those of the Castelseprio paintings.

(76) See Pl. XXV and XXVI.

(77) From the J.WERNER's study, *Italisches und koptisches Bronzegeschirr des 6. und 7. Jahrhunderts nordwärts der Alpen*, in *Mnemosynon Th. Wiegand*, Munich, 1938, 74-86; the bronze basins and vases which were manufactured in the Exarchate, whether meant for an ecclesiastical or lay use, can be divided on the basis of their shape into three categories: one (see pl. 26 and 28, shapes 3, 4, 8) has oriental decoration (of animals or vegetation) and is pure Ravenna work; the second is very probably also Ravenna work (see our Pl. XXV); the third derives from Egypt, but was imitated in the Exarchate (see our Pl. XXVI).

If the distinction between barbarians and civilization is, as Jacob Burckhardt defined it, the difference between the way of life of a savage who looks only to the present, and that of a man who includes both present and past in his outlook, who has ability to distinguish and to compare ([78]), it is clear, I think, from the evidence which I have examined, that we are facing a civilization on two planes, the one bound to its own past, the other opening out into a new life; and these planes reflect two different social groups, who had united to live in one land.

That is the conclusion of the inquiry which I have rapidly pursued. Our method has not always been a traditional one. If our results are accepted, a large body of archaeological evidence must be re-evaluated. Only then will Byzantine Italy reveal its true face, as a unity within a larger whole, the Byzantine Empire, from the sixth through the eighth century. With this evidence at hand, historians of Byzantine civilization will perhaps pay attention to the lessons of geographers, sociologists and economists: they will perhaps realize that regional studies must precede studies of Byzantium as a whole; until today, such general studies have too frequently stared at the Empire from the walls of the capital. But the solutions are more often to be found in the provinces – a lesson that certain more or less developed countries are learning, slowly and painfully.

André Guillou

(78) *Weltgeschichtliche Betrachtungen. Ueber geschichtliches Studium*, in *Gesammelte Werke.* IV, Bale, 1956, 6.

Imperial plaque (Justinian's II): photo Bertoni, Florence.

Warrior on horseback: photo Gabinetto Fotografico Nazionale, Rome.

Saddle ornaments: photo Gabinetto Fotografico Nazionale, Rome.

Boss of a shield: photo Gabinetto Fotografico Nazionale, Rome.

Lombard reliquary (from G. DE FRANCOVICH, *Il problema delle origini della scultura cosidetta 'Longobarda'*, pl. V, fig. 7).

Lombard bracteate (from C. Cecchelli, *I monumenti del Friuli dal secolo IV all'XI*, I: *Cividale*, Rome, 1943, pl. LXX, c).

Tuscania ambo: photo Alinari, Rome.

Aquileia plaque (from G. DE FRANCOVICH, *Il problema delle origini della scultura cosidetta 'Longobarda'*, pl. VIII, fig. 10).

Cividale plaque: photo O. Böhm, Venice.

Sirmione plaque (from G. DE FRANCOVICH, *Il problema delle origini della scultura cosidetta 'Longobarda'*, pl. IX, fig. 11).

Bronze lamp: photo Museo dell'Alto Medio Evo, Rome.

Bronze ewer: photo Museo dell'Alto Medio Evo, Rome.

Pyxis, *a*, Isaac sacrifice: photo Gabinetto Fotografico Nazionale, Rome.

Pyxis, b, Daniel in the den of lions: photo Gabinetto Fotografico
Nazionale, Rome.

Earrings: photo Gabinetto Fotografico Nazionale, Rome.

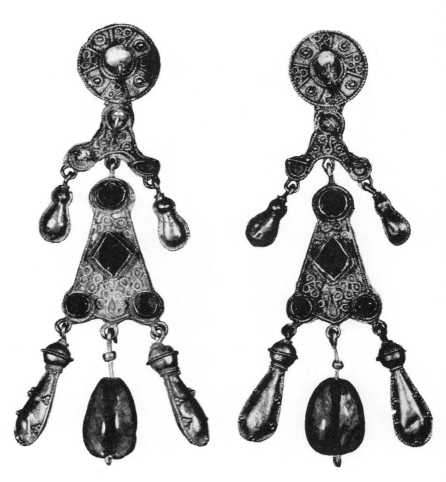

(a) Earring: photo Gabinetto Foto-   (b) Earring: photo Gabinetto Foto-
     grafico Nazionale, Rome.   grafico Nazionale, Rome.

Earring: photo Gabinetto Fotografico Nazionale, Rome.

Wedding ring: photo Gabinetto Fotografico Nazionale, Rome.

Brooch: photo Museo dell'Alto Medio Evo, Rome.

Brooch: photo Gabinetto Fotografico Nazionale, Rome.

Brooch: photo Gabinetto Fotografico Nazionale, Rome.

Brooch: photo Gabinetto Fotografico Nazionale, Rome.

Bronze basin: photo Gabinetto Fotografico Nazionale, Rome.

Bronze basin: photo Gabinetto Fotografico Nazionale, Rome.

IV

Le fonti diplomatiche greche
nel periodo bizantino e normanno in Italia

Atti del 4° congresso storico calabrese (Cosenza 1966)
Napoli 1969

Tale è l'argomento che il nostro illustre maestro, Ernesto Pontieri, mi ha invitato a trattare dinanzi a voi. Il titolo richiede una spiegazione. Per rispettare i limiti cronologici fissati per l'insieme dei nostri lavori, e solamente per questo, non parlerò, o quasi, dei documenti posteriori all'epoca normanna: la storia delle popolazioni greche che prosegue poi non verrà tradita, poiché la fine del XII secolo rappresenta per essa una sicura meta [1]. Ignorerò dunque gli ancor numerosi documenti greci del XIII secolo e quelli del XIV; ignorerò anche gli atti inviati dal potere bizantino alla Santa Sede, ad Ancona, a Pisa, o a Venezia, essi sono numerosi, ma di una natura tale che i destinatari bastano ad esprimerla: il dominio geografico che ci interessa qui è, infatti, quello delle popolazioni dell'Italia del Sud e della Sicilia.

Il piano di questa relazione sarà il seguente; descriverò dapprima lo stato delle fonti greche e cercherò, in seguito, di definirne il valore per la storia della civiltà materiale e spirituale.

I — *Inventario.*

Non riprenderò qui quello che ho già detto, ormai più di dieci anni fa, al X Congresso Internazionale di Studi Bizantini d'Istanbul e al Convegno Internazionale di Studi Ruggeriani di Palermo [2], dell'imperiosa necessità di mettere in cantiere il Corpus degli Atti greci dell'Italia del Sud e della Sicilia, progettato numerose volte, sempre aggiornato, ed i Regesti (accompagnati da carte scientifiche) dell'insieme degli atti conosciuti o soltanto menzionati, seguendo il *Plan* di Paul Marc. Ero stato incoraggiato a quel tempo dall'entusiasmo di famosi μεγάλοι γέροντες, Franco Bartoloni, a Palermo, e Silvio Giuseppe Mercati a Costantinopoli. Questi due nomi debbono essere ricordati qui e uniti a quello dello studioso che dovrebbe essere ancora tra noi, il mio amico Ciro Giannelli. È a loro che indirizzo l'esame di coscienza che segue.

Dopo un lungo lavoro di ricerca condotto nei depositi di archivi locali per riunire la documentazione originale o no destinata ad essere pubblicata, dopo aver consultato la bibliografia locale che serve da sostegno a questa prima indagine, dopo un periodo di tentennamenti durante il quale dovetti decidere, con le carte in mano se posso dire, un programma di pubblicazione, adottai una soluzione d'urgenza, come avviene nelle programmazioni dell'amministrazione contemporanea: simultaneamente alla redazione dei Regesti, cominciai a pubblicare degli inserti inediti, quello di S. Maria di Messina è uscito nel 1963 nella florida collezione diretta dal Prof. Bruno Lavagnini[3], gli atti greci di S. Maria della Matina saranno dati alla stampa della tipografia vaticana fra un anno circa, seguiranno probabilmente gli atti dell'Archivio Capialbi, già interamente trascritti, poi degli altri. Ogni volume sarà sempre corredato di carte; il loro interesse è apparso chiaramente, penso, nel primo volume: l'origine del fondo di archivio potrebbe far pensare che contiene una documentazione limitata alla regione di Messina; l'identificazione geografica dei nomi di luoghi contenuti negli atti permette di apprezzare con un colpo d'occhio l'estensione sulle carte geografiche dell'informazione che si riferisce alle regioni settentrionali e meridionali dei Monti Peloritani, come ci si poteva aspettare, ma anche a numerosi siti ad Est e a Sud-Est del Capo Vaticano in Calabria; aggiungerò che queste carte geografiche non possono più essere delle carte approssimative al tratto, come se ne vedono ancora troppo spesso ad illustrare dei lavori di storia: lo storico ha bisogno di tutte le risorse della cartografia moderna per comprendere e spiegare i documenti d'archivio; i fondi di carte al 1:100000 dell'Istituto Geografico Militare costituiscono la base minima di lavoro e debbono essere completate da supplementi rilevati nei fogli al 1:25000; il colore non può essere utilizzato sfortunatamente per ragioni finanziarie. La lettura delle carte resta dunque laboriosa, ma permette l'ingresso della paleocartografia e della geografia storica nei nostri studi per un beneficio che credo di aver lasciato sospettare recentemente a proposito della nuova provincia della Lucania bizantina, nata da un abbinato studio di geografia e di storia[4].

Uno degli insegnamenti impartiti dall'esame dell'inserto ricostituito di S. Maria di Messina consiste nel constatare l'esistenza di strette relazioni tra le popolazioni rurali del Nord-Est della Sicilia e della regione situata al Nord del bacino del Mesima; questo genere di scoperte non è possibile se l'editore ricostituisce i fondi originali d'archivi dispersi nel corso dei tempi, e soprattutto a cominciare dall'epoca della commenda per gli archivi monastici che formano l'essenziale dei fondi conservati. Alla necessità di conservare o di restituire gli antichi fondi per apprezzare il valore diplomatico e giuridico dei documenti, si aggiunge dunque quella, molto più importante, di ricostituirli artificiosamente per vedere i fasci geografici e dunque umani spazzati da questi e la loro natura sul suolo; mi domando, del resto, su cosa altro, per delle epoche mal conosciute, può basarsi lo studio della vita economica. La lettura dell'inserto di S. Maria della Matina, altro esempio, è molto lontana da essere così delusorio come lo credevo quando ho accettato di riprenderne la pubblicazione un anno fa; ci si ritrovano cinque fondi di archivi destinatari degli atti greci, S. Nicola nella valle del Merkurion (1031-1060/1061), S. Maria della Matina, presso S. Marco Argentano (1088-1249), S. Maria di Camigliano, a Nord di Tarsia (1126-1214), S. Maria della Sambucina, presso Luzzi (1151/1152-1254). La pubblicazione separerà questi fondi e apparirà da questo solo fatto il ruolo delle cinque istituzioni per la storia delle popolazioni greche all'epoca bizantina (con l'inserto di S. Nicola) e all'epoca normanna (con gli altri). Si noterà subito che il fondo della Sambucina non contiene che quattro documenti greci, proporzione molto debole e soprattutto notevole per chi conosce il numero considerevole degli atti latini conservati nell'archivio.

Questa ricostituzione dei principali fondi primitivi sarà estesa alla redazione dei Regesti che idealizzeranno così un antico stato dei depositi d'archivi greci delle principali istituzioni greche medievali. Ho rinunciato, infatti, ai Regesti sistemati sotto forma di catalogo dove si classificano gli atti cronologicamente; questa formula tradizionale ha, certamente, dato le sue prove e resta la migliore quando si tratta di descrivere i documenti diplomatici emanati da una istituzione politica di una estensione geografica particolarmente grande (imperatore, patriarca, re, principe, ecc.), ma, a dire il vero, quando queste istituzioni saranno conosciute meglio, questa classificazione non interesserà più che gli specialisti della diplomatica. Il modo di redazione che ho creduto più utile di adottare ha, evidentemente, ritardato il compimento di questa ingrata impresa, perché numerosi documenti si lasciano inserire nei loro fondi di origine solamente dopo un lungo lavoro; bisogna, infatti, limitare al massimo il numero degli atti non classificati; settantotto fondi sono stati, fino a questo momento, ricostituiti, altri lo saranno, ma, dopo aver terminato il lavoro per la Calabria, la Lucania e la Longobardia, ho appena iniziato per la Sicilia, poiché ho dovuto riunire per questa regione l'importantissima quantità di copie di eruditi del XVI, XVII e del XVIII secolo ancora conservate negli archivi e nelle biblioteche: oltre al fatto che spesso esse rappresentano l'unico testo quando gli originali sono scomparsi, portano quasi sempre delle indicazioni che precisano o permettono di precisare il luogo di origine dei documenti.

Ho riunito, fino ad oggi, 1139 testi, le menzioni di documenti scomparsi o inseriti raddoppieranno questo numero. Nessuno è anteriore al terzo quarto del IX secolo. La ripartizione geografica di questi atti, che riassumerò in una prima tabella annessa a questo rapporto, si presenta come segue: per il periodo che precede la grande partenza dell'amministrazione bizantina dall'Italia meridionale (1071), conosco 117 documenti così distribuiti, 47 per la Calabria, 36 per la Lucania, 34 per la Longobardia, nessuno per la Sicilia; per il periodo normanno gli atti greci 446 di numero si ripartiscono così: per la Calabria 257, la Lucania 144, la Longobardia 35, 353 per la Sicilia; il resto (221 documenti) concerne il XIII secolo. Nella misura in cui la statistica, fondata sulla legge dei grandi numeri, può essere sollecitata qui, interpreterei le cifre che ho appena dato suggerendo due osservazioni; la prima è che i rapporti di popolazione greca tra la Calabria e la Lucania permangono stabili dopo la partenza ufficiale dell'amministrazione Bizantina, con maggioranza per la Calabria; la seconda è che la partenza dei Bizantini si manifesta invece in Longobardia con un importante calo relativo della popolazione greca, ciò che non deve meravigliare se la minoritaria popolazione greca in questo tema era formata in parte notevole da ufficiali e funzionari bizantini. Altra osservazione importante: il raguardevole numero di documenti conservati in Sicilia per il periodo normanno; se si osserva la curva dei documenti conservati fra il IX secolo e la fine del XIII in Italia del Sud (117, 446, 178) e che si cerchi d'interpretare l'assenza di documenti siciliani prima del 1071, e la curva di questi per i periodi seguenti (353, 43), non si può che concludere con un completo naufragio degli archivi greci della Sicilia sotto la dominazione araba.

Quale è la natura dei documenti conservati? Una piccola quantità di atti pubblici redatti dalle autorità politiche e religiose (sentenze, donazioni e privilegi diversi, documenti fiscali, atti di limitazione, ecc.), una grande maggioranza di atti privati, come quelli che si trovano in tutti i depositi di archivi monastici, tesori dei titoli di proprietà (compere, donazioni, scambi, contratti di dote, affitti diversi, testamenti, ecc.), fonti concrete per la storia di migliaia di vite umane, i loro successi, i loro insuccessi, i loro mezzi di sussistenza, i fattori fortunati e sfortunati della vita di ogni giorno, tutti gli elementi della congiuntura economica che ha determinato la vita di queste popolazioni rurali. La diversità degli atti giuridici espressi, il loro concreto significato, danno a questi documenti un'apparente infinita ricchezza.

Cosa può attenderne in effetti lo storico della civilizzazione?

II — *I documenti come fonte storica.*

Il valore dei documenti greci d'Italia del Sud e di Sicilia, forse a causa della cattiva qualità delle edizioni antiche, è ignorata, debbo dirlo, quasi completamente dagli storici dell'Impero bizantino, troppo ancora, benché in minor grado, dagli storici dell'Italia medioevale. Ho tentato recentemente di valorizzarli agli occhi dei primi [5], cercherò di farlo adesso per i secondi.

Parliamo prima della *debolezza* di questi documenti come fonte storica.

Per la sua natura, il documento d'archivio redatto o no da un notaio, è destinato a solennizzare per iscritto il diritto acquisito o usurpato dal destinatario [6]; è una prova che quest'ultimo utilizzerà davanti alla giurisdizione in caso di contestazione avanzata da un terzo [7].

Questo valore probatorio dell'atto scritto tuttavia non è defi-

nitivo, lo si ignora troppo spesso; e questa osservazione dimi-
nuisce gli effetti attesi dagli storici fedeli all'«obbiettività storica».

Un esempio: la scena si rappresenta in Lucania bizantina, nel
1042[8]; il monaco Fantino e il prete Leone accusano il loro zio,
Clemente, categumeno del monastero greco di S. Nicola nella Valle
del Merkurion, davanti al tribunale dello stratega di Lucania di
essersi appropriato delle vigne del loro nonno, che avrebbero
dovuto essere divise fra loro e lui stesso; Clemente si difende
da questa accusa affermando dinanzi al tribunale che i tremila
piedi di vigna, a cui si riferiscono i suoi due nipoti sono stati
piantati da lui a sue spese su dei terreni che egli ha comprato da
tre proprietari, di cui dà il nome, Silvestro, Cremata e Nicandro;
i nipoti di Clemente mantengono l'accusa.

Secondo tempo: Clemente porta i tre atti di vendita, vengono
aperti, si costata che sono validi e che i testimoni erano degni di
fede. I nipoti di Clemente non si fidano dei documenti.

Terzo atto: Tenendo conto della diffidenza dei querelanti, il
giudice, lo stratega del tema, Eustazio Skepides, invia sul posto
a controllare gli elementi della vertenza e domanda a Clemente
di presentare dei testimoni che, sotto giuramento, attestino ai
querelanti l'esattezza del contenuto degli atti di vendita. Il monaco
Clemente porta quattro testimoni che, dopo aver prestato giuramento sul Vangelo, confermano le parole del categumeno di
S. Nicola; anche altri testimoni portano la loro cauzione a Clemente. Fantino e Leone non capitolano.

Quarto atto: I due querelanti domandano la testimonianza
sotto giuramento dello scriba dell'atto, il prete Filippo; costui, vec-
chio e malato, non può parlare; per iscritto conferma le dichiarazioni
degli altri testimoni, aggiunge che è stato proprio lui a scrivere gli
atti di vendita e che è per cupidigia che i due fratelli hanno in-
trodotto questa querela.

Conclusione: Alla presenza di numerosi testimoni, tutti monaci o autorità indiscutibili, lo stratega conferma al monaco Clemente la proprietà delle vigne che ha comprato. Il diplomatista
è soddisfatto, l'atto scritto aveva ragione. Un momento, non è
tutto. L'atto conclude, infatti, che per porre fine definitivamente
alla vertenza e, senza dubbio, perché egli si era preso la cura di
farsi informare dal suo notaio della reale situazione delle cose,

lo stratega rimette ai due querelanti 1000 piedi di vigna, che corrispondono, dice esattamente il testo, alla parte di eredità che toccava alla loro madre Eugenia, sorella di Clemente.

Il totale delle vigne disputate è di 3000 piedi, tolta la parte che avrebbe ricevuto Clemente, ciò che porta il totale dell'eredità iniziale a 4000 piedi; Eugenia, al momento del suo matrimonio, ed i suoi tre fratelli, fra cui Clemente, avevano dunque dovuto ricevere ognuno mille piedi, dato che questa eredità è stata divisa allora. Riconoscendo ai due figli di Eugenia un diritto su 1000 piedi, di cui l'atto non dice la provenienza, lo stratega lascia intendere che questo diritto iniziale è stato violato; e non si saprà mai quale valore avessero i tre atti di vendita portati come prova dal monaco Clemente, né il valore del giuramento fatto da tanti santi testimoni. Ciò che non si ignora è l'autorità locale del categumeno di S. Nicola.

E si può apprezzare, con questo esempio, la differenza che c'è fra il valore reale (molto misero) dato dai Greci di Lucania nell'XI secolo ad un atto scritto, e quello che per professione gli attribuirebbe un diplomatista.

Atto di vendita o testamento, privilegio imperiale o atto privato di donazione, estratto di catasto o semplice ricevuta, l'atto scritto, quasi sempre redatto su pergamena in Italia del Sud ed in Sicilia, veste il fatto che consacra con formulari più o meno tradizionali, che hanno lo scopo di garantire al destinatario l'atto giuridico di cui è beneficiario, come fanno alcuni dei suoi caratteri esterni (sottoscrizioni, sigillo). Involucro tradizionale e secco di un fatto storico unico senza quelle brevi indicazioni messe in margine per i direttori di scena per orientare l'interpretazione. È in questa freddezza obbiettiva che i Diplomatisti del XVIII secolo trovavano la preminenza delle carte per l'espressione della testimonianza storica: hanno opposto, ed hanno ancora dei discepoli, al cronista, spesso estraneo agli avvenimenti che racconta e sempre sospetto di parzialità, il notaio, testimonio oculare per eccellenza, che controllato da un cancelliere, dai giudici o dalle parti contraenti, non avendo generalmente del resto nessun interesse ad ingannare, non alterava la verità né dei fatti né delle loro circostanza [9]. Non è più il momento di criticare un tale punto di vista, rispondiamo che tutto è di sapere ciò che si intende per « verità storica » (come se esistesse), ma anche ed anzi di quale storia si vuole parlare.

Per lo storico della civilizzazione il documento di archivio è un complemento a delle fonti storiche altrimenti sensibili: l'archeologia, ad esempio, che rivela l'ambiente materiale, il decoro anche, e illumina quando la si interroga con intenzione, l'economia e la società; le cronache, anche partigiane, più spesso quando lo sono, le sole a dire ciò che pensano le persone delle cose, sono le sole a dire le simpatie e gli odii e questo sfondo sentimentale che ce ne dà la misura; e ancora le Vite dei Santi, questi romanzi del Medioevo, soprattutto le Vite popolari, scritte per un pubblico il più sovente rurale che desiderava essere meravigliato, interessato, per essere infine istruito: il meraviglioso di questi romanzi rosa o neri è una fonte storica così sicura come la donazione imperiale fatta a tale monastero calabrese; e infine tutta la letteratura che chiamerò ecclesiastica (omelie, trattati, poesie liturgiche), che ha fatto raggiungere allo storico il livello della cultura più elevata, nello stesso momento in cui gli permette di discernere i quadri di pensiero ed il loro contenuto.

La sfortuna vuole che le popolazioni greche dell'Italia meridionale e della Sicilia abbiano lasciato pochi di questi ricordi più parlanti della loro storia di uomini, ed i documenti di archivio relativamente numerosi proporzionalmente possono prendere un rilievo di cui bisogna diffidare. Tuttavia la relatività della portata storica dei documenti greci è resa evidente dalla presenza stessa nei depositi di archivi, insieme a questi, di documenti latini ed arabi. Non parlo dei documenti in lingua ebraica estremamente rari. Se si esamina uno stato numerico degli atti greci, arabi e latini in alcuni fondi, presi come tipi, come quello che ho steso nella seconda tabella che sarà annessa a questa relazione, si è portati a fare le seguenti osservazioni: gli archivi di Calabria comportavano sotto la dominazione bizantina 57,1% di atti greci e approssimativamente 42,9% di atti latini; per il periodo normanno questa proporzione è inversa (43,65-56,35%); gli archivi di Lucania, ma bisogna notare che il fondo preso in esame è rimasto greco, comportavano il 100% di atti greci per il periodo bizantino, l'81,6% di atti greci ed il 18,4% di atti latini per il periodo seguente. Gli archivi del tema di Longobardia, archivi episcopali e archivi monastici, erano composti per un quarto di atti greci e per tre quarti di atti latini, fino al 1071; non contenevano atti greci posteriori a questa data. I documenti di Calabria non parlano dunque che della metà della popolazione calabrese; gli atti greci di Lucania permettono di raggiungere una proporzione molto più elevata della popolazione globale; per la Longobardia il problema è differente, perché bisogna interrogare gli atti latini, per conoscere i discendenti delle famiglie dei funzionari greci che hanno dovuto avervi prole.

Gli archivi di Sicilia non conservano nessun atto anteriore al 1071, e bisognerà un giorno spiegare questa scomparsa. Per il periodo normanno la divisione fra atti greci, atti arabi e atti latini si presenta così: atti greci un pò più del 60%, atti arabi circa il 22,5%, atti latini un pò più del 17%. È un'indicazione delle proporzioni demografiche? Non oserei dirlo prima che la toponomastica abbia dato le conferme indispensabili, pensando al piccolo numero dei documenti presi in visione. L'esame degli atti greci, in ogni modo, permette di raggiungere una percentuale elevata della popolazione siciliana all'epoca normanna.

La relativa penuria dei documenti greci, il cui valore può essere apprezzato grazie alla presenza dei documenti scritti in altre lingue negli stessi fondi destinatari, non può essere compensata con delle troppo affrettate generalizzazioni da regione a regione. Non si possono utilizzare che con prudenza dei fondi d'archivi interamente latini per colmare le lacune delle informazioni fornite dai depositi greci o misti. Ho potuto così mostrare recentemente come una delle nostre colleghe sovietiche più dotte [10], che ha voluto studiare la nascita e l'evoluzione del sistema feudale in Italia meridionale, ha troppo facilmente utilizzato in questo proposito i fondi di archivi latini certamente ben forniti, come quelli di Gaeta, Salerno, Amalfi: a questo prezzo si ottiene una storia dell'Italia del catepanato bizantino che è quella delle città indipendenti della costa tirrena e si ignora l'Italia greca dal IX all'XI secolo, per esempio, che può essere abbordata solamente con l'esame degli archivi greci, controllati e prudentemente completati dai documenti latini.

Questa è la debolezza dei documenti greci d'Italia meridionale e di Sicilia per la storia delle civilizzazioni in queste regioni tra il IX e il XIII secolo.

Ma la loro *ricchezza* resta rassicurante. Ne rileverò qualche aspetto.

La geografia politica ed i quadri amministrativi suggeriti da altre fonti, sono innegabilmente precisati o stabiliti da questi documenti. È così che si desume da una carta archeologica dei *castra* lombardi la zona limite delle influenze, se non dei poteri lombardi e greci in Italia meridionale; dai documenti diplomatici ho potuto estrarre, controllandoli dal punto di vista geografico, un'immagine, inattesa dagli storici dell'Impero bizantino per lo meno, dell'esatta fisionomia sul suolo dell'amministrazione greca in Italia del Sud dalla metà del X secolo alla metà dell'XI, la più chiara immagine che si abbia fino adesso di una provincia bizantina, il catepanato d'Italia [11]: comprendeva tre temata, quello di Longobardia, quello di Lucania e quello di Calabria, ogni tema amministrato da uno stratega era diviso in *tourmai,* esse stesse suddivise in *drouggoi,* poi in *banda.* Il governatore del catepanato era il catepano, rappresentante diretto dell'imperatore bizantino e regolarmente sostituito in questa carica da un nuovo funzionario, in modo che questo alto incarico fosse sempre controllato dal potere centrale. È un atto (l'unico noto) di uno stratega di Lucania che è all'origine di questa piccola scoperta.

I documenti greci costituiscono, inoltre, un contributo importante per la storia economica. Forniscono, ad esempio, i punti colpiti dai flagelli che hanno devastato intere regioni. Tale è il caso di una dei più drammatici avvenimenti dell'XI secolo, la terribile siccità della primavera del 1058, che causò una crudele carestia e fu seguita da un'epidemia di dissenteria che decimò la popolazione; il fatto è essenzialmente documentato dalla cronaca di Goffredo Malaterra: i documenti concretizzano la catastrofe raccontandoci i drammi locali da essa causati; καιρὸς τῆς ἀνάγκης, τῶν πραγμάτων ἀνωμαλίαι [12].

Essi ci dicono anche che agli inizi dell'XI secolo un fattore favorevole dava un nuovo impulso all'economia del catepanato, nel momento in cui la crisi finanziaria e la caduta del *nomisma* mettevano in pericolo l'economia dell'Impero bizantino: i primi contratti di vendita di terre trattati in *taria* d'oro sono dell'inizio del secolo; ci testimoniano ancora che alla preponderanza assoluta della coltura della vite, successe, là dove il suolo lo permetteva, un'estensione di olivi verso la metà dello stesso secolo. Il fatto è molto notevole per la storia dell'Italia meridionale [13].

Ci parlano molto anche della società rurale naturalmente, dei dissodamenti, dell'evoluzione della proprietà fondiaria laica ed ecclesiastica, dei movimenti della popolazione, infine dell'abitato rurale. Prenderò un solo esempio, che illumina uno dei più salienti tratti da questo punto di vista: si sa che la forma normale dell'abitato rurale nei domini sottomessi all'Impero bizantino è il chôrion (χωρίον), il borgo, che è anche la minore circoscrizione fiscale, in cui gli abitanti sono fiscalmente solidali di fronte alle tasse. La formula del chôrion è legata alla salda organizzazione dell'Impero e corrisponde inoltre alla solidità della cellula familiare, così sensibile ad ogni movimento della terra. In seguito alla insicurezza che ha turbato la vita del Sud dell'Italia dopo la fine del X secolo, i rappresentanti locali del potere centrale, o, forse qualche volta, le popolazioni stesse hanno innalzato delle mura protettrici dei beni e delle persone; e il paesaggio si copre allora di *pyrgoi*, di *kastra* e di *kastellia*: quel convento, i cui monaci sono fuggiti da una zona devastata, si ricostruisce al riparo delle mura di un borgo fortificato, un taxiarca ricostruisce una fortezza e vi accoglie gli abitanti dei dintorni. Si è prodotta allora una nuova ripartizione del suolo; nei nuovi punti di concentrazione oppure in seguito all'afflusso della popolazione negli antichi borghi fortificati, essa è stata eseguita con l'intervento dello Stato: nel 1001-1002, dietro la richiesta degli abitanti e dopo inchiesta di una commissione che si è recata sui luoghi, il catepano Gregorio Tarcaneiotes procede a fissare la frontiera economica tra il *kastellion* di Tolve, che è compreso nel territorio del *kastron* d'Acerenza e che tratta al suo nome, e il *kastron* di Tricarico, e conferma la comproprietà delle due società paesane sul pascolo e i boschi [14] Altri esempi possono essere estratti dai documenti greci: vi si trova l'embrione di una personalità economica del borgo fortificato (*kastron*), come c'era quella del *chôrion* fiscale, da cui ha avuto origine, e questo sotto lo stretto controllo dello Stato bizantino, questa precisione mi pare essenziale se si pensa alla natura dei comuni futuri. Il problema nasce alla lettura dei documenti greci.

Mi sono lamentato della aridità dei diplomi greci come fonte storica; ci sono delle eccezioni, molto rare debbo ammettere, ma esse permettono di raggiungere il pensiero di un'epoca. Il duca Argiro Meles, rappresentante dell'imperatore greco ringrazia, nel giugno 1053, il vescovo Genesio di Taranto della fedeltà da lui mostrata verso l'Impero, al momento della recente insurrezione della città, e dell'*oikeiôsis*, dice il *sigillion*, che ha manifestato in queste circostanze ai *Rômaioi* (intendiamo i Greci in genere e quelli di Taranto in particolare), *oikeiôsis*, aggiunge Argiro che il vescovo ha ricevuto dai suoi avi. L'*oikeiôsis* è questo spirito di famiglia che lega i soggetti dell'Impero all'Imperatore come agli altri Bizantini. È uno dei quadri mentali della vita bizantina in generale e di questo Greco di Taranto in particolare [15].

Che aspettarsi ancora da questi documenti greci? La scrittura, l'ortografia, la lingua rivelano, sicuramente, i livelli culturali della parte della popolazione che scrive, la meno numerosa; tutte le ricerche sono da fare in questo campo e mi permetto di invitare gli specialisti di paleografia a intraprenderle.

Il mio intento era di mostrarvi la natura e l'importanza dei documenti greci per la storia della civilizzazione nell'Italia prenormanna e normanna, nel punto in cui mi trovo nelle mie ricerche. Vi ho convinto che una nuova e appassionante storia di questa affascinante Italia medioevale potrà essere scritta grazie ad essi, in questa storia in cui le popolazioni greche avranno un ruolo insospettato fino ad oggi? Lasciando la sede di questo fruttuoso convegno, a cui sono felice di essere stato invitato, rientro a Roma per continuare per l'avvenire la toilette di questa straordinaria documentazione.

NOTE:

¹ Vedi A. Guillou, *Les actes de S. Maria di Messina...* (*Istituto Siciliano di Studi Bizantini e Neoellenici. Testi e Monumenti... Testi,* 8, Palermo, 1963, p. 33.

² Vedi *Les sources documentaires grecques en Italie méridionale, Byzantion,* 24 (1954), 1955, p. 63-69, e *Le corpus des actes grecs de Sicile. Méthode et problèmes,* in *Atti del Convegno Internazionale di Studi Ruggeriani,* Palermo, 1955, p. 147-153.

³ Vedi *supra,* n. 1.

⁴ Vedi *La Lucanie bizantine, Byzantion,* 35, 1965, p. 119-149, e lo studio cartografico che si trova nel fuori testo di p. 128.

⁵ Leggere il riassunto del rapporto che ho presentato al XIII Congresso Internazionale di Studi Bizantini (Oxford, settembre 1966) e le mie *Notes sur la société dans le katépanat d'Italie au XI siècle, Mélanges d'Archéologie et d'Histoire de l'Ecole Française de Rome,* 78, 1966, p. 439-465.

⁶ « Urkunde ist eine schriftliche, in entsprechende Form gekleidete Erklärung über Gegenstande oder Vorgänge rechtlicher Natur », scriveva Th von Sickel (*Acta regum et imperatorum,* I, Vienna, 1867, p. 1).

⁷ Vedi F. Dölger, *Der Beweis im Byzantinische Gerichtsfahren,* in *Recueils de la Société Jean Bodin,* XVI, *La preuve,* Bruxelles, 1965, p. 595-612.

⁸ DD. Tassin e Toustain, *Nouveau traité de diplomatique,* vol. I, Parigi, 1750, p. VII-VIII.

⁹ Vedi il mio *art. cit., Byzantion,* 35, 1965, p. 120-122.

¹⁰ M. L. Abramson, *Krestjanstvo v Vizantijskich oblastjach Južnoj Italii* (*IX-XI vv*) (Il contado nelle regioni bizantine dell'Italia del sud, IX-XI sec.), *Vizantijskij Vremennik,* 7, 1953, p. 161-193; Id., *Votčina v Južnoj Italii, IX-XI vv* (Il patrimonio in Italia del Sud, IX-XI sec.). *Viz. Očerki,* 1961 p. 137-172; Id., *O roli arendych otnošenii v socialno-ekenomičeskom razvitii Južnoj Italii* (*IX-XI vv*) (Ruolo delle relazioni di affitto nell'evoluzione sociale ed economica dell'Italia meridionale, IX-XI sec.), *Sbornik « Iz istorii trudjaščichsja mass Italii »* (Raccolta « Storia delle masse lavoratrici d'Italia »), Mosca, 1959, p. 3-46.

¹¹ Vedi *art. cit., Byzantion,* 35, 1965, p. 119-149.

¹² Vedi *Notes sur la société..., Mélanges d'Archéologie et d'Histoire,* 78, 1966, p. 444-447.

¹³ *Ibidem.*

¹⁴ A. Guillou-W. Holtzmann, *Zwei Katepansurkunden aus Tricarico, Quellen und Forschungen,* 41, 1961, p. 18-19 (testo greco).

¹⁵ Vedi *L'Italia bizantina.* Δουλεία e οἰκείωσις, *Bollettino dell'Istituto Storico Italiano per il Medio Evo,* 78, 1967, p. 1-20.

TABELLA A

ATTI GRECI IL CUI TESTO È CONSERVATO

	Anteriori a 1071		1071-1196		1196-fine XIII sec.	
Italia del Sud	112 -	Calabria: 48 Lucania: 31 Long.: 39	446 -	Calabria: 257 Lucania: 144 Long.: 35	178 -	Calabria: 155 Lucania: 9 Long.: 14
Sicilia	—		353		43	
Totale	118		799		221	

TABELLA B

STATO NUMERICO DEGLI ATTI GRECI, ARABI E LATINI IN QUALCHE FONDO TIPO

I. - Italia meridionale

	Arch. Adobrandini	Atti greci		Atti latini	
	Data	Numero	% ca.	Numero	% ca.
A. Calabria	Fino al 1071	4	57,1	3	42,9
	1071-1196	31	43,65	40	56,35
	1196-fine XIII s.	14	8,6	147	91,4

	SS. Elia e Anastasio di Carbone	Atti greci		Atti latini	
	Data	Numero	% ca.	Numero	% ca.
B. Lucania	Fino al 1071	8	100	—	—
	1071-1196	44	81,6	10	18,4
	1196-fine XIII s.	5	62,5	3	37,5

	Brindisi	Atti greci		Atti latini	
	Data	Numero	% ca.	Numero	% ca.
C. Longobardia	Fino al 1071	1	14,2	6	85,8
	1071-1196	—	—	27	100
	1196-fine XIII s.	—	—	76	100

	Bari (S. Nicola)	Atti greci		Atti latini	
	Data	Numero	% ca.	Numero	% ca.
	Fino al 1071	11	27,05	29	72,95
	1071-1196	—		188	100
	1196-fine XIII s.	—		varie centinaia	100

II. - Sicilia

A - Archivi monastici

| S. Fiippo di Demena | Atti greci | | Atti arabi | |
Data	Numero	% ca.	Numero	% ca.
Fino al 1071	—	—	—	—
1071-1196	36	100	0	—
1196-fine XIII sec.	9	100	0	—

| S. Maria di Messina | Atti greci | | Atti latini | |
Data	Numero	% ca.	Numero	% ca.
Fino al 1071	—	—	—	—
1071-1196	20	66,6	10	33,3
1196-fine XIII sec.	6	12,8	41	87,2

B - Archivi episcopali

| Palermo | Atti greci | | Atti arabi | |
Data	Numero	% ca.	Numero	% ca.
Fino al 1071	—		—	
1071-1196	16	72,8	6	27,2
1196-fine XIII sec.	—		—	

| Patti-Lipari | Atti greci | | Atti arabi | | Atti latini | |
Data	Numero	% ca.	Numero	% ca.	Numero	% ca.
Fino al 1071	—		—		—	
1071-1196	12	75	2	12,5	2	12,5
1196 fine XIII s.	—		—		—	

Monreale	Atti greci		Atti arabi		Atti latini	
Data	Numero	% ca.	Numero	% ca.	Numero	% ca.
Fino al 1071			—		—	
1071–1196	1	16,6	4	66,8	1	16,6
1196–fine XIII s.	—		—		—	

Cefalù	Atti greci		Atti arabi		Atti latini	
Data	Numero	% ca.	Numero	% ca.	Numero	% ca.
Fino al 1071	—		—		—	
1071–1196	7	58,4	5	41,6	—	
1196–fine XIII s.	—		5		—	

Agrigento	Atti greci		Atti arabi		Atti latini	
Data	Numero	% ca.	Numero	% ca.	Numero	% ca.
Fino al 1071	—		—		—	
1071–1196	2	7,1	1	3,5	25	89,4
1196–fine XIII s.	—		1	1,3	58	98,7

Catania	Atti greci		Atti arabi		Atti latini	
Data	Numero	% ca.	Numero	% ca.	Numero	% ca.
Fino al 1071	—		—		—	
1071–1196	6	66,6	3	33,4	—	
1196–fine XIII s.						

Diversi	Atti greci		Atti arabi		Atti latini	
Data	Numero	% ca.	Numero	% ca.	Numero	% ca.
Fino al 1071	—		—		—	
1071–1196	23	82,2	5	17,8	—	
1196–fine XIII s.	5	62,5	3	27,5	—	

103

V

Les archives grecques de S. Maria della Matina

Byzantion XXXVI
Bruxelles 1966

LES ARCHIVES GRECQUES DE S. MARIA DELLA MATINA *

Le *Codex Vaticanus Latinus* 13489 est actuellement formé de trois grandes chemises grises enfermées dans un carton. Les deux premières chemises, numérotées I et II en chiffres romains, contiennent l'une 7 parchemins grecs, numérotés de 1 à 8 (mais le numéro 2 manque depuis 1963), l'autre 52 parchemins, numérotés de 1 à 51, parce qu'il y a un 9a et un 9b ; parmi ces derniers, 5 documents latins ont été publiés par A. Pratesi dans sa grande édition des chartes latines des abbayes calabraises provenant des archives Aldobrandini (¹) ; et il faut noter que l'un des parchemins grecs comporte un acte au recto et un autre au verso ; la troisième chemise grise, non numérotée, est vide. Le nombre des documents grecs est donc de 55, auxquels j'ai pu ajouter un premier texte, grâce à une photographie autrefois communiquée par Ciro Giannelli, qui m'en demandait la transcription, mais dont j'ignore l'origine, et un second, tiré du *Cod. Vat. Chis.* E. VI. 182 (1212) (n° 28) et édité jadis par Walther Holtzmann parmi les actes de S. Maria del Patir (²). En tout donc 57 actes, tous inédits, sauf un.

L'existence de ces documents, comme celle de l'ensemble du fonds Aldobrandini, avait été signalée par le Professeur O. Bertolini de l'Université de Pise à Franco Bartoloni, alors professeur à l'Université de Rome ; celui-ci confia l'étude des actes grecs à nos savants collègues Silvio Giuseppe Mercati et Ciro Giannelli, qui n'eurent pas le temps de la mener à bien. Voici deux ans, le R. P. Alphonse Raes,

(*) Communication présentée au XIIIᵉ Congrès international des Études byzantines (Oxford, septembre 5-10 1966).

(1) A. PRATESI, *Carte latine di abbazie Calabresi provenienti dall'Archivio Aldobrandini (Studi e Testi*, 197), Cité du Vatican, 1958, in-8°, LV-584 pp.

(2) *Die ältesten Urkunden des Klosters S. Maria del Patir*, dans *Byz. Zeitschr.*, 26, 1926, pp. 340-341.

Préfet de la Bibliothèque Apostolique Vaticane, m'appelait à reprendre la publication de ce groupe important de parchemins : je lui ai promis le manuscrit de l'ouvrage pour l'automne 1968. Il sera publié dans la collection in-folio de la Bibliothèque Vaticane, selon le mode que j'ai suivi pour les Actes de S. Maria di Messina : tous les actes seront reproduits en photographies et les informations toponymiques portées sur les cartes de l'Istituto Geografico Militare au 1:100.000e, qui servent de base, et seront complétées par les détails utiles relevés dans les feuilles au 1: 25.000e. Pour rester fidèle à la méthode de publication que j'ai adoptée déjà et que j'ai exposée ailleurs (1), l'édition sera divisée en fascicules, chaque fascicule contenant un fonds. C'est la seule façon, je crois, de restituer à ces sources historiques leur vraie nature.

La collection, telle qu'elle se présente à la Bibliothèque Vaticane, provient, en effet, de six fonds d'archives principaux : les archives du monastère grec de *Saint-Nicolas*, dans la vallée du Merkourion, à quelques kilomètres au nord de Verbicaro, dans le thème de Lucanie, celles du monastère latin de *S. Maria di Camigliano*, près de Tarsia, à l'extrême nord de la Calabre, celles de *S. Maria della Matina*, monastère bénédictin situé près du précédent, peu au nord-est de S. Marco Argentano, celles de *Saint-Elias*, un couvent grec de la rive gauche du Crati, celles des Cisterciens de *S. Maria della Sambucina*, tout proches, entre Luzzi et le Mucone, enfin celles du couvent latin du *S. Angelo de Frigilo*, à quelque 80 kms au sud-est, près de Mesoraca, à 40 kms à l'ouest de Crotone. Les deux premiers fonds ont été absorbés par S. Maria della Matina, sans doute au XIIe siècle. Saint-Elias est passé entre les mains de la Sambucina à la même époque, S. Angelo de Frigilo est devenu métoque de celle-ci en 1151-1152 ; le monastère de la Sambucina lui-même est abandonné à la fin de 1221 ou au début de 1222, les moines, avec leurs archives, allant s'installer à cette date à S. Maria della Matina, qui recueille donc alors les six dépôts. En 1410, l'abbaye est remise en commende, sur ordre du pape Grégoire XII, à Pierre de Venise, cardinal-diacre de Sainte-Marie-in-Cosmedin. Elle passe ensuite aux mains de la famille Caracciolo de Naples ; Giacomo Aldobrandini à la fin du XVIe siècle, ou Alessandro Aldobrandini au début du XVIIIe

(1) *Le fonti diplomatiche greche nel periodo bizantino e normanno in Italia* (à paraître dans les actes du 4e Congresso storico Calabrese).

siècle, nommés l'un et l'autre nonces apostoliques près du Royaume
de Naples, ont pu entrer en possession de ces archives dans la capitale du royaume. Leurs descendants, en tout cas, les conservaient
dans leurs propriétés romaines, avant de les céder à la bibliothèque
des papes (1). Tel est le chemin suivi, jusqu'à un point ou un autre
sinon toujours jusqu'à la fin, par de nombreux dépôts d'archives de
l'Italie méridionale. Les commendataires ont ainsi, en veillant à
leurs affaires, permis le sauvetage de documents précieux.

Ceux qui nous occupent aujourd'hui s'étendent de 1031 à 1254,
soit 4 actes antérieurs à 1071, 39 de l'époque normande, 14 plus tar-
difs. Puisque la chance veut que les fonds latins aient été aussi
conservés, nous pouvons observer que pour la période byzantine les
actes grecs représentent plus de la moitié des actes conservés, pour
la période normande un peu moins de la moitié, pour le xiiie siècle
8,6 % seulement : c'est une image approximative de la répartition
démographique que j'ai pu déjà lire dans d'autres dossiers ( ).

Le contenu de ces documents, comme on le verra dans l'inventaire
sommaire que je joindrai à cette courte communication, est très
riche d'histoire. Tout d'abord, il faut signaler l'apport exceptionnel pour l'histoire de l'Empire byzantin entre 1031 et 1060-1061
du petit dossier de Saint-Nicolas : un des documents que j'ai récemment commentés (3) permet, je crois, d'inscrire une description géographique nouvelle et sûre des trois provinces byzantines du katépanat d'Italie au xe et au xie siècle. Je signalerai en outre, pour
la période normande, un *sigillion* du duc d'Italie, de Calabre et de
Sicile, Guillaume, de février 1112, parce qu'il est rédigé en grec,
quoiqu'il soit adressé à S. Maria della Matina, abbaye bénédictine
latine, sauf erreur. Pour résumer : de nombreux actes de vente ou
prenant la forme d'actes de vente, et de donation, une concession
d'emphytéose, un acte d'échange, deux contrats de dot, deux testaments, trois actes épiscopaux (un du xiie siècle, deux du xiiie
siècle).

Quelles régions seront illustrées par ces documents nouveaux ?
L'extension est remarquable, si l'on songe au petit nombre de docu-

---

(1) Voir Fr. BARTOLONI, *Le antiche carte dell'abbazia della Sambucina*, dans
Atti del 1º Congresso storico Calabrese (*Cosenza*, 1954), Rome, 1957, *Appendice*,
pp. 561-567 ; A. PRATESI, *op. cit.*, p. VII et suiv.

(2) Voir *Le fonti diplomatiche* ...

(3) *La Lucanie byzantine*, dans *Byzantion*, 35, 1965, pp. 119-149.

ments conservés : les six fonds transmis par les archives de S. Maria della Matina parlent des populations grecques implantées au nord du Mont Pollino, à Castrovillari, à Cassano all'Ionio, à Roggiano Gravina, à S. Marco, Tarsia, Acri, Bisignano, Luzzi, Rose, donc sur les deux rives du Crati, sur 50 kms de parcours ; ils parlent aussi de celles qui habitaient les pentes orientales de la Sila, à l'est d'une ligne Rossano-Catanzaro, au sud-est de la zone précédente, Cariati, Umbriatico, S. Severina, Petilia-Policastro, Mesoraca, Cutro, Papanice ; en tout plus de 500 kms² de Calabre seront parcourus au moyen de ces actes nouveaux, qui apporteront une augmentation sensible de la documentation historique de cette région, puisqu'on peut évaluer celle-ci à 10 % environ des sources diplomatiques connues.

Ils formeront les 5 premiers fascicules du *Recueil des actes grecs d'Italie du Sud et de Sicile;* ils seront suivis des fascicules comprenant les documents conservés dans les archives privées de la famille Capialbi, qui ont formé probablement une partie notable du fonds de Saint-Jean-Théristès, près de Stilo, au sud de la Calabre (plus de cinquante actes inédits, dont un long document fiscal du début du XIᵉ siècle, que j'ai entièrement transcrits) ; puis ceux de Saint-Benoît du Mont-Cassin, de La Trinité de La Cava dei Tirreni, des Saints-Elias-et-Anastase de Carbone, de S. Pierre de Tarente, de S. Nicolas de Bari, de la cathédrale de Trani, etc. J'ai réuni les photographies et les descriptions de 1138 documents originaux et celles de très nombreuses copies dont les originaux ont disparu.

Je puis considérer qu'à quelques pièces isolées près, j'ai réuni toute la documentation accessible. Je puis donc désormais achever la rédaction des Regestes commencés en 1952 ([1]) et poursuivre la publication du Recueil par fonds anciens, dans toute la mesure du possible.

---

(1) Voir *Les sources documentaires grecques en Italie méridionale*, dans **Byzantion**, 24 (1954), 1955, p. 65.

INVENTAIRE SIGNALÉTIQUE

A. — Monastère grec de SAINT-NICOLAS (dit ensuite S. N. de-l'abbé-Clément).

1. 3 janvier, ind. 14, 6539 (= 1031). Acte de vente.
2. 13 juin, ind. 4, 6544 (= 1036). Acte de vente.
3. Avant 1042. Acte de vente (mention).
4. Avant 1042. Acte de vente (mention).
5. Avant 1042. Acte de vente (mention).
6. Novembre, ind. 11, 6551 (1042). Décision judiciaire du stratège de Lucanie, Eustathios Sképidès.
7. Ind. 14, 6569 (= 1060-1061). Acte de donation.

B. — Monastère S. MARIA DELLA MATINA.

1. 17 juillet, ind. 11, 6569 (= 1088). Acte de vente.
2. 1095-1121 (?). Acte de donation.
3. Juin, ind. 7, 6607 (= 1099). Acte de donation.
4. Début XIIe siècle. Testament.
5. Ind. 2, 6617 (1108-1109). Acte de donation.
6. Décembre, ind. 15, 6619 (= 1111). Acte de vente.
7. Février, ind. 5, 6620 (= 1112). *Sigillion* du duc d'Italie, de Calabre et de Sicile, Guillaume, et de Richard, sénéchal et *maïstôr* de toute la Calabre.
8. 9 mai, ind. 15, 6620 (= 1112). Acte de donation.
9. Dimanche, 31 janvier, ind. 8, 6623 (= 1115). Acte de donation.
10. Ind. 9, 6624 (= 1115-1116). Concession d'emphytéose.
11. Avant 1124. Acte de vente (mention).
12. 7 janvier, ind. 2, 6632 (= 1124). Acte de vente.
13. 22 août 6633 (= 1125). Acte de vente.
14. Lundi, 23 mai, ind. 5, 6685 (= 1127). Acte de vente.
15. Janvier, ind. 6, 6636 (= 1128). Acte de vente.
16. Janvier, ind. 6 (= 1128). Acte de donation.
17. Ind. 8 (= 1129-1130). Acte de donation.
18. 7 janvier, ind. 8, 6638 (= 1130). Acte de vente.
19. Dimanche, 12 juillet, ind. 9, 6639 (= 1131). Acte de donation.
20. Octobre, ind. 13, 6643 (= 1134). Acte de vente.
21. 19 août, ind. 13, 6643 (= 1135). Acte de vente.

22 20 août, ind. 15, 6645 (= 1136). Acte de vente.

23. Ind. 1, 6646 (= 1137-1138). Acte de donation.

24. Mai, ind. 2, 6647 (= 1139). Acte de donation.

25. Dimanche, 23 octobre, ind. 11, 6686 (= 1177), ou 23 avril, ind. 11, 6686 (= 1178). Acte de vente.

26. Septembre, ind. 12, 6687 (= 1178). Acte de vente.

27. Septembre, ind. 13, 6688 (= 1179). Acte de vente.

28. Mai, ind. 12, 6702 (= 1194). Acte de vente.

29. Août, ind. 7, 6757 (= 1249). Acte de vente.

30. Novembre, ind. 8, 6758 (= 1249). Acte de vente.

C. — Monastère S. Maria di Camigliano.

1. Ind. 6, 6591 (= 1082-1083). Acte de donation.

2. Janvier, ind. 4, 6634 (= 1126). Acte de donation.

3. Septembre, ind. 15, 6704 (= 1195). Acte de vente.

4. Novembre, ind. 14, 6719 (= 1210). Acte de vente.

5. Octobre, ind. 2, 7622 (1213). Acte de donation.

D. — Monastère grec de Saint-Elias.

Début xiie siècle. Testament.

E. — Monastère S. Maria della Sambucina.

1. Ind. 15, 6660 (= 1151-1152). Acte du métropolite de S. Severina, André (donation).

2. Ind. 5, 6710 (= 1201-1202). Acte de donation.

3. Juin, ind. 5, 6710 (= 1202). Acte de l'archevêque de S. Severina, Barthélémy (échange).

4. 27 avril, ind. 4, 6724 (= 1216). Acte de vente.

F. — Monastère S. Angelo de Frigilo.

1. 27 décembre, ind. 12, 6672 (= 1163). Acte d'échange.

2. Mai, ind. 1, 6691 (= 1183). Acte de donation.

3. 4 décembre, ind. 2, 6692 (= 1183). Acte de vente.

4. Juillet, ind. 5, 6695 (= 1187). Acte de vente.

5. Août, ind. 8, 6698 (= 1190). Acte de vente.

6. Mars, ind. 14, 6704 (= 1190). Acte de vente.

7. Mai, ind. 5, 6710 (= 1202). Acte de vente.

8. Mars, ind. 6, 6711 (= 1203). Acte de vente.

9. 6729 (= 1220-1221). Acte de donation.
10. Avant 1223. Acte de vente (mention).
11. Mai, ind. 11, 6731 (= 1223). Contrat de dot.
12. Ind. 15, 6732 (= 1223-1224). Acte de vente.
13. Février, ind. 14, 6749 (= 1241). Acte de l'évêque de Geni-cocastro (= Belcastro), Marc (confirmation de privilèges).
14. Avril, 6762 (= 1254). Contrat de dot.

Rome.   André GUILLOU.

VI

Les archives grecques
de S. Maria di Bordonaro (Sicile)

Zbornik Radova Vizantološkog Instituta VIII
Mélanges G. Ostrogorsky 1
Belgrade 1963

LES ARCHIVES DE S. MARIA DI BORDONARO (SICILE)

Le monastère grec de S. Maria di Bordonaro (au sud de Messine), fondé vers le milieu du XIIe siècle, par une famille de fonctionnaires de Messine n'a laissé aucun vestige archéologique: le hasard des recherches que je poursuis pour réunir les documents grecs de l'Italie du Sud et de la Sicile m'a permis de retrouver un acte unique des archives détruites de ce couvent.

On en trouvera ici l'édition sobrement commentée, pour rester dans les limites permises par cet hommage à notre maître Georges Ostrogorsky.

Ἔγγραφος ἐκδοτικὴ συμφωνία
καὶ δωρεά, 1. 14, 84, 127, 140.
Ἐκδοτικὴ συμφωνία, 1. 97.

Octobre, indiction 8,
a.m. 6698 (= 1189).

Oulô, fille de Jean Grapheus, veuve de Roger de Messine, remet sur sa demande, au nouveau kathigoumène Arsénios (II) le monastère de S. Maria di Bordonaro avec ses biens contre une redevance annuelle de 100 taria jusqu'à sa mort et 150 après sa mort, pour la célébration de la synaxe à la mémoire de son mari et à sa mémoire à elle, et remise à l'archevêque de Messine de deux livres de cire et deux livres d'encens chaque année.

Le texte. L'original est perdu. Le texte du document est conservé seulement par une copie (Palerme, Bibliothèque Communale, QQ. H. 237, fol. 15—19v^0) faite en 1731 par Joseph Vinci, prôtopapas des Grecs de Messine, à la demande de l'abbé du monastère S. Maria di Bordonaro, Dom Vitale Natalis, qui lui avait apporté l'original conservé dans les archives du couvent, comme l'indique une note du copiste inscrite en marge (fol. 15). Quelques années plus tard, Vinci rédigeait (fol. 417—419 v^0) du document une traduction latine qu'il achevait le 13 avril 1763. La copie de Vinci imite la graphie de l'original et ne résout pas les abréviations.

L'acte est inédit. Il sera publié selon la méthode critique. On relèvera dans l'apparat ce que l'on croit être des erreurs de lecture du copiste (= V), mais non les fautes d'orthographe (itacismes, étacismes, etc.) qui devaient se trouver dans l'original, mais qui, ici, dans une édition critique, n'apporteraient rien.

Bibliographie. — M. Scaduto, *Il monachismo basiliano nella Sicilia medievale. Rinascita e decadenza*, sec. *XI—XIV*, Rome, 1947, p. 153—155.

Analyse. — *Signon* (1. 1—3). *Préambule:* Quoi de plus vertueux que de construire des monastères, d'y installer des religieux et de subvenir à leurs besoins ? Ils adoucissent Dieu par leurs prières, les étrangers de passage trouvent chez eux l'hospitalité ; c'est faire preuve d'une dangereuse ingratitude, en effet, que de garder pour soi seul les dons reçus de Dieu (1. 4—10). — *Exposé:* Oulô, fille de Jean Grapheus et veuve de Roger de Messine, le fils de Jean du Sékréton[1], fait en toute liberté et conscience au moine Arsénios (II) originaire du monastère de Saint-Philippe[2] la donation qui suit (1. 10—25). Il a y quelques années, alors que son mari vivait encore, Oulô avait décidé avec lui de fonder un monastère où serait célébrée la gloire de Dieu et fait commémoraison du grand roi Roger[3] et de ses héritiers, des parents des donateurs et de tous les chrétiens, où l'on prierait aussi pour la longévité des souverains régnants et de leurs héritiers, et pour leur victoire sur leurs ennemis (1. 25—33); des gens envieux ayant empêché l'exécution de ce projet, Oulô, qui a hérité de tous les biens de son mari, comme le précise le testament de celui-ci (διάταξις), a élevé sur un terrain qui lui appartient sur le fleuve Bordounaros[4] dans le territoire de Messine un oratoire (εὐκτήριος οἶκος) de la Mère de Dieu (Θεομήτωρ) et des cellules (κελλία) qui jouissent du privilège de stavropégie archiépiscopale[5]; elle a doté le nouveau monastère des objets du culte et des ornements liturgiques nécessaires, de dix livres manuscrits (les Actes des Apôtres, les Evangiles, un stichérarion, un ménée de trois mois, un livre de Panégyriques, un Jean Damascène, des Questions de Grammaire, un Grégoire de Nysse, un Grégoire le Théologien, un euchologe), et d'un certain nombre de biens-fonds (1.33—63); description de ces biens-fonds: la vigne au milieu de laquelle se trouve le monastère (μοναστήριον) (avec le jardin, les arbres fruitiers, l'église et les cellules, les tonneaux, les pressoirs et les cuves destinées à recevoir le vin à sa sortie des pressoirs), les terrains proches cultivés ou non, avec celui de Soulla situé au-dessus des vignes de Jean de Naples, sa part des terrains des Lakinoi et des Myloi, qui sont près

[1] Σέκρετον: *dohana de secretis*, bureau central des finances du royame normand; voir F. Chalandon, *Histoire de la domination normande en Italie et en Sicile*, t. II, Paris, 1907, p. 648—653.
[2] Saint-Philippe: monastère S. Filippo il Grande mentionné par M. Scaduto, *Il monachismo basiliano nella Sicilia medievale. Rinascita e decadenza, Sec. XI—XIV*, Rome, 1947, p. 94—95. Le couvent a disparu, mais un village du même nom (fr., com. Messine) existe à 2—3 kms au sud de Bordonaro.
[3] Roger II (1130—1154).
[4] C'est le torrent qui passe près du village actuel de Bordonaro.
[5] Τὸ ἀρχιεπισκοπικὸν σταυροπήγιον: le monastère a le privilège de stavropégie archiépiscopale, ce qui signifie que l'archevêque seul (de Messine) y a des droits; il peut intervenir, par exemple, pour le maintien de la discipline ecclésiastique, pour juger les moines, confirmer l'élection de l'higoumène, bénir le nouvel élu etc.; voir sur cette institution florissante dans l'Empire grec d'Orient, P. de Meester, *De monachico statu juxta disciplinam byzantinam...* (*Sacra Congregazione per la Chiesa Orientale. Codificazione Canonica Orientale. Fonti. Serie II, Fascicolo X*), Cité du Vatican, 1942, p. 102—108.

des limites du monastère (μονή) de Gala[6], tous biens que son mari tenait
de sa mère; parmi les terrains acquis par achat: celui que feu son beau-
père Jean a acheté pour 100 *milliarèsia*[7], les terrains de Maniakès, la
moitié des terrains et vignes (avec arbres fruitiers ou sauvages) et la moitié
de la colline d'Ambuto[8], l'autre moitié de ces biens restant à son monastère de nonnes de Hagia-Anna[9], trois paires de boeufs de labour, deux
ânes, un cheval, deux serfs (1.63—70). Alors, s'étant mise en quête, elle
trouva, avec l'accord de moines, pour mettre à la tête du monastère un
bon moine du couvent de Gitala[10], Arsénios (I), qui accrut les biens du monastère (1.70—78); à la mort de celui-ci, avec l'accord des *boni homines*
(χρησιμοὶ ἄνδρες)[11] et des moines, elle a installé à la tête du monastère
un second Arsénios (1.78—83). — *Dispositif*: L'higoumène qui a ac-
cepté cette fonction a demandé à Oulô une convention écrite (ἔγγραφος
συμφωνία); Oulô lui cède donc l'église et les biens du couvent, et
Arsénios (II), en présence de l'archevêque de Messine, Rikkardos[12], jure
de prendre soin des biens temporels du monastère et de veiller à
la célébration du culte (1.83—93). Oulô garantit à Arsénios, jusqu'à
sa mort, la paisible propriété du monastàre, et s'il meurt le premier Oulô en tant que propriétaire du couvent choisira un nouvel
higoumène, si elle meurt la première, c'est Arsénios qui règlera sa succession avec l'accord de la communauté (1.93—104); ses parents, ceux de
son mari, neveux et héritiers, n'auront après sa mort aucun droit de
propriété sur le monastère, ni ne pourront, pas plus qu'elle même jusque-
là, contrevenir aux termes de la présente convention, mais pourront seulement prétendre à ce que l'on fasse mémoire de leur nom à l'office après

---

[6] Μονὴ τῆς Γάλας: monastère dédié à la Théotokos, disparu; reste un village de
Gala (fr., com. Barcellona-Pozzo di Gotto, prov. Messine) à 3—4 kms. au nord-est de
Castroreale. Quelques bribes de l'histoire de ce monastère ont été recueillies par M. Sca-
duto, *Il monachismo basiliano nella Sicilia medievale...*, Rome, 1947, p. 143—145.

[7] L'achat peut et doit remonter à l'époque de la domination byzantine; le *milliarision*
valait 1/12ᵉ de *nomisma*.

[8] Le site d'Ambuto n'existe plus; on peut le placer entre le village de Divieto (fr.,
com. Villafranca Tirrena, prov. Messine) et le fleuve Gallo sur le golfe de Milazzo (voir
S. Cusa, *I diplomi Greci ed Arabi...*, I, 2, Palerme, 1882, p. 631—633).

[9] Hagia-Anna: le monastère se trouvait dans le quartier dit Solario ou de la Giu-
decca, près de l'église grecque Saint-Théodore; voir G. Bonfiglio, *Messina città nobilissima
descritta in VIII libri*, Venise, 1906, fol. 22 (recopié par C. D. Gallo, *Gli annali della città
di Messina...*, t. I, Messine, 1877, p. 101), P. Sella, *Rationes decimarum Italiae nei Secoli
XIII e XIV, Sicilia* (*Studi e testi*, 112), Cité du Vatican, 1944, n. 447, p. 48, M. Scaduto,
Il monachismo basiliano nella Sicilia medievale..., Rome, 1947, p. 153—155; voir mes *Remarques*, ci-dessus.

[10] Μονὴ τῆς Γιτάλας: SS. Pietro e Paolo d'Itala; voir M. Scaduto, *Il monachismo
basiliano nella Sicilia medievale...*, Rome, 1947, p. 85—86. Le monastère a disparu, un hameau d'Itala demeure (fr., com. Scaletta Zanclea, prov. Messine).

[11] Les χρησιμοὶ ἄνδρες, sont l'un des noms portés par ceux que l'on appelle le
plus souvent les *boni homines*, καλοὶ ἄνθρωποι.

[12] Riccardo Palmer fut transféré du siège de Syracuse au trône métropolitain de
Messine en mai 1188; il mourut à Messine en août 1195 (P. B. Gams, *Series episcoporum
Ecclesiae catholicae*, Ratisbonne, 1873, p. 949; M. Scaduto, *Il monachismo basiliano nella
Sicilia medievale...*, Rome, 1947, pp. 155, n. 310).

leur mort (1.104—114). *Clauses*: Arsénios et ses successeurs consecreront chaque année une redevance (κατετούσιον) de 50 *taria* pour la célébration d'une synaxe annuelle en l'honneur du mari de Oulô, Roger, et 50 autres pour la célébration après sa mort d'une synaxe en son honneur à elle, et, le jour de son enterrement (ἔξοδος), ils consacreront 100 *taria* (1.115—120). Le monastère est exempt des charges militaires (ἐνοχή στρατιωτική) et autres, il n'a pas à participer à l'armement de la flotte[13], il doit seulement remettre comme redevance annuelle (κατετούσιον) à l'archevêque de Messine deux livres de cire et deux livres d'encens (1.120—124). Quiconque contreviendrait aux dispositions qu'Oulô vient de prendre encourerait l'anathème de la Trinité, la malédiction des 318 Pères, la condamnation de la Mère de Dieu ; puisse-t-il connaître aussi la mort du traître (Judas) par pendaison et ensuite le châtiment réservé aux persécuteurs; il sera, en outre, condamné par les tribunaux et devra verser au Trésor (δεσποτικὸν βεστιάριον)[14] une amende de 200 onces[15] et à l'higoumène du monastère 100 *nomismata*[16] et le double du montant des impenses (1.124—139). Si, alors qu'elle s'en tient aux clauses de cette convention, l'higoumène Arsénios ou l'un de ses successeurs se montrent négligents dans le service liturgique ou dans l'exploitation des biens-fonds du monastère, ou bien si elle-même ou ses parents n'y reçoivent pas les honneurs dus aux propriétaires, et fondateurs, ou bien si on ne fait pas mémoire de leur nom, les amendes fixées ci-dessus frapperont le coupable (1.139—148). — *Formule finale* : Ecrit à la prière de dame (ἀρχοντίσσα) Oulô par le notaire Léon d'Amalfi sous l'autorité du prôtopapas de Messine, Jean, et du notaire (νομικὸς καὶ ταβουλάριος) Constantin, prêtre de Hagios-Hippolytos, en l'année 6698, de l'indiction 8 (1.148—153). *Souscriptions* au nombre de 14 (1.154—182).

Remarques. — A) *La date*: La date transcrite par Joseph Vinci, octobre, ͵σχπη', 6688 (= 1180), indiction 8, est erronée; le mois d'octobre 1180 tombe dans une indiction 13. La correction est évidente. Les copistes confondent, en effet, toujours le *koppa* et le *pi*. Il faut donc lire ͵σχϟη', 6698 (= 1189) en octobre, indiction 8. Le prôtopapas de Messine, Jean, mentionné dans le document (1.180) est aussi connu en 1193 par

---

[13] Sur ces obligations, voir F. Chalandon, *Histoire de la domination normande en Italie et en Sicile*, t. II, Paris, 1907, p. 602—603, 706—707.

[14] Le *despotikon vestiarion* est le Trésor royal, plus communément appelé *despotikon sakellion*; les deux expressions appartiennent au langage administratif de Byzance: voir J. Ebersolt, *Sur les fonctions et les dignités du Vestiarium byzantin*, dans *Mélanges Ch. Diehl*, t. I, Paris, 1930, p. 81—89 et L. Bréhier, *Le Monde byzantin. II. Les institutions de l'Empire byzantin* (Bibliothèque de Synthèse historique. L'évolution de l'humanité..., 32 bis), p. 130—131, 148—149.

[15] Sur la valeur de l'once, voir C. A. Garufi, *Monete e conii nella storia del diritto siculo...*, dans *Archivio storico siciliano*, N. S., 23, 1898, p. 123—124.

[16] Νόμισμα: monnaie de compte qui a continué à être utilisée dans le royaume normand, en particulier pour désigner le montant de l'amende. Le taux élevé des deux amendes s'explique aisément par le fait qu'il s'agit d'une dotation destinée à un établissement religieux.

un acte du dossier de S. Maria di Messina (S. Cusa, *I diplomi Greci et Arabi...* I, 1, Palerme, 1868, p. 352, G. Spata, *Diplomi Greci inediti...*, dans *Miscellanea di storia Italiana*, 8, 1870, p. 406): il ne demeure donc aucun doute. On pourra s'étonner que ce document, que l'on connaît depuis longtemps, ait pu se transmettre sous la fausse date 1179—1180, inscrite déjà d'ailleurs par Vinci sur sa copie [17].

B) Place du document dans les *archives de S. Maria di Bordonaro*: L'histoire de chacune de ces institutions grecques de Sicile, comme de celles de l'Italie du Sud d'ailleurs, a été écrite au XVIIe ou au XVIIIe siècle sur la base de sources documentaires (souvent mal interprétées) pour la plupart aujourd'hui perdues. Le premier devoir de l'éditeur, qui a découvert ou redécouvert un document unique inédit, est de le rapprocher des autres documents connus originaires du même fonds, qui donnent à ce texte sa valeur historique; c'est l'occasion, d'autre part, de faire le point sur l'état des connaissances dans ce domaine technique. Le sort de S. Maria di Bordonaro, à cet égard, n'est guère plus enviable que celui de beaucoup d'autres monastères grecs italiens. Voici les régestes des documents qui ont constitué une partie du fonds d'archives:

a) Testament bilingue (latin-grec) de Roger, fils de Jean du Sékréton, fait avec l'accord de sa femme Oulô, et par lequel il fonde deux monastères, l'un à *Flomaria Bordonarii* (la fiumara di Bordonaro), dédié à la mère de Dieu, monastère d'hommes, l'autre au nom de sa femme, à Messine près de Saint-Théodore, dédié à sainte Anne, monastère de femmes, et leur lègue ses biens. Date: septembre, 6672 (= 1163), indiction 12. — Acte perdu; un extrait informe du texte est connu par une copie d'Antonino Amico (Palerme, Bibliothèque communale, QQ. H. 10, fol. 32)[18] et le contenu par la confirmation qui suit.

b) Confirmation du testament précédent par l'archevêque de Messine, Nicolas. — *Date*: Entre 1166 et 1176. — Acte perdu[19].

---

[17] C'est sous cette date qu'il est mentionné encore par L. T. White, *Latin monasticism in Norman Sicily (The Medieval Academy of America. Publication n° 31. Monograph n° 13)* Cambridge, Mass., 1938, p. 42 et 71, n. 2; on pardonnera moins facilement à M. Scaduto, *Il monachismo basiliano nella Sicilia medievale. Rinascita e decadenza, sec. XI—XIV*, Rome, 1947, p. 153, qui a su reconnaître l'erreur de concordance entre les éléments de la date, mais ne propose aucune correction. Il précise, d'ailleurs, curieusement que ce document est postérieur à la mort de Richard Palmer, archevêque de Messine (1195), puisque ce prélat y est mentionné comme mort; alors que (voir 1.90, p. 145) le texte dit explicitement que le prélat est en fonctions: ὁ κατὰ τὴν ἡμέραν ἀρχιεπίσκοπος μεγαλοπόλεως Μεσσίνης κῦρ Ῥιγκάρδος.

[18] Elle est éditée par C. A. Garufi, *I documenti inediti dell'epoca normanna in Sicilia P. I. (Documenti per servire alla storia di Sicilia... Ia serie, Diplomatica, vol. 18)*, Palerme, 1899, p. 88—89. Et R. Pirro, *Sicilia sacra disquisitionibus et notitiis illustrata...*, Palerme, 1733, p. 448, mentionne l'acte par lequel en décembre 6672, indiction 12, soit 1163 (et non 1164, comme l'ont imprimé, l'un copiant l'autre, Pirro et ses successeurs, jusqu'à M. Scaduto, *Il monachismo basiliano...*, Rome, 1947, p. 155), Oulô fonde S. Anna di Messina, et met sa nièce Agnès (Anna disent d'autres sources, d'après Pirro, mais l'un est son nom de baptême et l'autre son nom de nonne), fille de Serge, logothète de Sicile, à la tête du couvent. Cet acte sera confirmé par l'archevêque Nicolas en 1176 (R. Pirro, *op. cit.*, p. 395).

[19] L'acte est connu par la mention qu'en fait R. Pirro, *Sicilia sacra disquisitionibus et notitiis illustrata...*, Palerme, 1733, p. 396, d'après Bonfiglio, *Messina nobilissima*, Venise, 1606, fol. 422, qui l'aurait vu dans les archives du couvent. Les dates extrêmes de ce docu-

c) Confirmation du même testament, dit cette fois *privilegium et sigillum*, à la requête de Roger et de sa femme, par le roi Guillaume II et sa mère Marguerite. — *Date*: Entre 1166 et 1171. — Acte perdu[20].

d) Acte de donation d'Oulô, veuve et héritière de son mari, qui renouvelle les dispositions du testament[21]. — *Date*: Postérieure à celle de l'acte précédent (1166—1171) et antérieure à celle du suivant (1176). — Acte perdu, mentionné dans l'acte suivant.

e) Confirmation de l'acte précédent par l'archevêque de Messine, Nicolas. — *Date*: Décembre 1176, indiction 10. — Acte perdu[22].

f) Oulô, après la mort du premier higoumène de S. Maria di Bordonaro, renouvelle à son successeur, Arsénios II, les donations faites au couvent. — *Date*: octobre 1189. C'est le document édité ici.

Je ne connais aucun autre document provenant des archives de ce monastère.

Ce fastidieux travail de compilation donne au texte édité sa véritable importance, et permet d'esquisser l'histoire des origines des deux fondations de Roger et d'Oulô, S. Maria di Bordonaro et S. Anna di Messina.

C) *Les origines des monastères de S. Maria di Bordonaro et de S. Anna di Messina.*

Un noble personnage de Messine, Roger, fils d'un haut fonctionnaire royal, l'archonte du Sékréton Jean[23], d'accord avec sa femme Oulô, qui

ment sont fournies par la date d'élévation de Nicolas au trône archiépiscopal, en 1166, par Alexandre III (B. Gams, *Series episcoporum...*, Ratisbonne, 1873, p. 949), et 1176, puisqu'à cette date l'un des testateurs, Roger, est mort (voir le 4e document des régestes).

[20]) R. Pirro, *Sicilia sacra disquisitionibus et notitiis illustrata...*, Palerme, 1733, p. 1009, en donne la formule initiale avec la date et l'*intitulatio* et les souscriptions. La date fournie par l'éditeur est 6670, indiction 9, soit entre le 1er septembre et le 31 décembre 1162; l'indiction convient alors très bien et je ne comprends pas comment M. Scaduto, *Il monachismo basiliano...*, Rome, 1947, p. 153, trouve là une discordance, sinon à penser qu'il ignore que l'indiction byzantine change le 1er septembre. Mais le même auteur a raison, lorsque plus bas (*ibidem*) il estime que la date 1162 ne convient pas à l'*intitulatio*. Les auteurs de l'acte sont *le roi Guillaume II* (R. Pirro, *op. cit.*, p. 1009, met Guillaume Ier) *et sa mère*, *Marguerite* (mentionnée aussi dans l'exposé); l'acte a donc été rédigé sous la régence de Marguerite, donc entre mai 1166 et le milieu de 1171 (voir F. Chalandon, *Histoire de la domination normande en Italie et en Sicile*, tome II, Paris, 1907, p. 303 et 351); ce qui m'inquiète c'est l'exactitude des éléments de la date: il faudra donc admettre qu'un copiste a omis de transcrire le chiffre des unités et écrit 6670, au lieu de 6674, 6675, 6676, 6677, 6678 ou 6679, et que l'indiction est fautive; ou encore, connue la fantaisie des transcriptions de Pirro, que la date était 6679 (= 1170—1171) et ne comportait pas la donnée indictionnelle; ce qui demeurerait encore insolite.

[21] Il y avait deux actes, d'après la mention qu'en fait R. Pirro, *Sicilia sacra disquisitionibus et notitiis illustrata...*, Palerme, 1733, p. 1009, donc un pour S. Maria di Bordonaro (perdu) et un pour S. Anna di Messina de novembre 1178, dont le texte est connu par la confirmation de l'archevêque de Messine, Nicolas, éditée par C. A. Garufi, *I documenti inediti dell'epoca normanna in Sicilia, P. I (Documenti per servire alla storia di Sicilia..., Ia serie, Diplomatica, vol.* 18), Palerme, 1899, p. 166—167. La donation, non le document écrit, est mentionnée ici, dans notre document.

[22] R. Pirro, *Sicilia sacra disquisitionibus et notitiis illustrata...*, Palerme, 1733, p. 1009, en édite la formule initiale, avec la date, et les premières lignes de l'exposé.

[23] L'analyse que donne l'éditeur C. A. Garufi (voir ci-dessus, n. 18) est à contresens; sur Jean du Sékréton, voir F. Chalandon, *Histoire de la domination normande...*, tome II, Paris, 1907, p. 634.

a des droits sur une partie des biens de son mari, décide en 1163 de fonder deux monastères, l'un au nom de sa femme et monastère de nonnes, dédié à sainte Anne, qu'ils installeront dans les bâtiments qu'il possède près de l'église Saint-Théodore dans la ville de Messine, l'autre, un monastère d'hommes, dédié à la Théotokos sur le fleuve Bordonaro au sud de la ville. Il prend des dispositions écrites pour doter et organiser S. Maria di Bordonaro et S. Anna, et demande à sa femme de réaliser son projet, s'il n'y parvient pas lui-même avant de mourir. Ces dispositions sont confirmées par l'archevêque de Messine, Nicolas, et les souverains régnants, Guillaume II, qui est mineur, et sa mère Marguerite, qui exerce la régence, donc entre 1166 et 1171.

Mais c'est aussi entre ces deux dates que Roger meurt sans avoir pu mener à son terme sa pieuse entreprise. Oulô, que Roger a institué son héritière, reprend l'initiative de son mari défunt. Et, à une date difficile à préciser, mais qui est entre 1171 et 1176, elle fonde, au milieu des vignobles qu'elle possède dans cette région, le monastère de S. Maria di Bordonaro, qui dépendra directement du siège archiépiscopal de Messine (et donc pas de l'archimandritat), et le dote des ornements liturgiques et vases sacrés indispensables, d'une petite bibliothèque de dix volumes, de biens-fonds aussi (des vignes, un jardin potager, des terrains divers), de matériel d'exploitation (tonneaux et pressoirs avec leurs cuves), de bétail (3 paires de boeufs de labour, 2 ânes, 1 cheval) et de deux serfs. Elle choisit comme higoumène un certain moine Arsénios du couvent de Gitala dans la vallée de Démenna, homme bon et vertueux qui s'acquittera de ses fonctions de moine et de propriétaire avec zèle et succès. Celui-ci meurt probablement en 1189 (date de notre document). Oulô cherche alors un autre higoumène et découvre un second Arsénios, de S. Filippo. Celui-ci accepte la charge qui lui est proposée, mais demande à la fondatrice un document écrit qui précise ses droits et ses devoirs, ainsi que ceux du monastère; Oulô écrit donc le document que j'édite ici, et qui tient de la donation avec charges et de la constitution monastique (en ce qui concerne l'higoumène, car on ne dit rien des moines, tout au long de la teneur, sinon qu'ils doivent donner leur assentiment au choix de l'higoumène), comme on pourra l'observer à la lecture de l'analyse.

Remarquons que la redevance annuelle de 100, puis 150 *taria*, demandée à Arsénios, et destinée à faire célébrer une synaxe annuelle pour elle, Oulô, et pour son mari, fait apprécier le prix élevé des „messes" en Sicile au XIIe siècle; mais il faut savoir qu'il comprenait les frais de luminaire (φωταψία), auxquels s'ajoutaient, en général, ceux du banquet offert à la communauté et les aumônes en nature et en espèces distribuées aux pauvres à cette occasion[24].

Notons enfin que les mêmes peines frappent le kathigoumène qui néglige ses devoirs de religieux et celui qui néglige ses devoirs de propriétaire foncier.

---

[24] Voir, à titre d'exemple, le chapitre concernant les μνημόσυνα dans le typikon de la Théotokos ἡ κεχαριτωμένη à Constantinople (début XIIe S.): éd. F. Miklosich- J. Müller, *Acta et diplomata graeca medii aevi sacra et profana*, t. V, Vienne, 1887, p. 374—377.

D) *Liste des monastères cités* (octobre 1189):

— S. Maria di Bordonaro,
— S. Anna di Messina,
— S. Maria di Gala (près de Gastroreale)[25],
— SS. Pietro e Paolo di Gitala (dans la vallée de Démenna)[26], l'un des moines, Arsénios, est devenu kathigoumène de S. Maria di Bordonaro,
— S. Salvatore di Bordonaro et son kathigoumène Sabas[27],
— S. Fillippo il Grande et son kathigoumène Paphnoutios[28],
— S. Ippolito et le hiéromoine Constantin, chanoine de Messine[29],
— S. Elia di Embolo, au nord de Troina[30].

Tous ces monastères sont grecs.

On peut y ajouter une église de Messine également grecque:
— S. Teodoro, et son desservant le prêtre Pierre,

E) *Prosopographie*: 1) *Jean du Sékréton* (1.2), est probablement le même qui est connu comme officier du Trésor par un acte de juin 1168 (G. Spata, *Le pergamene greche esistenti nel Grande Archivio di Palermo*, Palerme, 1861, p. 437—440 = S. Cusa, *I diplomi greci ed arabi di Sicilia*, Palerme, 1861, p. 484—486); 2) *Jean Grapheus* (1.1) était aussi archonte du Sékréton (ce qu'on ne nous dit pas ici), puisqu'il est ainsi appelé dans un acte d'avril 1183 (G. Spata, *op. cit.*, p. 293—296 = S. Cusa, *op. cit.*, p. 432—434)[31]; il est mort avant octobre 1189; 3) *Roger de Messine* (1.2,29,65,105), mort entre 1166 et 1171, pourrait bien être le juge de Messine qui dévoila à Etienne du Perche qu'il devait être assassiné[32], les dates ne contredisent pas à cette identification, mais rien n'appuie cette hypothèse; 4) *Jean, prôtopapas*, ou chef du clergé grec de Messine, est encore mentionné avec ce titre en 1193 (voir ci-dessus); 5) *L'archimandrite Niphôn* est en fonctions en mars 1184, ceci était connu[33] — on saura désormais (1.161) qu'il est mort avant octobre 1189; 6) *Geoffroy de Martorana* (1.165) est celui qui fonda en 1193 un monastère latin de femmes à Palerme[34], il signe notre document en latin, et c'est le seul Latin de tous les témoins; 7) Le notaire Léon d'Amalfi (1.149), le neveu

---

[25] Sur ce monastère, voir M. Scaduto, *op. cit.*, p. 143—145

[26] Voir M. Scaduto, *op. cit.*, p. 85—86.

[27] Voir M. Scaduto, *op. cit.*, p. 116—122; l'auteur cite un higoumène Sabas pour les années 1177—1188, il faudra donc considérer que ce Sabas était encore à la tête du monastère en octobre 1189.

[28] Voir M. Scaduto, *op. cit.*, p. 94—95.

[29] M. Scaduto, *op. cit.*, p. 109, cite le monastère.

[30] Voir M. Scaduto, *op. cit.*, p. 87—88.

[31] Il est cité par F. Chalandon, *Histoire de la domination normande en Italie et en Sicile*, tome II, Paris, 1907, p. 634.

[32] Voir F. Chalandon, *op cit.*, p. 333.

[33] Voir M. Scaduto, *Il monachismo basiliano...*, Rome, 1947, p. 221.

[34] Voir F. Chalandon, *op. cit.*, p. 591.

de l'archimandrite Niphôn (1.178), Constantin, fils de feu Léontios (1.183), les deux fils de Jean Boulkéramos (1.185,194), le logothète de Messine, Léon (qui est mort avant 1189), ni son fils Roger (1.190), Nicolas Gannadaios, ne me sont autrement connus.

Acte mentionné: Testament (διάταξις) par lequel Roger de Messine léguait à sa femme Oulô l'ensemble de ses biens (1.38); le document était postérieur à la mort de Roger II (29) et, sans doute, à 1166 (voir-ci-dessus), et antérieur à 1176; il est perdu.

1   † Σίγνον χειρὸς Οὐλῶς θυγατρὸς τοῦ ἀποιχομένου Ἰωάννου τοῦ Γραφέως
     γυνῆς δὲ τοῦ ἀποιχομένου Ῥογερίου Μεσσίνης καὶ υἱοῦ Ἰωάννου τοῦ
     Σεκρέτου †
     Καὶ τί ἂν εἴη εὐσεβέστερον ἢ καὶ ψυχωφελέστερον τοῦ οἰκοδομεῖν κατα-
     γώγια καὶ πνευματικῶν ἀνδρῶν ἐν τούτοις συναγείρειν χορὸν καὶ πάσας
5   αὐτῶν τὰς χρείας ἐκπληροῦν; Οὕτω γὰρ ἂν καὶ τὸ θεῖον ταῖς ἐκείνων
     εὐχαῖς καθ' ἑκάστην ἐξευμενίζοιτο καὶ οἱ ἐνδημοῦντες ξένοι καὶ ἀλῆται
     καὶ πένητες ἀνάπαυσιν ξεναγωγίας ἐφεύραντο· ἀχάριστον γὰρ τῷ ὄντι καὶ
     ἄδικον ἡμᾶς μὲν ἀμφιλαφῶς ἀπολαύειν τῶν τοῦ Θεοῦ δωρεῶν, ἐκείνῳ δὲ
     μὴ παρέχειν κἂν μέρος γοῦν τι τῶν ἐξ αὐτοῦ δωρηθέντων ἡμῖν, μὴ δ'
10   ἀπὸ τῶν αὐτοῦ θεραπεύειν αὐτόν. Ταῦτα εἰδὼς ἐγὼ ἡ ῥηθεῖσα Οὐλῶ καὶ
     τὸν τίμιον καὶ ζωοποιὸν σταυρὸν ἰδιοχείρως ποιήσασα, τὴν παροῦσαν ἀπ'
     ἐντεῦθεν ἤδη ἔγγραφον καὶ ἐνυπόγραφον ἀμετάτρεπτον ἀναλλοίωτον ἀπ-
     αραποίητον ἀπαράθραυστον καὶ ἀμεταμέλητον ἐκδοτικὴν συμφωνίαν καὶ
     ἁπλῆν δωρεάν, τὴν πᾶσαν ἰσχὺν καὶ δύναμιν ἐκ τῶν φιλευσεβῶν καὶ θείων
15   ἔχουσαν νόμων καὶ ἐν μηδεμίᾳ ῥήσει ἀνατραπῆναι ἢ καθυποβληθῆναι δυ-
     ναμένην οὐ παρ' ἐμοῦ αὐτῆς οὐ παρά τινος τῶν κληρονόμων ἐμοῦ τε καὶ
     τῶν τοῦ ἐμοῦ ἀνδρὸς εἴπω, καὶ διαδόχων ἢ καὶ διακατόχων, τίθεμαι καὶ
     ποιῶ ἑκουσίως ἀφόβως καὶ ἀβιάστως, οὐκ ἐξ ἀνάγκης τινὸς ἢ φόβου ἢ
     συναρπαγῆς ἢ ῥαδιουργίας ἢ νόμου ἢ φάκτου ἀγνοίας ἢ ἀρχοντικῆς ἐπι-
20   κουρίας ἢ τῶν ἄλλων ἁπάντων τῶν τοῖς θείοις νόμοις ἀποτετραμμένων,
     ἀλλ' ἐκ πολλῆς ἐμοί, ὡς εἰπεῖν, προθυμίας καὶ θελήσεως καὶ κατὰ
     Ἀκουλιανὴν ἐπερώτησιν, ἀποτασσομένη πᾶσαν νομικὴν βοήθειαν καὶ τὸ
     Βελλειάνιον δόγμα, ταύτην τὴν περιγραφὴν πρὸς σὲ τὸν μοναχὸν Ἀρσένιον,
     τὸν ὁρμώμενον ἀπὸ τῆς μονῆς τοῦ Ἁγίου Φιλίππου Μεσσίνης, κατὰ τὴν
25   ὑποκειμένην τοῦ λόγου διήγησιν. Καὶ γὰρ πρὸ χρόνων τινῶν ψυχικῆς ἡμῶν
     ἕνεκα σωτηρίας καὶ μνήμης, ἔτι ζῶντος τοῦ ἐν μακαρίᾳ τῇ λήξει ἀοιδίμου
     ἐμοῦ ἀνδρὸς Ῥογερίου, ἐβουλόμεθα ἐκ τῶν ὑπαρχόντων ἡμῶν καταγώγιον
     ποιῆσαι τιμίων μοναχῶν πρὸς δοξολογίαν καὶ αἶνον Θεοῦ καὶ μνημόσυνον
     τῶν ἀειμνήστων καὶ μακαρίων αὐθέντων ἡμῶν Ῥογερίου μεγάλου ῥηγὸς

---

23 Βελλειάνιον: Βενιάλιον V ‖ 25 ψυχικῆς : ψυχικοῦ V ‖ 28 Θεοῦ: Θεῷ V

30 καὶ τῶν κατὰ διαδοχὴν κληρονόμων αὐτοῦ καὶ τῶν γονέων ἡμῶν καὶ
πάντων τῶν χριστιανῶν, οὐ μὴν ἀλλὰ καὶ εἰς μακροημέρευσιν τῶν τὰ
σκῆπτρα σήμερον τῆς βασιλείας ἐπικρατούντων καὶ τῶν κληρονόμων αὐτῶν,
ἔτι δὲ καὶ ὑποταγὴν παντὸς ἐχθροῦ καὶ πολεμίου αὐτῶν· ἐπεὶ δὲ ὁ
φθόνος οὐκ ἤνεγκε τὴν ἀγαθὴν [   ] τοῦ ῥηθέντος
35 ἀοιδίμου Ρογερίου καὶ ἐμοῦ ἀνδρὸς [   ] καὶ εἰς
ἐμφάνειαν ἐπιδεῖξαι ταῦτα μετὰ θάνατον αὐτοῦ κἀγὼ πεπλήρωκα καὶ
ἀνεδοιάστως τὰ αὐτοῦ πάντα καταλιπὼν εἰς τὴν ἐμὴν ἐξουσίαν καὶ κυριό-
τητα, ὡς ἐν τῇ διατάξει αὐτοῦ ἀριδηλότερον γέγραπται, τὸν γὰρ εὐκτή-
ριον οἶκον ἐπ᾽ ὀνόματι τῆς Θεομήτορος εἰς καταγώγιον μοναχῶν ἀναγείρας
40 ἐκ βάθρων εἰς τὸ ὑφ᾽ ἡμῶν ἰδιόκτιστον γονικὸν τόπον ἤτοι τοῦ ῥηθέντος
μακαρίου ἐμοῦ συνεύνου καὶ κἀμοῦ Οὐλῶς τῆς αὐτοῦ γυναικὸς ἐν τῇ τῆς
Μεσσίνης διακρατήσει ἐν τῇ τοποθεσίᾳ τοῦ ποταμοῦ Βορδουνάρου διὰ
ἀρχιεπισκοπικοῦ σταυροπηγίου κελλία τε διάφορα ἀνοικοδομήσαμεν προσ-
κυρώσαντες ἐν αὐτῷ πλεῖστα εὐθὺς γράφιστα βιβλία, τὰ ἱερά, τὰς εἰκόνας,
45 τὰ βλαττία, τὰ χωράφια, τὰ δένδρα, τὰ βοΐδια καὶ τὰ λοιπά, ἅπερ καταλεπτῶς
διασαφεῖ, δισκοποτήρια β᾽, τὸ ἓν ἀργυρόν, καὶ τὸ ἕτερον κασσιτέρινον, λαβίδα
ἀργυρὴν α᾽, ἀπαλαρίας κύπρινας γ᾽, θυμιατήριον ἓν καὶ κα [   ]
ἓν κύπρινον, μανάλια ζεύγη δύο μικρὰ καὶ μεγάλα κύπρινα, τραπεζοφόρα
δύο, τὸ ἓν πάννινον καὶ τὸ ἕτερον ἐκ μετάξου, ἐνδυτὰς λινὰς δύο,
ἡ μία κεντητή, καὶ ἡ ἑτέρα ἐκ μετάξου καὶ ἑτέρα λινὴ, στιχάρια
50 β᾽, ἐπιτραχήλια δύο, ἐπιμάνικα ζεύγη δύο, βῆλον ἕνα· τάδε βιβλία,
Ἀπόστολον, Εὐαγγέλιον, στιχεράριν, μηναῖον μηνῶν τριῶν, πανηγυρικὸν
βιβλίον καὶ βιβλίον τοῦ Δαμασκηνοῦ, ἐρωτήματα τῆς γραμματικῆς καὶ
ἕτερα ἐρωτήματα τοῦ ἁγίου Γρηγορίου Νύσσης, ὁ Θεολόγος, εὐχολόγιον,
τὰ πάντα εἰσὶ δέκα. Αἱ ὑποστάσεις· ὁ μέγας ἀμπελών, ἐν ᾧ ἐστι τὸ
55 μοναστήριον καθότι ἐστὶν αὐτόκλειστος καὶ περιορισμένος καὶ περιφραγ-
μένος σὺν τοῦ ἐν αὐτῷ περιβόλου καὶ ἡμεροδένδρων καὶ ἀργῶν [   ]
χωραφίων καὶ ἐνδόξων οἰκημάτων καὶ κελλίων καὶ βουττίων ληνῶν τε καὶ
ὑποληνίων καὶ εἴ τι δ᾽ ἂν ἕτερον, ὡσαύτως τὰ παραπλήσια χωράφια ἡμέτερα
ἡμερά τε καὶ ἄγρια σὺν τοῦ χωραφίου τῆς Σούλλας, καθότι ἐστὶν ὁ διορισμὸς
60 αὐτοῦ ἐπάνω τῶν ἀμπελίων Ἰωάννου τῆς Νεαπόλεως καὶ πᾶσαν τὴν ἡμε-
τέραν ἀναμοιρίαν τῶν χωραφίων τῶν Λακίνων καὶ χωραφίων τῶν Μύλων
τῶν πλησιαζόντων τοῖς ὁροθεσίοις τῆς σεβασμίας μονῆς τῆς Γάλας, ἅπερ
ὑπῆρχαν μητρῷα τοῦ ἐμοῦ ἀνδρός. Καὶ ἀπ᾽ αὐτῶν εἰσιν καὶ ἀγορασίαι,
ὁμοίως καὶ τὰ χωράφια ἅπερ ἠγόρασεν ὁ μακάριος τοῦ ἐμοῦ πενθεροῦ
65 Ἰωάννου καὶ πατὴρ τοῦ ἐμοῦ συζύγου Ρογερίου ἑκατὸν μιλιαρίσια, καὶ
τὰ χωράφια τοῦ Μανιάκους, καὶ τὰ ἡμίσεια τῶν χωραφίων καὶ ἀμπελίων
σὺν τῶν ἡμεροδένδρων καὶ ἀγρίων σὺν τοῦ ἡμισείου τοῦ ὄρους τοῦ

_____

41 κἀμοῦ: κἀμοὶ V ‖ 45 καταλεπτῶς: κατὰ λεπτῶ V ‖ 48 πάννινον: πα... κον V

Ἀμβούτου, τὰ δὲ ἡμίσειά εἰσιν τῆς μονῆς τῶν καλογραιῶν τῆς ἡμετέρας
μονῆς τῆς ʿΑγίας ʾʾΑννης, βοΐδια καματηρὰ ζεύγη τρία, ὀνικὰ δύο, ἄλογον
70 ἕν, δούλους δύο. Οὕτως σὺν Θεῷ παρ' ἐμοῦ γεγονότα σπουδῇ καὶ διασκέψει
τοῦ [   ] ὀφείλοντας, οὗ τὴν τυχοῦσαν εἶχον περισκοπῶν
τῇδε κἀκεῖσε καὶ διανοουμένη εὐρόν τινα κατὰ ἀλήθειαν ἄνδρα εὐλαβῆ
καὶ φοβούμενον τὸν Θεόν, Ἀρσένιον τοὔνομα, τὸν ἀπὸ τῆς μονῆς τῆς Γιτάλας ὁρμώμενον, ὅντινα προεστῶτα ἐκεῖσε καταστήσας ἐκλογῇ θεοφόρων
75 πατέρων καὶ καλῶς καὶ θεαρέστως τὸ ποίμνιον αὐτοῦ ποιμάνας καὶ τὰ
προσόντα πράγματα τῆς μονῆς ἐπαυξήσας, ὡς ἐκεῖνος ὁ δοῦλος ὁ τὸ
τάλαντον τοῦ κυρίου αὐτοῦ πολυπλασιάσας, ἔφθασε τῶν χρεῶν λειτουργῆσαι
ἀποδοὺς τὸ ὀφειλόμενον· μετὰ δὲ θάνατον αὐτοῦ, κατοικίαν καὶ ἀνάπαυσιν
ζητῶν εἰς ἐκπλήρωσιν τοῦ τόπου αὐτοῦ καὶ εἰ δυνατὸν κρειττοτέρως, βουλῇ
80 χρησίμων ἀνδρῶν καὶ ἐκλογῇ πάλιν θεοφόρων πατέρων εὐρόν σε τὸν
δηλωθέντα Ἀρσένιον μοναχὸν τοῦ προσμένειν ἐν τῇ ῥηθείσῃ μονῇ τῆς
Θεοτόκου, ἕως ὁ παρὼν ἔχει σε βίος, ἄρχειν ἐν αὐτῷ καὶ πρωτεύειν [
            ] οὖν κατὰ τὸν ἐνόντα σοι σκοπόν. Ἐπεὶ μετὰ προ-
θυμίας καὶ [   ] ἐδέξω καὶ ἔγγραφον συμφωνίαν παρ'
85 ἐμοῦ ἐζήτησας, καὶ δὴ φαίνομαι ἀνατιθεὶς ἐπὶ σὲ τὸν προρηθέντα πάνσεπτον
ναὸν καὶ τὰ αὐτῷ διαφέροντα ἅπαντα, ὡς ἔντιμον καὶ ἐνάρετον καὶ σπουδαῖον
ἐν παντὶ πράγματι πρὸς περιποίησιν καὶ καλλιέργειαν καὶ φιλοκαλίαν ἐπι-
μέλειαν δέουσαν ἄοκνον καὶ ἀράθυμον δοξολογίαν καὶ φωταψίαν καὶ πάντα
τῷ Θεῷ ἀρέσκοντα, καθάπερ ἐνώπιον τοῦ κατὰ τὴν ἡμέραν τιμιωτάτου
90 ἀρχιεπισκόπου μεγαλοπόλεως Μεσσίνης κῦρ ʿΡιγκάρδου ἔστερξας καὶ ἐμοὶ
καὶ ὤμοσας πρὸς αὐτὸν φυλάξαι καὶ πληρῶσαι ὅτε τὰ τῆς ἡγουμενίας
καὶ ἀρχῆς παρ' αὐτοῦ ἐστέρχθη, καὶ ἐπεβραβεύθη σοι καὶ οὐ μόνον ταῦτα,
ἀλλὰ πάντα τῷ Θεῷ ἀρέσκοντα. Συμφωνῶ δὲ καὶ τοῦτο πρὸς σὲ καὶ
ἀσφαλίζομαι τοῦ ἔχειν σε ταύτην εἰρημένην ἁγίαν καταμονὴν ἀπό γε τοῦ
95 νῦν καὶ δεσπόζειν ἄχρι τῆς πρὸς Κύριον ἐκδημίας σου, μὴ ἐννοούμενος
ἔκπτωσίν τινα ἢ ἀλλοτρίωσιν ἐκ ταύτης ἢ ἀνατροπὴν ἐκ τῆς ἐκδοτικῆς
ἡμῶν συμφωνίας καὶ δωρεᾶς ἄχρι τὴν σὴν τελευτήν· εἰ δόξει σε πρότερον
ἐμοὶ τῶν τῇδε ἐπαναστῆναι [   ] ὑπάρχω ἐπ' αὐτῇ ὡς κληρονόμος
καὶ κτήτωρ ταύτης καὶ ὅντινα βούλομαι αὖθις ἀποκαθιστᾶν ἐν αὐτῇ

---

69 καματηρὰ: καμπερὰ V ‖ 71 περισκοπῶν: περι... οπῶν V ‖ 76 *Evangelium*
sec. Matthaeum, 25, 14—31; *Ev. sec. Lucam*, 19, 12—27 ‖ 82—83 [   ]:
...ρήσασα V ‖ 84 [   ]: ἀπεδ... υτο V ‖ 85 ἀνατιθεὶς: ἀνατίθην V ‖
91 ἡγουμενίας: ἡγουμένης V ‖ 94 ἀσφαλίζομαι: ἀσφαλίζομ [   ] V.
96 ἔκπτωσίν: ἔκπτ [   ] V ‖ ἐκδοτικῆς ἡμῶν συμφωνίας καὶ δωρεᾶς ἄχρι
τὴν: ἐκ .... τῆς ἡμῶν δοτικῆς συμφωνίας........ τὴν V ‖ 98 ἐπαναστῆναι: ἐπανά-
στει [   ] V.

100 προεστῶτα, εἰ δέ γε κἀγὼ προτέρη τὸ χρέος λειτουργήσω, ὁ δηλωθεὶς
καθηγούμενος Ἀρσένιος ἔστω ἐν ταύτη τῇ μονῇ [   ]
καὶ τὰ ὑπὲρ αὐτῆς φροντίζων καὶ ἀντεχόμενος, καὶ μέλλοντί σοι τε-
λευτᾶν προιστάναι ἡγούμενον ἐπ' αὐτῇ ὃν ἂν βούλεσαι κοινῇ βουλῇ τῶν
τῆς μονῆς ἀδελφῶν, μὴ ἐχόντων ἐξουσίαν ἐν ταύτη τῶν ἐμῶν συγγενῶν
105 καὶ τοῦ ῥηθέντος Ῥογερίου καὶ ἐμοῦ ἀνδρὸς καὶ ἀνεψιῶν καὶ κληρονόμων
τινῶν μετὰ θάνατόν μου ἐπ' αὐτῇ τῇ μονῇ κατὰ δεσποτείας τρόπον ἢ
κληρονομίας τι ἢ λέγειν ἀνατρέπειν τὴν παροῦσαν ἡμῶν ἐκδοτικὴν συμφωνίαν,
ἀλλ' οὐδὲ ἐγὼ αὐτὴ ἡ ἐκδοῦσα ἔξω ἄδειάν ποτε καιρῷ ἢ χρόνῳ λέγειν
τι κατά σου τοῦ καθηγουμένου χάριν ἀνατροπῆς τῆς παρούσης μου
110 συμφωνίας ἢ περὶ ἐσόδων ἢ περὶ ἐξόδων ἢ περὶ γεωργημάτων καὶ
εἰσφορῶν καὶ περί τινος ἄλλης ἀνερμηνεύσεως τῆς μονῆς, ὡς πάντα
τὰ τῆς μονῆς πρὸς Θεὸν προσκυρώσας πρὸς τὸν θεῖον ναόν, καὶ πρὸς
τοὺς ἐπ' αὐτῷ ὀφείλοντας προσμένειν μοναχούς, ἀλλὰ μόνην ἀναφορὰν ἡμᾶς
ἔχειν τοὺς προαπεληλυθότας μακαριωτάτους γονῆς ἡμῶν μνημονεύεσθαι.
115 Συμπεφώνηται δὲ καὶ τοῦτο, ἵνα κατετούσιον σὺ καὶ οἱ μετά σοῦ τῆς
ῥηθείσης μονῆς προεστῶτες δίδουν εἰς βοήθειαν τῶν ἐνιαυσιέων συνάξεων
τοῦ ῥηθέντος μακαριωτάτου ἐμοῦ Ῥογερίου ἀπροφασίστως ταρία πεντήκοντα καὶ ἕτερα ταρία πεντήκοντα ὁμοίως εἰς τὰ ἐμὰ ἐνιαύσια μετὰ τὴν
ἐμὴν τελευτήν, καὶ εἰς τὴν ἡμέραν τῆς ἐξόδου μου, ὅτε τῶν χρεῶν λειτουρ-
120 γήσω ταρία ἑκατόν. Οὐχ ὑποκείσεται δὲ ἡ τοιαύτη μονὴ ἐπὶ ἐνοχῇ
στρατιωτικῇ ἢ ἐξοπλίσει πλωΐμων, ἐλευθέρα ἐστὶν ἐκ πάσης καὶ παντοίας
ἐνοχῆς, μόνον τὸ ἀναγραφόμενον ταύτης εἰς τὴν μεγάλην ἐκκλησίαν ὀφείλει
τελεῖν κατετούσιον εἰς τὸν ἀρχιεπίσκοπον Μεσσίνης κερὶν λίτρας δύο καὶ θυ-
μίαμα λίτρας δύο καὶ οὐδὲν πλέον. Τούτων πάντων καλοθελῶς καὶ ὁμοβούλως
125 καὶ θεαρέστως συμφωνηθέντων, ὅτε ποτὲ καιρῷ ἢ χρόνῳ ἢ εἰς τὸ ἐνεστὼς
ἢ εἰς τὸ μέλλον ἐπὶ ἀναστροφῇ τῆς παρούσης μου αὐταρέσκου καὶ καλοθέλους
ἐκδοτικῆς συμφωνίας φανῶ μετάμελος καθ' οἱονδήτινα λόγον ἐν οἱῳδήποτε
χρόνῳ ἢ τρόπῳ τὸ σύνολον, ἢ ἐγὼ αὐτὴ ἤ τις τῶν ἡμῶν κληρονόμων καὶ
τοῦ μέρους ἡμῶν ἢ ἀπὸ τῶν τοῦ ῥηθέντος ἀοιδίμου ἀνδρός μου Ῥογερίου
130 ἰδίων ἢ κληρονόμων, ὅστις ἂν καὶ εἴη, ἵνα ἔχη ἀρὰν καὶ ἀνάθεμα ἀπὸ
τῆς ἁγίας Τριάδος, κἂν αὐτὸς εἴη ὁ τὸ διάδημα περικείμενος κληρονόμων,
καὶ τὰς ἀρὰς τῶν τιη ἁγίων θεοφόρων πατέρων καὶ διάδικον ἕξει καὶ
τὴν Θεομήτορα, ἀγχόνη δὲ αὐτὸν ὡς τὸν προδότην ἐξαγάγοι τοῦ βίου καὶ
ἐν τῷ μέλλοντι κοινωνῆσαι τὸ τῆς κολάσεως τῶν σταυρωτῶν τοῦ Χριστοῦ,

100 λειτουργήσω: λειτ [   ] V ‖ 101 Ἀρσένιος: [   ] μιος
V ‖ 107 λέγειν τι: λέγειν τ [   ] V ‖ 111 ἀνερμηνεύσεως: ἀνερμηνήσεως
V ‖ 112—113 πρὸς τοὺς: πρὸς τοῦ V ‖ 114 προαπεληλυθότας: προαπελθώτας V ‖ μακαριωτάτους: μακαριοτήτους V ‖ 116 συνάξεων: συνάξέ V ‖ 120 ὑποκείσεται: ὑ [   ]V
‖ 121 στρατιωτικῇ: στρατιοτ[   ] V | 123 τελεῖν: τελῶν V ‖ 125 τὸ ἐνεστὼς: τὸ
ἐνεστῶτι V ‖ 126 καλοθέλους: καλοθελῶς V

135 πρὸς τούτοις μὴ δὲ εἰσακουέσθω [   ] δικαιολογίας
προβάλλοιτο, ἀλλὰ ζημιούσθω καταβαλλόμενος πρὸς τὸ δεσποτικὸν βεστιάριον χρυσίου οὐγκίας σ̄, παρέχῃ καὶ πρὸς σὲ τὸν καθηγούμενον λόγῳ
προστίμου νομίσματα ἑκατόν, πάσας ἐξόδους καὶ βελτιώσεις ἃς ἔχετε ἐν αὐτῇ
τῇ μονῇ καταβαλέσθαι ἐπὶ διπλῷ ἀνηλεῶς· μετὰ δὲ τὴν τῶν προστίμων
140 ἔκτισιν εἶναι τὴν παροῦσαν ἡμῶν ἐκδοτικὴν συμφωνίαν ἀπαράθραυστον
καὶ ἀπαρασάλευτον εἰς τοὺς ἑξῆς ἅπαντας καὶ διηνεκεῖς χρόνους. Εἰ δὲ
καλῶς ἡμῶν διακειμένων ἐπὶ τοῖς συμφωνηθεῖσιν, σὺ ὁ ῥηθεὶς Ἀρσένιος
καθηγούμενος καὶ οἱ μετὰ σὲ διάδοχοι τῆς ῥηθείσης ἡμετέρας μονῆς ἀμελεῖτε
ἢ ῥαθυμεῖτε ἤ τι ἐν πάσῃ τῇ δοξολογικῇ ὑμνῳδίᾳ ἢ ἐν τῇ φωταψίᾳ ἢ ἐν τῇ
145 ἐργασίᾳ τῶν τῆς μονῆς ἀκινήτων, ἢ ἡμᾶς ὑποστρέφεσθε καὶ οὐκ ἀπο-
δέχεσθε τὸ κατὰ δύναμιν καὶ ὡς δεσπότας καὶ κτίτορας τῆς μονῆς καὶ
τιμᾶσθαι καὶ μνημονεύεσθαι ἔτι δὲ καὶ τοὺς ἡμῶν γεννήτορας, ἵνα καὶ
ὑμεῖς τοῖς ἀνωτέροις προστιμήμασιν καὶ ἐπιτιμίαις ὑπόκεισθε. Ἐγράφη
τῇ πολλῇ παρακλήσει τῆς ῥηθείσης ἀρχοντίσσης Οὐλῶς χειρὶ Λέοντος
150 νοταρίου τοῦ Ἀμαλφινοῦ κατ᾽ ἐπιτροπὴν τοῦ εὐλαβεστάτου ἱερέως κῦρ
Ἰωάννου καὶ πρωτοπαπᾶ τῆς μεγαλοπόλεως Μεσσίνης καὶ τοῦ κατὰ
τὸν καιρὸν νομικοῦ καὶ ταβουλαρίου Κωνσταντίνου ἱερέως τοῦ Ἁγίου
Ἱππολύτου, μηνὶ Ὀκτωβρίῳ τῷ ϛχϙη ἔτει ἰνδικτιῶνος η̄ †
    † Σάβας εὐτελὴς μοναχὸς καὶ τῆς τοῦ Σωτῆρος μονῆς καθηγούμενος τῇ
155 πολλῇ παρακλήσει τῆς ἀρχοντίσσης καὶ ἐμῆς θείας κυρᾶς Οὐλῶς ὑπέγραψα †
    † Παφνούτιος εὐτελὴς μοναχὸς τοῦ Ἁγίου Φιλίππου τοῦ Μακρᾶ καθηγού-
μενος τῇ παρακλήσει τῆς ἀρχοντίσσης καὶ ἐμῆς θείας κυρᾶς Οὐλῶς ὑπέγραψα †
    † [   ] τὰ ἀνωτέρω μαρτυρῶ ἰδιοχείρως τῇ πα-
160 ρακλήσει τῆς κυρᾶς Οὐλῶς καὶ ἡμετέρας θείας †
    † Ὁ τοῦ μακαριωτάτου ἀρχιμανδρίτου κῦρ Νίφωνος ἀνεψιὸς Ἰωάννης εὐτελὴς
μαρτυρῶν ὑπέγραψα ἰδιοχείρως †
    † Κωνσταντῖνος ἱερομόναχος ὁ τοῦ Ἁγίου Ἱππολύτου κανονικὸς Μεσσίνης
ὑπέγραψα †
165 † Ego Goffredus de Marturana quod prescriptum est concedo et con-
firmo †
    † Ὁ τοῦ μακαρίτου Λεοντίου υἱὸς Κωνσταντῖνος παρακληθεὶς παρὰ τῆς
θείας κυρᾶς Οὐλῶς μαρτυρῶν ὑπέγραψα †
    † Ὁ τοῦ ἀποιχουμένου Ἰωάννου Βουλκεράμου υἱὸς [   ] παρα-
170 κληθεὶς παρὰ τῆς κυρᾶς τῆς θείας μου τὰ ἀνωτέρω γεγραμμένα μαρτυρῶν
ὑπέγραψα †

_____

137 λόγῳ προστίμου: λόγου προστίμῳ V ‖ 143 οἱ μετὰ σὲ διάδοχοι: ὁ μετὰ σὲ
διάδοχοι V ‖ 148 ὑπόκεισθε: ὑπόκεισται V ‖ 149 ἀρχοντίσσης: ἀρχόντης V ‖ 157
μοναχός: μάρτυρ V ‖ 168 μαρτυρῶν: μάρτυρ V

† Ὁ εὐτελὴς καὶ ἔσχατος πάντων τῶν ἱερέων Πέτρος καὶ κατὰ τὴν ἡμέραν λειτουργὸς Ἁγίου Θεοδώρου Μεσσίνης ὑπέγραψα †

† Ὁ τοῦ μακαρίτου Λέοντος λογοθέτου Μεσσίνης υἱὸς Ῥογέριος παρακλη-
175 θεὶς παρὰ τῆς ἀνωτέρας ἀρχοντίσσης καὶ εὐγενεστάτης καὶ ἐμῆς θείας κυρᾶς Οὐλῶς τὰ ἀνωτέρω μαρτυρῶ †

† Φιλόθεος εὐτελὴς μοναχὸς τοῦ Ἁγίου Ἠλίου τοῦ Ἐμβόλου †

† Ὁ τοῦ μακαρίτου Ἰωάννου Βουλκεράμου υἱὸς Μιχαὴλ τὰ ἀνωτέρω μαρτυρῶν ὑπέγραψα τῇ παρακλήσει τῆς κυρᾶς τῆς ἐμῆς θείας †

180 † Ὁ εὐτελὴς ἱερεὺς Ἰωάννης ὁ πρωτοπαπᾶς μεγαλοπόλεως Μεσσίνης ὑπέγραψα †

† Ὁ εὐτελὴς Νικόλαος ὁ Γανναδαῖος παρακληθεὶς μαρτυρῶν ὑπέγραψα †

Paris — Rome

---

182 μαρτυρῶν: μάρτυρ V

VII

Zwei Katepansurkunden aus Tricarico

Quellen und Forschungen 41

Tübingen 1961

ZWEI KATEPANSURKUNDEN AUS TRICARICO

von

ANDRÉ GUILLOU und WALTHER HOLTZMANN

I. Einleitung

von W. Holtzmann

(mit Beilage)

Tricarico ist eine kleine Bischofsstadt in Lukanien, zwischen Potenza und dem Golf von Tarent in den Bergen, kaum einem Historiker bekannt und auch für Archäologen und Kunsthistoriker allem Anschein nach wenig reizvoll. Wer es kennen lernen will, soll sich nicht durch die Tatsache, daß der Rapido von Neapel nach Tarent im Tale des Basento am Bahnhof Grassano-Garagusa-Tricarico hält, verleiten lassen dort auszusteigen: er befände sich sonst allein vor dem Bahnhof auf weiter Flur, denn eine Autobusverbindung zu dem 15 km nördlich hinter den Bergen versteckten Städtchen gibt es nur zu den Personenzügen frühmorgens und abends. Hat der Reisende aber, sofern er keinen Kraftwagen besitzt, die Tugend des Frühaufstehens geübt, so wird er auch belohnt; denn Tricarico ist eine Stadt, fast 700 m hoch gelegen auf einer Bergnase, zu welcher der Zugang von Südosten her durch einen mächtigen, im 15. Jh. erneuerten Normannenturm abgesperrt wird, von Mauern ringsum geschützt, mit Resten eines Baronalschlosses und Kirchen aus dem 14. Jh., auch einigen Patrizierhäusern des 15. und 16. und einer alten, allerdings im 17. Jh. völlig umgestalteten wuchtigen Kathedrale.

Die Geschichte von Tricarico im Altertum liegt ganz im Dunkel. Der Name des Ortes kommt in der gesamten z. Zt. zugänglichen Über-

lieferung überhaupt zum ersten Male vor in der berühmten Notiz Liud-
prands von Cremona[1]), daß der Patriarch Polyeukt von Konstantinopeı
968 den Erzbischof von Otranto ermächtigt habe, Suffraganbischöfe zu
weihen, darunter auch einen in Tricarico. Die historische SpezialliteRa-
tur beginnt mit Ughelli[2]) der zwei Urkunden eines Grafen Robert von
Montescaglioso von 1068 Aug. 10 mitteilte, worin dieser Graf dem
Bischof Arnald zwei Orte schenkte, Montemurro und Armento, beide
weit im Süden der Diözese, im Tale des Agri gelegen. Eben um diese
entlegenen Besitzungen führten die Bischöfe mit dem lokalen Adel
Jahrhunderte lang Prozesse und die Prozeßliteratur des 18. Jhs. för-
derte einiges Urkundenmaterial aus der Frühzeit von Tricarico zu
Tage. Es war besonders der Bischof Antonio Zavarrone (oder Zavarroni, 1741–60), der, unterstützt von seinem Neffen Giov. Palmieri, um
die Mitte des 18. Jhs. mit mehreren Schriften vor dem königlichen
Gericht in Neapel seine Ansprüche auf die beiden Dörfer verteidigte,
wobei er jedoch auf Widerstand stieß, vor allem bei dem als Geschichts-
schreiber bekannten Placido Troyli[3]). Da Zavarrone sich auf Urkunden
aus seinem Archiv stützte, entstand ein bellum diplomaticum im Stile
der Zeit, geführt mit viel Gelehrsamkeit und maliziöser Bosheit. In der
Tat boten und bieten die Stücke, welche Zavarrone abgedruckt hatte,
Angriffsflächen genug; so wurde z. B. der in den beiden, auch von ihm aus
einem Transsumpt Karls II. von 1306 wiedergegebenen Urkunden von
1068 Aug. 10[4]) als Intervenient genannte Abt Madelmus von S. Sofia
in Benevent erst 1073 von Gregor VII. zu dieser Würde geweiht[5]). Di
Meo, ein scharfer Kritiker, meinte: ,,quasi tutte, se non tutte le carte
di Tricarico puzzano d'impostura''[6]) und hat den guten Bischof

---

[1]) Liudprandi legatio c. 62 (ed. Becker, Mon. Germ. Scr. rer. Germ. ed. 3
S. 209).   [2]) Italia sacra [1]7, 191 ff.; [2]7, 144 ff.   [3]) Ant. Zavarroni, Esistenza
e validità de'privilegi conceduti da'principi Normanni alla chiesa cattedrale di Tricarici
per le terre di Montemurro ed Armento vindicate dalle opposizioni de'moderni critico
(Napoli 10 ottobre 1749); [2](Napoli 30 maggio 1750); A. Zavarrone, Note sopra la bolla
di Godano arcivescovo dell'Acerenza spedita l'anno 1060 a favore di Arnaldo vescovo
di Tricarico (Napoli 1749); [2](Napoli 1755); Placido Troyli, Risposta apologetica a
mons. A. Zavarroni (Napoli 4 luglio e 14 agosto 1750). Weitere Streitschriften zu dem
Prozeß wird It. pont. 9 verzeichnen.   [4]) Zavarroni, Esistenza [2]App. S. 1 u. 3
(vorher schon bei Ughelli [2]7, 146f.).   [5]) Ann. Beneventan. ad a. 1074, ed. Mon.
Germ. Scr. 3, 181; ed. Bertolini (Bull. dell'Ist. stor. Ital. 42, 1923) 144.   [6]) Annali
critico-diplomatici del regno di Napoli 8 (Napoli 1803) 85.

Zavarrone in den Verdacht gebracht, selbst der Fälscher zu sein; aber er ist doch wohl nur das Opfer älterer Missetäter geworden[7]). Der Verdacht erhielt aber besonders Nahrung durch die Tatsache, daß Zavarrone erst im Laufe des Prozesses mit einer Urkunde eines sonst völlig unbekannten Erzbischofs Godanus von Acerenza von 1060 herausrückte[8]), welche die Neugründungs- und Zirkumskriptionsurkunde des Bistums Tricarico sein soll. Es wird darin erzählt, auf dem Konzil von Melfi (1059) habe der Papst den Bischof von Montepeloso, weil er Simonist und *adulter* war, und den Bischof von Tricarico, *eo quod esset neophitus*, abgesetzt, den Godanus und den Erzbischof Arnulf von Cosenza beauftragt, für diese beiden benachbarten Kirchen einen einzigen neuen Bischof zu weihen und dabei die bisher griechische Kirche von Tricarico in den lateinischen Ritus zu überführen; das sei auch von den beiden Legaten auf einer Synode in Tursi geschehen. Die Ortschaften und Kirchen, welche dem neuen Bischof Arnald von Tricarico zugewiesen werden, sind dann in aller Ausführlichkeit aufgezählt[9]). Die Angaben dieser Urkunde über die Vorgänge auf dem Konzil von Melfi stimmen gut zu dem von Nicolaus II. verfolgten Reformprogramm, so daß man ihnen neuerdings nicht mit Unrecht mehr Glauben schenkt[10]); aber schon die Behauptung, daß die Union zwischen Tricarico und Montepeloso auf Grund einer Autorisierung durch Papst und Konzil erfolgt sei, wird Lügen gestraft durch eine von Kehr aufgefundene Bulle Calixts II. über die Wiederherstellung des

---

[7]) Zavarroni, Esistenza [2]App. 1ff. teilt die Grafenurkunden von 1068 (vgl. Anm. 4) und 1070 aus dem Transsumpt Karls II. von 1306 mit; in der Urkunde von 1070 ist von *iura patronatus, terrae demanii et baroniarum, decimae de bajulatione, res feudales* u. a. die Rede.   [8]) In der 2. Aufl. seiner Esistenza (1750) S. 97 erwähnt er sie zum ersten Male; in der 1. Aufl. (1749) fehlt der betr. Abschnitt. Druck der Godanusbulle: Note [1]S. III; [2]S. 1.   [9]) Dabei wird aber ein Ort *Andriacum* genannt, der nach einer von Zavarroni, Esistenza[2] S. 56f. selbst abgedruckten Urkunde von einem Herrn Umbaldus von Petrulla dem Kloster Banzi geschenkt und erst 1354 von Tricarico für 120 Unzen erworben wurde.   [10]) H.-W. Klewitz hat sie in Quell. u. Forsch. 25 (1933/34) 113f. verteidigt und ein so scharfer Kritiker wie G. Antonucci hat sich ihm in Arch. stor. per la Lucania e la Calabria 5 fasc. 1 (1935) 55f. angeschlossen. Klewitz' Behauptung jedoch (S. 114 mit Anm. 1), der Erzbischof Arnald von Acerenza sei seit 1062 urkundlich nachzuweisen, stützt sich auf einige unglaubwürdige Stücke; aus zwei seiner eigenen Urkunden, die seine Pontifikatsjahre nennen (Reg. Neap. Arch. Mon. 5, 104 n. 438 von 1084 – 17. Jahr und Zavarrone, Note [2]S. 17 von 1097 – 30. Jahr) ergibt sich übereinstimmend das Jahr 1067 cr. April für seinen Amtsantritt.

Bistums Montepeloso, in der von einem (welchem?) Erzbischof von
Acerenza gesagt wird, daß er *ecclesiam Montispilosi sine ulla Romanae
ecclesiae auctoritate Tricaricensi ecclesiae univit*[11]). Da also die Urkunde
zumindest interpoliert ist, schien es nötig, die archivalische Basis zu
verbreitern. Sollten doch nach M. Klinkenborg in Tricarico die ältesten
Archive der Basilicata vorhanden sein, beginnend mit dem Anfang des
11. Jhs., einigen griechischen Urkunden, wichtig vor allem wegen der
Urkunden der Grafen von Tricarico und der Erzbischöfe von Acerenza[12]).

Aber meine Hoffnung wurde enttäuscht. Das Archivio Capitolare
muß in den Jahrzehnten seit Klinkenborgs Besuch (1898) weitere,
schwere Verluste erlitten haben. Die Reste sind jetzt in die bischöf-
liche Registratur überführt und von all den Herrlichkeiten, die der
Bericht mir vorgegaukelt hatte, gab es in der einzigen Holzkiste und
den drei Konvoluten von ausgetrockneten, verklebten und vielfach
verblaßten Pergamenten ein einziges aus dem 12. Jh., eine Urkunde
eines Grafen Gosfried von Tricarico vom Oktober 1147 (vgl. Beilage).
Das dem Alter nach nächste Stück ist eine Platea von Montemurro von
1273, mit Bleistift 1510 datiert. Dafür fand sich die Kopie des Privilegs
Calixts II. von 1336, die Klinkenborg vergeblich gesucht hatte[13]).
Wenn mein Besuch wenigstens den Erfolg gehabt hat, daß für die Er-
haltung der kümmerlichen Reste etwas getan wird, was der liebens-
würdige, leider inzwischen verstorbene Bischof, S. Exz. Mons. Raffaele
Delle Nocche versprach – und, wie ich später erfuhr, auch getan hat – so
wäre mein Besuch nicht umsonst gewesen.

Aber die Nachricht von den griechischen Urkunden ließ mir keine
Ruhe. In dem einzigen Inventar, in den Acta visitationis des Bischofs
Jo. Bapt. Santorio von 1588[14]), sind deren zwei genannt – und mehr
hatte Klinkenborg in seinen hsl. Aufzeichnungen auch nicht vermerkt:

fol. 110   Quoddam instrumentum greco sermone scriptum in perga-
            meno et magno folio.

fol. 110ᵛ Aliud instrumentum grecum super confirmatione cuiusdam
            territorii de rossocchio (=Refugio) rogatum sub a. 1031.

---

[11]) Gött. Nachr. 1903, 102 Nr. 2.   [12]) Gött. Nachr. 1898, 340.   [13]) J. L.
7078. Aus dieser Kopie hatte Zavarroni, Esistenza² App. 20 die Bulle, bis auf kleine
Versehen zuverlässig, gedruckt.   [14]) Zavarroni, Esistenza ¹S. 34 ff.; ²App. S. 32 ff.
nicht vollständig. In der 1. Aufl. war der Aussteller der Godanusbulle noch Arnaldus
genannt; in der 2. ist in Klammer Godano zugefügt.

Eine dieser Urkunden wird schon von Zavarrone erwähnt, zuerst als Beleg dafür, daß man im Mittelalter Pergament als Beschreibstoff benutzte[15]), dann in der zweiten Auflage seiner Schrift über die Godanusbulle, wo er auf die Frühgeschichte von Tricarico zu sprechen kommt. Er sagt da, Mons. Assemani habe ihm vor zwei Jahren (also 1753) eine griechische Urkunde von 1002 aus seinem Kapitelarchiv übersetzt, aus der hervorgehe, daß damals Tricarico unter Arabereinfällen zu leiden gehabt habe[16]). Diese Übersetzung des Mons. Assemani ist im bischöflichen Archiv nicht mehr vorhanden, aber da es sich sicherlich um Joseph Simon Assemani handelt, den berühmten Orientalisten (1687 bis 1768), der Kanoniker von St. Peter und lange Jahre Präfekt der Vatikanischen Bibliothek war, lag es nahe, seinem Nachlaß nachzuspüren, der doch wohl in Rom sein mußte[17]). Das Glück war mir hold: schon der zweite Band, der nach den hsl. Indices der Vaticana Assemanischriften verzeichnete, enthielt das Gesuchte. Im cod. Vat. lat. 7401, einem Miscellaneenband, ist fol. 243 ein halbiertes Blatt eingeheftet mit der Notiz: Trovati fra le carte di Mons. Assemani, und darauf folgen lateinische Übersetzungen und Kopien des griechischen Urtextes der beiden Urkunden, die wir hier vorlegen:

1101 Dez.: Der Katepan Gregorios Tarchaneiotes bestimmt die Grenzen zwischen Tricarico und Acerenza, und

1023 April: Der Katepan Basileios Boioannes bestätigt dem Kloster S. Maria τοῦ ʻΡεβουχίου seinen Besitz.

Zwischen diesen beiden Texten steht eine Abschrift der Urkunde des Katepans Kalokyros für Trani 983, die Assemani selbst herausgegeben

---

[15]) Zavarroni, Esistenza [2]S. 97 f.: Abbiamo ancora in questa carta (d. h. auf Pergament) un'altra scrittura Greca, spedita nell'anno del Mondo 6510, cioè 1002 della Era volgare. In der 1. Aufl. fehlt diese Stelle (vgl. Anm. 8).   [16]) Zavarrone, Note [2]S. 254: Costa ancora da un'antichissima scrittura greca in carta pecora, che si conserva nell'Archivio della Cattedrale di Tricarico, spedita l'anno 1002, tradotta in lingua latina due anni or sono dal rinomato Monsignor Assamani, che i cittadini di Tricarico per le vessazioni, che loro davano i Saraceni annidati nel Castello di Pietra Pertosa fabbricato sopra un'alto, ed asprissimo scoglio, che ancora sta in piedi, distante cinque miglia di Tricarico, furono costretti abbandonare i loro territorj. Onde essendosi confusi i limiti, fu duopo, che nel suddetto anno 1002 fossero designati, e stabiliti dal Catepano greco, la di cui designazione sta oggi in osservanza.   [17]) Ein großer Teil des schriftlichen Nachlasses Assemanis ist bald nach seinem Tode in seiner Wohnung verbrannt; vgl. Enciclop. cattolica 2, 159 f.

hat[18]), auf die zweite folgt, ebenfalls in Übersetzung und griechischem Text, die Urkunde des *dux Italiae* Argyros für Sasso von Trani von 1054[19]); endlich folgen noch zwei Urkunden aus der Palaiologenzeit, die hier nicht interessieren[20]). Daß die Urkunde von 1001 Dez. aus dem Archiv von Tricarico stammt, beweist – auch wenn sich in Assemanis Abschrift kein entsprechender Verweis findet – der Vergleich ihres Inhalts mit der Notiz Zavarrones; für die Urkunde von 1023 erhebt ebenfalls der Inhalt die Provenienz aus Tricarico zur Gewißheit.

Wenn ich die beiden wichtigen, für eine quellenarme Zeit und Gegend eine Lücke ausfüllenden Texte heute vorlegen kann, so verdanke ich das wahrhaft internationaler Zusammenarbeit. Herr Dr. R. Hiestand, ein Schweizer Stipendiat, hat mir die griechischen Texte abgeschrieben, Herr Prof. A. Guillou hat in altbewährter Hilfsbereitschaft die Herstellung eines lesbaren Textes, der doch alle Eigenheiten der Vorlage erkennen läßt, übernommen und den zum Verständnis der Urkunden erforderlichen Sachkommentar beigesteuert, der eine Mitteilung von Assemanis Übersetzungen überflüssig macht; italienische Kollegen, vor allem Prof. Levi della Vida, halfen bei der Erklärung. Ihnen allen zu danken ist mir angenehme Pflicht.

Vielleicht darf ich, ohne den in Aussicht gestellten Erörterungen meines byzantinistischen Kollegen vorgreifen zu wollen, noch versuchen, zur historischen Auswertung des Fundes einige Bemerkungen zu machen, wobei der ersten Urkunde der Löwenanteil zufallen wird.

Wir lesen hier von Arabern, die sich in dem Felsennest Pietrapertosa, noch heute der höchstgelegenen Gemeinde Lukaniens, festgesetzt und von dort aus das umgebende Land tyrannisiert haben. Es handelt sich dabei um eine länger dauernde Besetzung, während der die Kenntnis der Grenzen zwischen den Stadtgebieten Tricarico und Ace-

---

[18]) J. S. Assemanus, Italicae hist. Scriptores 3 (Romae 1752) 558ff. (mit Übersetzung), wiederholt bei Giamb. Beltrani, Documenti longobardi e greci per la storia dell'Italia meridionale nel medioevo (Roma 1877) 9 n. 8 und Gioach. Prologo, Le carte . . . di Trani (Barletta 1877) 32 n. 7.   [19]) Ed. Beltrani a. a. O. 23 n. 16 und Prologo a. a. O. 50 n. 16 (mit Übersetzung).   [20]) Es sind die Urkunden des Theodoros Palaiologos, Despoten von Mistra, 1433 Sept. ed. Sp. Lampros, Παλαιολόγεια καὶ Πελοποννησιακά 4 (Athen 1930) 106ff. und des Kaisers Konstantin (XI) Palaiologos von 1449 Febr., ed. Lampros a. a. O. 19ff. Die Despotenurkunde ist etwas vollständiger als im Druck. Die Identifizierung dieser Urkunden verdanke ich Herrn Dr. Hiestand.

renza sich verwischte. Nachdem der Katepan Gregorios Tarchaneiotes die ungebetenen Gäste vertrieben hatte, ließ er durch ein ordnungsgemäßes Verwaltungsverfahren den Grenzverlauf zwischen den interessierten Gemeinden Tricarico und Tolve feststellen, was durch Zeugenvernehmung, also durch eine Enquête, geschah im Dezember 1001. Der Grenzverlauf läßt sich, wie M. Guillou gezeigt hat, auch heute noch ziemlich sicher feststellen; Zavarrone behauptet (auf Grund von Assemanis Übersetzung), daß die damals festgestellten Grenzen noch zu seiner Zeit gültig seien. Tolve wird (wie Tricarico) in der Pallienurkunde Alexanders II. von 1067[21]) unter den Pfarreien und Städten *(civitates)* der Erzdiözese Acerenza genannt; die späteren Papstprivilegien für Acerenza von Paschalis II.[22]) ab nennen nur noch die inzwischen zu Suffraganen von Acerenza aufgestiegenen Bischofsstädte. Aber Tolve liegt noch heute in der Diözese Acerenza.

Interessanter ist die Nachricht, daß der Führer dieser sarazenischen Eindringlinge ein gewisser Lukas ὁ κάφιρος καὶ ἀποστάτης gewesen sei. Der arabische Beiname (von *kafir*) bedeutet das Gleiche wie das griechische Epitheton *apostates* und es ist kein Zweifel, daß dieser Lukas ein zum Islam übergetretener Christ gewesen ist – denn gelegentlich seiner Vertreibung werden seine ὁμόφρονες ebenfalls κάφυροι genannt –, der in dieser schwer zugänglichen Bergwelt für einige Zeit eine brutale Gewaltherrschaft aufgerichtet hat, m. W. bis jetzt der erste und einzige Fall eines derartigen Glaubenswechsels in Unteritalien während der Griechenzeit[23]). Wie lange diese Herrschaft gedauert hat, ist schwer zu sagen; die Wiederherstellung der alten Grenzen erfolgte in zwei Etappen, von denen die zweite auf Dezember 1001 fest datiert ist; danach wird man die militärische Vertreibung der Araberhorde spätestens in das Frühjahr oder den Sommer dieses Jahres verlegen dürfen. Es könnten aber ebensogut auch schon einige Jahre vergangen sein und dann könnte für seine Verdienste in diesen Operationen der Spatharokandidatos Christophoros Bochomake durch die Verleihung der Abtei S. Pietro Imperiale in Tarent belohnt worden sein, wie wir aus einer Urkunde des Katepans Gregorios Tarchaneiotes

---

[21]) J. L. 4647.   [22]) J. L. 6088.   [23]) Auf frühere Fälle von bekannten Renegaten macht mich Herr Dr. Hiestand aufmerksam: Leo von Tripoli 904 vor Saloniki und Damianos 908 vor Zypern; vgl. G. Ostrogorski, Geschichte des byzantinischen Reiches ²(München 1952) 207.

vom November 999 erfahren[24]). Dann aber müßte das Arabernest in
Pietrapertosa schon früher bestanden haben und die Beunruhigung der
Umgebung von dort aus doch wohl auch von längerer Dauer gewesen
sein; man ist versucht, in diesem lukanischen Felsennest eine unter-
italienische Parallele zu der berühmten, 983 ausgehobenen Araber-
siedlung in der Provence (Garde Fraînet) zu erblicken. Denn wenn die
Besetzung nur wenige Jahre gedauert hätte, hätte wohl kein Bedürfnis
bestanden, die in Vergessenheit geratenen Besitzverhältnisse zwischen
Acerenza und Tricarico, wie sie ἀπὸ παλαιῶν τῶν χρόνων waren, feststellen zu lassen.

Alle diese in der Urkunde geschilderten Vorgänge sind bisher
völlig unbekannt gewesen, da in der dürftigen annalistischen Überliefe-
rung der Jahre um 1000 Acerenza oder Tricarico überhaupt nicht genannt werden. Schon Amari[25]) hat die zusammenhanglosen Einzel-
notizen zusammengestellt, aus denen man höchstens den allgemeinen
Eindruck gewinnt, daß nach dem völlig erfolglosen Vorstoß Ottos II.
nach Calabrien die Muselmanen eher wieder im Vordringen begriffen
waren, und Gay[26]) hat dies dahin ergänzt, daß die byzantinische
Zentralregierung, vor allem wegen des in den 90er Jahren eingeleiteten
Angriffs auf das Bulgarenreich, auch garnicht in der Lage war, nennens-
werte Kräfte für Operationen in Süditalien zur Verfügung zu stellen.
Von einer länger dauernden Besetzung eines Landstrichs durch die
Muslim ist zudem in den Annalen nirgends die Rede, sondern immer
nur vom Verlust oder von der Eroberung eines Platzes. Auf die Auswertung der sehr unbestimmten Aussagen hagiographischer Schriften
muß ich hier verzichten; es käme hierfür vor allem die Vita des h. Vitalis
von Castronovo in Frage; aber ihre topographischen und chronologischen Angaben bedürfen noch eingehender Kritik, die hier zu weit
abführen würde, ohne daß sich unbestreitbare Argumente ergäben[27]).

[24]) Trinchera, Syllabus Graecarum membranarum (Napoli 1865) 9 n. 10. Zu
S. Pietro Imperiale in Tarent vgl. E. Gattola, Hist. abb. Casin. S. 272ff.; Tom.
Leccisotti, Le pergamene latine di Taranto nell'archivio di Montecassino,
Arch. stor. Pugliese 14 (1961) 3–49.   [25]) Storia dei Musulmani di Sicilia ²2 (Catania
1935) 395f.   [26]) L'Italie méridionale et l'empire byzantin (Paris 1904) 365ff. –
Sollten die Sarazenen, die am 3. August 1002 Benevent überfielen (Ann. Benevent.
cod. A 1 ad an., ed. O. Bertolini, Bull. dell'Ist. stor. Ital. 42, 1923, S. 129), unsere Horde
gewesen sein, die dann über Capua Neapel erreichte?   [27]) Die nur in einer
1194 dem Bischof Robert von Tricarico gewidmeten lateinischen Übersetzung erhal-

Die Prozeßurkunde Nr. 2 führt uns durch ihre zeitlichen Angaben ebenfalls noch ins 10. Jh. zurück. Interessant ist der Name des bisher unbekannten Griechenklosters s. Maria *de Rifugio*. Das lateinische Wort, das in der griechischen Umschreibung noch erkennbar ist, deutet darauf hin, daß der Ortsname älter ist, also noch aus langobardischer Zeit stammt. In den allerdings nicht immer zuverlässigen ältesten Urkunden für Tricarico wird von Anfang an das Kloster als Besitz des Bistums erwähnt; es begegnen dabei die Formen: *s. Mariae, quod vocatur Rivogium* (Godanusbulle von 1060, Druck 1755), *mon. q. v. s. M. Revoga* (Arnaldus Erzbischof von Acerenza 1097, Druck 1755); *s. M. de Robozio* (Calixt II., Kopie v. 1336)[28].

tene Vita des hl. Vitalis (BHL. 8697) ist zu benutzen in der Ausgabe der Bollandisten Acta SS. März 2, *27–*35. Nach der Vita ist der Heilige gestorben an einem Freitag, 9. März. Die Bollandisten (Papebroch und Henschen) errechneten 994 als Todesjahr und das ist in der neueren Literatur, welche den Text benutzte, allgemein übernommen worden. Nur E. Besta hat in der Rassegna Pugliese 24 (1908) 223f. mit Recht darauf aufmerksam gemacht, daß der Heilige später gestorben sein müsse, da in n. 10 von seinem Besuche bei einem Katepan Basilius in Bari die Rede sei. Das aber kann nur entweder Basileios Mesardonites (1010–17) oder Basileios Boioannes (1018 bis 1028) gewesen sein; für das Todesjahr bleibt also die Wahl zwischen 1011, 1016 oder 1022. B. Cappelli, Il monastero di S. Andrea di S. Vitale di Castronovo in: Arch. stor. per la Lucania e la Calabria 7 (1937) 280–294 bemühte sich um die Aufhellung der topographischen Angaben der Vita und wollte das mehrfach genannte *Turris* (auch *Turritanae* oder *Turrensium sedes* in n. 22. 23) mit Tursi identifizieren. Er hat aber nicht Stellung genommen zu den Angaben von Di Meo, Annali 12, 504 und G. Racioppi, Storia dei popoli della Lucania 2 (Roma 1889) 138f.; ²(Roma 1902) 227f., wonach Turri ein in Ruinen und lokalen Flurbezeichnungen noch erkennbarer Ort zwischen Guardia Perticara und Armento war, der in diesem Zusammenhang auch in Besitzlisten der Privilegien für Tricarico, z.B. in J. L. 7078, wiederholt vorkommt. Bevor diese chronologischen und topographischen Fragen nicht geklärt sind, kann auch der in n. 22. 23 gelegentlich der Translation des Heiligen (30 Jahre nach seinem Tode) genannte *Joannes Turritanae* (oder *Turrensium) sedis episcopus* nicht näher bestimmt werden. Amari a. a. O. ²2, 467 Anm. 1 erklärt ihn, anscheinend auf Grund der Not. c zu Kap. 5 in der Ausgabe der Bollandisten, zum Bischof von Tricarico; aber daß in den 40er oder 50er Jahren des 11. Jhs. der Bischof von Tricarico noch anderswo residiert habe, halte ich für wenig wahrscheinlich. ²⁸) Das in Anm. 14 erwähnte Archivinventar (Zavarroni, Esistenza ²App. 34) verzeichnet als letztes Stück: *Donatio territorii S. Mariae de Refugio facta a Robęrto comite Montis Caveosi de Anno 1055*, ferner in der Handschrift (fol. 109): *Instrumentum donationis et confirmationis facte per d. comitem Tricaricensem de ecclesia s. Nicolai de Cripta ad favorem monasterii s. Marie de Refogio sub a. 1196.*

Für die Geschichte der kirchlichen Organisation sind die beiden
neuen Urkunden – leider – unergiebig, da Bischöfe nicht genannt
werden. Aber daß die Gegend von Acerenza und Tricarico um die Jahr-
tausendwende griechisches, wenn auch zeitweise von den Arabern be-
setztes Herrschaftsgebiet war, dafür bieten sie einen erwünschten
Beleg. Sollte diese arabische Herrschaft länger, viele Jahre vielleicht,
gedauert haben, was vorläufig noch eine Hypothese ist, so würde den
beiden neuen Urkunden sogar noch eine größere, ins Allgemeinge-
schichtliche reichende Bedeutung zukommen.

Beilage

Graf Gosfrid von Tricarico schenkt mit Rat seiner Frau Adelaia dem
Bischof Ebert von Tricarico einige Häuser in der Stadt.

1147 Oktober

Orig. Tricarico, Arch. vescovile.

Bei der Dürftigkeit unserer Kenntnisse über die Grafen von
Tricarico im 12. Jh. wird diese auch formal interessante Urkunde will-
kommen sein.

Sancto reuelante spiritu per hos (= os) sapientissimi Salomonis
didicimus omnia terrena et transitoria caduca esse et uana. Ideo ego
Gosfridus dei regisque gratia Tricaricensis comes, cum subtiliter atque
diligenter inspicerem uerba regis epithalamii, nebula mee mentis
propulsa illustrante luce pneumatis sancti, consideraui illa sola esse
utilia atque eterna, que deo eiusque ministris offeruntur. Cumque talia
meo uoluerentur in animo, que uersabantur in corde, patefeci domne
Adelaie comitisse uxori mee et consilio ab ea accepto et a subscriptis
testibus pro uita domni nostri Rogerii sanctissimi regis filiorumque
suorum nec non pro remedio animarum nostrarum nostrorumque
parentum concessimus et donauimus sanctę matri ęcclesię Tricarici et
domno Erberto eiusdem ciuitatis episcopo domos, que olim fuerunt
Ioannacii Amalfetani, quas eciam Iohannes Bulgarus gener illius
tenuit, pertinentes mihi iure eo, quod fuerunt de nostro puplico, vt
amodo et deinceps omni futuro tempore ipse prephatus episcopus
suique successores habeant et possideant illas ad honorem dei et sancte
Marie uirginis faciantque in eis et de eis, quicquid uoluerint sine nostra

nostrorumque heredum uel successorum contrarietate. Et nullo aduenienti tempore nos et nostri heredes nostrique successores tollamus illas aut subtrahamus nec a subpositis personis tollere permittamus, sed manuteneamus et defendamus prescriptum episcopum cum predictis domibus et cum transitis et exitis et cum omnibus infra se habentibus et continentibus ab omnibus hominibus, qui ipsas domos calumpniari aut tollere uoluerint. Si quis uero suadente diabolo hoc nostrum donum rumpere presumpserit, anathematis uinculo innodetur et prenominate ecclesie libram unam auri componat et quod repetit uendicare non ualeat prescriptis omnibus postmodum impletis. Et pro securitate sancte matris ẹcclesie et uenerandi Erberti ipsius ẹcclesie pontificis atque uenerabilium sacerdotum in conuentu illo commorantium signum sancte crucis in finem huius paginule et nomen nostrum propriis manibus scripsimus et Meliciacce nostri curiali notario scribere iussimus et plumbum inferius positum nostro tipario bullari precipimus. Actum est hoc anno dominice incarnacionis millesimo centesimo quadragesimo octauo mense octubris indictione undecima, regnante domno Rogerio magnifico rege anno regni eius decimo septimo. (S. N.)

† EGO GOSFRIDUS TRICARICI COMES

† Signum manus Ugonis Hoire   † Signum manus Gulielmi Alenzonis

                                  † EGO RICCARdus episcopus

† Signum manus Umfridi Anagie

† [Βαρ]θ[ολομαῖος] κριτ(ὴς) υἱὸς [Κ]ωνστ(αντίνου) ταβουλ(αρίου) μαρτυρῶν ὑπ(έγραψα) ἰδιοχείρ(ως).

† Γρ[ηγόριος] Φο[   ]

II. Textes de A. Guillou

1.

MOLYBDBOBOULLON DU KATÉPAN D'ITALIE GRÉGOIRE TARCHANÉIÔTÈS

'Υπόμνημα, 1. 53.   An du monde 6510 (= 1001–1002).

Le prôtospathaire Grégoire Tarchanéiôtès katépan d'Italie détermine les confins des territoires d'Akérentza et de Trikariko.

ANALYSE. – Loukas l'incroyant[1]) et l'apostat[2]) avait occupé même le bourg fortifié (καστέλλιον)[3]) de Pétrapertousa[4]), et, non content de multiplier dans l'Italie toute entière[5]) oppressions et rapines, il s'était emparé comme un brigand des terres d'autrui (τόποι ἀλλότριοι καὶ ὅρια)[6]): c'est ainsi qu'il prit le territoire (διακράτησις)[7]) de la ville

---

[1]) Κάφιρος: arabe kafir, qui signifie: Celui qui pratique une religion autre que la religion musulmane, nous devons cette information importante à la courtoisie du Professeur G. Levi della Vida.   [2]) 'Αποστάτης: Loukas, Grec pratiquant la religion orthodoxe, s'est converti à la religion musulmane.   [3]) Καστέλλιον est dans le texte le diminutif de κάστρον, donc une petite ville ou un bourg fortifié.   [4]) Pétrapertousa, dite aussi au Moyen Age Pietraperciata (= roche percée qui domine le site, voir G. Colella, *Toponomastica pugliese* . . . (*R. Deputazione di Storia Patria per le Puglie. Documenti e monografie* – vol. 23), Trani, 1941, p. 475): Pietrapertosa, commune perchée à 1080 mètres d'altitude (L. V. Bertarelli, *Touring Club Italiano, Guida d'Italia, Lucania e Calabria*, Milan, 1938, p. 72) à 6 kms environ au sud du Basento, province de Potenza. [5]) Au sens strict, il s'agit du thème byzantin d'Italie, comprenant l'Apulie, les principautés lombardes et les duchés campaniens, et peut-être la Calabre (J. Gay, *l'Italie méridionale* . . ., p. 347–349); il va de soi que l'auteur amplifie le champ des pillages de Loukas.   [6]) Il faudrait peut-être préciser: les terres limitrophes de Pietrapertosa, mais qui appartenaient à d'autres.   [7]) Διακράτησις: ici, c'est le territoire de la ville dont les limites sont fixées par un *périhorismos* (= description des confins) et qui comprend le bourg fortifié, des ἀγρίδια et des προάστεια; le terme est mis dans la phrase en rapport avec le mot ὅρια (limites), ce qui veut bien dire que la διακράτησις est un espace défini par des σύνορα (confins), mais il ne faut pas chercher dans ce mot le sens technique de circonscription du thème, plutôt lui donner le sens d'une entité psychologique et économique. Nous comprenons le mot ainsi lorsqu'il est employé par Constantin Porphyrogénète dans le *De administrando imperio*, ch. 29, 1. 14 et ch. 45, 1. 165, 174 (éd. Gy. Moravcsik – R. J. H. Jenkins, Budapest, 1949, p. 122, 212, 214). Pendant la période normande le terme sera souvent employé: M. Dendias, Συμβολὴ εἰς τὴν μελέτην

fortifiée (κάστρον)[8]) de Trikariko[9]) dont les habitants avaient la propriété depuis longtemps, ne laissant même plus ceux-ci pénétrer sur
leurs propres terres pour les exploiter (l. 1–9). Nous avons donc chassé
de Pétrapertousa Loukas et ses coréligionnaires[10]), et c'est alors que
les habitants de la ville fortifiée (κάστρον) de Trikariko portèrent plainte
au sujet des limites de leur territoire (l. 9–13). Nous avons donc mandé
le taxiarque[11]) Constantin Kontou qui emmena les habitants du bourg
fortifié (καστέλλιον) de Toulba[12]) qui vinrent avec lui: avec l'accord
des deux parties il rétablit les limites des terres de Trikariko
et d'Akérentza[13]) telles qu'elles étaient anciennement (l. 13–19). Peu
de temps après, nous avons voulu approfondir l'affaire et nous avons
envoyé au mois de décembre de la quinzième indiction notre *proximos*[14])
Rômanos, le *magistros*[15]) Argyros de Bari et l'ancien *chartoularios* des

τῆς δημοσίας διοικήσεως ἐν Καλαβρίᾳ καὶ Σικελίᾳ ὑπὸ τοὺς Νορμανδοὺς ἡγεμόνας. Ἡ
διακράτησις ὡς διοικητικὴ περιφέρεια, *Atti del VIII Congr. Intern. di Studi biz.* (1951) II
(*Studi biz. e neoell.*, 8, 1953), p. 299–300, trouve le sens technique de circonscription
administrative à la fin du XI e s.; Hélène Glykatzi-Ahrweiler, *Recherches sur l'administration de l'empire byzantin aux IX e–XI e s.*, Bulletin de Correspondance Hellénique,
84, 1960, p. 86, n. 4, émet des doutes sur l'interprétation de Dendias. Le dossier du
terme est à revoir.   8) Κάστρον: c'est une ville fortifiée, opposée à χωρίον pris
dans le sens d'habitat non fortifié; voir dans l'acte du katépan Eustathios éd. par F. Nitti
di Vito, *Le pergamene di S. Nicola di Bari. Periodo Greco* (939–1071) (*Codice diplomatico barese . . .*, t. 4), Bari 1900, p. 68, l. 31.   9) Τρικάριχος: Trikariko, petite ville
(commune, province de Matera) encore médiévale d'aspect, située à 698 m. d'altitude
à 6 kms environs au nord du Basento (L. V. Bertarelli, *op. cit.*, p. 83).   10) Συνοική-
τορες καὶ ὁμόφρονες αὐτοῦ κάφυροι: Loukas avait donc occupé Pietrapertosa à la
tête d'une bande d'Arabes musulmans (ou de Grecs convertis). Le fait n'est pas connu.
11) Ταξιάρχης: commandant de troupes, dont l'équivalent latin est *centurio* ou *tribunus*
(voir Du Cange, *Glossarium*, s. v⁰).   12) Τούλβα (Tulbis, Tulbea; G. Colella, *op. cit.*,
p. 42 et 477): Tolve, commune de la province de Potenza à 568 m. d'altitude à 15
kms environ au nord-ouest de Trikariko (voir L. V. Bertarelli, *op. cit.*, p. 125).
13) Ἀκερέντζα: Acerenza, commune de la province de Potenza, perchée sur un rocher
de tuf calcaire à 833 m. d'altitude au nord du Bradano, à 15 kms environ au nord-ouest
de Tolve (voir L. V. Bertarelli, *op. cit.*, p. 120–122).   14) Πρόξιμος ou προέξημος:
officier qui, dans le Klétorologion de Philothéos, fait partie du bureau du domestique
des Scholes, et est rangé après le topotérètès, les deux comtes des Scholes, le *chartoularios*
et les domestiques (voir J. B. Bury, *The Imperial Administrative System in the Ninth
Century . . . (The British Academy. Supplemental Papers, 1)*, Londres, 1911, p. 55;
ajouter, R. Guilland, *Etudes sur l'histoire administrative de Byzance. Le domestique des
Scholes*, Revue des Et. Byz,, 8 (1950), 1951 p. 15   15) Μάγιστρος: sur l'histoire de
ce titre aulique, voir J. B. Bury, *op. cit.*, p. 31–33.

Scholes[16]) Myrôn; ils prirent avec eux encore les habitants de Trikariko et ceux de Toulba: pour ce qui est des limites, les habitants de Toulba, au nombre de cinq (Charzanitès, Sikènoulphos[17]), Jean de Kara[18]), Goïnandos[19]), Jean Barisianos[20])) dirent que les parties sont depuis longtemps associées (ἀνακοινούμενοι)[21]) et qu'aucune n'a jamais levé sur l'autre le droit d'herbage ou de lignage (νόμιστρον, χυλοτικόν)[22])

[16]) Χαρτουλάριος τῶν Σχολῶν: officier du bureau du domestique des Scholes (voir ci-dessus note 14); pourquoi «ancien»? Parce qu'il n'y a plus de bureau du domestique des Scholes à Bari, mais un bureau du katépan.   [17]) Le texte de la copie porte Charzanitès fils de Sikènoulphos (τοῦ Σικηνούλφου); pour obtenir le chiffre des 5 habitants de Toulba, nous supposons une mauvaise lecture, mais il se peut aussi que le copiste ait oublié de transcrire un des noms et que Charzanitès soit bien fils de Sikènoulphos. Sikènoulphos est un Sikènolf, d'origine lombarde.   [18]) Κάρα, est un lieu-dit Carrà, qui peut être celui de Calabre situé à 10 kms au nord de Squillace (voir P. Battifol, dans *Römische Quartalschrift*, 2, 1888, p. 47, n. 2, A. Parisi, *I monasteri basiliani del Carrà*, dans *Historica*, 6, 1953, fasc. 2).   [19]) Γοϊνάνδος, est un Guinantus; voir F. Nitti di Vito, *Le pergamene di S. Nicola di Bari* . . ., p. 98 (de 971).   [20]) Βαρισιάνος: peut-être à corriger en Βαρισάνος; nous connaissons, en effet, en 1164–1165 un prieur du monastère calabrais de Kyr-Zôsimos qui porte ce nom (Archives de la Trinità della Cava, Pergameni Greci, no 59, l. 7; éd. F. Trinchera, *Syllabus Graecarum Membranarum* . . ., Naples, 1865, no 168, p. 221).   [21]) Ἀνακοίνωσις: sur cette forme ancienne de copropriété, qui porte ici sur des pâturages et des bois (grevés ou non par le fisc, on ne nous le dit pas), indivis entre deux sociétés paysannes, voir F. Dölger, *Beiträge zur Geschichte der Byzantinischen Finanzverwaltung besonders des 10. und 11. Jahrhunderts* (*Byzantinisches Archiv* . . ., H. 9), Leipzig-Berlin, 1927, p. 142 (sur la base du *Traité fiscal*) qui cite seulement un autre exemple pour deux χωρία, l'ἀνακοίνωσις la plus fréquente étant celle qui se fait entre deux individus; voir aussi G. Ostrogorskij, *Die ländliche Steuergemeinde des byzantinischen Reiches im X. Jahrhundert*, dans *Vierteljahrschrift für Sozial- und Wirtschaftsgeschichte*, 20, 1928, p. 362.   [22]) Νόμιστρον, χηλοτικόν: ces deux mots ne sont pas connus des lexicographes modernes. Ils se trouvent par chance dans deux autres documents de l'Italie méridionale: 1) Lorsque le katépan Basile Bojôannès dresse le *périhorismos* de la nouvelle ville-forte de Troja, en juin 1019, il précise que le droit de pacage versé par les étrangers (entendre ceux qui ne sont ni du territoire de Bakaritza ni du territoire de Troja), qui ont l'autorisation de faire paître leurs animaux sur les pâturages demeurés en commun à Bakaritza et à Troja, sera réparti entre les deux villes dans la proportion de un tiers pour la première et deux tiers pour la seconde: τρεῖς μοίρας τὸ ὑπὲρ αὐτῶν λόγῳ νομίστρου καταβαλλόμενον ἀπὸ τῆς σήμερον ἡμέρας γενέσθαι εὐδοκοῦμεν (F. Trinchera, *Syllabus Graecarum Membranarum* . . ., no 18, p. 20). La traduction latine dont on ne connaît pas l'auteur (mais qui a pu être rédigée en même temps que l'acte grec et peut-être à sa suite avant les souscriptions, on en connaît d'autres cas) et dont il faut reconnaître qu'elle est en quelques endroits un peu lâche traduit justement *herbaticum*. 2) Le seigneur d'Aeta (Calabre) Jean et ses

ni ne s'est appropriée l'ensemble des pâtures et des bois (κρατήσιμον)[23];
ils ajoutent que les limites entre Toulba, la ville fortifiée d'Akérentza
et celle de Trikariko étaient demeurées celles qu'avaient fixées le dit
Constantin (Kontou) (l. 19–33); ce sont les suivantes: de Bougèton[24])
elles remontent le petit torrent a sec appelé Kanapinon[25]) jusqu'au
pied du mont Markos[26]), puis suivent vers l'Ouest le vallon[27]) jusqu'à
la pierre percée et jusqu'à l'autre pierre placée par le stratège Sélantzianos[28]) et rejoignent le bourg fortifié en ruines de Kerbanos[29]), puis
atteignent la route publique (δημοσία στράτα)[30]) où se trouvent les
grandes pierres et les arbres marqués par le même stratège, elles descendent le ruisseau, rejoignent la grande pierre placée entre les deux
ruisseaux, atteignent le fleuve Tratos[31]) qu'elles suivent jusqu'au
Basendon[32]) qu'elles descendent jusqu'à l'église de la Théotokos dite

ayants droit donnent un bien à S. Hélias, en mars 1198, et le libère du droit de lignage
et d'herbage: ποιῶ καὶ τὸ μοναστήριον ἐλεύθερον παντελεύθερον ἀπὸ χηλοτικοῦ καὶ ἀπὸ
ἀρβατικοῦ (= herbaticum); χυλοτικόν est certainement une prononciation locale de
ὑλο-τικόν, mot formé comme herba-ticum. L'expression de notre texte doit être comprise
ainsi: pas de κοινὸς τόπος juridiquement défini entre les deux villes, mais des pâtures et
dés bois de part et d'autre du σύνορον, où chacun va faire paître ses bêtes et ramasser
du bois de chauffage (et du bois d'oeuvre?). Le taxiarque Constantin avait certainement précisé en délimitant les confins qu'aucune des deux villes ne devait imposer
l'autre pour lui permettre de jouir des pâtures et des bois (le même avis est donné à
Bakaritza et Troja en 1019, dans l'acte cité plus haut).   [23]) Κρατήσιμον: ce mot
n'est pas relevé dans les dictionnaires; on peut penser, si la transcription est bonne, à
un équivalent de κράτησις (?).   [24]) Τὸ Βουγήτον. est un bucetum, pâturage pour les
boeufs, peut-être le Bosco di S. Marco à 5 kms au nord de Trikariko, ou un Bucito,
(voir G. Colella, Toponomastica pugliese ..., p. 471), que nous n'avons pu identifier
dans la région.   [25]) Καναπίνον, torrent à sec, non identifié, certainement dans la
région de S. Marco (voir note précédente).   [26]) Ὄρος τοῦ Μάρκου: S. Marco, mont
de 609 mètres de hauteur à 5 kms au nord de Trikariko (voir carte de l'Istituto Geografico Militare au 1:50000e, région Tricarico).   [27]) Ce vallon doit être celui qui
est occupé par le lit du torrent appelé aujourd'hui Bilioso, qui va grossir le Bradano
(voir carte citée).   [28]) Ce stratège paraît inconnu; mais jusqu'à présent il n'existe
aucune liste des stratèges de Longobardie ou de Calabre établie sur un examen sérieux
des sources. S'il s'agit bien ici, comme on peut le supposer, d'un stratège de Longobardie,
il vivait avant 975, puisqu'on admet (J.Gay, L'Italie méridionale ..., p. 345–347) que
quelques années avant cette date Nicéphore Phocas a créé le premier katépan d'Italie.
Le nom Selantzianus doit être lombard.   [29]) Κερβάνος: site non identifié.
[30]) Δημοσία στράτα: c'est presque à coup sûr la route qui joint Matera à Potenza, et
passe à Tricarico.   [31]) Τράτος: affluent du Basento non identifié.   [32]) Βασένδος:

τοῦ 'Ρεβουγίου[33]) (l. 33–43). Les habitants de Trikariko auront désormais la pleine proptiété (αὐθεντία καὶ δεσποτεία) de leurs terres, et ni les habitants d'Akérentza, ni ceux de Toulba, ni ceux des bourgs fortifiés proches de Trikariko n'auront le droit de franchir les limites de celui-ci ni de lui ravir ses terres (l. 43–53). Le présent *hypomnèma* a été rédigé par le prôtospathaire Grégoire Tarchanéiotès, katépan d'Italie, et remis, souscrit de notre main et scellé de notre bulle de plomb, comme justification des prétentions de Trikariko pour que cessent les empiètements d'Akérentza et de Toulba, en 6510 (= 1001 –1002) (l. 53–58). *Souscription*: Grégoire prôtospathaire[34]) et katépan d'Italie[35]).

REMARQUES. – Nous ne faisons ici que les remarques nécessaires à l'intelligence du texte. L'importance du document pour l'histoire des institutions byzantines est telle qu'il fera l'objet ailleurs d'un commentaire approprié [A. G.].

1) La date du document: Le texte porte 6510, l'acte a donc été rédigé entre le 1er septembre 1001 et le 31 août 1002, mais on peut préciser. Le *proximos* Rômanos, le *magistros* Argyros et Myrôn envoyés sur place par le katépan Grégoire ont fait leur enquête au mois de décembre de l'indiction 15 (l. 20), donc en décembre 1001. Le document consignant les résultats de l'enquête doit lui être de peu postérieur: disons fin 1001 début 1002.

fleuve Basento.   [33]) Θεοτόκος τοῦ 'Ρεβουγίου: le monastère a disparu, mais il reste le site marqué dans le lieu-dit *masseria del Rifugio* et *molendino* del Rifugio, sur le Basento, 4–5 kms au sud-est de Tricarico (voir carte citée à la note 26); le monastère était jusqu'ici inconnu.   [34]) Πρωτοσπαθάριος: sur cette dignité, la 11e dans la liste du Klétorologion de Philotheos, voir J. B. Bury, *The Imperial Administrative System* . . ., p. 27; sur les fonctionnaires qui en sont plus habituellement revêtus, voir Hélène Glykatzi-Ahrweiler, *Recherches* . . ., p. 36–37.   [35]) Κατεπάνω: sur l'origine du mot, voir A. Jannaris, *Κατεπάνω-Capitano-Captain*, dans *Byz. Zeitschr.*, 10, 1910, p. 204–207; sur l'histoire et le sens de l'institution, lire D. A. Zakythènos, *Une inscription byzantine du Parthénon et les institutions provinciales de l'Empire*, dans *L'Hellénisme Contemporain*, 1948, p. 199–206 et récemment Hélène Glykatzi-Ahrweiler, *Recherches* . . ., p. 64–67; en ce qui concerne l'Italie, les vues de J. Gay, *L'Italie méridionale* . . ., p. 343–349 demeurent. Il faut y ajouter les corrections que nous proposons à propos de l'acte suivant (voir p. 25, n. 17). Nous connaissons trois listes de katépans d'Italie: celle de G. de Blasiis, *Le pergamene bizantini degli archivi di Napoli e di Palermo*, dans *Archivio Storico Italiano*, ser. 3, 3, 1866, p. 86, n. 1, celle de A. Jannaris, *loc. cit.*, et celle (la plus complète) de A. Pertusi, *Contributi alla storia dei temi bizantini dell'Italia meridionale*, dans *Atti del 3° congresso internazionale di studi sull' alto medioevo*, Spolète, 1959, p. 506–517.

2) Prosopographie: a) L'auteur de l'acte est connu, Grégoire Tarchanéiotès, prôtospathaire et katépan d'Italie (voir J. Gay, *L'Italie méridionale et l'Empire byzantin . . . (Bibl. des Ecoles fr. d'Athènes et de Rome*, fasc. 90), Paris, 1904, p. 347, 362, 367, 368, 556), le plus haut fonctionnaire impérial en Italie du Sud; son nom de famille est traditionnellement écorché en Τραχανειώτης, l'erreur remonte à une mauvaise lecture de F. Trinchera, *Syllabus Graecarum Membranarum . . .,* Naples, 1865, nᵒˢ 10 et 12, des documents 4 et 5 des Archives du Mont-Cassin; b) Le taxiarque Constantin n'est pas connu, ni le *proximos* Rômanos, ni Myrôn; on aura remarqué que ces enquêteurs envoyés par le katépan, comme le premier le taxiarque Constantin Kontou, sont tous des militaires; c) Le *magistros* Argyros de Bari est également inconnu; d) Les cinq habitants (entendons les notables) de Toulba qui participent activement à l'affaire sont malaisés à retrouver dans le texte corrompu du copiste (l. 27–28); et il n'est pas sûr que notre leçon soit la bonne, car on peut toujours supposer que le copiste a omis l'un des noms; e) Le stratège Sélantzianos (l. 37) est inconnu, mais nous ne pouvons savoir si la lecture du copiste est bonne (28).

3) Les σύνορα: Les limites fixées par le taxiarque Constantin Kontou et confirmées à Trikariko, après l'enquête consignée dans notre document, sont *grosso modo* repérables sur la carte au 1:50000e; elles se trouvent à l'ouest de Trikariko et à l'est de Toulba. Akérentza est au nord-ouest de Toulba et les confins décrits sont censés délimiter les territoires d'Akérentza et de Trikariko: on en déduira que le bourg fortifié de Toulba était compris dans le territoire d'Akérentza; de même le territoire de Trikariko comprenait-il un certain nombre de καστέλλια (voir ligne 49 de notre texte). On comprendra alors pourquoi les fonctionnaires byzantins ont fait appel aux habitants de Toulba pour déterminer ces limites, puisque ce bourg était la dernière place orientale du territoire d'Akérentza et limitrophe du territoire de Trikariko.

L'édition repose sur une copie moderne (= A) et donc ne peut-être que critique; les iotas souscrits ne sont pas notés puisqu'ils ne pouvaient l'être dans le document. On aura remarqué que dans la transcription des noms propres nous nous en sommes tenus aux règles fixées pour l'édition des documents byzantins (ε = é, η = è, o = o, ω = ô, θ = th, χ = ch, φ = ph); et nous nous tenons à cette transcription orthographique, même si à plusieurs reprises la prononciation invite à la modifier.

+ Ἐπειδήπερ ἐν τῷ καιρῷ Λουκᾶ τοῦ καφίρου τοῦ καὶ ἀποστάτου
γεγονότος, ὅστις καὶ τὴν κατάκτησιν εἶχεν ἐν τῷ καστελλίῳ Πετραπερ-
τούσα, οὐκ ὀλίγας τυραννίας καὶ κομιδὰς ὑπῆρχε πεποιηκὼς ἐν ὅλῃ τῇ
Ἰταλίᾳ, καὶ οὐ μόνον τὰ τοιαῦτα ἀτοπήματα ἐχόμενος διεπράττετο, ἀλλὰ καὶ
τόπους ἀλλοτρίους καὶ ὅρια ληστρικῶς κατεκράτει, ἐν ᾧ καὶ ἅπαν τὸν τόπον
τε καὶ διακράτησιν κατέσχεν τῶν οἰκητόρων κάστρου Τρικαρίκου, ἅτινα καὶ
ὑπῆρχον δεσπόζοντες ἀπὸ παλαιῶν τῶν χρόνων οἱ αὐτοὶ οἱ οἰκήτορες τοῦ
εἰρημένου κάστρου Τρικαρίκου, καὶ μηκέτι παραχωρεῖν τούτους τὸ σύνολον
εἰσέρχεσθαι εἴτε νέμεσθαι τοὺς ἰδίους αὐτῶν τόπους. Δι’ οὗ τοίνυν ἀπελαυ-
θέντος παρ’ ἡμῶν τοῦ αὐτοῦ Λουκᾶ ἀπό τε τοῦ εἰρημένου καστελλίου Πετρα-
περτούσας ἅμα τῶν συνοικητόρων καὶ ὁμοφρόνων αὐτοῦ καφύρων, ἔγκλησιν
ἐποιήσαντο οἱ αὐτοὶ οἰκήτορες κάστρου Τρικαρίκου περί τε τῶν συνόρων καὶ
τῆς διακρατήσεως τοῦ τόπου αὐτῶν. Καὶ τὸ μὲν πρότερον ἀπεστάλη παρ’ ἡμῶν
Κωνσταντῖνος ταξιάρχης ὁ καὶ καλούμενος τοῦ Κοντοῦ, ὅστις ἀγαγὼν καὶ
τοὺς οἰκήτορας καστελλίου Τούλβας ὁμοθυμαδὸν παρεγένοντο, καὶ ἐξ
ἀρεσκείας τῶν ἑκατέρων μέρων διεχώρισεν τὰ τοιαῦτα σύνορά τε καὶ τοπία
τὰ ἀναμεταξὺ ὑπάρχοντα τῶν τε οἰκητόρων κάστρου Ἀκερέντζας καὶ τῶν
οἰκητόρων κάστρου Τρικαρίκου, καθὸ καὶ ἀπὸ παλαιῶν τῶν χρόνων ὑπῆρχον
ἀμφότεροι δεσπόζοντες. Μετ’ οὐ πολὺ δὲ ἡμεῖς, βουλόμενοι ἔτι τὴν τοιαύτην
ὑπόθεσιν ἐπὶ πλεῖον γυμνάσαι, ἀπεστάλη παρ’ ἡμῶν κατὰ τὸν Δεκέμβριον
μῆνα τῆς ιε΄ ἰνδικτιῶνος Ῥωμανὸς ὁ καὶ πρόξιμος ἡμῶν ἅμα Ἀργυροῦ τοῦ
μαγίστρου καὶ Βαρινοῦ, ὁμοίως καὶ Μύρονος τοῦ καὶ γεγονότος χαρτουλαρίου
τῶν Σχολῶν, οἵτινες παραγενόμενοι ἤγαγον πάλιν τοὺς αὐτοὺς οἰκήτορας
κάστρου Τρικαρίκου ἅμα τῶν οἰκητόρων καστελλίου Τούλβας, καὶ ἐρευνήσαντες περὶ τῶν τοιούτων συνόρων ἀπελογήσαντο καὶ ἐξεῖπον οὕτως οἱ
εἰρημένοι οἰκήτορες καστελλίου Τούλβας, ὡσεὶ μέχρι τὸν ἀριθμὸν πέντε,
λέγω δὴ Χαρζανίτην καὶ Σικηνοῦλφον, Ἰωάννην τῆς Κάρας, Γοϊνάνδον καὶ
Ἰωάννην Βαρσιάνον, ὡς ὅτι ἡμεῖς ἑκάτεροι ἀπὸ παλαιῶν τῶν χρόνων
ἀνακοινούμενοι ὑπήρχομεν καὶ ἐν τῷ μέσῳ ἡμῶν οὔτε νόμιστρον οὔτε
χυλοτικὸν ἀλλ’ οὔτε κρατήσιμον ἀνελάβετό τις ἐξ ἡμῶν πώποτε, ἀλλὰ καθὼς
καὶ διεχώρισεν τὰ τοιαῦτα σύνορα ὁ ῥηθεὶς Κωνσταντῖνος, οὕτως καὶ
ὑπῆρχον ἀναμεταξὺ ἡμῶν τῶν τε οἰκητόρων κάστρου Ἀκερέντζας καὶ τῶν
οἰκητόρων κάστρου Τρικαρίκου, ἅτινα καὶ ταῦτά εἰσιν · ἀπὸ μὲν τὸ Βουγῆτον
καὶ ὡς ἀναβαίνει τὸ ξηροποτάμιν τὸ καλούμενον Καναπίνον μέχρι τοῦ
ποδήματος τοῦ ὄρους τοῦ Μάρκου καὶ ὡς ἀπέρχεται ἡ λαγκάδα πρὸς δυσμὰς
μέχρι τῆς τρυπημένης πέτρας καὶ ἕως τὴν ἑτέραν πέτραν ἣν ἔστησεν ὁ
στρατηγὸς Σελαντζιανὸς καὶ ἀποδίδει ἕως τοῦ ἐρημοκαστελλίου τοῦ κα-

λουμένου Κερβάνου μέχρι τῆς στράτας τῆς δημοσίας, ὅπου καὶ τὰ λιθάρια
ὑπάρχουσιν τὰ μεγάλα καθὸ στήκουσι τὰ δένδρα σημειούμενα ἀπὸ χειρῶν
τοῦ αὐτοῦ στρατηγοῦ καὶ ὡς κατέρχεται τὸ ῥυάκιν καὶ τὸ μέγαν λίθον τὸν   40
ἰστάμενον μέσον τῶν δύο ῥυακίων καὶ ἀποδίδων εἰς τὸν ποταμὸν τὸν καλούμενον Τράτον καὶ ἀποδίδει ὁ αὐτὸς Τράτος εἰς τὸ ἕτερον ποτάμιν τὸ Βασένδον
καὶ κατέρχεται πρὸς τὸν ναὸν τῆς Θεοτόκου τοῦ καλουμένου Ῥεβουγίου.
Καὶ ἀπὸ τὴν σήμερον ἔχειν ἐξουσίαν τοὺς αὐτοὺς οἰκήτορας κάστρου Τρικαρίκου τοὺς ἰδίους αὐτῶν τόπους εἰς τελείαν αὐθεντίαν καὶ ἀναφαίρετον   45
δεσποτείαν, ἔτι δὲ καὶ εἰς τοὺς ἑξῆς ἅπαντας καὶ διηνεκεῖς χρόνους · δηλονότι μὴ ἔχοντες ἐξουσίαν ἀπὸ τοῦ παρόντος μήτε οἰκήτορες κάστρου
Ἀκερέντζας μήτε οἱ αὐτοὶ οἰκήτορες τοῦ καστελλίου Τούλβας μήτε ἕτεροι
οἰκήτορες ἀπὸ τῶν καστελλίων τῶν καὶ πλησιαζόντων τοῦ εἰρημένου κάστρου
Τρικαρίκου ὑπερβαίνειν εἰς τὰ σύνορα τοῦ εἰρημένου κάστρου Τρικαρίκου   50
καὶ καταρπάζειν τοὺς ἰδίους αὐτῶν τόπους. Δι’ αὐτό, ὡς εἴρηται, ἐξ ἀρεσκείας τῶν ἑκατέρων μερῶν διαχωρισθῆναι τὰ τοιαῦτα σύνορα καθὼς καὶ
ὑπῆρχον ἀπὸ παλαιῶν τῶν χρόνων. Ἐπὶ τούτω γὰρ καὶ τὸ παρὸν ὑπόμνημα
ἐγένετο παρὰ Γρηγορίου τοῦ πρωτοσπαθαρίου κατεπάνω Ἰταλίας τοῦ Ταρχανειώτου καὶ ἐπεδόθη εἰς δικαίωσιν τῶν οἰκητόρων κάστρου Τρικαρίκου   55
καὶ ἀπόπαυσιν τῶν οἰκητόρων κάστρου Ἀκερέντζας καὶ τοῦ καστελλίου
Τούλβας, ὑπογραφὲν τῇ οἰκείᾳ μου χειρὶ βουλλωθὲν καὶ τῇ συνήθει ἡμῶν
βούλλῃ τῇ διὰ μολύβδου ἔτει ͵ϛφι΄.
    + Γρηγόριος πρωτοσπαθάριος καὶ κατεπάνω Ἰταλίας ὁ Ταρχα-
νειώτης.   60

    1. *Crucem om.* A   2. ὅστις:ὥστις A   2. κατάκτησιν:κατάκτισιν A
2. Πετραπερτούσα:Πετραπερτούσαν A   3. κομιδάς:σκομιδάς A   3. ὅλη:
ὥλη A   4. ἀτοπήματα:ἀτοπίματα A   5. ὅρια:ὥρια A   5. κατεκράτει:
κατεκράτη A   6. οἰκητόρων:οἰκειτόρων A   7. ὑπῆρχον:ὑπείρχων A
7. δεσπόζοντες:δεσπόζωντες A   7. οἰκήτορες:οἰκήτωρες A   10. εἰρημένου:
εἰριμένου A   11. συνοικητόρων:συνοικειτόρων A   12. ἐποιήσαντο:ἐποιήσαντω
A   12. οἰκήτορες:οἰκείτωρες A   14. ὅστις:ὥστις A   15. οἰκήτορας:
οἰκείτωρας A   15. ὁμοθυμαδὸν:ὁμοθυμαδὼν A   15. παρεγένοντο:
παρεγένοντω A   16. διεχώρισεν:διεχώρησεν A   17. οἰκητόρων:οἰκειτόρων A
18. οἰκητόρων:οἰκειτόρων A   18. ὑπῆρχον:ὑπείρχων A   19. ἀμφότεροι:
ἀμφώτεροι A   19. Μετ’ οὐ πολύ:Μεθ’ οὗ πολύ A   21. ἰνδικτιῶνος:ἰνδικτίο-
νος A   21. πρόξιμος:πρόξημος A   22. Μύρονος:Μύρωνος A   22. χαρτου-
λαρίου:χαρτουλλαρίου A   23. οἰκήτορας:οἰκείτωρας A   24. οἰκητόρων:οἰκει-
τόρων A   24. ἐρευνήσαντες:ἐρανήσαντες A   25. ἀπελογήσαντο:ἀπελογήσαντω
A   25. ἐξεῖπον:ἐξείπων A   26. εἰρημένοι:εἰριμένοι A   26. οἰκήτορες:
οἰκείτωρες A   27. Χαρζανίτην:Χαρζανήτην A   27. καὶ Σικηνοῦλφον:

2*

τοῦ Σικηνούλφου A   27. Γοϊνάνδον: Γοησάνδον A   29. ἀνακοινούμενοι: ἀνακοινομένοι A   29. ὑπῆρχομεν: ὑπείρχωμεν A   30. χυλοτικὸν: χυλωτικὸν A   30. ἀνελάβετό τις: ἀνελάβετω τὶς A   30. πώποτε: πόποτε A   31. διεχώρισεν: διεχώρησεν A   31. ῥηθείς: ῥιθείς A   32. ὑπῆρχον ἀναμεταξὺ: ὑπείχων ἅμα μεταξὺ A   32. οἰκητόρων: οἰκειτόρων A   34. ἀναβαίνει: ἀναβένη A   34. ξηροποτάμιν: ξηροποτάμην A   35. ὄρους: ὤρους A   36. τρυπημένης: τρυπιμένης A   37. Σελαντζιανὸς: Σελαντζηανὸς A   37. ἐρημοκαστελλίου: ἐριμω καστελλίου A   39. ὑπάρχουσιν: ὑπάρχωσιν A   39. στήκουσι: στίκουν A   39. σημειούμενα: σιμηομένα A   40. ῥιάκιν: ῥοιάκην A   41. μέσον: μέσων A   41. ῥιακίων: ῥοιακήων A   41. ἀποδίδων: ἀποδήδον A   42. Τράτον: Τράταν A   42. ποτάμιν: ποτάμην A   43. Ῥεβουγίου: Ῥεσβουγήου A   44. οἰκήτορας: οἰκείτωρας A   45. ἀναφαίρετον: ἀναφέρετον A   46. δεσποτείαν: δεσποτίαν A   46. διηνεκεῖς: διειναικῆ A   47. οἰκήτορες: οἰκείτωρες A   48. οἰκήτορες: οἰκήτορες A   49. οἰκήτορες: οἰκείτωρες A   49. εἰρημένου: εἰριμένου A   50. ὑπερβαίνειν: ὑπερβένειν A   50. εἰρημένου: εἰριμένου A   51. εἴρηται: εἴριται A   52. καθώς: καθὸς A   53. ὑπῆρχον: ὑπείρχων A   53. παρὸν: παρὼν A   54. ἐγένετο: ἐγένετω A   54. Ταρχανειώτου: Τρακανιώτου A   55. ἐπεδόθη: ἐπεδώθη A   55. οἰκητόρων: οἰκητόρων A   56. οἰκητόρων: οἰκειτόρων A   57. ὑπογραφὲν: ὑπογράψας A   57. συνήθει: συνήθη A   58. μολύβδου: μολύβου A   59. Crucem om. A   59. Γρηγόριος: Γρηγόριως A   59. πρωτοσπαθάριος: A΄ σπαθάριος A   59. κατεπάνω: καταπάνω A   59. ὁ Ταρχανειώτης: τοῦ Ταρχανηώτου A.

2.

MOLYBDBOULLON DU KATÉPAN D'ITALIE
BASILE BOJÔANNÈS

'Υπόμνημα, l. 39.   Avril, indiction 6,
an du monde 6531 (= 1023).

Le prôtospathaire [Basile] Bojôannès confirme au monastère de la Théotokos del Rifugio la propriété de la commune (χωρίον) voisine du monastère, que lui contestaient Constantin et son neveu Phlôros.

ANALYSE. – Des manières de faire qui pour les autres sont condamnables pour des insensés deviennent les meilleures; c'est ce qui s'est produit pour Constantin de Bentrosa (?)[1]) et son neveu Phlôros (l. 1–3).

Feu le moine Kosmas, higoumène du monastère de la Théotokos del Rifugio[2]), avait rassemblé sur les terres de son couvent des «étrangers» (προσήλυτοι) et des indigents[3]) au temps de Grégoire Tarchanéiôtès, prôtospathaire[4]) et katépan d'Italie[5]), et constitua avec eux à ses frais une commune (χωρίον)[6]); un *sigillion* du katépan et des *sigillia* de ses successeurs confirmèrent au monastère la propriété de la commune (l. 4–10). Constantin et son neveu Phlôros et leurs deux amis, les moines Phantinos et Atzoupès qui voyaient l'oeuvre entamée et songeaient à l'achever pour leur compte et à se partager la propriété de la commune (χωρίον), engagèrent une action après tant d'années contre le troisième higoumène du monastère, Nicolas: ils prétendent que le terrain sur lequel a été établi la commune (χωρίον) leur appartient (l. 10–16). L'higoumène Nicolas rétorque qu'il est trop jeune pour savoir ce qui s'est passé il y a si longtemps; que le *sigillion* du katépan et les donations faites au monastère[7]) lui ont appris qu'un moine du couvent nommé Jônas avait défriché l'endroit avant de mourir, il y a quarante ans, et en avait cédé la propriété au couvent; que depuis que

---

[1]) Nous avons rejeté dans l'apparat critique le mot aberrant Νηρηστῆ qui précède le nom de Constantin dans la copie; il s'agit d'un titre qui n'a pas été lu par le copiste et qu'on ne peut restituer sans imprudence. Βεντρόσα: la carte de l'Istituto Geografico Militare au 1:50000e relève un lieu-dit Vetrosa à 5 kms au sud de Oriolo (commune, prov. Cosenza).   [2]) Voir acte I, p. 15, n. 33.   [3]) Προσήλυτοι καὶ πτωχοί: ce sont les ξένοι et πτωχοί dont la situation d'«inconnus du fisc» (τῷ δημοσίῳ ἀνεπίγνωστοι) a été clairement définie par G. Ostrogorskij, *Pour l'histoire de la féodalité byzantine* (*Corpus Bruxellense Historiae Byzantinae. Subsidia 1*), Bruxelles, 1954, p. 330–347. [4]) Voir acte précédent, p. 16, n. 34.   [5]) Voir acte précédent, p. 16, n. 35. [6]) La définition du mot χωρίον se trouve dans F. Dölger, *Beiträge zur Geschichte der Byzantinischen Finanzverwaltung besonders des 10. und 11.Jahrhunderts* (*Byzantinisches Archiv . . .*, H. 9), Leipzig-Berlin, 1927, p. 126 sur la base du *Traité Fiscal* qui reflète très exactement la situation économique révélée par notre document; elle a été complétée par G. Ostrogorskij, *Die ländliche Steuergemeinde des byzantinischen Reiches im X. Jahrhundert*, dans *Vierteljahrschrift für Sozial- und Wirtschaftsgeschichte*, 20, 1928, p. 362–366, et récemment mise en relief par P. Lemerle, *Esquisse pour une histoire agraire de Byzance*, dans *Revue Historique*, 220, 1958, p. 259–261.   [7]) Ἀφιερώσεις: donations impériales dites λογίσιμα et σολέμνια λογίσιμα, revenus fiscaux donnés ou abandonnés (par soustraction sur l'impôt exigible) par l'Etat souvent à une institution pieuse. C'est ainsi, du moins, que nous comprenons le texte; il ne peut s'agir, en effet, de donations d'autres biens, mais de faveurs concernant la commune qui est l'objet du litige. Le

la commune (χωρίον) est constituée, vingt-cinq ans se sont écoulés, et qu'on n'a trouvé d'autres propriétaires (κύριος)[8] que ses «oncles» (θεῖοι)[9] et les moines (l. 16–24). Voulant pousser l'enquête, j'ai demandé aux plaignants leurs témoins, mais ils répondirent que depuis si longtemps aucun ne pouvait survivre (l. 24–27). Comme après le délai de six mois que je leur avais accordé ils ne fondaient encore leurs accusations sur aucun témoignage, moi Bojôannès[10] stratège, katépan et ἐκ προσώπου[11]), ne pouvant ni annuler des droits de propriété si

Traité Fiscal décrit avec soin le mécanisme de ces opérations comptables (voir F. Dölger, *Beiträge zur Geschichte der Byzantinischen Finanzverwaltung* ..., p. 117–118, et le commentaire de l'éditeur p. 146–147) qui ont été clairement exposées par P. Lemerle, *Esquisse* ..., dans *Revue Historique*, 220, 1958, p. 263–265.   [8]) Κύριος: ce mot dans le vocabulaire des juristes est parfois l'équivalent de δεσπότης; c'est le détenteur de la κυριότης, la propriété (voir D. K. E. Zachariä von Lingenthal, *Geschichte des Griechisch-Römischen Rechts*, 2e éd., Aalen, 1955, p. 249, n. 817).   [9]) Θεῖος: on sait que ce terme dans la langue grecque du Moyen Age est susceptible d'un sens étroit, oncle par rapport au neveu, et d'un sens large, enfant de l'oncle par rapport à l'enfant du neveu (voir St. Binon, *A propos d'un prostagma inédit d'Andronic III Paléologue* ..., dans *Byz. Zeitschr.*, 38, 1938, p. 146–155). Nous n'avons aucune raison de choisir entre ces deux significations.   [10]) Βοϊωάννης: la même forme est répétée par le copiste dans la souscription; on peut supposer que le document portait Βοϊω avec ou sans tilde d'abréviation, qui ne peut-être lu que Βοϊω(άννης) tout comme on résout 'Ιω en 'Ιω(άννης). C'est la forme transmise par Georges Kédrènos, Σύνοψις Ἱστοριῶν, éd. Bonn, t. II, p. 546, et c'est celle qu'ont retenu justement les historiens modernes. Un seul avis discordant: Marguerite Mathieu (*Noms grecs déformés ou méconnus*, dans *La Nouvelle Clio*, 4, 1952, p. 299–307) a cru pouvoir soutenir que la forme originale du nom était Βοϊανός ou Βαϊανός et voyait dans le katépan un Bojan, Bajan slave ou d'origine slave. Quoi qu'il en soit de l'origine du nom (qui, à notre avis, n'est pas slave), la forme Βοϊωάννης est la seule qui corresponde aux ὁ Βοϊω(άννης), τοῦ Βοϊω(άννου) transmises, entre autres, par l'édition de Trinchera. Quant aux transcriptions latines de ce nom *Boianus (de Buiano)*, *Bugyano*, *Boio* (et non *Boius*), qui servent de base à la théorie de l'auteur, la première est due sans doute à Baffi qui a pu rendre ainsi un τοῦ Βοϊάνου du texte grec (forme populaire Βοϊάννης, pour Βοϊωάννης), (éd. F. Trinchera, *Syllabus Graecarum Membranarum* ..., n⁰ 18, p. 19, 21), la seconde vient d'une traduction latine copiée dans le Registre de Pierre Diacre (éd. F. Trinchera, *op. cit.*, n⁰ 19, p. 20), et qui peut phonétiquement s'expliquer de la même façon (-gy- est une transcription courante en Italie de l'ï), la troisième (éd. F. Trinchera, *op. cit.*, n⁰ 25, p. 28, 29) n'est que la transcription latine moderne de la forme abrégée du texte grec ὁ Βοϊω, qui demande à être développée en ὁ Βοϊω(άννης), comme τοῦ Βοϊω en τοῦ Βοϊω(άννου).   [11]) 'Εκ προσώπου: un exposé nuancé des obligations diverses attachées à cette fonction a été faite par Hélène Glykatzi-Ahrweiler, *Recherches sur l'administration de l'Empire byzantin aux IXe–XIe siècles*, dans *Bulletin de Correspondance Hellénique*, 84, 1960, p. 36–42

anciens ni ne pas confirmer les *sigillia* accordés au couvent, en présence du prôtospathaire Arouballos[12]), de l'higoumène Naukratios, de l'higoumène Léon, de l'higoumène Rôdôn, de Léon Lat( ), du *chartoularios*[13]) Jean, fils de Balsamus[14]), de Gérasimos, de Jean fils de Pankratios (?)[15]), de son frère Constantin (?), de Rosimanos[16]), de Stéphanos, j'ai confirmé au monastère et à son chef (πρόεδρος) Nicolas, selon la loi et selon les termes des *sigillia*, la propriété de la commune (l. 28–38). Comme confirmation et preuve de tout ceci et pour clore l'action engagée nous avons fait le présent *hypomnèma* authentiqué de notre souscription autographe et scellé de notre bulle de plomb (l. 38–41). Il a été remis au mois d'avril de la sixième indiction, en l'année 6531 (= 1023). *Souscription* (l. 41–43).

REMARQUES. – En attendant de donner sous peu de ce texte un commentaire historique complet, nous signalons ici seulement quelques points notables [A. G.].

1) *L'auteur* du document est bien connu; on sait, en effet, que Basile Bojôannès débarqua en Italie en décembre 1017 et quitta la péninsule peu avant 1028 (J. Gay, *L'Italie méridionale* . . ., Paris, 1904, p. 410–429, F. Chalandon, *Histoire de la domination normande* . . ., t. I, Paris, 1907, p. 55–76, G. Schlumberger, *L'épopée byzantine* . . ., 2e p., Paris, 1900, p. 568). Si l'on exclut le périhorismos (description des

du tiré à part. Pour la période antérieure on lira J. B. Bury, *The Imperial Administrative System in the Ninth Century* . . . *(The British Academy. Supplemental Papers* I*)*, Londres, 1911, p. 46–47.   [12]) Le prôtospathaire Arouballos est inconnu des autres sources.   [13]) Χαρτουλάριος: ce doit être le chartulaire du thème; en principe il est chargé de la tenue des rôles militaires: il appartient aux cadres du bureau constantinopolitain du λογοθέτης τοῦ στρατιωτικοῦ, mais reconnait dans la province où il exerce l'autorité du stratège (katépan); voir J. B. Bury, *The Imperial Administrative System* . . ., p. 44–45 et 90, et Hélène Glykatzi-Ahrweiler, *Recherches*, . . ., dans, *Bulletin de Correspondance Hellénique*, 84, 1960, p. 43 du tiré à part.   [14]) Ce *chartoularios* est inconnu des autres sources; le nom de Balsamus que nous avons restitué est connu dans la région de Bari au XIe siècle; voir F. Nitti di Vito, *Le pergamene di S. Nicola di Bari (Commissione provinciale di Archeologia e Storia Patria. Codice diplomatico barese*, IV*)*, Bari, 1900, p. 34 (en 1025), p. 47 (en 1033).   [15]) Pankratios est restitué; le prénom est connu dans la région de Bari, au XIe siècle (voir F. Nitti di Vito, *loc. cit.*).
[16]) La lecture est incertaine; on connait un *Rosmanno* et des *Rossemannus* (F. Nitti di Vito, *op. cit.*, no 16, p. 33; no 18, p. 37; no 20, p. 41).

confins) du territoire de la ville de Troja dressé en juin 1019, dans l'état
où nous l'a conservé la transcription de Baffi (F. Trinchera, *Syllabus
Graecarum Membranarum* . . ., nº 18, p. 18–20), on ne connait aucun
acte souscrit par l'efficace administrateur que fut Basile Bojôannès.
Celui-ci est le premier. On regrettera d'autant plus que la copie qui
nous l'a transmis ne soit pas sûre: car nous ne pouvons sans prudence
tirer argument de la titulature de la souscription: + Στρατηγὸς κατεπάνω Βοϊωάννης πρωτοσπαθάριος . . ., pourtant intéressante. La
formule étonne; en effet, les autres souscriptions des katépans que nous
avons pu contrôler jusqu'à présent sur les originaux se présentent
ainsi: + Γριγώριως (πρωτο)σπαθάριος καὶ κατεπάνος (peut-être
καταιπάνος) 'Ηταλίας ὁ Ταρχανειώτης + (Archives du Mont-Cassin,
Actes grecs, nº 4, de 999 = F. Trinchera, *op. cit.*, nº 10, p. 9; nº 5 de
1000 = F. Trinchera, *op. cit.*, nº 12, p. 12, et notre nº I ci-dessus),
+ Βασίλϊος (πρωτο)σπαθάριος κὲ κατεπ(άνος) 'Ιταλίας ὁ Μεσαρδονίτις
(Archives du Mont-Cassin, Actes grecs, nº 6, de 1016 = F. Trinchera, *op. cit.*, nº 16, p. 17); la souscription commence donc toujours
par le prénom du haut fonctionnaire, c'est encore le cas dans la titulature de Bojôannès lui-même telle qu'elle est transcrite par Baffi dans
le document concernant Troja de 1019, παρὰ Βασιλείου πρωτοσπαθαρίου
κατεπάνου 'Ιταλίας τοῦ Βοϊάνου *(sic)* (F. Trinchera, *op. cit.*, nº 18,
p. 19) et dans la traduction latine d'un autre document de 1021 que
nous connaissons seulement par le Registre de Pierre Diacre, *Basilius
imperialis protospatharius et catepano Italiae qui et Bugyano dicitur* . . .
(= F. Trinchera, *op. cit.*, nº 19, p. 20). On serait donc tenté de penser
que notre copiste s'est trompé et qu'il faut lire + Βασίλειος κατεπάνω . . .
Mais il n'en est rien, car on lit la même titulature à l'intérieur du texte:
les titres qui sont joints à son nom au début du dispositif (l. 30)
prouvent que Basile Bojôannès devait être appelé prôtospathaire,
stratège, katépan et ἐκ προσώπου, si notre restitution est bonne pour
ce dernier titre. Le rapprochement des trois derniers titres concentrés
sur la même personne est instructif: Basile est ἐκ προσώπου au sens
fort de l'expression, il représente l'empereur et a été nommé directement par lui, et, s'il porte encore le titre un peu déprécié de stratège
(chef civil et militaire de la province du thème), on lui adjoint le titre
militaire récent de katépan (chef des τάγματα, corps de troupes de
métier qui viennent renforcer ou suppléer les troupes du thème) qui

lui assure les pleins pouvoirs dans le thème. L'union des deux titres stratège et katépan que l'on ne connaissait pas jusqu'ici et dans une souscription, ce qui doit assurer qu'elle était officiellement possible et reconnue, doit être interprétée, pensons-nous, dans un sens emphatique ; les prédécesseurs de Basile Bojôannès, Grégoire Tarchanéiôtès et Basile Mésardonitès qui signaient du seul titre de katépan n'avaient pas plus que lui à rendre de comptes à un stratège du thème, et remplissaient donc les fonctions administratives de celui-ci incluses dans le titre de katépan, devenu ici le plus élevé[17]). Le titre militaire s'est étendu aux fonctions administratives de la province. Il faudrait alors, du moins si notre explication est exacte, nuancer, et peut-être seulement dans ce cas assez exceptionnel (la forte personnalité du titulaire l'explique d'ailleurs) les pages qui viennent d'être écrites sur les institutions byzantines aux IX–XIe s. (par Hélène Glykatzi-Arhweiler, dans *Bulletin de Correspondance Hellénique*, 84, 1960, T. P. de 111 p.).

On notera encore pour l'histoire de l'administration dans ce katépanat que la sentence du katépan, rendue en faveur du monastère et qui déboute les accusateurs de celui-ci, a été rendue en présence de trois higoumènes, de deux officiers des τάγματα (le prôtospathaire Arouballos et le *chartoularios* Jean) et de six personnages dont le rang n'est pas précisé. L'important est de retenir qu'apparemment les deux seuls fonctionnaires qui assistent l'auteur sont des militaires[18]).

---

[17]) Faut-il donner une valeur qualificative au mot κατεπάνω (en suivant d'ailleurs l'étymologie du mot proposée par J. Gay, *L'Italie méridionale . . .*, p. 348, qui est sûrement la bonne, κατὰ ἐπάνω), et comprendre le stratège en chef, en conservant sa valeur ancienne au mot stratège au lieu de le reléguer au rang des souvenirs ? Ceci implique que l'on admet l'existence simultanée d'autres stratèges ; il y a encore un stratège en Calabre en 1059 (F. Trinchera, *Syllabus Graecarum Membranarum . . .*, n° 44, p. 58). Pour l'interprétation de notre document ce n'est que question de nuance.   [18]) Et il semble bien qu'en 1022 comme vingt ans plus tôt (notre document I) à travers nos documents on saisisse la double hiérarchie dont il a été récemment fait mention (P. Lemerle, *Prolégomènes à une édition critique et commentée des «Conseils et Récits» de Kékauménos (Académie Royale de Belgique. Classe des Lettres et des Sciences Morales et Politiques. Mémoires. T. 54, fasc. 1)*, Bruxelles, 1960, p. 87). Dans les deux cas, il faut enquêter pour trancher un litige. En 1001–1002 le katépan envoie d'abord un officier (et son détachement), opération de police militaire sans doute, mais de laquelle nous retenons que le taxiarque fixe, en administrateur «civil», les confins entre les territoires de Trikariko et d'Akérentza. A un

2) *La chronologie des évènements* se présente ainsi:

a) – Jônas, moine du monastère de la Théotokos del Rifugio au sud de Tricarico, défriche une certaine quantité de terres voisines du couvent; avant de mourir *vers 983*, il donne le terrain au monastère.

– L'higoumène Kosmas installe sur ces terres des ἐλεύθεροι, paysans dégagés d'obligations vis-à-vis du fisc, et constitue avec cette main-d'oeuvre libre une commune (χωρίον) *en 998*; le katépan d'Italie, Grégoire Tarchanéiôtès, en tant que représentant de l'empereur, reconnait par un document écrit au monastère la propriété de ce *chôrion*; ce qui signifie que le fonctionnaire grec admet l'indépendance des paysans cités vis-à-vis du fisc et d'autres propriétaires, et ajoute à l'Empire une nouvelle commune fiscale (probablement dégrevée si nous comprenons bien le terme ἀφιερώσεις).

– D'autres actes de la pratique, rédigés par les successeurs du katépan (comprenons les katépans eux-mêmes ou les fonctionnaires subalternes et en particulier ceux du fisc) reconnaissent la situation créée par le *sigillion* du katépan et probablement les exemptions qui y étaient reconnues, et en ajoutent d'autres (ἀφιερώσεις).

b) Sous l'higouménat (le troisième depuis la fondation du monastère) de Nicolas, un propriétaire voisin du monastère Constantin et son neveu Phlôros, d'accord avec deux moines (du monastère?) qui comptaient tirer profit de l'opération, contestent au monastère la

second moment de l'affaire, le katépan envoie une commission d'enquête composée de son *proximos*, du *magistros* Argyros de Bari, et de l'ancien *chartoularios* des Scholes Myron. En 1022 le katépan Basile Bojôannès remplissant les fonctions de juge civil est assisté de deux fonctionnaires, un prôtospathaire, le *chartoularios* du thème Jean. On peut voir sans doute dans Myron le *chartoularios* du thème, et estimer donc que comme son collègue Jean il représente dans le thème l'administration militaire centrale de Constantinople, auxiliaire du pouvoir civil exercé ici par le katépan. Les deux katépans sont aidés dans leurs fonctions juridico-administratives par deux notables locaux Argyros de Bari, qui a obtenu le haut titre byzantin de *magistros*, et Arouballos, dont le nom dit l'origine lombarde, paré du titre de prôtospathaire. L'Empire grec a trouvé sur place deux hauts personnages fidèles qu'il a honoré de titres et dont il a fait deux hauts administrateurs. Le fait est bien connu. Si l'on estime que le *proximos* du katépan Grégoire Tarchanéiôtès est une sorte de chef de sa maison militaire en mission exceptionnelle, il reste une image suggestive (sinon tout à fait exacte) de l'administration de ces deux katépans d'Italie; chefs militaires, ils sont à la tête de l'administration civile du thème à laquelle collaborent les officiers *militaires byzantins* et les personnalités *civiles indigènes* entrées au service de l'Empire. Le juge du thème ici n'apparait pas.

propriété de la commune et intentent une action contre lui devant la plus haute juridiction de la province, le katépan, à la fin de l'année 1022.

   – Le katépan, après enquête et délai de six mois pour présentation des témoins, déboute les deux plaignants et confirme les droits du monastère.

   Actes mentionnés: 1) *Un sigillion* du prôtospathaire et katépan d'Italie, Grégoire Tarchanéiôtès (de 998 ?) reconnaissant au monastère de la Thétokos del Rifugio la propriété du *chôrion* qui vient de se former; 2) Des *sigillia* de fonctionnaires fiscaux (entre 998 ? et 1023). Tous ces actes sont perdus.

   Pour l'édition de ce document nous suivons les mêmes règles que pour le précédent (voir n° 1, *Remarques*, p. 17).

   + Εἰ καὶ ἀλλοτρίοις μισητὰ καὶ ἐπιβλαβῆ καὶ πλήρως ἀνόητα, ἀλλὰ   1
τοῖς ἄφροσι ἐπιθυμητὰ καὶ εὐεργέστερα νομίζονται, ὡς καὶ ἐπὶ τῷ [   ]
Κωνσταντίνῳ τῆς Βεντρόσης καὶ τῷ τούτου ἀνεψιῷ Φλόρῳ συνέβηκεν.
Ὁ γὰρ ἀποιχόμενος Κοσμᾶς μοναχός, ὁ τὴν ἡγουμενίαν τῆς σεβασμίας
μονῆς τῆς ὑπεραγίας Θεοτόκου τοῦ Ῥεβουκιίου ἐγχειρισθείς, ἐν τῷ τῆς   5
αὐτῆς μονῆς τόπῳ προσηλύτους ἀθροίσας καὶ πτωχοὺς ἀπὸ τῶν ἡμερῶν
Γρηγορίου τοῦ πανευφήμου πρωτοσπαθαρίου καὶ κατεπάνου Ἰταλίας τοῦ
Ταρχανειώτου, χωρίον συνεστήσατο ἀπὸ τῶν οἰκείων διοικῶν αὐτούς, καὶ διὰ
τιμίου αὐτοῦ σιγιλλίου καὶ τῶν ἀπ' αὐτοῦ ἀρξάντων πάντων εἰς τὴν μονὴν
τούτους διισχυρήσατο. Ὅθεν τὸ ἔργον αὐτῶν ἐν ὀφθαλμοῖς, ὡς εἴρηται,   10
Κωνσταντίνου καὶ Φλόρου ἠρέσθη, ἔχοντες καὶ συμβούλους καὶ συνίστορας
ὁμόφρονας αὐτῶν τοὺς μετὰ τούτων προσδοκῶντας τὸ ἐγχείρημα ἐκπληρῶσαι
καὶ τὸν τόπον τοῦ χωρίου αὐτοῖς ἰδιοποιῆσαι καὶ συμμερίσαι αὐτό, τὸν
μοναχὸν Φαντῖνον καὶ τὸν Ἀτζούπην, ἐκ συμφώνου ἀγωγὴν ἐποιοῦντο κατὰ
Νικολάου, τοῦ ἐκ τρίτου εἰς τὴν ἡγουμενίαν τῆς αὐτῆς μονῆς ὑπάρχοντος, ὡς ὁ   15
τόπος ἐν ᾧ τὸ χωρίον τὸ εἰρημένον ἵδρυται ἴδιος αὐτῶν ὑπάρχει. Εἰς οὓς ὁ
ἡγούμενος ἐνίστατο μὴ εἰδέναι ὅλως ἐκ τὰ λεγόμενα · Νέος γὰρ ὢν καὶ τὰ
πρὸ πολλῶν τῶν χρόνων γεγονότα ἀγνοεῖν, τὰ δὲ ὑπομνήματα τοῦ σιγιλλίου
καὶ τὰς ἀφιερώσεις τῆς μονῆς ἐρευνήσαντες εὕρομεν ὡς ὁ Ἰωνᾶς ἐκεῖνος, ὁ
τὸν τόπον αὐτὸν ὑλοκοπήσας καὶ ἐκκαθάρας μοναχὸς ὢν τῆς τοιαύτης μονῆς   20
καὶ ἐν ταύτῃ ἀποβιώσας πρὸ χρόνων τεσσεράκοντα ἀκωλύτως δεσπόσας, εἰς
τὴν μονὴν ταῦτα ἐπροσεκύρωσεν · ἀπὸ δὲ τὴν σύναρσιν καὶ σύστασιν τοῦ

χωρίου πέντε καὶ εἴκοσι, καὶ οὐδέποτε ἕτερος κύριος εὑρέθη εἰ μὴ οἱ θεῖοί
μου καὶ οἱ μοναχοί, ἀντέλεγεν ὁ ἡγούμενος Νικόλαος. Ἔτι δὲ βουλόμενοι
25 ἀκριβέστερον τὴν ὑπόθεσιν ἐξετάσαι πιστοὺς μάρτυρας τοῖς κατεγκαλοῦσιν
ἐπιζητήσαντες, εἴρηκαν μὴ ἔχειν ὅλως · ἀπὸ γὰρ τῶν ἡμερῶν ἐκείνων
ἀδύνατον ἦν μέχρι τοῦ νῦν ζῆσαί τινα, οἱ δὲ νέοι πάλιν ταῦτα ἀγνοοῦσιν.
Καί, ὡς ἐκ τούτου ἀποροῦμεν μαρτύρων, ἓξ μηνῶν δὲ ὁροθεσίαν τούτοις
ἐπιδώσαντες, οὐκ ἴσχυσαν ἐπιδοῦναι μάρτυρας ὅπως συστήσωσι τὰ κατεγ-
30 καλούμενα, διὰ δὲ ταῦτα κἀγὼ στρατηγὸς κατεπάνω Βοϊωάννης καὶ ἐκ
προσώπου, μὴ ἰσχύων τὴν τῶν τοσούτων χρόνων καὶ δεσποτείαν ἀποκυρῶσαι
καὶ τὰ σιγίλλια μὴ βεβαιῶσαι, ἐνώπιον τοῦ πρωτοσπαθαρίου τοῦ Ἀρουβάλλου
καὶ Ναυκρατίου ἡγουμένου καὶ Λέοντος ἡγουμένου καὶ Ῥώδονος ἡγουμένου
καὶ Λέοντος τοῦ Λατ(   ) καὶ Ἰωάννου χαρτουλαρίου τοῦ Βαλσάμου
35 καὶ Γερασίμου καὶ Ἰωάννου τοῦ Παγκρατίου καὶ Κωνσταντίνου ἀδελφοῦ
αὐτοῦ καὶ Ῥοσιμάνου καὶ Στεφάνου, προσεκύρωσα τὸ χωρίον εἰς τὴν μονὴν
καὶ εἰς τὸν αὐτῆς πρόεδρον Νικόλαον κατὰ τὴν τοῦ νόμου βοήθειαν καὶ τὴν
τῶν σιγιλλίων δύναμιν · καὶ πρὸς ἀκριβῆ βεβαίωσιν τῶν ἐντυγχανόντων καὶ
ἔλεγχον καὶ ἀπόπαυσιν τῶν ἐναγόντων ἐποιήσαμεν αὐτὸ τὸ παρὸν ὑπόμνημα
40 τῇ αὐτοχείρῳ ἡμῶν ὑπογραφῇ πιστωθὲν καὶ τῇ μολυβδινῇ συνήθει βούλλῃ
σφραγισθέν. Ἐπεδόθη αὐτῷ μηνὶ Ἀπριλίῳ ἰνδικτιῶνος ἕκτης ἔτους ͵ϛφλαʹ +
+ Στρατηγὸς κατεπάνω Βοϊωάννης πρωτοσπαθάριος τὸ παρὸν ὑπόμνημα οἰκειοχείρῳ ὑπογραφῇ ἐπιστωσάμην.

1. *Crucem* om A   1. μισητά:μισιτά A   1. πλήρως:πλήρης A
1. ἀνόητα:ἀνώνητα A   2. ἄφροσι:ἄφρωσι A   2. ἐπὶ τῷ [   ]
Κωνσταντίνῳ:ἐπὶ τῷ Νηρηστῇ Κωνσταντίνῳ A   3. Βεντρόσης:Βεντριόσης A
4. σεβασμίας:ἰδίας A   5. Ῥεβουκίου:Ῥεβοκηίου A   7. Γρηγορίου:
γράμμασι A   7. πανευφήμου:πάνυ εὐφήμου A   7. πρωτοσπαθαρίου:
Αʹσπαθαρίου A   7. κατεπάνου:καταπάνου A   8. Ταρχανειώτου:Τραχανιό-
του A   11. ἔχοντες:ἔχωντας A   15. Νικολάου:Νικολᾶ A   15. ὑπάρχον-
τος:ὑπάρχωντος A   18. γεγονότα:γεγονῶτα A   19. εὕρομεν:εὕρωμεν A
20. ὑλοκοπήσας:ἡλοκοπήσας A   21. ἀκωλύτως:ἀκολύτως   24. Νικόλαος:
Νικολᾶς A   25. πιστοὺς μάρτυρας:σύστασιν μαρτυρίας A   27. ἀγνοοῦσιν:
ἀγνωοῦσιν A   29. μάρτυρας:μαρτύρα A   29. συστήσωσι:συστήσουσι A
31. καὶ ἐκ προσώπου, μὴ:καὶ ἐκ[   ] μὴ A   31. δεσποτείαν:δεσπο-
τίαν A   32. ἐνώπιον τοῦ πρωτοσπαθαρίου:ἐπινικητοῦ Αʹσπαθαρίου A
33. Ῥώδονος:Ῥώδωνος A   34. τοῦ Βαλσάμου:τοῦ Βάλσαξ A   35. τοῦ
Παγκρατίου:τοῦ Πονηρᾶξ A   35–36. Κωνσταντίνου ἀδελφοῦ αὐτοῦ:Κωνσταντίνου
δ^{ου} A   37. Νικόλαον:Νικολᾶν A   40. μολυβδινῇ:μολύβδῳ A   41. αὐτῷ:
αὐτ( ) A   41. Ἀπριλίῳ:Ἀπριλλίῳ A   42. πρωτοσπαθάριος:Αʹσπαθάριος A
43. οἰκειοχείρῳ:οἰκείας χειρὸς A.

VIII

Un document sur
le gouvernement de la province

L'inscription historique en vers de Bari (1011)

UN DOCUMENT SUR LE GOUVERNEMENT DE LA PROVINCE

L'inscription historique en vers de Bari (1011)

Je détache ici du petit corpus des inscriptions byzantines d'Italie du Sud et de Sicile que je réunis un texte dont le commentaire demande un développement qui dépasse les limites d'une édition (1).

LE TEXTE — Le texte est gravé sur une pierre de Lecce, retrouvée mutilée en 1932 dans un mur de la basilique Saint-Nicolas de Bari en Italie du Sud (Pouilles). Elle a été d'abord transportée et exposée dans le petit musée lapidaire installé dans le "Portico dei Pellegrini" en face de Saint-Nicolas, elle se trouve maintenant dans le musée installé dans la galerie de Saint-Nicolas, où je l'ai examinée à plusieurs reprises et, la dernière fois, au mois de mai 1969. Ses dimensions sont actuellement: longueur 68 cm 50, largeur 31 cm, épaisseur totale 5 cm dont 1 cm de plaque de base. La pierre originale, qui était beaucoup plus longue et, au moins un tiers, plus large, a été taillée de tous les côtés et derrière, en forme de pyramide tronquée, pour servir, je suppose, à la construction de la basilique avant la fin du XIe siècle. Une règlure en creux soutient l'écriture. La hauteur des lettres est de 3 cm - 3 cm 05, la profondeur de la gravure est de 2 mm environ, l'espace réservé entre les lignes de 1 cm. La dernière ligne est très effacée, à la fin, par l'usure de la pierre.

Bibliographie — Le texte a été édité avec traduction italienne et photographie par: 1) F. BABUDRI, *L'iscrizione inedita bizantina barese del secolo IX et le costruzioni dell'Imperatore Basilio I,* in *Archivio storico pugliese,* 14, 1961, p. 50-89 (avec un long commentaire) et pl. 1, qui, par suite d'une mauvaise lecture, y a vu une dédicace du fondateur de la dynastie des Macédoniens (867-886), ce que la paléographie interdit au premier coup d'oeil (= B); Errica FOLLIERI critique cette édition dans une note bibliographique de la *Byz. Zeitschr.,* 55, 1962, p. 427 et propose la lecture Μεσαρδονίτης à la ligne 2; 2) Fr. SCHETTINI, *La basilica di San Nicola di Bari,* Bari, 1967, p. 47 et fig. hors-texte 52 (d'après les transcriptions de G. FERRARI et de F. BABUDRI (= S). Ni l'un, ni l'autre ne se sont aperçu que le texte était très amputé à droite, moins en bas à gauche, et que chaque ligne constituait originellement un vers.

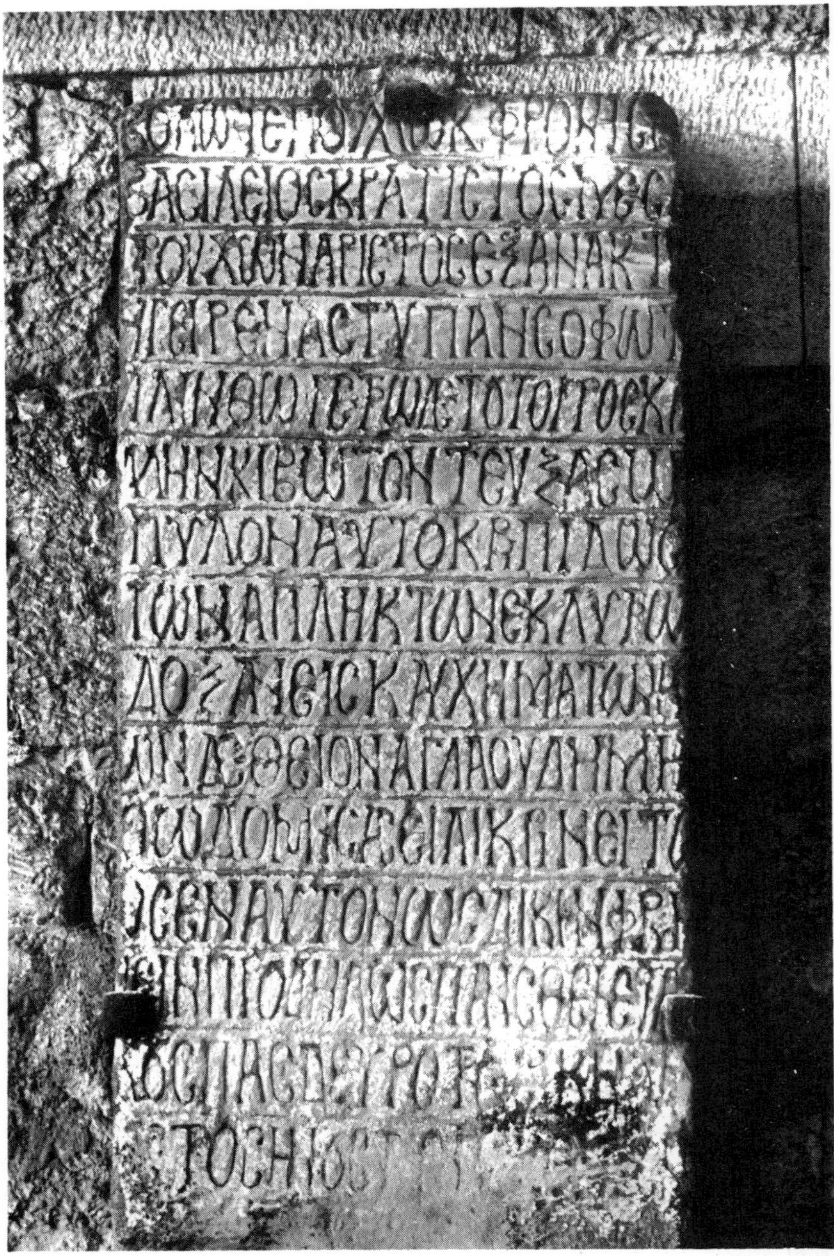

1   ΚΟΠΩι ΤΕ ΠΟΛΛΩι Κ/ ΦΡΟΝΗΣΕ[

       ΒΑΣΙΛΕΙΟΣ ΚΡΑΤΙΣΤΟΣ ΜΕΣ[

       ΠΡΟΥΧΩΝ ΑΡΙΣΤΟΣ ΕΞ ΑΝΑΚΤ[

       ΗΓΕΙΡΕΝ ΑΣΤΥ ΠΑΝΣΟΦΩι Τ[

5   ΠΛΙΝΘΩι ΠΕΤΡΩΔΕΙ ΤΌΤΟ ΠΡΟΣΚΑ[

       ]ΛΛΗΝ ΚΙΒΩΤΟΝ ΤΕΥΞΑΣ Ω[

       ]ΠΥΛΟΝ ΑΥΤΟ ΚΡΗΠΙΔΩΣ[

       ]ΤΩΝ ΑΗΛΗΚΤΩΝ ΕΚΛΥΤΡΩ[

       ]ΔΟΞΑΝ ΕΙΣ ΚΑΥΧΗΜΑ ΤΩΝ Α[

10   ]ΩΝ ΔΕ ΘΕΙΟΝ ΑΓΛΑΟΥ ΔΗΜΗ[

       ]ΘΩ ΔΟΜΗΣΑΣ ΕΙΛΙΚΡΙΝΕΙ ΤΩ[

       ]ΩΣΕΝ ΑΥΤΟΝ ΩΣ ΔΙΚΗΝ ΦΡΥΚ[

       ]ΕΙΝ ΠΡΟΔΗΛΩΣ ΠΑΝΣΘΕΝΕΙ Α[

       ]ΚΌΣΙ ΠΑΣΙ ΔΕΥΡΟ Τ ΑΦΙΚΝΌΜ[

15   ]ΥΤΟΣ Η ΤΌ ΣΤ . . . . Ε . ΕΝ[

UN DOCUMENT SUR LE GOUVERNEMENT DE LA PROVINCE

1   Κόπωι τε πολλῶ καὶ φρονήσε[ι μεγάλῃ]
      Βασίλειος κράτιστος Μεσ[αρδονίτης]
      Προὔχων ἄριστος ἐξ ἀνάκτ[ων τὸ γένος]
      Ἤγειρεν ἄστυ πανσόφωι τ[εχνουργίᾳ]
5   Πλίνθωι πετρώδει τ(οῦ)το προσκα[ινουργήσας]
      ['Ά]λλην κιβωτὸν τεύξας ὠ[χυρωμένην],
      [Πρό]πυλον αὐτὸ κρηπιδώσ[ας ἐκ βάθρων]
      [Εἰς] τῶν ἀπλήκτων ἐκλύτρω[σιν τῶν φόβων]
      [Εἰς] δόξαν, εἰς καύχημα τῶν ἀ[νακτόρων].
10   [Νε]ὼν δὲ θεῖον ἀγλαοῦ Δημη[τρίου]
      [Λί]θω δομήσας εἰλικρινεῖ τῷ [πόθῳ]
      ['Ύψ]ωσεν αὐτὸν ὡς, δίκην φρυκ[τωρίας],
      [Λαμπ]εῖν προδήλως πανσθενεῖ ἀ[γλαΐᾳ
      [Οἰ]κοῦσι πᾶσι δεῦρο τ'ἀφικν(ου)μ[ένοις]
15   [   ]υτος ἡ τ(οῦ) στ....ε.εν[   ]

1. μεγάλῃ **deest** B S ‖2. Μεσαρδονίτης: μέ(γιστος) σ(κηπ) B, μέ(γιστο)ς S ‖3. προὔχων: τροὔχων B S ‖ τὸ γένος **deest** B S ‖4. τεχνουργίᾳ: τέχνη B S ‖5. πετρώδει: πετρώδε[ι] B ‖ προσκαινουργήσας: πρὸς κ[αὶ] α- B S ‖6. ἄλλην: λλην B S ‖ ὠχυρωμένην: ω[ς] (προ) B S ‖7. πρόπυλον: πυλον B S ‖ αὐτὸ κρηπιδώσας ἐκ βάθρων: αὐτοκρηπιδως B S ‖8. Εἰς **deest** B S ‖ ἐκλύτρωσιν: ἐκλυτρῶ[ν] B S ‖ τῶν φόβων **deest** B S ‖9. Εἰς **deest** B S ‖ ἀνακτόρων: Ἀ(γι)- B S ‖10. νεὼν: ων B S ‖ Δημητρίου: Δημη(τρι)- B S ‖11. λίθω δομήσας: ο[υ] ὡδομήσας B S ‖ τῷ πόθῳ: τῶ [νῶ] (ὠρθ)- B , τῶι [νῶ] S ‖12. ὕψωσεν: ωσεν B ‖ φρυκτωρίας: φρουρ- B S ‖13. λαμπεῖν: ειν B S ‖ ἀγλαΐᾳ **deest** B S ‖14. οἰκοῦσι πᾶσι: οἰκοῦσ[ι] πᾶσ[ι] B ‖ τ'ἀφνικουμένοις: τοῖς ἱκνουμένοις B S ‖15. **Ultima linea deest** B S.

Je propose la traduction suivante: "Au prix d'une grande peine et avec beaucoup de sagesse le très-puissant Basile Mésardonitès, le premier des notables, de race impériale, a élevé l'*asty* avec une technique consommée le remettant à neuf, avec des briques aussi dures que la pierre, ayant (ainsi) construit une nouvelle arche fortifiée; il a bâti aussi le vestibule pour délivrer de leurs craintes les soldats du camp, et pour la gloire et la fierté du Palais. D'autre part, (poussé) par une sincère dévotion, il a érigé la sainte église du glorieux Démétrius construite en pierres, pour que, tel un phare, elle brille clairement dans sa gloire toute-puissante pour tous ceux qui habitent et ceux qui viendront habiter ici ... "

REMARQUES — Les remarques porteront sur la forme et la composition de ce texte, sur son contenu et sur sa date.

1. La *forme* et la *composition.* La seule ligne dont la restitution est obligée, la dixième, nous révèle que l'inscription a été rédigée en vers de douze pieds. C'est, d'ailleurs, une forme connue dans les dédicaces des constructions militaires (2). On sait que ce vers au rythme iambique, qui a remplacé l'antique trimètre, a déjà pris sa forme au VIIe siècle avec Georges Pisidès (3). L'auteur de notre texte en a suivi les règles essentielles concernant le pied (toujours iambique) et aussi la césure et l'accentuation du mot qui la précède: si on met à part le dernier vers, dont la lecture est incomplète, la coupe est ou hephthémimère (vers 2, 5, 6, 9, 14) ou penthémimère (vers 1, 3, 4, 7, 8, 10, 11, 12, 13); on évite l'oxyton (sauf aux vers 1, 7, 12) à la césure, y préférant le paroxyton ou même trois fois (aux vers 2, 3, 9), ce qui est notable, le proparoxyton. La règle de la pénultième accentuée a servi de base à mes restitutions.

La langue est une langue courante, non particulièrement poétique, qui ne s'effraie pas d'employer les termes techniques ($\pi\lambda\acute{\iota}\nu\theta o\varsigma$ $\pi\epsilon\tau\rho\acute{\omega}\delta\eta\varsigma$, $\acute{\alpha}\pi\lambda\eta\kappa\tau o\nu$). Le goût de faire ancien est marqué seulement par les iotas adscrits. Je ne relève pas une seule faute d'orthographe due à l'isochronie des voyelles, ce qui est remarquable à l'époque.

On doit donc considérer que, du point de vue de la forme, cette inscription est de très bonne qualité; observation qui met en cause le lieu de rédaction de ce texte (Bari ou Constantinople?) et son auteur.

Le plan est tout à fait clair: a) préambule comprenant la titulature du personnage célébré (vers 1-3); b) mention des construction militaires qu'il a fait faire (vers 4-9); c) mention de la construction du sanctuaire (vers 10-15).

2. Le contenu

— vers 2-3:   Βασιλειος κράτιστος Μεσαρδονίτης

Προΰχων άριστος ἐξ ἀνάκτων τὸ γένος.

Disons d'abord que la lecture Μεσ[αρδονίτης], nom d'un katépan connu, est assurée par la métrique. Si l'adjectif κράτιστος fait déjà penser à la personne impériale (4), l'expression ἐξ ἀνάκτων lève tout doute: Basile Mésardonitès était de souche impériale (5). Le fait, inconnu jusqu'ici, demande explication. Une notice, méconnue, des annales latines de Lupus Protospatarius permet d'apercevoir la solution de ce problème; à la date de 1017, on y lit: *Obiit in Butruntio Marsedonici catepanus et, in mense Novembrio, interfectus est Leo, frater, Argiro* (6). Le sens des derniers mots de cette phrase n'est pas évident. L'éditeur ne met pas de ponctuation entre *frater* et *Argiro*, et comprend donc que Léon est le frère d'Argyro, ce que la morphologie suivie par l'auteur du texte n'interdit pas, puisqu'il ne décline jamais Argiro (7). Mais alors, de quel Léon et de quel Argyro s'agit-il, car ce sont tous les deux des prénoms? La lecture de plusieurs des notices chronologiques de Lupus me persuade que l'auteur a utilisé des notices grecques; c'est ainsi que, par exemple, il écrit: *1059, Isaki o Comni factus est imperator*, simple transcription de Ἰσαάκιος ὁ Κομνηνὸς βασιλεὺς ἐγένετο. — *1067. Mortuus est Constantinus o Ducos imperator*, transcription de Ἀπέθανε Κωνσταντῖνος ὁ Δούκας ὁ βασιλεύς (8). Lupus pouvait donc très bien avoir à sa disposition une notice grecque se terminant ainsi: Καὶ ἐν μηνὶ Νοεμβρίῳ ἐφονεύθη Λέων ἀδελφὸς αὐτοῦ ὁ Ἀργυρός; ce qui donne à la transcription le sens suivant: "et, au mois de novembre, son frère, Léon Argyros, fut tué." Le frère de Mésardonitès *(Marsedonici)* Léon étant donc Argyros, le katépan Basile faisait partie lui-même de cette grande famille byzantine, qui, au dire de l'inscription, était directement liée au trône. Et cette affirmation est vraie à un double titre: la famille des Argyroi s'est unie à celle des Lékapènes par le mariage de Romain Argyre avec Agathè, fille de l'empereur Romain Lékapène, couronné en 920 (9). D'autre part, le mariage, en avril 919, de Constantin VII, petit-fils de Basile Ier avec Hélène, autre fille de Romain Lékapène faisait de Romain Argyre le beau-frère du descendant direct de la dynastie macédonienne, qui reprendra le pouvoir aux Lékapènes en 944 (10).

La famille Argyros entre dans l'histoire, si nous en croyons la chronique de Georges Kédrènos (11), avec Léon Argyre, resté fameux pour les combats qu'il mena contre les Pauliciens (vers 855) et contre les Arabes (12). Restaurateur du monastère Hagia-Elizabet à Charsianon (13), où il fut enterré, il eut pour fils Eustathios Argyre, futur drongaire de la Veille qui, aux côtés d'Andronic Doux, battra les troupes arabes à Germanicée, à la fin de l'année 904, puis dirigera le thème de Charsianon, sera destitué par Léon VI pour un motif inconnu, renvoyé chez lui à Charsianon mais empoisonné en cours de route par l'un de ses hommes; son corps sera transporté par deux de ses fils les Manglabites Pothos et Léon dans le sanctuaire familial de Hagia-Elizabeth à Charsianon (14). Un troisième fils d'Eustathios Argyre, Romain Argyre, ne prit pas part à la translation de la dépouille de son père, mais il était avec son frère Léon (ἐστρατήγει) (15) sous le domestique des Scholes, Léon Phokas, à la sanglante bataille d'Achélôos, qui vit la nette victoire des troupes bulgares en août 917 (16). Ce Romain Argyre doit être celui qui épousa Agathè, soeur de l'empereur Romain Lékapène, en 920 (17). On sait que Pothos et Léon, qui est devenu patrice, ont réussi à échapper aux Bulgares au désastre de Pègai, en 922, imputable, peut-être, à Pothos, qui était domestique des Scholes (18). Léon, qui avait été tourmarque de Larissa, dans le thème de Sébastée, voisin de celui de Charsianon, où se trouvaient, on l'a vu, les biens de la famille, était devenu ensuite sous le règne de Constantin VII Porphyrogénète *magistros* et domestique des Scholes (19). Pothos, qui était en 944 à la chute de Romain Lékapène patrice et domestique des Exkoubites, fut ensuite chargé d'une grande expédition contre les Hongrois, qu'il défit complètement (20). De la génération suivante des Argyroi, on connait seulement Marianos. Marianos Argyre, dit Apambas (ancien moine), après une carrière mouvementée, commencée au temps de l'éviction de l'empereur Romain Lékapène par Constantin VII, en 944, finira domestique des Scholes d'Occident sous Nicéphore II Phokas; il est le fils du patrice Léon Argyre, et donc neveu de Romain Argyre et d'Agathè Lékapène. Il est le premier Argyre en poste en Italie (21). On ignore le nom des enfants, les seules de souche impériale, parce que nés de Romain et d'Agathè, cousins de Marianos. L'un d'eux (s'il n'était le seul) aura pour fille Maria Argyropoula, que Basile II, pour tenir Venise, mariera au fils du doge de Venise, Pierre Orseolo (II), Jean: c'est ainsi que la Chronique vénitienne de Jean Diacre peut dire que celle-ci est d'origine impériale *(imperiale editam stirpe)* (22), et que son fils, qui sera appelé Basile, peut y être dit neveu (au sens large) de Basile II (23). Maria avait pour frères Basile Argyre (Mésardonitès) et Léon. De Léon, nous savons seulement qu'il fut tué en Italie du Sud, où il n'avait aucun poste officiel attesté, en 1017 (24).

Comme on n'a pas reconnu, jusqu'à présent, que Basile Mésardonitès était un Argyros (25), on a tronqué sa carrière, que les sources permettent de reconstituer ainsi: ancien stratège du thème de Samos, il fut envoyé par Basile II en Italie, avec le titre de prôtospathaire et la fonction de katépan, pour mâter la révolte conduite par Mélès (26); il entre à Bari en mars 1010 (27), il cèdera, au début de 1017, son poste de katépan au prôtospathaire Kontoléon Tornikios (un Arménien), stratège de Céphalonie, – qui l'avait secondé à son arrivée contre la population révoltée (28), et qui rejoindra Bari en mai 1017 (29), – pour commander à l'Asprakarnia (Vaspurakan), un nouveau thème sur le territoire de l'ancienne Médie, avec le titre de patrice en 1021 (30). Un texte fait ici difficulté; Lupus Protospatarius écrit, en effet, à la date de 1017, comme je l'ai dit plus haut, *obiit in Butruntio* (sur la côte d'Epire). Comme il n'y a aucune raison de douter de l'information donnée par Georges Kédrènos, et que Butrinto a été pendant tout le Moyen Age un port actif, en face de l'île de Corfou, je propose de corriger ici *obiit* (confirmé par la tradition manuscrite) (31), en *abiit*, pour permettre à Basile Argyre de poursuivre sa carrière. La correcest d'autant moins grave que Lupus Protospatarius a commis la même bévue un peu plus loin dans son texte, quand il fait mourir *Argyro Barensis (obiit)* à Constantinople en 1034, alors qu'on le voit assiéger Bari en 1040 (32). L'emploi de l'ablatif après la préposition *in* de mouvement, au lieu de l'accusatif, ne fait pas question; Lupus se permet souvent cette négligence (33). Si la notice utilisée par l'annaliste était grecque, il faut seulement penser au passage de ἀπέθανε *(obiit)* à ἀπῆλθε *(abiit)*.

Georges Kédrènos (34) nous donne, peut-être, le nom du plus célèbre des frères de Basile Argyre, lorsqu'il signale qu'en 1029, probablement le roi d'Abasgia Georges étant mort, sa femme envoya une ambassade à Constantinople pour demander le renouvellement du traité de paix et y chercher une femme pour son fils Pankratios, et que l'empereur lui envoya Hélène, la fille de son frère Basile (35). Le seul examen de l'arbre généalogique ci-joint permet d'avancer l'hypothèse que Basile Mésardonitès était le frère de l'empereur Romain III Argyre (1028-1044) et avait donc une fille nommée Hélène. Si cette hypothèse, qui repose seulement sur l'identité des noms et la contemporanéité des personnages, est exacte, il faut ajouter dans cette génération, à la liste des petits-enfants de Romain Argyre et d'Agathè Lékapène, les soeurs connues de Romain III, dont nous ignorons les prénoms pour deux d'entre elles, mais dont nous savons que l'une était la femme de Romain Sklèros (36), aveuglé par Constantin VII, fait *magistros* par Romain III, son beau-frère, et la seconde celle du patrice Constantin

Karantènos (37); la troisième s'appelait Pulchérie (38). Les sources nous font connaitre un dernier membre de la famille Argyros, qui devait appartenir a cette cinquième génération, mais dont rien ne prouve qu'il appartint à la branche impériale des Lékapènes, Pothos, prôtospathaire et katépan d'Italie, le troisième de la famille à venir officiellement en Italie depuis le milieu du Xe siècle, qui, après avoir été en fonctions à Antioche (39), commanda à l'Italie byzantine de juillet 1029 à mars (?) 1032. Ce sera le dernier Argyre en poste en Occident (40).

L'assassinat de Romain III Argyre semble avoir mis un terme à la prospérité officielle de cette famille qui, depuis le début du Xe siècle, était la plus proche de la dynastie régnante par les liens du sang (41). On n'entend plus, ensuite, parler des Argyroi dans les chroniques grecques avant le début du XIVe siècle (42).

Il n'est pas exclu, toutefois, que le katépan Pothos Argyre, ou un autre Argyre moins fameux, n'ait laissé des descendants en Italie. Deux documents d'archives sont ici à interpréter: 1) En août 1059, le pape Nicolas II confirme au monastère du Sauveur et de la Vierge de Bari son statut et ses propriétés en mentionnant, sur le même plan que la règle donnée par la fondatrice, *nec non et Argyroi* (sic) *consessionem,* c'est-à-dire, probablement, une concession (de biens ou de droits) qui lui a été faite par la famille Argyros (?) (43); 2) En juillet 1093, un certain Brunellus, *filius f. Nikolay spatarii kandidati, qui dicitur de Argiro de civitate de Bari,* échange un bien dans la ville (44). Si dans ces deux actes de la pratique il ne s'agit pas simplement, comme dans d'autres cas, de personnes dont le prénom (connu en Italie du Sud) est Argyrus, ce dont les formules, inhabituelles, invitent à douter, nous avons l'indication que les Argyroi avaient laissé en Italie de la famille et des biens. Déduction que la présence du frère de Basile Mésardonitès, Léon Argyre, en Italie, que nous avons signalée plus haut, rend tout à fait plausible.

L'histoire de la famille des Argyroi met bien en lumière le fait que les principaux postes de l'administration byzantine étaient confiés aux membres des grandes familles (peu nombreuses), et montre aussi comment, dans l'intérêt sans doute bien compris de l'Etat, certaines des règles les plus souvents rappelées par le législateur étaient violées; c'est ainsi qu'au début du Xe siècle Eustathios Argyre reçoit l'administration du thème de Charsianon, où se trouvaient tous les biens de la famille qui était originaire de cette région, alors que Léon VI dans une de ses novelles avait maintenu l'interdiction faite aux stratèges de construire ou d'acquérir quoi que ce soit dans la province qu'ils administraient (45). On a vu aussi que la même famille s'était probablement intéressée matériellement aux terres de l'Italie byzantine, dont plusieurs de ses membres avaient été les administrateurs impériaux.

L'union des familles des Macédoniens et des Lékapènes, toutes deux d'origine arménienne, avec celle des Argyroi, s'explique peut-être par des raisons de voisinage. Nous avons vu que le patrimoine foncier des Argyroi se trouvait dans la région de Charsianon, qui est peut-être à identifier avec Musalim Qal'e dans l'extrême est de la Cappadoce, à l'ouest de Sébastée et au sud de Sébastopolis (46), une région qui devait être peuplée surtout d'Arméniens. Mais leur nom n'est pas arménien.

En Occident, le katépan Basile Argyre est connu seulement comme Basile Mésardonitès: il signe l'unique document de lui conservé en original, Βασίλειος πρωτοσπαθάριος καὶ κατεπάνω 'Ιταλίας 'ο Μεσαρδονίτης, en août 1016 (47); c'est ainsi qu'il est appelé dans un acte du katépan d'Italie qui est un de ses parents, Pothos Argyre, en mars 1032, ἐπὶ τοῦ Μεσαρδονίτου (48), et, sous une forme plus ou moins déformée, il ne porte pas d'autre nom dans les traductions latines conservées d'actes officiels grecs disparus, ni dans les chroniques latines (49). Quelle est l'origine de ce nom? L'impossibilité de découvrir où que ce soit un site Mésardonia d'où Basile eût été originaire, ou un mot latin, grec, arménien ou géorgien, qui eût pu lui servir de sobriquet, m'a conduit à interroger les sources persanes (50). L'ancien persan connait un mot 'rdatam (51), qui pourrait bien être à l'origine de Mésardonitès; il signifie "argent", comme ἄργυρος. On pourrait alors voir dans 'Αργυρός une traduction grecque d'un mot persan, dont Μεσαρδονίτης serait la transcription grecque.

Mais pourquoi le katépan d'Italie est-il connu en Occident sous le seul nom de famille Mésardonitès et en Orient sous celui d'Argyros? Peut-être parce qu'Argyros était en Longobardie le prénom (et on n'y portait pas encore de nom de famille) d'un personnage connu, pour éviter la confusion (52).

Il reste encore que Basile pouvait être Mésardonitès par ses ascendants maternels (53) ou avoir été adopté par la famille Argyros (54).

— vers 4, ἄστυ. L'Anonyme de Bari, qui mentionne les travaux effectués dans la capitale du katépanat par Basile Mésardonitès, écrit: *"Laboravit castello domnico"* (55); *castellum domnicum* peut donc être considéré comme la traduction de l'ἄστυ de l'inscription, c'est le πραιτώριον ou βασιλικὸν πραιτώριον (56), équivalent attesté du latin *curtis imperialis*

(57) ou *curtis domnica* (58). Alors que le mot ἄστυ, dans les chroniques, les textes hagiographiques ou les actes de la pratique, n'a d'autre sens que celui de ville, en général, la langue du Xe siècle, sinon celle du XIe siècle, pouvait encore préciser le sens du mot πραιτώριον en l'opposant à πόλις; c'est ainsi que Constantin Porphyrogénète, parlant de la région qui deviendra le thème de l'Anatolikon, au moment de son entrée sous la domination byzantine, précise que les ὕπαρχοι πραιτωρίων y sont des πρίγκιπες *(= principes)* responsables du ravitaillement des troupes impériales, de l'organisation des campements pour celles-ci et de l'entretien des routes d'accès (59), au contraire des ὕπαρχοι πολέων, qui, eux, ne sont pas des chefs militaires, mais des fonctionnaires civils (σκρινιάριοι) (60); et le même auteur définit le πραιτώριον comme une ville (πόλις) où réside le stratège d'un thème (61), qui assûme, on le sait, la responsabilité de l'administration militaire et civile.

Comme, d'autre part, dans un testament de 1041, on lit que l'oratoire de Sainte-Sophie était situé dans la ville-fortifiée (κάστρον) de Bari, à l'intérieur du *praitôrion* (ἔνδων τοῦ πρετορίου) (62), il faut admettre pour le terme ἄστυ un sens large, celui qu'entend Constantin Porphyrogénète (63), et un sens étroit, qui est celui de notre inscription (64). Centre militaire, judiciaire (65) et fiscal (66), résidence du katépan, l'ἄστυ-πραιτώριον de Bari comprenait la demeure du katépan, des bureaux, un casernement pour la garde, sinon pour la garnison de la ville (67), une prison sans doute, des églises et des chapelles Saint-Basile (68), Sainte-Sophie (69), Saint-Eustratios (70), Saint-Démétrius (71), mais aussi des terres de culture à l'intérieur de son enceinte, comme il y en avait à l'extérieur (72).

Peut-on localiser le *praitôrion* dans le *kastron* de Bari? Au mois d'octobre 1100, le juge Nicolas Mélipezzis reconnait les droits de l'église Saint-Nicolas sur des biens tombés en déshérance d'un certain Rigellus, qui était, dit la sentence, *defensus ecclesiae Sancti Basilii, que olim fuit in curte pretorii puplici, ubi nunc est prephata ecclesia beati Nicolai* (73). Le *praitôrion* se trouvait donc (non loin du port) là ou a été élevée dans la seconde moitié du XIe siècle la basilique Saint-Nicolas, que l'on peut encore admirer aujourd'hui. Et le texte de la translation des reliques de Saint-Nicolas de Myra en Lycie, en 1087, précise que l'église Saint-Eustratios, où les marins avaient déposé leur précieux fardeau, comme les autres sanctuaires du *praitôrion,* fut rasée (ἀνεσκάφη) (ou creusée), pour laisser la place au nouveau monument (74), qui sera peut-être achevé, pour l'essentiel, en deux années (75), mais ne sera consacré qu'en juin 1197

(76). Il faut penser que, sinon Saint-Eustratios, qui put abriter les reliques de Saint-Nicolas, du moins Sainte-Sophie, Saint-Basile et Saint-Démétrius, devaient être en mauvais état, sinon en ruines, en 1087; fait à retenir pour la durée des constructions byzantines, au moins dans cette province (trois quarts de siècle). Remarquons qu'aucun document ne parle d'un "palais" du katépan, qui eût dû, lui-aussi, être détruit, pour permettre la construction de Saint-Nicolas, et les déductions que l'on a tirées de l'existence de parties hétérogènes de la nouvelle basilique (piles du chevet, tours, arcades) pour imaginer (77) ou même reconstituer (78) celui-ci me paraissent sans aucun fondement, d'autant qu'il ne pouvait s'agir, comme nous l'ont appris les textes que j'ai cités plus haut, que d'un complexe "rustico-urbain" parmi d'autres (79), même s'il était plus important, fortifié, et, relativement, plus luxueux, à l'intérieur du *kastron* (80).

— vers 7, Πρόπυλον, vestibule au sens *(mutatis mutandis)* de la Chalkè du Grand Palais de Constantinople (81). Ἐκ βάθρων, on pourrait penser aussi à βεβαῖον.

— vers 8, ἄπληκτον, équivalent de φοσσᾶτον, selon l'arbrégé des *Taktika* attribué à Léon le Sage (82), peut avoir le sens de "camp" ou "d'armée" (83). Il s'agit ici des troupes campées à Bari.

— vers 10, νεών, forme bien attestée (84), qui permet d'éviter la faute d'orthographe avec ναών pour ναόν. Δημη[τρίου], l'un des principaux saints militaires byzantins.

— vers 11, λίθω, et non πλίνθω, qui est trop long pour la lacune.

— vers 13, λαμπεῖν, le deuxième jambage de ce qui ne peut être qu'un π suggère cette lecture, qui convient au sens.

Le katépan Basile Mésardonitès se voit donc attribuer par cette inscription la remise à neuf du *praitôrion* de Bari en briques, entendons probablement la muraille du *praitôrion* (85), la construction d'un vestibule et d'un sanctuaire de Saint-Démétrius en pierres, ces trois édifices faisant partie certainement du *praitôrion*.

3. La *date*. L'inscription est datée par la notice de l'Anonyme de Bari que j'ai déjà mentionnée: 1011, indiction 9, et, plus précisément, avant le début de l'indiction 10, le 1er septembre 1011, donc entre le 1er janvier et le 31 août 1011. Comme Basile Mésardonitès est venu a Bari en mars 1010 (86), on doit supposer qu'il fit mettre en chantier aussitôt les constructions qu'il voulait entreprendre, et donc que cette partie du *kastron* de Bari n'était pas entretenue, sauf à penser que Basile fit seulement achever un programme commencé par ses prédécesseurs. Je penche pour une ultime

interprétation: je pense à l'embellissement de la résidence du katépan de Bari par un titulaire issu du milieu impérial, muni de moyens financiers importants, ce qui expliquerait le caractère exceptionnel pour le katépanat du document que je viens d'examiner.

Dumbarton Oaks
Center for Byzantine Studies   André GUILLOU
Harvard University

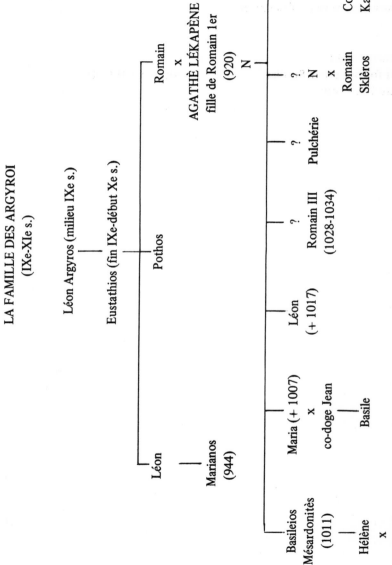

LA FAMILLE DES ARGYROI
(IXe-XIe s.)

NOTES:

(1) Voir la photographie. Elle a été exécutée par mon jeune collègue Jean-René GABORIT en 1966, alors qu'il était membre de l'Ecole Française de Rome. La transcription que je viens de présenter doit beaucoup aux suggestions des Professeurs C. MANGO, I. ŠEVČENKO, M. MANOUSSAKAS, N. B. TOMADAKIS et I. DUJČEV, que je remercie chaleureusement.

(2) Voir par exemple l'inscription datant de Basile II, qui se trouvait sur le mur d'Anastase à Constantinople éditée épigraphiquement mais sans photographie par C. SCHUCHHARDT, *Anastasius- Mauer bei Constantinopel und die Dobrudscha-Wälle,* in *Jachbuch des Archäologischen Instituts,* 16, 1901, p. 114; l'édition de F. DIRIMTEKIN, *Le mura di Anastasio I,* in *Palladio,* 5, 1955, p. 85, n'est pas épigraphique et ne cite pas la précédente édition qui semble meilleure.

(3) Voir P. MAAS, *Die byzantinische Zwölfsilber,* in *Byz. Zeitschr.,* 12 1903, p. 278-323; Fr. DÖLGER, *Die byzantinische Dichtung in der Reinsprache (Handbuch der griechischen und lateinischen Philologie),* Berlin, 1948, p. 39-40.

(4) Voir Fr. DÖLGER, *Die Entwicklung der byzantinischen Kaisertitulatur und die Datierung von Kaiserdarstellungen in der byzantinischen Kleinkunst,* in *Byzantinische Diplomatik,* Ettal, 1956, p. 138.

(5) *Ibidem,* p. 138, 143.

(6) Ed. G. H. PERTZ, in *Mon. Germ. Hist., Scriptores,* t.V, Hanovre, 1844, p. 57, dont je corrige la ponctuation.

(7) *Ibidem,* p. 58 et 59.

(8) *Ibidem,* p. 59.

(9) C. DU CANGE, *Historia byzantina duplice commentario illustrata,* Paris, 1680, p. 154; *Theophanes Cont.,* Χρονογραφία, éd. Im. BEKKER, Bonn, 1838, p. 399: Ῥωμανὸν δὲ τὸν υἱὸν Λέοντος, ὡς ἔφθην εἰπών, τοῦ Ἀργυροῦ Ῥωμανὸς ὁ βασιλεὺς γαμβρὸν ἐποιήσατο ... δοὺς αὐτῷ τὴν θυγατέρα αὐτοῦ Ἀγάθην. La date est fournie par Georges Kédrènos, Σύνοψις ἱστοριῶν, éd. Im. BEKKER, t. II, Bonn, 1839, p. 297.

(10) Voir St. RUNCIMAN, *The Emperor Romanus Lecapenus and his Reign,* Cambridge, 1929, p. 60, 232-233.

(11) T. II, p. 270: ὃς καὶ τὸ τῶν Ἀργυρῶν ἐπίθετον ἐπληρώσατο πρῶτος; voir *Theophanes Cont.,* p. 374.

(12) Georges Kédrènos, *loc. cit.* Voir D. I. POLEMIS, *The Doukai. A Contribution to Byzantine Prosopography,* Londres, 1968, p.16.

(13) Georges Kédrènos, t. II, p. 269. Charsianon fut le centre d'une

kleisourarchia (fin VIIIe s.), puis d'un thème (vers 873), situé entre le thème Arméniakon, celui des Bucellaires, celui de Cappadoce et la frontière arabe; voir *De Thematibus,* éd. A. PERTUSI *(Studi e testi,* 160), Cité du Vatican, 1952, p. 123-124, *De administrando imperio,* vol. II, *Commentary,* R. J. H. JENKINS, Londres, 1962, p. 188.

(14) Ὁ δὲ βασιλεὺς ... εἰς τὸν οἶκον αὐτοῦ ἀπέστειλεν εἰς τὸ Χαρσιανόν, *Theophanes Cont.,* p. 374.

(15) Voir R. GUILLAND, *Contribution à l'histoire administrative de l'empire byzantin. Le drongaire et le grand drongaire de la Veille,* in *Byz. Zeitschr.,* 43, 1950, p. 347-348, qui donne les références aux sources.

(16) *Theophanes Cont.,* p. 389; Georges Kédrènos, t. II, p. 285. St. RUNCIMAN, *op. cit.,* p. 55, comprend dans la phrase de *Theophanes Cont.,* Ῥωμανὸς δὲ ὁ Ἀργυρὸς ἐστρατήγει (et non ἐστρατήγησε comme il l'écrit) καὶ Λέων ὁ ἀδελφὸς αὐτοῦ καὶ Βάρδας ὁ φωκᾶς, οἷς "συνῆν μὲν καὶ ὁ Μελίας μετὰ τῶν Ἀρμενίων καὶ οἱ ἄλλοι πάντες στρατηγοὶ τῶν θεμάτων, que Romain Argyre était stratège du thème de l'Anatolikon, je ne vois pas pourquoi, d'autant plus que le texte de Syméon Logothète s'arrête à Ἀρμενίων (= Syméon Logothète, Χρονογραφία, éd. Im. BEKKER, Bonn, 1838, p. 724).

(17) Voir St. RUNCIMAN, *op. cit.,* p. 54, 55.

(18) Theophanes Cont., p. 399; St. RUNCIMAN, *op. cit.,* p. 64. Il y a toutefois un problème ignoré par Runciman *(loc. cit.)* qui ne connait qu'une source *Theophanes Cont.;* c'est ainsi que R. GUILLAND, *Le Domestique des Scholes,* dans *Recherches sur les institutions byzantines,* I *(Berliner byzantinische Arbeiten,* 35), Berlin, 1967, p.442, qui, lui, ne cite pas le texte de *Theophanes Cont.,* se fiant au passage correspondant de Georges Kédrènos, t.II, p. 297 (ἠγάγετο δὲ τούτῳ τῷ ἔτει καὶ γαμβρὸν ἐπὶ τῇ αὐτοῦ θυγατρὶ Ἀγάθῃ Ῥωμανὸς ὁ βασιλεὺς Λέοντα τὸν τοῦ Ἀργυροῦ) marie Agathè à Léon. Syméon Logothète que copie, en général, pour cette partie *Theophanes Cont,* est muet; les chroniques postérieures de même. La version de *Theophanes Cont.* étant plus proche, par sa date de rédaction, des événements qu'elle relate et les sources parlant de Léon et de son fils Marianos (voir ci-dessous) sans jamais mentionner leurs liens avec les Lékapènes, je crois qu'il faut maintenir la leçon de *Theophanes Cont.*

(19) Syméon Logothète, p. 732-733; *Theophanes Cont.,* p. 400-401, 402; Georges Kédrènos, t. II, p. 300.

(20) *De administrando imperio,* c.50, 1. 149, 151, 2e éd. Gy. MORAVCSIK-R. J. H. JENKINS *(Dumbarton Oaks Texts,* I = *Corpus Fontium Historiae*

Byzantinae, I), Washington, 1967, p. 240; St. RUNCIMAN, *op. cit.,* p. 87
88, 135.

(21) Syméon Logothète, p. 756; *Theophanes Cont.,* p. 463. La carrière de
Marianos a été retracée par R. GUILLAND, *Les patrices byzantins sous le
règne de Constantin VII Porphyrogénète (913-959),* in *Studi bizantini e
neoellenici,* 9 (= *Silloge bizantina in onore di S. G. MERCATI),* 1957,
p. 190-192. Il fut stratège de Calabre et de Longobardie depuis 955 et
quitta ce poste pour le front bulgare avant la mort de Romain II (15 mars
963); voir Vera von FALKENHAUSEN, *Untersuchungen über die byzantinische Herrschaft in Suditalien vom 9. bis ins 11. Jahrhundert (Schriften zur Geistesgeschichte des östlichen Europa,* 1), Wiesbaden, 1967, p. 81,
qui fait à tort de Léon Argyre, père de Marianos, un gendre de Romain Ier,
quand le texte cité de Kédrènos, t. II, p. 323, dit seulement: τὸν μοναχὸν
Μαριάνον τὸν υἱὸν Λέοντος τοῦ ᾿Αργυροῦ ὑπὸ τοῦ βασιλέως ῾Ρωμανοῦ λίαν
καὶ τιμώμενον καὶ πιστευόμενον.

(22) G. MONTICOLO, *Chronache veneziane antichissime,* I *(Istituto
storico italiano. Fonti per la storia d'Italia),* Rome, 1890, p. 168; τότε
καὶ τῷ ἄρχοντι Βενετίας γυναῖκα νόμιμον ἔδωκεν ὁ βασιλεὺς τὴν θυγατέρα
τοῦ ᾿Αργυροῦ ἀδελφὴν δὲ Ρωμανοῦ τοῦ μετὰ ταῦτα βασιλεύσαντος, τὸ
ἔθνος οὕτως ὑποποιούμενος (Georges Kédrènos, t. II, p. 452). Pierre Damien
(+ 1072) est scandalisé de ce qu'elle se faisait préparer par ses serviteurs des
bains de rosée, qu'elle ne mangeait pas avec ses doigts mais se faisait couper
menu les aliments, qu'elle portait ensuite à la bouche avec des sortes de
fourchettes en or à trois *(fuscinulae)* ou à deux dents *(bidentes),* enfin
qu'elle dormait sur un lit parfumé *(Patr. Lat.,* t. 145, col. 774).

(23) G. MONTICOLO, *op. cit.,* p. 169: *Ob avunculi sui imperatoris nomen
imposuit.* Maria Argyropoula et son mari mourront d'épidémie en 1007
(ibidem, p. 170). Sur les sens des mots θεῖος et ἀνεψιός, lire St. BINON,
A propos d'un prostagma d'Andronic III Paléologue, in *Byz. Zeitschr.,*
38, 1938, p. 146-155.

(24) Lupus Protospatarius, p. 57.

(25) Malgré la mention qui en est faite par J. GAY, *L'Italie méridionale
et l'empire byzantin (Bibliothèque des Ecoles françaises d'Athènes et de
Rome,* 190), Paris, 1904, p. 410, qui relève seulement la discordance
(apparente) des sources à ce sujet. Voir en dernier lieu Vera von FALKEN-
HAUSEN, *op. cit.,* p. 86.

(26) Georges Kédrènos, t. II, p. 456-457.

(27) Lupus Protospatarius, p. 57; Anonyme de Bari, éd. L. A. MURATORI,

Rerum Italicarum Scriptores, t.V, Milan, 1724, p. 148.

(28) Georges Kédrènos, t. II, p. 456.

(29) Lupus Protospatarius, p. 57; Anonyme de Bari, p. 148.

(30) Georges Kédrènos, t. II, p. 464, et N. Adontz, *Les Taronites en Arménie et à Byzance,* in *Etudes arméno-byzantines,* Lisbonne, 1965, p. 253.

(31) Me dit Mlle Vera von FALKENHAUSEN, que je remercie très vivement; sur Butrinto, voir PAULY-WISSOWA, *Real-Encyclopädie,* s.v. *Buthroton.*

(32) Lupus Protospatarius, p. 58. Et je ne vois aucune raison de distinguer, à cause de l'*obiit* de l'annaliste, deux Argyri de Bari, comme le fait Vera von FALKENHAUSEN, *op. cit.,* p. 93.

(33) P. 52 (an. 875), 57 (an. 1023, 1024), 58 (an. 1038, 1041), etc.

(34) T. II, p. 489.

(35) Τὴν θυγατέρα τοῦ ἀδελφοῦ αὐτοῦ Βασιλείου, t. II, p. 489.

(36) Georges Kédrènos, t. II, p. 487.

(37) Georges Kédrènos, t. II, p. 488.

(38) Jean Zonaras, Χρονικόν, éd. Th. BÜTTNER-WOBST, t. III, Bonn, 1897, p. 583.

(39) Georges Kédrènos, t. II, p. 490.

(40) On trouvera les références chez Vera von FALKENHAUSEN, *op.cit.,* p.88.

(41) Argyros, fils de Mélès de Bari, duc d'Italie, dans la seconde moitié du XIe siècle, n'appartient pas a la famille. Argyros est un prénom connu en Italie du Sud et, en particulier, à Bari et à Tarente, depuis la fin du Xe siècle (voir Fr. TRINCHERA, *Syllabus graecarum membranarum,* Naples, 1865, n° 11, p. 10, Argyros de Bari, tourmarque en décembre 999, A. GUILLOU-W. HOLTZMANN, *Zwei Katepansurkunden aus Tricarico,* in *Quellen und Forschungen,* 41, 1961, p. 18; le même Argyros de Bari , *magistros* en 1001, et pour l'époque postérieure Fr. TRINCHERA, *op. cit.,* index, s.v., *Codice diplomatico barese,* t. IV Bari, 1900, index, s.v., t.V, Bari, 1902, index, s.v., etc.). Argyros est une grécisation (à l'époque byzantine?) du *nomen* et *cognomen* romains *Argyrus* (voir FORCELLINI, *Lexicon,* s.v.). Ces liens entre Argyres-Lékapènes et "Macédoniens" expliquent, je pense, pourquoi Constantin VIII, en 1028, averti par les médecins qu'il devait penser à sa succession, quelques jours avant sa mort, préféra finalement à un Dalassène, le patrice Constantin (un Arménien comme lui, voir N. ADONTZ, *Notes arméno-byzantines,* in *Byz.,* 10, 1935, p. 183), un autre membre d'une grande famille, auquel il avait d'abord pensé, l'Argyros Romain (III), qu'il obligea à divorcer pour épouser sa soeur Zoé et monter sur le trône avec elle; voir *Theophanes Cont.,* p. 156.

(42) Voir C. DU CANGE, *op. cit.,* p. 156.

(43) *Codice diplomatico Barese,* t.I, Bari, 1897, n° 24, p. 41.

(44) *Ibidem,* n° 35, p. 66.

(45) Ed. P. NOAILLES-A. DAIN, Paris, 1944, n° 84, p. 285, voir ZÉPOS, *Jus graeco-romanum,* t. IV, Athènes, 1931, p. 34 *(Peira);* V, Athènes, 1931, p. 96, 104 *(Synopsis Basilicorum).*

(46) E. HONIGMANN, *Die Ostgrenze des byzantinischen Reiches von 363 bis 1071 (Byzance et les Arabes,* 3), Bruxelles, 1935, p. 50; *idem, Charsianon Kastron,* in *Byz.,* 10, 1935, p. 129-159; contre cette identification P. WITTEK, *Von der byzantinischen zur türkischen Toponymie: III. Mušalim Qal'esi,* dans *Byz.,* 10, 1935, p. 60-64.

(47) Fr. TRINCHERA., *op. cit.,* n° 16, p. 17.

(48) *Ibidem,* n° 23, p. 25.

(49) La bibliographie se trouve chez Vera von FALKENHAUSEN, *op. cit.,* p. 86, 175-176, mais on enlèvera de la liste des actes dressés par Basile Mésardonitès le n° 39a, qui a été établi par Basile Boiôannès (voir A. GUILLOU-W. HOLTZMANN, *art. cit.,* in *Quellen und Forschungen,* 41, 1961, p. 27).

(50) La suggestion m'en a été faite par mon collègue J. GHANEM, que je remercie très vivement. On pourrait aussi supposer, au prix d'une métathèse, que Mésardonitès signifie originaire de la province perse de Māzandarān (au sud-est de la Caspienne).

(51) E. HERZFELD, *Altpersische Inschriften,* Berlin, 1938, p. 283-284.

(52) Voir ci-dessus n. 41.

(53) Un cas célèbre du même type est celui d'Irène Doukaina, fille ainée de Nicéphore Bryennios et d'Anne Comnène Doukaina, petite-fille chérie d'Irène Doukaina (voir D. POLEMIS, *op. cit.,* p. 114). Cet exemple m'a été suggéré par Mlle Vera von FALKENHAUSEN, que je remercie encore.

(54) Sur le rituel de l'adoption, voir S. A. PAPADOPOULOS, *Essai d'interprétation du thème iconographique de la paternité dans l'art byzantin,* in *Cahiers archéologiques,* 18, 1968, p. 121-136.

(56) P. 148 (1011).

(56) Fr. TRINCHERA, *op. cit.,* n° 25, p. 29 (1031-1032).

(57) *Codice diplomatico barese,* t. IV, Bari, 1900, n° 21, p. 45 (1032).

(58) Anonyme de Bari, p. 151 (1047); *in curte que olim pretorium publicum fuerat,* dit un acte de 1089 *(Codice diplomatico barese,* t. I, Bari, 1897, n° 34, p. 64), *in predicta curte que fuit domnica,* en 1089 encore *(Codice diplomatico barese,* t.V, Bari, 1902, n° 13, p. 25), *juxta*

ipsa curte de lu catepano, en 1086 *(Codice diplomatico barese,* t.V, Bari 1902, n° 6, p. 13), *in curte pretorii publici,* en 1100 *(Codice diplomatico barese,* t. V, Bari, 1902, n° 32, p. 55).

(59) *De Thematibus,* c.l, éd. A. PERTUSI *(Studi e testi,* 160), Cité du Vatican, 1952, p. 62-63.

(60) *Ibidem.*

(61) Ὁ δὲ στραρηγὸς τοῦ θέματος αὐτὴν ἔλαχε Σμύρναν τὴν πόλιν πραιτώριον, *De Thematibus,* c. 16, p. 82.

(62) Gertrude ROBINSON, *History and Cartulary of the Greek Monastery of St. Elias and St. Anastasius of Carbone,* II, *Cartulary (Orientalia Christiana,* XV, 2), Rome, 1929, p. 140. Ce que confirme la translation grecque des reliques de saint Nicolas, Τὸ βασιλικὸν πραιτώριον τοῦ κάστρου (Λόγος εἰς τὴν ἀνακομιδὴν τοῦ λειψάνου τοῦ ὁσίου πατρὸς ἡμῶν καὶ θαυματούργου Νικολάου, éd. G. ANRICH, *Hagios Nikolaos. Der Heilige Nikolaos in der griechischen Kirche. Texte und Untersuchungen,* I, Leipzig-Berlin, 1913, p. 445.

(63) Aussi à propos de Naples, dont il dit Νεάπολις ἦν ἀρχαῖον πραιτώριον τῶν κατερχομένων πατρικίων, *De administrando imperio,* c. 27, l. 58 p. 116.

(64) Et aussi celui à donner aux deux *praitôria* de Constantinople, dont le rôle par rapport à ceux des provinces était certes limité par la présence de l'administration impériale, mais ne pouvait se réduire, comme le laisse entendre R. JANIN, *Constantinople byzantine,* 2e éd. *(Archives de l'Orient Chrétien,* 4 A), Paris, 1964, p. 165-169, à celui de prisons, puisqu'au début du VIIIe siècle Maslama ibn Abd al-Malik obtient que l'on y construise une mosquée, ἐκτίσθη τὸ τῶν Σαρακηνῶν μασγίδιον ἐν τῷ βασιλικῷ πραιτωρίῳ, *De administrando imperio,* c. 21, l. 114, p. 92, vol. II, *Commentary,* Londres, 1962, p. 78, qui renvoie à tort à R. JANIN, qui ignore le texte.

(65) Le prôtomandatôr ἐπὶ τῶν βασιλικῶν ἀρμαμέντων Basile, en 1031-1032, avant de rentrer à Constantinople, vend un *kalybion* à Bari, et stipule que toute personne qui contreviendrait aux clauses de cet acte paierait 30 *nomismata* au nouveau propriétaire et 30 *nomismata* λόγω δὲ τοῦ βασιλικοῦ πραιτωρίου (Fr. TRINCHERA, *op. cit.,* n° 25, p. 29), *in pretorio domnico,* stipulent des donations latines effectuées non à Bari mais à Terlizzi (1044) et à Giovinazzo (1054) *(Codice diplomatico barese,* t. III, Bari, 1899, n° 5, p. 13; n° 7, p. 15), *in ipso pretorio domnico,* stipule encore le juge de Giovinazzo Amentelo, vers le milieu du XIe siècle *(Codice*

diplomatico barese, t. III, Bari, 1899, n° 2 p. 6), pour des amendes diverses. Il s'agit toujours jusqu'ici du tribunal katépanal. Le sens de tribunal sera ensuite conservé en grec à l'époque normande pour les tribunaux locaux: καθεξωμένου μου κάμου Ἰωάννου Φαράκλη κατεπάνω Νοῶν (Noha, en Lucanie occidentale) ἐν τῷ συνήθει πρετωρίῳ τῆς προριθείσης χώρας (Fr. TRINCHERA, *op. cit.,* n° 184, p. 241, en 1175). C'est la *curia quae dicitur catepani* de la Translation latine des reliques de saint Nicolas (F. NITTI DI VITO, *La traslazione delle reliquie di San Nicola,* in *Japigia,* 8, 1937, p. 366).

(66) On ajoutera aux références données à la note précédente, Fr. TRIN-CHERA, *op. cit.,* n° 65, p. 83 (1098), ζημιούσθω εἰς τὸ πρετόρι νομίσματα λς´, équivalent de la formule connue ζ. εἰς τὸ βασιλικὸν σακκέλιον de beaucoup de clauses pénales: voir par exemple A. GUILLOU, *Saint-Nicolas de Donnoso (Corpus des actes grecs d'Italie du Sud et de Sicile,* 1) Cité du Vatican, 1967, n° 2, l. 23-24, p. 32 (1036), n° 4, l. 36-37, p. 60 (1060-1061), etc.

(67) Les locaux militaires ne pouvaient loger de troupes importantes, c'est ainsi du moins que j'interprète le fait que durant l'été 1046 le katépan Jean Raphael y réside seulement une journée *(in curte domnica)* avec ses Varègues, mais doit ensuite s'en aller (Anonyme de Bari, p. 151).

(68) *Codice diplomatico barese,* t.V, Bari, 1902, n° 32, p. 55.

(69) Gertrude ROBINSON, *History and Cartulary,* II, 1, p. 140.

(70) *Codice diplomatico barese,* t.IV, Bari, 1900, n° 21, p. 43, 45; F. NITTI DI VITO, *La traslazione,* in *Japigia,* 8, 1937, p. 349; Λόγος ... , éd. G. ANRICH, p. 447, qui ajoute μετὰ καὶ τῶν ἐντυγχανόντων τῷ πραιτωρίῳ ἑτέρων ἁγίων ναῶν.

(71) Voir ci-dessous les remarques suivantes.

(72) En août 1075, Maurelianus, patrice et katépan (sur le sens de ce terme à l'époque normande, voir L.-R. MÉNAGER, *Les actes latins de S. Maria di Messina (1101-1250) (Istituto siciliano di studi bizantini e neoellenici. Testi e monumenti. Testi,* 9), Palerme, 1963, p. 34-39), vicomte-lige, dans une donation à Bisantius Struzzo, mentionne; *Omnibus terraneis quibus sunt sub castello ... totis terraneis quantos continet castellum ipsum usque badit in ecclesia Sancti Nicolai super porta vetere (Codice diplomatico barese,* t.V, Bari, 1902, n° 1, p. 3).

(73) *Codice diplomatico barese,* t.V, Bari, 1902, n° 32, p. 55.

(74) Λόγος ..., éd. G. ANRICH, p. 477.

(75) Fr. SCHETTINI, *op. cit.,* p. 17-19.

(76) Voir l'inscription dédicatoire dans Fr. SCHETTINI, *op. cit.,* p. 84, n. 65.

(77) Fr. JACOBS, *Die Kathedrale S. Maria Icona Vetere in Foggia. Studien zur Architektur und Plastik des 11-13. Jh. in Süditalien,* Hambourg, 1968, p. 218-220.

(79) La *curtis Eustasio de Trifilio,* la *curtis Gidii (Codice diplomatico barese,* t.V, Bari, 1902, n° 1, p. 3 et 4); et il me parait possible de le distinguer d'autres sur le plan de Bari au XVIIe siècle: voir Ada AMATI, *Bari. Ricerche di geografia urbana (Centro di studi per la geografia antropica. II),* Rome, 1948, hors-texte fig. 7.

(80) Voir les plans de la ville publiés par Ida BALDASSARE, *Bari antica (Istituto nazionale d'archeologia et storia dell'arte. Studi di archeologia e d'arte in Terra di Bari,* 1), Molfetta, 1966, fig. 1 et pl. 1, 2.

(81) Voir C. MANGO, *The Brazen House (Arckaeol. Kunsthist. Medd. Dan. Vid. Selsk. 4, n° 4),* Copenhague, 1959, p. 30, 31.

(82) XI, *Patr. Gr.,* t. 107, col. 792.

(83) E. A. SOPHOKLES, *Greek Lexicon,* s.v. φοσσᾶτον.

(84) Ex. dans une dédicace du même genre dans C. MANGO, *op. cit.,* p. 68.

(85) C'est ainsi que dans une tour de la muraille de Nicée (Iznik) en Turquie une inscription attribue aux empereurs Léon et Constantin la restauration de la ville (πόλις) de Nicée, c'est-à-dire bien évidemment de la muraille; voir A. M. SCHNEIDER, *Die Stadtmauer von Iznik (Nicaea) (Istanbuler Forschungen,* 9), Berlin, 1938, p. 49, n° 29 et pl. 50 en bas.

(86) Lupus Protospatarius, p. 77; Anonyme de Bari, p. 148.

IX

Inchiesta sulla popolazione greca della Sicilia e della Calabria nel Medio Evo

Rivista Storica Italiana LXXV I
Napoli 1963

INCHIESTA SULLA POPOLAZIONE GRECA
DELLA SICILIA E DELLA CALABRIA NEL MEDIO EVO *

Insieme alla pubblicazione dei *Regestes des actes grecs d'Italie du Sud et de Sicile* che sto preparando, e che progredisce assai lentamente, come è naturale per questo genere di lavoro, e come saggio, per così dire, del *corpus* che dovrà esserne l'indispensabile complemento [1], ho voluto offrire alla critica, a titolo di esempio, l'edizione commentata di un inserto di archivi siciliani quasi sconosciuto, che è composto da ventiquattro carte, conservate sia in originale, alla Biblioteca Nazionale di Parigi, sia in copia, nello stesso deposito o fra i manoscritti della Biblioteca Comunale di Palermo. L'incartamento costituisce tutto ciò che ho potuto ritrovare dell'antico fondo greco degli archivi di Santa Maria di Messina [2]: esso riguarda il periodo che va dagli anni 1076-1077 all'anno 1306 e concerne le proprietà siciliane del monastero benedettino [3]. I documenti variano dal

---

* L'argomento essenziale di questo articolo è stato utilizzato in una conferenza tenuta nel mese di febbraio 1962 all'Istituto di Studi bizantini e neoellenici di Palermo.

[1] Vedi i miei due esposti, *Les sources documentaires grecques en Italie méridionale*, in « Byzantion », 24 (1954), 1955, p. 63-69; *Le Corpus des actes grecs de Sicile. Méthode et problèmes*, in *Atti del Convegno internazionale di studi Ruggeriani*, Palermo, 1955, pp. 147-153.

[2] Questo monastero non deve essere confuso (come lo è stato da C. A. GARUFI, *Le Benedettine in Sicilia da San Gregorio al tempo svevo*, in « Bull. dell'Istit. Stor. Ital. », 47, 1932, p. 261, poi da L.-T. WHITE, *Latin Monasticism in Norman Sicily*, Cambridge-Mass., (The Mediaeval Academy of America), 1938, pp. 153-157) con Santa Maria della Scala, di cui si vedono ancora i ruderi a qualche chilometro da Messina, ai piedi della collina di S. Rizzo, nel luogo detto Badiazza. Il monastero che conservava i documenti che ci interessano si chiamava S. Maria delle Moniali: era situato fuori delle mura di Messina, vicino alla porta dei Gentili nel sobborgo di S. Nicola, e fu distrutto nel 1537 (R. PIRRO, *Sicilia sacra...*, Palermo, 1733, p. 448).

[3] Il volume è in corso di stampa nella collezione dell'Istituto Siciliano di Studi

punto di vista diplomatico e giuridico: dieci atti di vendita, due donazioni, un contratto di dote, un accordo fra un fratello e due sorelle a proposito di una eredità, uno scambio di terreni, un contratto di enfiteusi,
due concessioni di terreni dietro versamento di un canone, una conven-
zione tra una vedova e il convento di Santa Maria di Messina basata su
una donazione di beni mobili ed immobili, una decisione giudiziaria circa
una controversia fra un privato e il convento di Hagios-Euplos in Calabria
a proposito di un terreno, un processo verbale di vendita all'asta, un testamento, una ğarīda e, infine, un riconoscimento della situazione giuridica
di *villanus*. Gli aspetti principali della vita rurale sono illustrati in questi
documenti; e se si tiene inoltre presente che i fatti ivi menzionati sono
piuttosto strettamente localizzati alla regione situata a sud di Briatico, in
Calabria (Mesiano, Filandari, Ioppolo), e alle regioni di Messina e di
Rometta, in Sicilia, si dovrà ammettere che si trovano qui riunite tutte le
condizioni per una inchiesta sulla natura e sulla vita della popolazione
greca di tali zone: inchiesta di storia e di geografia umana.

Da qualche tempo l'interesse degli storici è nuovamente rivolto al
delicato problema di comprendere e spiegare la fisionomia di questa popolazione fin dal VII o VIII secolo che è la data del suo arrivo nell'Italia
latina, prima nel quadro dell'Impero bizantino (cioè a dire, fino al IX secolo, per la Sicilia, e fino al terzo quarto dell'XI secolo, per la Calabria), e
poi sotto la dominazione araba, normanna, sveva, angioina e spagnola in
Sicilia, e sotto il regime normanno, svevo, poi angioino in Calabria.

Reagendo con vigore alla tesi di un duraturo insediamento greco in
Sicilia, in Lucania e, soprattutto, in Calabria, dal IX fino alla metà dell'XI
secolo [4], uno storico del diritto ha recentemente cercato di dimostrare che
i profughi bizantini, venuti in Sicilia nell'VIII secolo, sono fuggiti dal-
l'isola davanti alle incursioni e poi all'occupazione arabe; e che sarebbero
risaliti a poco a poco, sempre incalzati dalle scorrerie arabe, fino ai confini
della Calabria e della Lucania. La Calabria latina avrebbe così dato asilo,
durante il X e il principio dell'XI secolo, ad alcune colonie greche ed a un
certo numero dei loro monaci. Questa moltitudine ambulante sarebbe

---

Bizantini e Neoellenici, diretta dal prof. Bruno Lavagnini, col titolo *Les Actes grecs
de S. Maria di Messina*.

[4] Ciò è supposto da tutto il grosso libro di J. GAY, *L'Italie méridionale et l'Empire byzantin depuis l'avènement de Basile Ier jusqu'à la prise de Bari par les Normands (867-1071)* (Bibliothèque des Ecoles françaises d'Athènes et de Rome, fasc. 90),
Paris, 1904.

stata ricondotta da un'ultima marcia in Sicilia, nel terzo quarto dell'XI secolo, attirata dalla politica accorta del principe normanno, preoccupato di ricostituire, contro gli Arabi turbolenti, delle colonie greche che facessero loro da contrappeso. In conclusione, la popolazione greca in Sicilia, e quindi in Calabria e in Lucania, e poi, di nuovo in Sicilia, non sarebbe mai stata un elemento quantitativamente apprezzabile della demografia locale; minorità dispersa e senza influenza anche per il fatto che essa si trovava al grado più basso della scala sociale, almeno nel regno normanno .

Non si tratta, qui, di discutere punto per punto la nuova interpretazione che ci è stata proposta, ma solo di constatare che un incartamento di archivi greci, sia pure limitato, come quello di Santa Maria di Messina, corregge in modo notevole, secondo me, le prospettive eterodosse dell'investigatore francese.

Diciamo subito che, per un apprezzamento relativamente esatto della quantità della popolazione greca dell'Italia meridionale e della Sicilia, noi brancoleremo sempre nel buio, in mancanza di fonti adeguate; ma sul fatto della localizzazione degli insediamenti avremo, spero, una certezza allorquando la carta geografica che preparo da parecchi anni e che si basa sul complesso delle fonti (letterarie, archeologiche, geografiche, documentarie ecc.) sarà terminata. A titolo di esempio, dalle poche vite di santi conservate [6] si ricava che, prima della venuta dei Normanni nell'Italia del Sud, i principali centri monastici greci erano Le Saline a nord-est di Reggio (Sinopoli, Melicuccà), Mesiano a sud di Briatico, e il Merkourion nell'alta valle del Lao, poi Arena e Rossano. Ce ne saranno stati certamente degli altri. Ora, l'incartamento di Santa Maria di Messina prova che una popolazione greca ebbe una vita economica normale durante tutto l'XI e il XII secolo in una di queste regioni (Mesiano, Sant'Agata, Ioppolo, in Calabria): questa popolazione aveva dunque lasciato passare il preteso momento del ritorno in Sicilia nell'XI secolo.

---

[5] L.-R. MÉNAGER, La « Byzantinisation » religieuse de l'Italie méridionale (IXe XIIe siècles) et la politique monastique des Normands d'Italie, in « Revue d'Histoire ecclésiastique », 53, 1958, pp. 747-774; 54, 1959, pp. 5-40. La via Africa-Messina-Calabria-Campania-Roma è conosciuta, benchè non studiata abbastanza, ma non bisogna dimenticare la via Bari-Lucania-Campania-Roma, meno conosciuta, ma che ha potuto essere all'origine di una migrazione orientale sensibile in qualità. Ma tornerò in seguito su questo argomento.

[6] Sono state analizzate con precisione da G. DA COSTA-LOUILLET, Saints de Sicile et d'Italie méridionale aux VIIIe, IXe et Xe siècles, in « Byzantion », 29-30 (1959-1960), 1960, pp. 89-173.

È solo un caso di *continuità*, ma se ne potrebbero citare parecchi altri.
Non credo nè a un esodo *massiccio* della popolazione greca dalla Sicilia
nel IX secolo nè, soprattutto, alla migrazione greca in Sicilia nell'XI secolo.
Ci dicono che i Normanni non trovarono Greci al loro arrivo in Sicilia;
ciò vuol dire dare molto credito ai racconti dei monaci ricamati tutti
sulla medesima trama: un luogo di culto abbandonato è scoperto da un
asceta greco, che vi si consacra alle gioie della penitenza e della con-
templazione fino al giorno in cui la fama delle sue virtù fa affluire i
discepoli e fuggire il santo uomo alla ricerca di un altro deserto per
alimentare i suoi esercizi spirituali. L'occupazione araba non è stata forse
gradita da tutti i Greci, ma se ne sono trovati anche di quelli che
seppero adattarsi così bene al nuovo regime da adottarne persino la
religione; mi sono imbattuto in una piccola truppa di soldati greci in
Lucania, convertiti all'Islam, che occupava, nel X secolo, la piazzaforte
di Pietrapertosa, presso Tricarico [7]. I monaci, che hanno sempre avuto
presso i Greci un grandissimo potere, furono probabilmente l'oggetto
dell'ostilità degli Arabi per lo meno al principio, ma Malaterra (II, XIV.
p. 33) e Amato da Monte Cassino (ed. di Bartholomaeis, L. V, cap. 21,
p. 239 e 25, p. 244) insistono sul fatto che l'invasore normanno trovò
un appoggio assai saldo in Sicilia presso i Greci del val Demone, di Agrigento, di Troina e di Petralia, per abbattere gli Arabi; e questi autori
non parlano che delle popolazioni che erano state coinvolte nelle bat-
taglie. Il nostro inserto permette, in effetti, di aggiungere che la regione
di Messina e quella che è compresa fra Rometta e il mare, ospitavano
nell'XI e XII secolo una popolazione greca attiva, che manteneva costanti
rapporti con i correligionari della Calabria.

Il problema della demografia greca, latina od araba, nell'Italia del
Sud e in Sicilia, non può essere analizzato senza un valido intervento
della geografia agraria molto varia di queste regioni. La Magna Grecia
e la Sicilia erano, in effetti, prima della conquista romana, dei paesi
ricchi e civilizzati; la confisca di vasti domini a profitto dell'*ager publicus*
dopo le guerre puniche preparò il regime dei *latifundia* a coltivazione
estensiva, che, fin dagli ultimi secoli della Repubblica Romana, aprì la
via alla decadenza economica; il sistema feudale, importato dall'invasore
normanno, e che durerà fino all'inizio del XIX secolo prolungherà, aggra-
vandola, l'immobilità e la passività economica del paese. Il regime di

---

[7] Vedi A. GUILLOU - W. HOLTZMANN, *Zwei Katepansurkunden aus Tricarico*, in
« Quellen und Forschungen aus italien. Archiven und Bibliotheken », 41, 1961, pp. 12-19.

schiavitù che si mantenne durante tutto il Medio Evo e l'instabilità dei territori feudali, spiegata innanzi tutto dalla povertà del suolo, sono i due fattori umani di questa inferiorità del Mezzogiorno di fronte alla rinascita economica dell'Italia Settentrionale, sotto l'impulso dei grandi comuni con le loro città commerciali e industriali. Questo prospetto d'insieme è ammesso [8]; è nel suo quadro che bisogna ricercare la particolare natura della popolazione greca.

Si può comprendere la personalità di questi Greci e il processo della loro assimilazione?

Ed anzitutto, come si chiamavano? Rileggiamo i documenti dell'incartamento di Santa Maria di Messina.

In Calabria, nella regione di Mesiano [9], ci si imbatte in un Costantino, nei Krisarouskoi, in un Filippo Sgouros, in un Petros Malakourounas, nel 1076-1077; venti anni dopo, nella stessa regione [10], nel protospatario Gregorio Gannadeos, in un Kondopétros, in un Dèmétrios, in un Giovanni Gaïdarophagas, in un Théodotos, in un Drongarès; nel 1123, in Andrea Kakodapanos, Kosmas, Leone Pardos, Nicetas, tutti prenomi e soprannomi che potevano essere portati dai Greci dell'Impero bizantino; ma già a quest'ultima data conosciamo un Nicola Spatharios (nome di famiglia e non più titolo aulico) [11]; semplice indizio di una alterazione, perchè nel 1148-1149, sempre in questo stesso angolo della Calabria, si nota una Théodotè, una Kalè, un Giovanni Pachys, un Raul Malakourounas, il protopapas Sergios [12]; nel 1152-1153, i tredici monaci di Sant'Elia-Spélaiôtès di Melicuccà si chiamano Pachômios. Nectarios, Antônios, Charitôn e con altri nomi tipicamente greci [13]; alla stessa data conosciamo un papas Nicola Makrès, che vive ancora nel

[8] M. ROSTOVTZEFF, The social and economic History of the Roman Empire, Oxford, 1926, passim, e soprattutto pp. 180-198; A. AYMARD - J. AUBOYER, Rome et son Empire (Histoire générale des civilisations publ. sous la dir. de M. Crouzet, II), Parigi, 1959, pp. 136-174, 304-320, 530-561; G. LUZZATO, Storia economica d'Italia, Roma, 1949; P. BIROT - J. DRESCH, La Méditerranée et le Moyen-Orient, t. I, La Méditerranée occidentale (Orbis. Introduction aux étude de Géographie), Parigi, 1953, 324-325; R. AIMAGIÀ, L'Italia, Torino, UTET, 1959, pp. 671-676.

[9] Nostro atto 1 dell'edizione annunciata alla nota 3 (Paris, Bibl. Nat., Suppl. Grec, n. 1315, pièce 10).

[10] Nostro atto 2 (Palermo, Bibl. Com., QQ.H. 237, fol. 11-12).

[11] Nostro atto 4 (Paris, Bibl. Nat., Suppl. Grec, n. 1315, pièce 1); incontro un Giovanni Tourmarchès nel 1168-1169 (nostro atto 10, ibidem, pièce 6). un Procopi Chartoularès nel 1264 (nostro atto 21, ibidem, pièce 12).

[12] Nostro atto 7 (Paris, Bibl. Nat., Suppl. Grec, n. 1315, pièce 4).

[13] Nostro atto 7 (Palermo, Bibl. Com., QQ.H. 237, fol. 7-8 v.).

1168-1169 [14]; c'è un Leone Makrès nel 1175 [15], un Giovanni Makrès nel 1193-1194 [16], un Leone Makrès — ma in Sicilia, questa volta, nella regione di Rimata (= Rometta) — nel periodo 1227-1250 [17], poi un Kôstas Makrès a Monastria (regione di Rimata), nel 1264 [18], e un Leone Makrès a Macheritzi (regione di Messina), l'anno seguente [19] ecc. Fintanto che ci furono delle famiglie greche in Calabria e in Sicilia, esse portarono nomi greci e dettero dei nomi greci ai loro figli. Naturalmente, alcuni nomi sapevano del paese troppo lontano dalla madre patria: il protopapas Giovanni Mansos [20], Giovanni Karophilos [21], Francescos Télestès [22], sono dei Greci — il contesto lo assicura, altrimenti si esiterebbe ad affermarlo — ma essi vivono dopo la fine del XII secolo. Sfortunatamente, non possiamo seguire la storia di queste famiglie greche, leggendo questo incartamento. E gli altri inserti non sono più eloquenti da questo punto di vista. Contentiamoci dunque di osservare che alla fine del XII secolo ancora un certo Niceforo Sikléros, un greco, ha chiamato tre dei suoi figli Nicola, Andrea, Galatas, ma il quarto Roberto, che è un nome latino. La Calabria dunque si latinizza molto lentamente. Il numero decrescente di nomi greci del nostro incartamento, con l'inizio del XIII secolo, corrisponde ad una regressione demografica. È una data approssimativa da ricordare.

I Greci si assimilano poco a poco ai Latitni? Dunque essi coabitano nelle stesse regioni. Nel 1189, nella regione di Messina, per esempio, un greco chiamato Gregorio è il marito di una latina a nome Ramonda [23]; nel 1306, un Bartolomaios è il marito di una Dominica [24]. Greci e Latini si trovano vicini nella via maestra della nuova piazzaforte di Messina, alla fine del XII secolo [25]. Più probante forse: certi abitanti sono bilingui,

---

[14] Nostro atto 10 (Paris, Bibl. Nat., Suppl. Grec, n. 1315, pièce 6).

[15] Nostro atto 11 (Palermo, Bibl. Com., QQ.H. 237, fol. 3-3 v.).

[16] Nostro atto 16 (Palermo, Bibl. Com., QQ.H. 237, fol. 5-6).

[17] Nostro atto 20 (Paris, Bibl. Nat., Suppl. Grec. n. 1315, pièce 11).

[18] Nostro atto 21 (Paris, Bibl. Nat., Suppl. Grec, n. 1315, pièce 12).

[19] Nostro atto 22 (Paris, Bibl. Nat., Suppl. Grec, n. 1315, pièce 9).

[20] Nostro atto 15 (Palermo, Bibl. Com., QQ.F. 69, fol. 313-315 v. et QQ.H. 237, fol. 9-10).

[21] Nostro atto 19 (Palermo, Bibl. Com., QQ.F. 69, fol. 362-367) e App. 1, 5 (Paris, Bibl. Nat., Nouv. Acq. Lat., n. 2581, pièce 2).

[22] Nostro atto 23 (Paris, Bibl. Nat., Suppl. Grec, n. 1315, pièce 13).

[23] Nostro atto 14 (Palermo, Bibl. Com., QQ.H. 237, fol. 21-21 v.).

[24] Nostro atto 24 (Paris, Suppl. Grec. n. 1315, pièce 14).

[25] Nostro atto 13 (Palermo, Bibl. Com., QQ.H. 237, fol. 1-3).

possono firmare qui in latino e là in greco, oppure parte della loro firma è in latino, parte in greco [26]. Questo per la regione di Messina-Rometta. Non conosco degli esempi per la regione calabrese considerata: bisogna pensare che qui l'amalgama era minore?

Occorre immediatamente sfumare, o altrimenti correggere, questa interpretazione, che condurrebbe ad ammettere una progressiva assimilazione dei Greci da parte dei Latini. In effetti, nel 1175, un certo Riccardo, un latino, crea la consueta dote per sua moglie, una latina, figlia di Guglielmo di Mesiano, vale a dire la metà del suo feudo di Sant'Agata. Tutto ciò è molto latino; tuttavia l'atto è redatto in greco, da un notaio fatto venire dalla sposa e che si chiama Kalokyros, in presenza di testimoni greci [27]. Stesso fatto cinquant'anni più tardi, nella regione di Messina; le contraenti sono latine: la badessa del convento di Santa Maria di Messina e una Gidetta del villaggio di S. Andrea (regione di Rimata, Rometta) [28]. La sola spiegazione che posso dare a questi due casi (altri inserti ne contengono altri in altre regioni) è che là la maggior parte della popolazione era greca o parlava greco. I nomi dei luoghi accentuano maggiormente questa impressione: Hagios-Euplos, Akros, Mesiano, Chrysochoos, per la regione che si estende tra il Capo Vaticano, Mileto e Briatico; Katarraktès, Hagia-Barbara, Lakinoi, Myloi, Macheritzi, nei dintorni di Messina, e soprattutto S. Andrea, S. Cono, Monastria, Kondou, Maurojohannès, Hagios-Mènas, nella regione di Rimata (= Rometta).

L'attento esame di questo piccolo incartamento permette dunque di affermare che — a prescindere dalla città di Messina (e suoi dintorni immediati), che conteneva una colonia greca importantissima a causa della sua posizione geografica e dela sua tradizione, raggruppata nella città intorno alle chiese greche di Hagios-Eustathios, Hagios-Zacharias, Hagioi-Tessarakonta, S. Giovanni-Teologo, ecc. — due regioni erano in grandissima parte composte da popolazione greca nell'XI, XII e ancora nel XIII secolo: quella che si trova a nord-ovest del bacino della Mesima, in Calabria, e quella che è compresa tra Rometta e il mare, in Sicilia. Per meglio precisare ciò che non può essere (dopo una inchiesta così

[26] Nostro atto 12 (Palermo, Bibl. Com., QQ.F. 69, fol. 295-298 v.) e *App. I*, 9, 10, (Paris, Bibl. Nat. Nouv. Acqu. Lat., n. 2581, pièces 25, 53), 13, 18 (*ibidem*, n. 2582, pièces 24,39).

[27] Nostro atto 11 (Palermo, Bibl. Com. QQ.H. 237, fol. 3-3 v.).

[28] Nostro atto 20 (Paris, Bibl. Nat., Suppl. Grec, n. 1315, pièce 11).

limitata) che un'ipotesi di ricerca, aggiungerò che nel 1342 un giudice di Rimata (Sicilia), Tommaso Straboutzès, sottoscrive ancora un atto latino in greco [29], e che nel 1261 due giudici di Hagios-Euplos (in Calabria) sottoscrivono in greco e portano dei nomi che non lasciano luogo a dubbi, Macario e Nicola [30]; sono dei Greci.

Dunque, questa popolazione greca delle due regioni considerate ha una sua constatabile esistenza. Quale è la sua *condizione sociale?* O, più semplicemente, cosa si sa di essa?

Citiamo, per cominciare, gli *ufficiali* (faccio uso di questa parola nel senso più ampio, e in mancanza di una più adatta) *civili*: un protospatario nel 1095, in Calabria [31]; uno stratega di Messina nel 1152 [32], un altro nel 1178 [33], e nel 1187-1188 [34]; un logoteta di Messina nel 1189 [35]; un giudice di Messina nel 1187-1188 [36], un altro nel 1201 [37]; un giudice dei Greci nel 1187-1188 [38]; qualche notaio. Per quanto si riferisce agli *ecclesiastici*: il protopapas di Messina Giovanni Mansos [39]; quelli di Mesiano, Sergios e Arkadios [40]; numerosi notai, preti secolari o monaci [41]. Non posso valutare i loro mezzi di sussistenza.

La sorte di coloro che vivono della coltivazione del suolo, che può anche essere quella della gente che abbiamo già citato, si lascia scoprire un po' meglio. Conosco, per la regione messinese, qualche *grosso proprietario greco*: Gemma nel 1135 [42] vende una vigna di circa 77 ettari: la vedova Basilè possiede nel 1189 un bel soccio di 71 buoi, 75 montoni, 38 maiali, 40 capre, 1 mula e 2 asini [43]; ancora nel 1189, un ricco casato di Messina può dotare due monasteri greci, di cui uno, Santa Maria di

---

[29] *App. I*, 19 (Paris, Nouv. Acq. Lat., n. 2582, pièce 50).

[30] *App. I*, 8 (Paris, Nouv. Acq. Lat., n. 2581, pièce 23).

[31] Nostro atto 2 (vedi n. 10).

[32] Nostro atto 8 (vedi n. 13).

[33] Nostro atto 12 (vedi n. 26).

[34] Nostro atto 13 (vedi n. 25).

[35] *App. II* (Palermo, Bibl. Com., QQ.H. 237, fol. 19 v.).

[36] Nostro atto 13 (vedi n. 34).

[37] Nostro atto 19 (vedi n. 21).

[38] Nostro atto 13 (vedi n. 34).

[39] Nel 1189, *App. II* (vedi n. 35) e nel 1193, nostro atto 15 (vedi n. 20).

[40] Nel 1149, nostro atto 7 (vedi n. 12) e nel 1168-1169, nostro atto 10 (vedi n. 14).

[41] Nostri atti I (vedi n. 9), 4 (vedi n. 11), 7, 11 (vedi n. 12). 15 (vedi n. 20), 18 (Paris, Suppl. Grec., n. 1315, pièce 8), 20 (vedi n. 28).

[42] Nostro atto 5 (Paris, Suppl. Grec, n. 1315, pièce 3).

[43] Nostro atto 14 (vedi n. 23).

Bordonaro, riceve un oratorio, delle celle, i vasi e gli ornamenti necessari all'esercizio del culto, un fondo di biblioteca (comprendente una grammatica, un Nuovo Testamento, dei libri liturgici, qualche opera di dottori della Chiesa) ed una gestione rurale composta di vigne, campi con alberi fruttiferi, pascoli, 3 paia di buoi da lavoro, un cavallo, due servi, e provveduta del materiale necessario per la produzione del vino (torchio, tini e botti) [44]. Nel 1201, infine, trovo una vedova greca che vende un considerevole edificio, almeno in parte ad uso di abitazione, ad un tegolaio greco, sempre in Sicilia, ed a Messina. Tutti questi sono i δυνατοί, i potenti.

Nessun proprietario importante, nella regione calabrese, a cui potermi appigliare. Le transazioni rivelate dai documenti di Santa Maria di Messina, si riferiscono a terreni coltivati assai ristretti, χωράφια in *piccoli lotti* certamente (una sola eccezione, circa 2.500 m² venduti nel 1076-1077 nella regione di Mesiano) [45], a vigne di qualche iugero (il lotto più importante è quello ceduto nel 1148-1149 da Théodotè a Gualtiero di Mesiano, e consta di soli 400 m²) [46]; a orti e ad alberi da frutta [47]. Questi dati forniti dall'inserto di Messina, che può essere ampliato solo in quantità e non in precisione, sono scarsi e non ci dicono niente di coloro, e sono i più numerosi, che non hanno alcunchè da cambiare o da vendere e non hanno dunque avuto bisogno di ricorrere a notai o a scribi; ma per fortuna la geografia, prudentemente sollecitata, ci viene in soccorso e permette di estendere il quadro.

Le regioni siciliane, calabresi e lucane sono, in effetti, molto diverse fra loro e l'osservazione è della più alta importanza per lo storico che si interessa ad epoche per le quali la questione delle distanze chilometriche sono essenziali. I geografi ci descrivono questi poveri contadini delle colline argillose del centro della Sicilia, bruciati dallo scirocco e dall'aridità primaverile, condannati, per sussistere, alla coltivazione di fave e ceci, in mancanza di foraggi, pascoli e sorgenti per allevare almeno dei montoni; sempre in Sicilia, ci sono i contadini del litorale dove il clima e il regime delle acque permettono la crescita degli agrumi portati dagli Arabi, la vigna sui pendii, gli ulivi e i mandorli. In Calabria, i poveri contadini dell'Aspromonte, della Serra San Bruno e della Sila

[44] *App. II* (vedi n. 35).
[45] Nostro atto 1 (vedi n. 9).
[46] Nostro atto 7 (vedi n. 12).
[47] Nostri atti 9 (Paris, Suppl. Grec., n. 1315, pièce 5), 15, 23 (vedi n. 20, 22).

dove la landa dà la possibilità ai montoni e alle piccole capre indigene
di sopravvivere; i contadini delle depressioni interne scavate dai torrenti
e sui cui pendii essi possono far crescere dei fichi, dei gelsi, un po'
di frumento; quelli del versante ionico, arido come la terra africana,
dove qua e là emerge qualche olivo e dove prosperano le steppe rosse;
quelli del versante occidentale, relativamente favoriti, ad ovest di Capo
Spartivento fino a Belvedere, che, per difendersi dalla malaria, si trince-
ravano sulle terazze per coltivarvi il fico, il mandorlo, il gelso, l'olivo
e la vigna. Infine, in Lucania, coperta di immense foreste e dove la
malaria infierisce fino a 800 m. di altezza, i più miserabili di tutti [48].

Quale era, e qual è ancora di frequente, il *livello di vita* di questi contadini? Delle inchieste, sfortunatamente troppo limitate, sono state condotte.
Esse non possono essere considerate che come semplici esempi. Nel villaggio
di Africo, sul versante sud-est dell'Aspromonte, il terreno è costituito per
metà di boschi, per 4/10 di pascoli per capre, per 1/10 di campi
(i χωράφια dei testi greci), la massima parte dei quali rendono un anno
su due. Di cosa vive il contadino di Africo? Di pane (nero), di formaggio
e di frutta; nell'anno di carestia, mangia delle ghiande dolci e delle
ortiche cotte [49]. La famiglia lucana, invece, uccide un porco nero che
insacca in occasione del Natale, salando il rimanente che consuma in
altre solenni occasioni, e vive il resto del tempo di formaggio, castagne,
ghiande, ceci e fave; ma beve il vino.

Gli abitanti dei casali montani di Sambiase (in provincia di Catanzaro) vivono di patate bollite, di pane di segala e di granoturco. Delle 96
famiglie di coltivatori diretti della costa tirrena, studiate dall'Istituto
Nazionale di Economia Agraria, solo 6 consumano latte, nessuna la carne
macellata. Bisogna tener conto del fatto che in queste regioni si pensa
ad acquistare prima dei beni durevoli e poi a migliorare il proprio nutrimento [51].

[48] J. SION, *Italie (Géographie universelle...,* P. VIDAL DE LA BLACHE et L. GALLOIS.
Vol. VII, *Méditerranée. Péninsules méditerranéennes,* 2ª parte). Parigi, 1934, pp. 313,
316-318, 355-356; P. BIROT - J. DRESCH, *op. cit.,* pp. 318-322; R. ALMAGIÀ, *op. cit.,*
pp. 345-352, 383-386, 1168-1213.

[49] J. SION, *op. cit.,* p. 319.

[50] FR. LENORMANT, *A travers la Lucanie. Notes de voyage.* Vol. I, Parigi, 1883,
pp. 238-239.

[51] Si leggeranno con interesse le pagine documentate di R. NOUAT in *La Calabre. Une région sous-développée de l'Europe méditerranéenne...* sotto la direzione di
JEAN MEYRIAT (Cahiers de la Fondation des sciences politiques. Relations internationales, 104), Parigi, 1960, pp. 137-167, e soprattutto pp. 164.165.

Un fatto essenziale da notare: in numerosi punti, dopo l'addebbiatura, il contadino calabrese coltiva il suo poderetto per dieci o quindici anni, abbandonandolo poi consunto alla brughiera [52]. Ecco una causa di migrazione lentissima ma continua che non cambia l'ambiente sociale.

Questi paesi non comprendono delle città nel vero senso della parola, cioè l'ambiente cittadino psicologicamente indipendente dall'ambiente rurale: qualche centro amministrativo, scelto per la sua facilità di accesso, possibilmente dei porti, dove una grande parte di abitanti vive di agricoltura, e dove risiedono ad esempio i grandi proprietari fondiari della Sicilia (il nostro piccolo inserto ne fornisce la prova per Messina); dei grossi borghi di contadini in massima parte stabiliti lungi dalle coste infestate dalla malaria su delle rocce sane e protette. Paesaggio rurale di abitato concentrato, dunque, quello di questo paese: i contadini si sono raggruppati in origine per mancanza di sicurezza, nell'VIII, nel IX, nel X secolo (timore degli Arabi, ma soprattutto paura della fame) e per sopravvivere ad una precaria economia. È difficile immaginare un esodo massiccio di questi paesani dai villaggi calabresi, lucani o siciliani, legati al fragile equilibrio che essi hanno potuto realizzare tra i loro bisogni e la loro produzione. Partenze e ritorni, certamente. Lento flusso e riflusso, su percorsi debolissimi, di questi agricoltori senza terra della terribile « Geografia della fame »[53]. Lungo spatriamento, mai. Questa popolazione dei campi, come tutte le altre ed ancor più perchè poverissima, è molto sedentaria, ed io sono contrario, ancora una volta, all'idea di un massiccio esodo volontario di questi paesani davanti all'incalzare degli Arabi. Si capiscono e si conoscono questi esodi in tutte le epoche del Medio Evo per le popolazioni nomadi o seminomadi, le cui principali risorse erano l'allevamento ed il commercio, non per le masse rurali. Bisogna cacciarle dalla terra che le nutre male. Esse non hanno potuto fuggire nemmeno di fronte alle poche centinaia di soldati normanni che conquistarono in qualche anno l'Italia del Sud, tanto è vero che i contadini greci, qui come nell'Impero bizantino, sono stati sempre ostili alla violenza e, di conseguenza, poco portati al mestiere

---

[52] J. Sion, op. cit., p. 316.

[53] Si legga a questo proposito il libro di J. De Castro, *Géopolitique de la faim*, trad. francese (Economie et Humanisme), Parigi, 1949; un'analisi molto arguta e ragguardevole deve essere letta nel bel libro di P. George, *La campagne. Le fait rural à travers le monde*, Parigi, 1956, pp. 43, 90, 116, 118; un'immagine oscura ma evocatrice ed utile per lo storico nel volume collettivo, *La Calabre. Une région sous-développée etc.*, cit.

delle armi; gettiamo un'occhiata, invece, sulle campagne dei Normanni
in Sicilia: ci sono voluti loro ben 30 anni per venire a capo del paese,
ma esso era difeso da un popolo di soldati, gli Arabi. La popolazione
greca non è emigrata nè prima nè allora, essa si è sottratta alle scorrerie
rifugiandosi, quando ne aveva la possibilità, nel κάστρον o nel καστέλλιον
vicini, che costituivano qualche volta il villaggio o il borgo fortificato
dove viveva, poi tornava alla sua terra. Forse c'è stato un esodo del sottile
strato dirigente, ma non un esodo della massa paesana.

È dunque, a parer mio, con dei gruppi etnici più o meno numerosi, secondo le risorse economiche del luogo, che abbiamo a che fare
a partire dal X secolo (e la geografia agraria della Calabria bizantina
deve essere studiata sotto questo punto di vista); essi hanno dissodato
la terra in più di un luogo [54] ed è probabile che i monaci abbiano partecipato attivamente a queste fondazioni, poi si sono installati in un comune
fiscale χωρίον dell'Impero [55], in siti più o meno protetti e fertili (relativamente) ad un tempo, e dunque spesso a delle grandi distanze l'uno dall'altro,
a causa della natura tormentata e ingrata del rilievo.

Sotto il regime greco, lo statuto personale comune delle popolazioni
rurali era quello di coltivatore libero. Non si conosceva, in particolare,
alcun legame giuridico personale tra il proprietario del suolo e il fittavolo.
I Normanni, installandosi nel sud d'Italia, portarono con loro il sistema
feudale della società medioevale già evoluto [56]. Il nostro piccolo incartamento non contiene documenti anteriori all'occupazione normanna. Cosa
dice dello *statuto dei beni e delle persone*?

Rileggiamo ancora una volta questi testi. Nel 1076-1077, Bônophilen
vende una terra a Costantino di Stilo [57]; nel 1123 la famiglia Kakodapanos si disfa delle vigne [58]; nel 1148-1149, Théodotè vende un terreno
a Gualtiero di Mesiano [59]. In questi atti le formule sono chiare, nessuna
riserva vi è introdotta: è da proprietario a proprietario che si tratta.
Apparentemente questi beni non sono gravati da alcun onere. Medesima

---

[54] Per un chiaro esempio di un'impiantazione di un abitato in Lucania dopo dis-
sodamento, tra la metà e la fine del X secolo, leggere il testo da me pubblicato a pp. 27-
28 dell'articolo citato qui sopra alla nota 7.

[55] *Ibidem.*

[56] Vedi per esempio le eccellenti pagine di Cl. CAHEN, *Le régime féodal de
l'Italie normande*, Parigi, 1940, pp. 21-34.

[57] Nostro atto 1 (vedi n. 9).

[58] Nostro atto 4 (vedi n. 11).

[59] Nostro atto 7 (vedi n. 12).

osservazione più tardi, nel 1193, per un testamento [60], nel 1193-1194, per uno scambio [61], ancora nel 1265-1266 [62] e nel 1306 [63]. Come è possibile che nulla sia detto a proposito dei vincoli feudali che univano fra loro le persone e i beni? Nel 1175 [64], troviamo la prima ed unica menzione dell'inserto di beni feudali (φίον) ed essi sono tenuti da un latino, ma in un territorio con netta maggioranza greca, Santa Agata. Più tardi, nel 1195 [65], Nicola Phlébotomos dichiara di coltivare un piccolo terreno come *villanus* del monastero latino di S. Maria di Messina, — già proprietà di un suo parente, il prete greco Léontios, — e che il monastero gli ha ceduto contro l'obbligo di pagare un canone in natura e in contanti e prestazioni varie (*servitia*). Eccoci dunque in terra feudale; niente da dire. I fatti istituzionali sono conosciuti. È una pietra miliare cronologica? Non so, poichè, negli anni 1227-1250, la badessa del monastero di S. Maria di Messina cede un terreno, dietro versamento di un canone a Gidetta, informandosi anzitutto di quello che può rendere il terreno prima di fissare l'ammontare del canone [66]; non c'è dunque in questo canone alcun riconoscimento di dipendenza. La chiave di questo piccolo problema è fornita, credo, da un atto del 1168-1169 [67]: Costantino vende 8 are di terra e cede tutti i suoi diritti di proprietà al compratore, che egli chiama αὐϑέντης, il suo « signore »; il senso di questa parola non è dubbio; conosco il padre di questo signore, è Gualtiero di Mesiano, morto in quest'epoca e il cui figlio è il successore sulle terre della regione. Paradosso? Niente affatto. Si è detto, e credo che ciò si verifichi qui, che le istituzioni feudali importate dai Normanni in Italia vi costituirono una specie di sovrastruttura ai costumi e alle istituzioni indigene [68]. C'è un signore feudale latino nella regione di Mesiano, ma egli non esige alcun servizio dai suoi « vassalli » greci. È da notare, ancora in questo senso, che il nostro incartamento non fornisce nomi di « cavalieri » greci. Ma aggiungiamo subito che quei pochi piccoli pro-

---

[60] Nostro atto 15 (vedi n. 20).
[61] Nostro atto 16 (vedi n. 16).
[62] Nostro atto 22 (vedi n. 19).
[63] Nostro atto 24 (vedi n. 24).
[64] Nostro atto 11 (vedi n. 15).
[65] Nostro atto 18 (vedi n. 41).
[66] Nostro atto 20 (vedi n. 17).
[67] Nostro atto 10 (vedi n. 14).
[68] CL. CAHEN, *Le régime féodal de l'Italie normande*, Parigi, 1940, pp. 91-92 Si troverebbe lo stesso fatto di civiltà altrove e per delle altre epoche.

prietari che conosciamo sono modesti e che ancor più modesta era la massa. Ormai, il mantello feudale non è che leggerissimo. I contadini greci della Sicilia, della Calabria o della Lucania hanno dovuto risentire poco, socialmente, del cambiamento del padrone. Il loro *livello culturale* permetteva loro di rendersi conto della situazione?

Quali sono i fatti? Essi sono adesso paleografici e linguistici.

Storta e goffa[69], molto fluente[70] o eccezionalmente elegante[71], la *scrittura* degli atti del nostro inserto presenta dei caratteri che non permettono, ad un occhio abituato, di confonderli con quelli delle scritture greche contemporanee dell'Impero bizantino: l'insieme dei segni onciali e dei segni corsivi, il gusto per le abbreviazioni per sospensione, inscrivendo l'ultima lettera scritta in margine e sormontata da una tilda curvata[73], e il gusto per le abbreviazioni per sospensione, omettendone l'ultima lettera, sono le particolarità di questa scrittura[74]. Questo, fino alla fine del XII secolo. Il secolo seguente è quasi muto. Un solo documento (del 1264): è della mano di un notaio pubblico di Messina, Nicola di Rossano, che con una bella scrittura libraria, messo da parte lo spessore delle lettere, ci dà una pagina che non renderebbe meno bello un manoscritto greco dell'Impero dell'XI secolo[75]. Ma l'atto è del XIII secolo. Riteniamo questo fatto. Nel XIV secolo il quadro paleografico è chiaro: ci bastano due prove: la prima, del 1304, presenta una scrittura frusta da bravo scolaro che ha appreso a scrivere su vecchi modelli e non è riuscito ad acquistare un segno personale, egli unisce i segni di varie generazioni, ma conosce ancora bene le sigle d'abbreviazione[76]. L'altra, del 1306, è del notaio siciliano Giovanni, figlio di Ramoundos che doveva essere latino; la scrittura è molto curata, ma offre degli insoliti segni influenzati dalla scrittura latina; -ε- è scritto come una -e- latina dell'epoca, e ancora -β- come una -b-, -τ- come una -t- ecc., certe abbreviazioni sono ugualmente latine[77]; non è quasi più una scrittura greca.

Esaminiamo la *lingua*. Se tralasciamo i tradizionali formulari adat-

---

69 Nostro atto 9, per esempio (vedi n. 47).

70 Nostro atto 5 (vedi n. 42).

71 Nostro atto 17 (Paris, Bibl. Nat., Suppl. Grec, n. 1315, pièce 7).

72 Nostri atti 5 (vedi n. 42), 6 (Paris, Bibl. Nat., Suppl. Grec., n. 1315, pièce sans cote), 7, 9, 10, 17 ecc. (vedi n. 12, 47, 14, 71).

73 Nostri atti 5 (1135) (vedi n. 42) e 23 (1304) (vedi n. 22).

74 Nel nostro atto 10, per esempio (vedi n. 14).

75 Nostro atto 21 (vedi n. 18).

76 Nostro atto 23 (vedi n. 22).

tati ai documenti, che sono stati ben analizzati in altri tempi da G. Ferrari [78], possiamo fare numerose osservazioni: la prima è che, fin dal XII secolo, i Greci della Calabria e della Sicilia usano una lingua scritta molto evoluta che, coi suoi paradigmi e la sua sintassi, si avvicina spesso al neo-greco [79], allo stesso tempo in cui traduce o trascrive delle nozioni non conosciute dai Bizantini (*burgensis, senescalcus, dominus, villanus, servitium, procurator, juratus* ecc.); da ciò una lingua mista che pone accanto a certe forme arcaiche, soprattutto dopo la fine del XII secolo [80], delle forme parlate molto evolute e dei termini latini. Nel XIII secolo si moltiplicano le parole prese in prestito a lessici latino-greci, ma lo stile resta quello di un greco parlato [81]. Fin dall'inizio del secolo seguente, il formulario notarile classico greco scompare, lo scriba traduce con l'aiuto di un dizionario il discorso latino in greco; questo non è più greco [82].

Questi fatti non debbono essere fin d'ora generalizzati, poichè si basano su di un numero troppo limitato di documenti. Essi non rivelano, d'altra parte, che uno stato della lingua, quella dei notai greci che sanno scrivere (sono soprattutto preti o monaci). La massa dei contadini, non c'è dubbio, era illetterata [83]. Tuttavia, dato che questa lingua è più parlata che scritta, il quadro deve essere abbastanza rappresentativo del linguaggio dell'epoca: scrittura e lingua di una provincia distaccata dai

[77] Nostro atto 24 (vedi n. 24).

[78] *I documenti greci medioevali di diritto privato dell'Italia meridionale e loro attinenze con quelli bizantini d'Oriente e coi papiri greco-egizii (Byzantinisches Archiv),* 1910, fasc. 4.

[79] Ἐπῆρεν, ἐπήρασιν, (atto 4 del 1123, vedi n. 11), πιπράσκοντα, πουλῶντα, ἐνοχλοῦντα, al participio presente (atto 5, del 1135, 7, del 1148-1149, 10, del XII secolo anche ecc., vedi n. 42, 12, 14), ἀμπέλιον (atto 22, del 1265-1266, vedi n. 19), τὸ ἔχει αὐτό (atto 20, del XIII secolo, vedi n. 28), διά e l'accusativo per il prezzo (atto 1, del 1076-1077, 10, del XII secolo, vedi. n. 10, 14), οἱ al femminile plurale (atto 22, del 1265-1266, vedi n. 23) ecc.

[80] Nostro atto 17, per esempio, testimone importante perchè viene da un ambiente istruito (vedi n. 71).

[81] Nostro atto 21 del 1264 (vedi n. 18): συνγράφω, sottoscrivere allo stesso tempo, προστίνω, rincarare, e τευτάδος, τευτέ, δηλοῦνταν, προσκωρατοῦροι γενικοί, πρεκώνιν (per *preconem*) ecc.

[82] Nostri atti 23 e 24 (vedi n. 22, 63).

[83] Il più sorprendente (ce ne sono altri) è il caso di Filippo di Messina e Giovanni Sphamménos, giudici dei borghi greci di Rôkka e Maurojohannès (regione di Rometta) che riconoscono di non saper scrivere e di essersi contentati di mettere una croce, pregando il prete Andrea di portare la formula rivelatrice della loro ignoranza (*App. I,* 13, Paris, Bibl. Nat., Nouv. Acq. Lat., n. 2582, pièce 24).

centri di cultura, che cercano ancora se stesse nel XII secolo, cadono nel-
l'artificiale nel XIII secolo, e perdono nel XIV la loro personalità di
espressione.

Concluderò così questa inchiesta, temporaneamente si intende, poichè
molti altri aspetti della vita di questa popolazione dovrebbero essere
esaminati; non ho la pretesa di apportare che delle pennellate ad un
dipinto che nuove inchieste permetteranno di sfumare; bisognerà inoltre
interrogare i monumenti, soprattutto nella Sicilia dai tre volti (arabo.
latino e greco). Spero di aver fissato, per il momento, qualche caposaldo
in questa storia delicata delle popolazioni greche d'Italia che dimora-
rono numerose fino agli albori del XIII secolo, poi cominciarono la
parabola discendente che, con dei bagliori successivi, li ridusse due secoli
più tardi a qualche ilota etnico. Il seguito appartiene, in effetti, alla
storia albanese e non più alla bizantino-greca della Calabria e della
Sicilia [84].

ANDRÉ GUILLOU

---

[84] Ringrazio la Sig.na Maria Teresa Mirri di aver tradotto questo testo in italiano
e il prof. Girolamo Arnaldi di aver riletto questo articolo apportandovi alcuni ritocchi
linguistici.

X

La Lucanie byzantine: Etude de géographie historique

Byzantion XXXV

Bruxelles 1965

LA LUCANIE BYZANTINE

Étude de géographie historique *

La recherche géographique, et plus particulièrement cartographique, est peu intervenue jusqu'à présent dans les études de civilisation byzantine ; c'est ainsi que l'histoire des cadres administratifs de la société a pu laisser demeurer sur le sol des zones grises ou même tout à fait blanches sans que l'on ait éprouvé autrement d'inquiétude, sans que, non plus, une découverte qui permette de les animer entraîne un bouleversement trop grand des images acquises.

Lorsque, voici un an, le Révérend Père Alphonse Raes, préfet de la Bibliothèque Apostolique Vaticane, me pria de mener à bien la publication de plusieurs dossiers d'archives grecques abandonnés, à leur mort, par nos deux savants collègues, Silvio Giuseppe Mercati et Ciro Giannelli, et conservés dans la bibliothèque pontificale romaine, je pensai, en acceptant de poursuivre cette tâche, n'y trouver que des joies monastiques. La nécessité de rendre à l'histoire ces dizaines de documents d'une histoire humaine encore si mal connue ne permettait pas de se dérober. La région que ceux-ci concernaient, celle de S. Marco Argentano, à quelque quarante-cinq kilomètres de Paola, entre le Follone et le Crati, la date du plus grand nombre d'entre eux (fin du XIe-fin du XIIIe siècle), autorisaient à penser qu'ils fourniraient une moisson utile pour la carte de la population grecque de l'Italie du Sud et de la Sicile au Moyen Age que je prépare.

Or, l'un des documents antérieurs au départ officiel de l'administration byzantine d'Italie du Sud (1071) représente, à

(*) Le sujet de cet article a servi de thème à une conférence dite le 21 février 1965 à l'Université Libre de Bruxelles. La carte a été reproduite avec l'autorisation du Prof. L. Ranieri, que je remercie de sa grande courtoisie.

mon sens, un apport tel à l'histoire générale qu'un commentaire adapté sortirait des limites imposées par une édition même comprise dans un sens large et requiert un traitement particulier.

Il s'agit d'une décision judiciaire (¹).

« La souffrance éprouvée par la victime de la calomnie, qui cache la vérité derrière le mensonge, est la plus cruelle de toutes », dit, en préambule, l'auteur du jugement, qui continue : « A mon tribunal se sont présentés le moine Phantin et son frère, le prêtre Léon, qui accusent leur oncle le kathigoumène Clément Moulétzi de s'être emparé des vignes qui leur viennent de leur grand-père. Le kathigoumène, venu au tribunal, répond que la mère des plaignants était sa sœur et que, lorsqu'elle s'est mariée, leur père a donné à celle-ci sa part des vignes et des autres biens, et qu'ensuite les trois frères (dont Clément) ont reçu, eux-aussi, leur part de leur père. Phantin et Léon rétorquent que Clément a 3000 pieds de vigne environ de leur grand-père en plus de sa part et ils réclament leur part de ceux-ci. Clément nie qu'il en soit ainsi et précise que ces 3000 pieds de vigne ont été plantés par lui-même et à ses frais sur des terrains qu'il a achetés à trois propriétaires nommés Sylvestre, Chrèmatas et Nicandre. Les deux frères répondent que ce ne sont pas des terres achetées, mais des terres appartenant à leurs parents. Clément présente alors les actes de vente, on les ouvre, on constate qu'ils sont valides et que les témoins en étaient dignes de foi. Comme les deux plaignants », poursuit l'auteur, « ne se fient pas aux documents, nous avons envoyé notre notaire, Léon, examiner l'affaire sur place, et nous avons demandé à Clément de présenter des témoins qui, sous serment, certifieraient aux plaignants l'exactitude du contenu des actes de vente ».

Notons en passant le prix que l'on attachait aux contrats écrits et souscrits par des témoins dignes de foi. C'est mettre à un niveau inattendu les cadres juridiques de la société de l'époque, dans ces régions.

« Le moine Clément s'exécute : il amène quatre témoins, Léon Plousianos, Constantin Ploumas, Léon, fils de Phran-

(1) *Cod. Vat. Lat.*, 13489, liasse I, pièce 3.

kos et le moine Nicodème Mistrakornènos qui, tous quatre, (et l'un après l'autre, on peut le penser), prenant le livre des Évangiles des mains de Phantin et de Léon, distinguent sous serment les vignes achetées par Clément des autres, qu'il tient de son père, comme il ressort des documents, et affirment que Clément a bien acheté les terrains en question et qu'ils les ont plantés avec lui, qu'il les a achetés à Sylvestre, Chrèmatas et Nicandre, de même qu'il a acheté 600 pieds de vigne environ aux Myloi, au-dessus du *kastron* de Merkourion ; qu'il n'y a d'autres biens venant du père, Nicolas, que 636 pieds de vigne, qui appartiennent à Clément et dans la partie haute du *kastron* 700 autres pieds qui appartiennent aux trois frères Clément, Jean et Nicétas ; que la mère des deux plaignants, Eugénie, s'est séparée de ses frères depuis longtemps et a reçu de son père sa part, et que la plainte de Phantin et Léon n'est pas fondée. Même serment, mêmes précisions du frère de l'accusé Jean, de son neveu Nicolas, d'un autre neveu le moine Clément, et des moines de son monastère, Nil, Léon, Jônas, d'un autre moine Nicodème et d'un certain Moulébès Kourakès. Pas encore convaincus, les deux plaignants, Phantin et Léon, demandèrent le témoignage sous serment du prêtre Philippe : celui-ci, très malade, confirma par écrit les dires des autres témoins, ajoutant que c'est lui qui a écrit les actes de vente et que c'est par cupidité que les deux frères ont introduit cette querelle ».

La longue plaidoierie est achevée. Le juge tranche.

« En présence de Marc, kathigoumène du monastère de l'Apôtre-André, de Léon, kathigoumène de Maurônès, de Niphôn, moine de l'Apôtre-André, des prêtres Nicolas, Pierre, Georges, Basile, du hiéromoine Théodore, de Constantin Skoularas, de Jean fils du prêtre Pierre, de Moulébès Kondokosmas et de beaucoup d'autres, qui ont assisté aux débats et entendu les serments, nous confirmons au moine Clément la propriété des vignes qu'il a achetées, de même que des biens que lui, son frère Jean et les fils de son autre frère tiennent de leurs parents ou ont achetés ; comme, en outre, il résulte que la part d'héritage d'Eugénie, la mère de Phantin et de Léon, était de 1000 pieds de vigne, nous les avons fait mesurer et donner aux deux plaignants, mettant ainsi un terme à la querelle.

Tel a été le jugement rendu par nous, entouré de Kyria-
kos, kathigoumène du Patir, de Marc, kathigoumène de l'Apôtre-André, de Léon, kathigoumène de Maurônès, d'Oursos
Marsos, spatharokandidat impérial, du prêtre Pierre, du prêtre
Georges et de beaucoup d'autres higoumènes, vieillards et
boni homines ; l'écrit en est remis comme garantie au kathigoumène Clément, scellé de mon sceau de plomb et signé
de ma main, au mois de novembre de la onzième indiction,
en l'année 6551 » (= 1042).

L'acte qui revêt toutes les formes de l'authenticité la plus
incontestable, bien qu'il ait perdu le sceau annoncé dans la
formule finale, est signé par un certain Eustathios Sképidès,
qui se dit, dans sa souscription autographe, « stratège de Lucanie » (voir planche I) :

+ *ΕΦΣΤΑΘΗΟΣ ΣΤΡΑΤΗΓΟΣ ΛΟ <Υ> ΚΑΝΗΑΣ 'Ο ΣΚΕΠΗΔΗΣ* +

(= + *Εὐστάθιος στρατηγὸς Λουκανίας ὁ Σκεπίδης* +)

« Stratège de Lucanie » : les deux termes intriguent à première lecture l'historien de l'histoire médiévale italienne ; la
présence d'un stratège implique, en effet, l'existence d'un
territoire précis de l'administration byzantine, inconnu et
insoupçonné en 1042, son toponyme, d'autre part, est encore
plus surprenant.

Sémantique du terme Lucanie.

Peu de termes géographiques ont eu, en effet, le privilège
d'une vie aussi durable que celui de Lucanie. Auguste eut,
le premier, on le sait, l'idée de grouper en un certain nombre
de divisions administratives l'Italie, faite jusqu'alors d'un
ensemble de cités qui n'avaient entre elles aucun lien officiel ;
c'est ainsi que la *Lucania* et son prolongement géographique
le *Bruttium* (l'actuelle Calabre) formèrent la IIIe région. Elle
comprenait les villes de Paestum, Volcae, Potentia et Métaponte. La Lucanie était limitée par le Lao et le Crati (?), au
Sud, la mer à l'Ouest, le Sele au Nord, puis la ligne de faîte
qui rejoint le mont Vulture (qui faisait lui-même partie de
l'Apulie), le Bradano à l'Est et le golfe de Tarente, frontières
traditionnellement admises à cette réserve près que les sources latines ne permettent pas de préciser la division au Nord

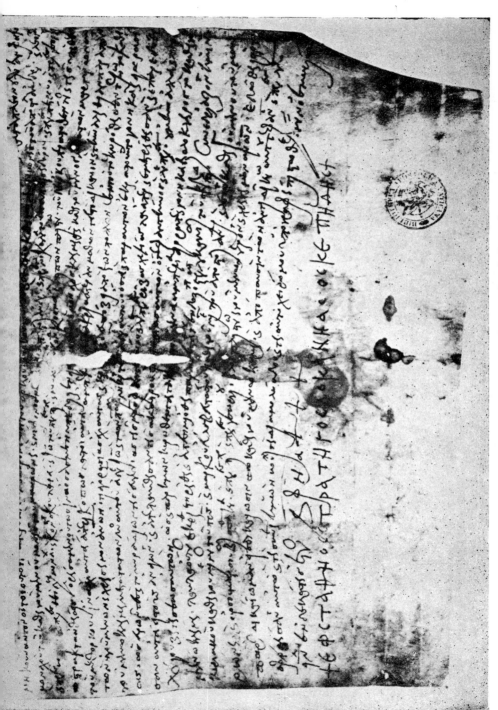

Souscription d'Eustathios Sképidès, stratège de Lucanie.

entre la IIIᵉ région et la IVᵉ (le *Samnium*) (¹). La réforme
de Dioclétien classa Lucanie et Bruttium parmi les provinces
suburbicaires avec le numéro IX, laissant Métaponte à la
Calabria (Pouille actuelle), et absorbant le territoire de Salerne. Constantin fit des deux régions jumelles la IIIᵉ des
quinze provinces de l'un des deux diocèses de la préfecture
d'Italie ; toujours unies elles forment la XVᵉ province à la fin du
IVᵉ siècle (²). Malgré les bourrasques subies par la péninsule,
nous retrouvons au VIᵉ siècle la province de Lucanie, comme
les autres provinces augustéennes : Justinien en conqué-
rant l'Italie avait conservé, tout naturellement, les anciennes
divisions administratives du vieil Empire (³), et son historio-
graphe, Procope, dans sa relation de la campagne contre les
Goths, précise, dans un langage qui prouve son inexpérience
géographique, mais sa connaissance des lieux, que les monts
de Lucanie s'étendent jusqu'au Bruttium, et ne laissent que
deux entrées d'une province à l'autre, l'une qui peut être iden-
tifiée comme la route de montagne qui conduit de Campo Tenese à Morano (c'est le Passo Campo Tenese), l'autre qui par-
tait, peut-être, de l'actuel Nova Siri Scalo (Torre Bollita) (⁴) ;

(1) Real-Encyclopädie, s.v. *Lucania*, col. 1541-1552 (Honigmann) ;
D. Romanelli, *Antica topografia del regno di Napoli*, Naples, t. I,
1815, p. 321. On peut voir une carte au trait dans L. Ranieri, *Basilicata* (*Le regioni d'Italia collezione dir. da R. Almagià*, XV), Turin,
1961, p. 3.
(2) O. Seeck, *Notitia Dignitatum...*, Berlin, 1876, p. 105, l. 81 ;
109, l. 20 ; 163, l. 9 ; 218, l. 47 ; 250. R. Thomsen, *The Italic Regions
from Augustus to the Lombard Invasion* (*Classica et Mediaevalia. Dis-
sertationes*, IV), Copenhague, 1947, pp. 21-23, 80-84, 94-95, 164-166,
171-175, 190-191, 201-205, 246-248, 250-251, 261-262, 300-315.
(3) Procope, *De bell. Goth.*, I, 15, éd. Bonn, t. II, pp. 39, 79, 301,
353, 389 ; Agathias, *Historiae*, II, 1, éd. Bonn, p. 64 ; correspondance
du pape Pélage (Jaffé, *Reg. pont.*, 955).
(4) Procope, *De bell. Goth.*, III, 28, éd. Bonn., t. II, p. 395 ; les
passages (εἴσοδοι) portent les noms « en latin », dit le texte, de Πέτρα
Αἵματος et de Λαβοῦλλα. Le premier, on l'a dit depuis longtemps, est
celui qui ouvre la route de Laino (v. par ex. J. B. Bury, *History of
the Later Roman Empire...*, t. II, Dover ed., New York, 1958, p. 247,
n. 2) ; le second, comme l'a bien vu H. Nissen, *Italische Landeskunde*,
t. II, 2, Berlin, 1902, p. 926, ne peut être que sur la route côtière qui
longe le golfe de Tarente ; si l'on essaie de préciser, on pourrait être

la frontière ancienne de la Lucanie est donc demeurée la même. Au moment de l'invasion lombarde, Paul Diacre nous assure que la situation reste inchangée ; dans le catalogue qu'il a dressé des provinces italiennes, la *Lucania* et la *Britia* forment la huitième province ; elle s'étend au sud du Sele et comprend les villes de Paestum, Laino, Cassano, Cosenza et Reggio ([1]). Le mot Lucanie disparaît ensuite de la langue administrative avec son sens traditionnel, mais demeure encore sous la plume des lettrés pour désigner la région sans limites précises comprise entre l'Apulie et la Calabre : le poète Alfan, dans la deuxième moitié du xie siècle ([2]), Guillaume de Pouille à la fin du même siècle ([3]), l'Anonyme de Venosa vingt-cinq ans plus tard ([4]), Romuald de Salerne vers la fin du xiie siècle ([5]), etc.

Cette docte survie du mot Lucanie dans son sens ancien ignora la renaissance du terme, dans le grand mouvement de réorganisation des terres qui fut l'œuvre des princes lom-

---

tenté de s'arrêter à l'embranchement de cette route antique, à Torre *Bollita*, près de Nova Siri Scalo, avec la moderne Nationale 104, qui, par Rotondella, gagne le Sinni. La Torre *Bollita*, dite autrefois *Boletum*, serait l'aboutissement d'une ancienne contamination gréco-latine Βοῦλλα, Λαβοῦλλα (*La Bulla*), dans le sens de sceau, celui des frontières, origine plus vraisemblable du toponyme que celle proposée par G. Alessio, βωλίτης, bolet, espèce de champignon qui ne pouvait pousser dans cette région marécageuse (v. *Saggio di toponomastica calabrese...*, Florence, 1939, p. viii).

(1) *Hist. Langob., M.G.H., Scriptores rerum Langob.*, p. 71 ; voir en outre le catalogue d'époque lombarde, *M.G.H., Scriptores rerum Langob.*, p. 188 (*Sexta provincia Lucana*), qui ajoute Malvito aux villes citées par Paul Diacre, et le *Catalogus regum Langobardorum et ducum Beneventanorum, M.G.H., Scriptores rerum Langob.*, p. 496.

(2) Texte cité par M. SCHIPA, *Storia del principato di Salerno, Arch. stor. per le prov. Napoletane*, 12, 1887, pp. 774 et 775.

(3) *La Geste de Robert Guiscard*, éd. Marguerite MATHIEU (*Istituto Siciliano di Studi Bizantini e Neoellenici. Testi e Monumenti pubbl. da B. Lavagnini. Testi*, 4), Palerme, 1961, v. 529 et p. 339.

(4) *Vitae 4 priorum abbatum Cavensium...*, éd. MURATORI, *Rerum Italicarum scriptores*, t. VI, col. 229 ; v. D. VENTIMIGLIA, *Notizie storiche del castello dell'Abbate e de' suoi casali nella Lucania*, Naples, 1827, p. 10.

(5) *Chronicon*, éd. MURATORI, *Rerum Italicarum scriptores*, t. VII, col. 170.

bards du ixe siècle. L'ancienne province romaine se trouve
alors divisée entre un certain nombre de « gastaldats » : le
traité de partage entre le duc de Bénévent Radelchis et le
duc de Salerne Sikenolf, que l'on date en général de 849 (¹),
attribuant à Sikenolf toute la partie sud-ouest des domaines
lombards d'Italie du Sud, donne la liste des gastaldats qui
la composent, soit Tarente, Latinianon, Cassano, Cosenza,
Laino, *Lucania*, Conza, Montella, Rota, Salerne, Sarno, Cimi-
tile, Forchia, Capoue, Teano, Sora et la moitié du gastaldat
d'Acerenza, qui confine aux gastaldats de Latinianon et de
Conza (²). La *Lucania* lombarde est donc seulement une
petite partie de la Lucanie romaine, délimitée, peut-être
pendant un certain temps, par le Sele et l'Alento, mais vite
étendue jusqu'au Tanagro (³), elle dut son nom comme les
autres gastaldats à la ville la plus importante du territoire,
Lucania, ville disparue, mais sûrement attestée, quoi qu'on

(1) J. GAY, *L'Italie méridionale et l'Empire byzantin...* (*Bibl. des
Éc. fr. d'Athènes et de Rome*, 90), Paris, 1904, p. 62. Le texte, partout
cité, celui de PERTZ, *M.G.H.*, fol., *Leges*, t. IV, (Berlin, 1868), p. 222,
est très incorrect et, parfois, erroné : le mot *Lucania* est, par ex.,
omis, alors qu'il se trouve dans les deux manuscrits, le 353 (= 175)
du Mont-Cassin (fol. 287-289 = pp. 581-586), et le *Vat. lat.* 5001,
fol. 143-147 ; il faut préférer l'éd. de MURATORI, *Rerum Italicarum
scriptores*, t. II, 1, pp. 260-262, moins incorrecte.
(2) Une partie des identifications est due à J. GAY, *op. cit.*, p. 62
et n. 3 et le reste à M. SCHIPA, *Il Mezzogiorno d'Italia anteriormente
alla monarchia. Ducato di Napoli e principato di Salerno* (*Collezione
storica*), Bari, 1923, pp. 70-71.
(3) G. RACIOPPI, *Storia dei popoli della Lucania e della Basilicata*,
t. II, Rome, 1889, p. 11 ; N. ACOCCELLA, *La traslazione di San Matteo.
Documenti e testimonianze*, Salerne, 1954, p. 22. Le gastaldat de Lucanie, cité dès le viiie siècle (UGHELLI-COLETI, *Italia sacra*, t. VIII,
col. 30), apparaît dans les actes de la pratique tout au long du xi^e
siècle (*Cod. Dipl. Cav.*, t. III, n° 470, p. 16 (en 994) ; t. IV, n° 607,
p. 122 : Ancellara (en 1008) ; t. V, n° 834, p. 202 (en 1031), n° 859, p.
243 (en 1033), n° 863, p. 249 : Pattano (en 1034) ; G. SENATORE,
La cappella di S. Maria sul monte della Stella nel Cilento, Salerne,
1895, *App.*, p. vi (en 1073), p. viii (en 1073), p. xxix (en 1113), et
dans la Vie de s. Sabas, écrite à l'extrême fin du xe siècle par le patriarche de Jérusalem Oreste, éd. J. COZZA-LUZI, *Historia et laudes SS.
Sabae et Macarii...*, Rome, 1893, p. 50.

en ait dit, par les chroniques du ixe au xiie siècle (¹), et poursuivit son existence locale jusqu'au milieu du xiie siècle (²).

La monarchie normande alors a regroupé les terres de l'antique Lucanie en deux *justitiae*, celle de Salerne et celle de Basilicate, ce dernier toponyme né, peut-être, dans la langue populaire deux siècles auparavant (³) ; la révolution de 1820 restitua à la région administrative son nom ancien qui disparut de nouveau sous les Bourbons. La Lucanie réapparut dans les usages administratifs en 1932, mais céda, encore, devant celui de Basilicate, dans la dernière Constitution (⁴), bien que la toponomastique ait consacré depuis longtemps l'héritage des Λευκανοί.

(1) Plusieurs érudits italiens ont méconnu la ville de *Lucania*, ne reconnaissant à ce nom que celui d'une région, sans dire quelle en serait alors l'origine, ainsi HOMUNCULUS (= G. RACIOPPI), *Storia della denominazione di Basilicata*, Rome, 1874, p. 62 ; ID., *Paralipomeni della storia della denominazione di Basilicata*, Rome, 1875, p. 51, mais avec une réserve p. 67 ; G. RACIOPPI, *Storia dei popoli della Lucania...*, t. II, Rome, 1889, p. 11. Contre cette négation, traditionnelle ensuite dans la littérature locale, s'est justement élevé E. GUARIGLIA, *La città di Lucania* (*Le rovine del Monte Stella nel Cilento*), *Rassegna Storica Salernitana*, 5, 1944, pp. 171-172, qui eut le tort d'identifier *Lucania* et le *castellum Cilenti*, comme l'a démontré savamment N. ACOCCELLA, *Il Cilento dai Longobardi ai Normanni (secoli X e XI). Struttura amministrativa e agricola. P. I (Ente per le antichità e i monumenti della provincia di Salerno. Pubblicazioni, X)*, Salerne, 1961, p. 31, en particulier. Les deux références à la ville de Lucanie à retenir sont, aux deux dates extrêmes, ERCHEMPERT DU MONT-CASSIN, *Historia Langobardorum...*, *M.G.H.*, *Scriptores rerum Langobard.*, p. 235 (milieu du ixe siècle), et le *Chronicon monasterii S. Vincentii de Vulturno...*, éd. V. FEDERICI (*Fonti per la storia d'Italia*), t. I, Rome, 1940, pp. 241, 264 (première moitié du xiie siècle). On identifie *Lucania* avec Pestum, en général (?) ; voir F. CHALANDON, *Histoire de la domination normande...*, Paris, 1907, t. I, p. 21 et n. 5.

(2) HOMUNCULUS (= G. RACIOPPI), *Storia della denominazione...*, Rome, 1874, p. 52 (en 1137) ; D. VENTIMIGLIA, *Notizie storiche...*, Naples, 1827, p. 99 (en 1145).

(3) HOMUNCULUS (= G. RACIOPPI), *Storia della denominazione...*, Rome, 1874, p. 44, qui découvre la première mention, en 1134, dans les documents officiels ; F. CHALANDON, *Histoire de la domination normande...*, Paris, 1907, t. II, p. 680.

(4) *Nuovo dizionario dei comuni e frazioni di comune*, Rome, 1953, p. 271 ; L. RANIERI, *Basilicata...*, Turin, 1961, p. 2.

Στρατηγὶς Λουκανίας.

Dans cette histoire événementielle du mot, le nouveau document ajoute un fait ; avant la conquête par les Normands au milieu du XIᵉ siècle de l'Apulie et de la Calabre, comprenant ici l'ensemble de l'Italie du Sud lombardo-byzantine, comme l'entendent les chroniques latines, il y a eu une Lucanie byzantine.

Le nom du fonctionnaire qui préside à l'administration civile de ce territoire, *στρατηγός*, le stratège Eustathios, peut faire penser à l'époque à deux sortes de ressort : un *kastron* (château ou bourg fortifié), un thème, province de l'Empire byzantin, au sens technique du terme (¹). Les fonctions administratives exercées en 1042 par Eustathios, qui juge un conflit de propriété, rendent difficile de penser à un stratège du *kastron* de *Lucania*, commandant la garnison de ce qui ne pouvait être qu'une petite forteresse ; la distance qui sépare la région du Cilento, où se serait trouvée *Lucania*, et le lieu où s'exerce la juridiction d'Eustathios, le *kastron* de Merkourion et ses environs, qui doit être identifié avec les ruines qui dominent le confluent de l'Argentino et du Mercure-Lao au nord de Rotonda (²), soit plus de 80 km. à vol d'oiseau, exclut cette interprétation. La région du Cilento était, d'ail-

(1) Un exposé clair et didactique de la fonction et de l'institution dans le cadre général de l'Empire byzantin a été récemment présenté par Hélène GLYKATZI-AHRWEILER, *Recherches sur l'administration de l'Empire byzantin aux IXᵉ-XIᵉ siècles*, Bull. Corr. Hell., 84, 1960, pp. 46-49, 89-90 du T.P.

(2) Cette identification a donné lieu à de nombreuses recherches anciennes de valeur inégale ; par une étude locale de la topographie B. Cappelli a reconnu la *civitas Mercuria*, le *καστέλλιον* (= petit *castrum*) de *Μερκούριον* cité dans les textes latins et grecs ; il suffit de lire ses articles *Il Mercurion, Atti del Congresso storico calabrese (1954)*, Rome, 1956, pp. 427-445, *Voci del Mercurion*, réimprimé dans *Il monachesimo Basiliano ai confini Calabro-Lucani (Deputazione di Storia Patria per la Calabria. Collana Storica*, III), Naples, [1963], pp. 201-215, et *Il Mercourion, ibid.*, pp. 227-251 ; il omet de citer toutefois la mention grecque ancienne (991-992) du colophon du *Cod. Crypt. B. a. 4* (= K. LAKE, *Dated Greek Minuscule Manuscripts*, Boston, 1934-1939, X, n. 383, p. 14, pl. 720-726) : «*Ἔτει ͵ϛφ' ἰνδικτιῶνος ε' Λουκᾶς ἡγούμενος μονῆς τῆς λεγομένης τοῦ ἁγίου πατρὸς Ζαχαρίου εἰς τὸ Μερκούριον...*

leurs, à l'époque encore administrée par les Lombards de Salerne ([1]). Eustathios n'est pas le commandant militaire d'une petite « stratégie » locale (στρατηγίς, στρατηγᾶτον) ; il était donc stratège d'un thème au sens large du terme, province dont il assumait la responsabilité tant au civil qu'au militaire.

Cette déduction n'est pas simple à admettre du point de vue de l'histoire acquise des institutions et de l'administration byzantines. On croyait savoir, en effet, que les grands cadres administratifs en Italie étaient les suivants depuis la perte de la Sicile occupée par les Arabes, au début du xe siècle : thèmes de Calabre (capitale Reggio) et de Longobardie (capitale Bari) indépendants l'un de l'autre jusqu'au milieu du siècle, réunis sous l'unique gouvernement du stratège de Calabre et de Longobardie, de 956, peut-être, jusqu'à 975, reprenant leur vie séparée ensuite sous l'autorité du *katépanos* d'Italie, résidant à Bari ([2]), la Calabre devenant une sorte d'annexe de la Longobardie. Le tableau est notablement modifié par la présence d'un stratège de Lucanie en 1042, qui devait reconnaître, lui aussi, l'autorité suprême du katépan, représentant de l'Empereur de Constantinople à la tête des domaines byzantins d'Italie : il y a donc, en novembre 1042, un katépan à Bari, peut-être Basile Théodôrokanos ([3]), un stratège en Lucanie, Eustathios Sképidès, et, sans doute, un stratège en Calabre, résidant à Reggio (et, pour un temps, peut-être à Rossano), un des centres les plus importants de culture byzantine.

La découverte de ce document permet d'expliquer la présence d'un certain nombre de fonctionnaires byzantins entre

---

(1) Voir p. 135.

(2) Tout ceci a été décrit autrefois par J. GAY, *L'Italie méridionale et l'empire byzantin...*, Paris, 1904, pp. 167-178, 343-349, récemment par A. PERTUSI, *Contributi alla storia dei temi bizantini dell'Italia meridionale, Atti del 3º congresso internazionale di studi sull'Alto Medioevo*, Spolète, 1959, pp. 495-517. Beaucoup de points obscurs demeurent, qui seront, je pense, éclaircis par la dissertation que prépare Mlle Vera von Falkenhausen à Munich sur l'administration byzantine en Italie du Sud.

(3) Voir A. PERTUSI, *Contributi..., Atti del 3º congresso internazionale di studi sull'Alto Medioevo*, Spolète, 1959, p. 515.

ESQUISSE GÉOGRAPHIQUE DU THÈME DE LUCANIE

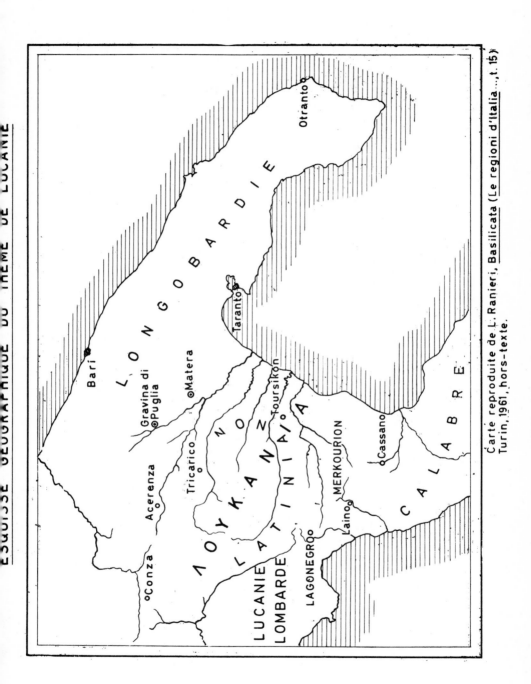

LONGOBARDIE

Otranto

Taranto

Bari

Gravina di Puglia

⊙Matera

ΛOYKANO

Toursikon

ΛATINIA

Acerenza

Tricarico

°Conza

MERKOURION

Laino°

°Cassano

CALABRE

LUCANIE
LOMBARDE

LAGONEGRO°

Carte reproduite de L. Ranieri, Basilicata (Le regioni d'Italia..., t. 15),
Turin, 1961, hors-texte.

les fleuves Basento et Crati, restée jusqu'à présent assez énigmatique ; la nature du sol, comme je le dirai, et les charmes tout sauvages des lieux, n'auraient pas suffi à leur faire choisir de telles résidences. En 1006-1007, ainsi, trois *tourmarques* (τουρμάρχαι), Jean, Nicolas et Philippe, souscrivent la cession d'un monastère, situé dans la région de Teana (entre Carbone et Episcopia) (¹) et en délimitent les confins ; on sait que la *tourma* (τοῦρμα) est la première subdivision administrativo-militaire du thème et que celui-ci peut comprendre de deux à quatre τοῦρμαι (²) ; le chiffre trois doit donc être ici une indication. La description de propriétés contenue dans ce même document nous apprend qu'un autre *tourmarque*, Anthimos, possède, à la même époque, un domaine dans la région, puisqu'elle mentionne ses « parcs à cochons » (χοιρομάνδρια) (³). Faut-il penser à une quatrième τοῦρμα dans le thème de Lucanie ? Mais il faudrait admettre aussi que l'interdiction faite au stratège d'acquérir des biens dans son ressort administratif ne s'étendait pas à ses subordonnés, ou que l'autorité du *tourmarque* Anthimos s'exerçait loin de Teana, ou plutôt que la règle n'était pas ou plus strictement appliquée, ce que plus d'un texte laisse entendre (⁴).

En 1015 un *tourmarque*, Théodore, et deux *topotérètes*, Constantin et Pascal, qui peuvent être les responsables de deux τοποτηρησίαι (ou βάνδα), circonscriptions administratives formant le δροῦγγος, subdivision de la τοῦρμα, souscrivent comme témoins un acte de cession de biens, rédigé par le notaire du kastron d'Ourtzoulon (⁵) ; la scène se passe donc à Oriolo

---

(1) Gertrude ROBINSON, *History and Cartulary of the Greek Monastery of St Elias and St Anastasius of Carbone*, II, 1 (*Orientalia Christiana*, XV, 2), Rome, 1929, pp. 133-137.

(2) Hélène GLYKATZI-AHRWEILER, *Recherches...*, p. 3.

(3) Gertrude ROBINSON, *History and Cartulary...*, II, 1 (*Orientalia Christiana*, XV, 2), p. 135, l. 31-32.

(4) P. NOAILLES-A. DAIN, *Les Novelles de Léon VI le Sage* (*Nouvelle collection de textes et documents... Association G. Budé*), Paris, 1944, *Nov.* 84, p. 285 ; Hélène GLYKATZI-AHRWEILER, *Recherches...*, p. 45.

(5) Fr. TRINCHERA, *Syllabus graecarum membranarum*, Naples, 1865, n° 15, pp. 15-17 (= *Codex Diplomaticus Cavensis*, t. IV, n° 684, pp. 251-254).

(d'autres textes permettent l'identification sans réserve) ([1]), entre le Sarmento et le golfe de Tarente et nous y rencontrons encore un *tourmarque*, Oursoulos, propriétaire de biens-fonds dans la région ; celui-ci porte en outre un nom lombard, ce qui expliquerait ses attaches étroites avec le ressort de sa juridiction ou un ressort tout voisin, mais ce qui convient moins bien à l'usage byzantin (codifié) de ne maintenir en poste les fonctionnaires provinciaux que pour une durée limitée ([2]).

En 1043-1044 à Viggiano, non loin de Marsico Vetere, au nord de l'Agri, trois *tourmarques*, Léon, Théodore et un second Léon, sont témoins d'une donation d'un monastère en ruines et des terres qui en dépendent ([3]), et dans le groupe des donateurs on notera le *drongaire* Nicolas et le *comte* Basile, respectivement administrateurs d'une subdivision d'une *tourma* et d'une sous-subdivision de celle-ci.

En 1050, le 17 janvier, après la mort de Théodore, kathigoumène du monastère S. Zosime (au sud de Noepoli, entre Sarmento et Sinni), se réunit une synaxis dans le sanctuaire de S. Nicolas ; cette assemblée qui écoute la lecture du testament du moine défunt et assiste, aux termes de celui-ci, à la remise par le frère et héritier de Théodore du bâton d'higoumène au prieur Théophylaktos, est composée de prêtres, d'archontes, du *domestikos* Nicolas, du gendre de celui-ci, également *domestikos* et d'une partie de la population ; l'acte de cession ($\pi \alpha \rho \acute{\alpha} \delta o \sigma \iota \varsigma$) est souscrit par le seul $\delta o \mu \acute{\epsilon} \sigma \tau \iota \varkappa o \varsigma$ Nicolas ([4]), qui doit être un officier supérieur de l'entourage du stratège ([5]) ; son gendre exerce-t-il les mêmes fonctions que lui ici ? Non, car il ne signe pas le document.

En 1052-1053, le *tourmarque* Luc et ses frères cèdent à la Trinité de Cava le monastère en ruines et le domaine patri-

---

(1) Voir Fr. TRINCHERA, *Syllabus...*, index, s.v. *Ursulum.*

(2) Trois ou quatre ans ; voir Hélène GLYKATZI-AHRWEILER, *Recherches...*, p. 45.

(3) Gertrude ROBINSON, *History and Cartulary...*, II, 1 (*Orientalia Christiana*, XV, 2), pp. 145-149.

(4) Fr. TRINCHERA, *Syllabus..*, n° 37, pp. 45-47 (= *Codex Diplomaticus Cavensis*, t. VII, Naples-Milan, 1888, pp. 122-123).

(5) Hélène GLYKATZI-AHRWEILER, *Recherches..*, p. 37.

monial qu'ils possèdent sur le territoire de Kalabra, soit Calvera, près de S. Chirico Raparo ([1]) où ils auront encore des propriétés en 1070-1071 ([2]). En 1058-1059 j'ai relevé encore la présence d'un *tourmarque* Rômanos au Kastron Novon qui est Rocca Nova ([3]), toujours dans la même région.

On peut estimer raisonnablement que tous ces officiers exercent aux dates indiquées ou ont exercé des fonctions administratives dans la région comprise entre le Basento et le mont Pollino. Une objection, toutefois, pourrait être présentée à cette interprétation : pourquoi ne pas penser que ces agents de l'État byzantin n'étaient que les lointains représentants du katépan de Bari, chef du thème de Longobardie, qui se serait toujours étendu, comme on l'a dit jusqu'à présent, sur la Pouille et la Lucanie moderne ? Une première observation réduit la force de cette remarque : lorsque la liste des officiers byzantins (ou indigènes) ayant servi en Italie sera dressée, on constatera qu'un nombre respectable de *tourmarques*, de *topotérètes* et de *comtes* ont servi en Pouille-Longobardie à l'époque où j'en ai noté quelques autres en Lucanie. Il faut ajouter que le nombre de 3 (ou 4) *tourmarques* que je rencontre à plusieurs reprises dans une région assez limitée, compte tenu du faible volume des sources, est l'indice évident que nous sommes en présence du groupe formé par les chefs d'une province. En d'autres termes : puisqu'un thème comprenait 2, 3 ou 4 *tourmai*, quand 3 *tourmarques* sont réunis au sud de l'Agri au début du XIᵉ siècle, on voit mal comment serait administrée la partie orientale du thème (la Pouille actuelle) au même moment, s'il n'y a pas là-bas d'autres *tourmarques*. Et il semble naturel de déduire que la partie occidentale des domaines byzantins formait alors une province séparée.

Mais une autre observation me paraît nécessaire : les stra-

---

(1) Fr. TRINCHERA, *Syllabus...*, nᵒ 40, pp. 49-50 (= *Codex Diplomaticus Cavensis*, t. VII, nᵒ 1175, pp. 193-195).

(2) Gertrude ROBINSON, *History and Cartulary...*, II, 1 (*Orientalia Christiana*, XV, 2), pp. 171-175, qu'il faut dater de 1070-1071 (soit, comme l'écrit le texte, 6579), ind. 9, et non 1061.

(3) Gertrude ROBINSON, *History and Cartulary...*, II, 1 (*Orientalia Christiana*, XV, 2), p. 170.

tèges de l'Italie byzantine sont mentionnés dans les documents d'archives à côté du katépan, des juges, ἐκπροσώπου, etc.

Au mois de décembre 1045 (¹), le katépan d'Italie (entendre Longobardie), Eustathios, donne au juge Byzantios le domaine du *kastron* de Phouliano, pour le remercier de sa fidélité à l'Empereur byzantin. Et la formule, qui assure au bénéficiaire la paisible possession de son bien, précise qu'il n'a pas à redouter les tracasseries des fonctionnaires impériaux, et en particulier « des katépans, des stratèges, des juges et de leurs représentants » (²). En remontant dans le temps, le katépan d'Italie Basile Bojôannès, confirmant et précisant en 1024 les confins et certains droits à la ville de Troia, qu'il a bâtie et fortifiée cinq ans plus tôt, signale que *les stratèges* lui ont exprimé leurs doutes sur le loyalisme futur de la population qu'il avait installée dans le nouveau centre (³). En mai 999, enfin, le katépan, d'Italie, Basile Tarchanéiôtès, exemptant le clergé de Trani et de Bari d'un certain nombre de charges, invite « les stratèges et leurs représentants » à respecter ce privilège (⁴). La variété des listes de fonctionnaires inscrites dans les formules d'exemption (donc non stéréotypées) permet, je crois, de considérer ce dernier apport, en faveur de mon hypothèse, comme positif.

Le katépan sera donc le stratège en chef (comme j'avais cru pouvoir le supposer en retrouvant la souscription insolite de Basile Bojôannès, « stratège, katépan... », au bas d'un acte de Tricarico) (⁵), ayant autorité sur le thème de Calabre et celui de Lucanie, sans y être représenté toujours par des stratèges.

(1) *Codice Diplomatico Barese*, t. IV, Bari, 1900, pp. 67-68.

(2) Le document a disparu des archives de S. Nicolas de Bari ; par chance le fac-similé qui accompagne l'édition (*Codice Diplomatico Barese*, t. IV, 1900, Bari, p. 68) permet de combler la lacune de celle-ci : ... ἀπὸ τῶν κατεπάνων, στρατηγῶν, κριτῶν, καὶ τῶν ἀντιπροσωπούντων ...

(3) Fr. TRINCHERA, *Syllabus..*, nᵒ 20, p. 21.

(4) J. S. ASSEMANUS, *Italicae Historiae Scriptores*, III, Rome, 1752, p. 563 (= G. BELTRANI, *Documenti Longobardi e Greci per la storia dell'Italia meridionale nel Medio Evo*, Rome, 1877, p. 11 = A. PROLOGO, *Le carte che si conservano nello archivio del capitolo metropolitano della città di Trani*, Barletta, 1877, nᵒ 8).

(5) A. GUILLOU-W. HOLTZMANN, *Zwei Katepansurkunden aus Tricarico, Quellen und Forschungen...*, 41, 1961, p. 25.

Faute de textes, peut-on proposer une date pour la naissance de ce thème de Lucanie ? Puisqu'il n'est mentionné ni par le *Klètorologion* de Philothée (¹), ni dans la liste des traitements versés aux stratèges et aux kleisourarques, insérée dans le Livre des Cérémonies (²), ni dans le *Taktikon Beneševič* (³), ni dans le *De thematibus*, ni dans le *De administrando imperio* (⁴), sa naissance est postérieure au milieu du Xᵉ siècle. Elle sera donc liée à la création du katépanat d'Italie, vers 975, qui correspond, pour l'histoire traditionnelle, à une réforme administrative de centralisation conçue, peut-être, sous Nicéphore II Phocas, quelques années auparavant, dans le cadre d'une reprise en main des domaines italiens et réalisée dans une période de calme local (⁵) ; mais l'apparition de ce nom nouveau dans les registres de la capitale de l'Empire signifie beaucoup plus : la reconnaissance administrative, et donc naturellement tardive, d'un phénomène essentiel de l'histoire de la civilisation, qui est la naissance ou la renaissance économique d'une région, ici par la voie de défrichements que j'ai cru déjà discerner (⁶), et, dont, pour de nouvelles recherches, je voudrais fixer maintenant

(1) J. B. Bury, *The Imperial Administrative System in the Ninth Century...* (*The British Academy, Supplemental Papers*, 1), Londres, 1911.

(2) Constantin Porphyrogénète, *De cerimoniis*, II, 50, éd. Bonn, t. I, pp. 696-697 ; source datée de 908-910 par J. Ferluga, *Prilog datiran'y platnog spiska stratega iz « De caerimoniis aulae byzantinae »* (= Sur la date de la composition de la liste des traitements des stratèges dans le « De caerimoniis aulae byzantinae »), *Zbornik radova S.A.N.*, 49 — *Viz. inst.*, 4, Belgrade, 1956, pp. 63-71.

(3) V. N. Beneševič, *Die byzantinischen Ranglisten nach dem Kletorologion Philothei und nach den Jerusalemer Handschriften*, Byz. Neugriechische Jahrbücher, 5, 1926, p. 146.

(4) A. Pertusi, *Constantino Porfirogenito De Thematibus* (*Studi e Testi*, 160), Cité du Vatican, 1952 ; Gy. Moravcsik-R. J. H. Jenkins, *Constantine Porphyrogenitus De administranto imperio* (*Magyar-Görög Tanulmányok*, 29), Budapest, 1949.

(5) J. Gay, *L'Italie méridionale et l'Empire byzantin...*, Paris, 1904, pp. 343-349 ; A. Pertusi, *Contributi...*, Atti del 3º congresso internazionale di studi sull'Alto Medioevo, Spoleto, 1959, p. 505.

(6) *Grecs d'Italie du Sud et de Sicile au Moyen Age : Les moines*, Mél. d'Archéologie et d'Histoire Éc. Fr. de Rome, 75, 1963, pp. 89-90.

l'expression géographique, je dirais plus modestement les limites géographiques, sans donner à ce terme le sens moderne de frontières, comme on va le voir.

Λουκανία : *expression géographique.*

En 1048, écrit un rédacteur d'annales brèves, les Normands marchèrent contre les Grecs ; ils envahirent la *Calabre* et battirent les Grecs à Tricarico (¹). L'annaliste entend que cette citadelle grecque, située *à l'est* du Basento, barre l'entrée d'une province, que les chroniques latines, comme je l'ai relevé plus haut, rattachent, justement pour le géologue, à la Calabre.

Le thème de Lucanie ne semble pas, toutefois, avoir eu le Basento comme limite infranchissable ; c'est de Bari, centre du katépanat et du thème de Longobardie, qu'au tout début du xıᵉ siècle, l'administration byzantine va remettre de l'ordre à Pietrapertosa, citadelle occupée alors depuis un certain nombre d'années par une troupe gréco-arabe de religion musulmane (²) ; or le territoire de Pietrapertosa se trouve sur la rive droite du fleuve ; à très peu de distance, il est vrai, et l'on sait que l'intervention a été déclenchée sur la plainte de Tricarico, qui est bien situé à l'est du Basento. En tout cas, — et pour procéder par soustraction, — l'expression «thème de Longobardie » a un sens géographique précis pour l'administration byzantine ; le katépan Pothos Argyrios, en 1032, confirme-t-il les possessions du monastère du Mont-Cassin, il y a un document particulier pour les domaines du monastère situés dans le territoire de Longobardie, ὑπὸ τὴν περιοχὴν θέματος Λαγουβαρδίας, et ils se trouvent à Lesina, Ascoli, Satriano, Canosa, Minervino, Trani, Andria (³), donc dans la partie nord de la Pouille actuelle. Les confins orientaux du thème de Lucanie ont pu donc suivre le Basento. La limite occidentale, toute administrative, est constituée par le bassin du Tanagro et le Vallo di Diano ; en 1008, en effet, un docu-

(1) *Chronicon breve Northmannicum, Patr. Lat.*, t. 149, col. 1083.
(2) A. GUILLOU-W. HOLTZMANN, *Zwei Katepansurkunden aus Tricarico, Quellen und Forschungen...*, 41, 1961, pp. 12-14.
(3) Fr. TRINCHERA, *Syllabus...*, nᵒ 23, pp. 24-25.

ment de la juridiction lombarde de Salerne porte cession d'une pièce de terre en friche (*vacua*) à un certain Kallinos, Grec d'origine calabraise, domicilié au bourg d'Ancilla Dei, c'est-à-dire Ancellara, près du moderne Vallo di Lucania (¹) ; nous sommes dans le gastaldat lombard de Lucanie (*actus Cilenti* ou *Lucaniae*), où vivent d'ailleurs de nombreuses familles grecques et où prospèrent plusieurs monastères byzantins, tels ceux de S. Marie de Torricella, S. Georges, S. Marie de Pattano, etc.

Umberto Toschi écrivait que la Lucanie « plus qu'une région bien définie est une zone résiduelle, délimitée par la Campanie au Nord-Ouest, la Calabre au Sud, la Pouille au Sud-Est, qui ont, elles, des individualités très tranchées » (²). Et Toschi y comprenait le Cilento. Qu'aurait-il dit de la Lucanie byzantine ! C'était l'association de trois territoires : le Latinianon, le Merkourion et Lagonegro (?), dirigés probablement de Tursi ; ces trois territoires sont cités ensemble par Oreste, patriarche de Jérusalem (984-1005) (³), dans la Vie de Christophore et Macaire : « Le grand Sabas, écrit-il, dirigeait les moines qui se trouvaient dans tous les monastères du Latinianon, du Merkourion et du territoire de Lagonegro » (⁴). Ces régions, dont les noms sont familiers à l'hagiographe correspondaient donc à l'époque à une notion géographique qu'il faut préciser.

---

(1) *Cod. Dipl. Cav.*, t. IV, n⁰ 607, p. 122.

(2) Cité par L. RANIERI, *Basilicata...*, Turin, 1961, p. 14 ; B. KAYSER, *Recherches sur les sols et l'érosion en Italie méridionale. Lucanie*, Paris, [1961], p. 11, insiste sur « les caractères d'unité » de la Lucanie, « Unité scellée, écrit-il, par le rapprochement et le parallélisme des cours inférieurs des fleuves, par la situation générale de versant sur la bordure externe de l'arc apennin, et surtout par la vive opposition aux provinces voisines de Pouille et de Campanie ». Le point de vue de l'auteur diffère de celui de U. Toschi-L. Ranieri ; la substance reste la même, à mon sens.

(3) Sur l'auteur, voir Chr. A. PAPADOPOULOS, Ἱστορία τῆς Ἐκκλησίας Ἱεροσολύμων, Jérusalem-Alexandrie, 1910, p. 352.

(4) Ὁ δὲ μέγας Σάβας ἦν διακυβερνῶν καὶ ποιμαίνων πάντας τοὺς μοναχοὺς τοὺς ἐν ὅλοις τοῖς σεμνείοις τυγχάνοντας, τοῦ τε Λατινιάνου καὶ τοῦ Μερκουρίου καὶ τοῦ ἐν τῷ Λάκκῳ Νίγρῳ καλουμένῳ ..., Vie des saints Christophore et Macaire, éd. J. COZZA-LUZI, *Historia et laudes SS. Sabae et Macarii...*, Rome, 1893, p. 92.

Le *Latinianon* avait été un gastaldat lombard, dont la convention de 849, passée entre Radelchis de Bénévent et Sikenolf de Salerne, permet de préciser qu'il se trouvait limité par les gastaldats de Tarente, Cassano, Laino, Lucania (le Cilento), de Salerne, Conza et Acerenza ([1]). Son nom lui venait de la ville disparue de Latinianon, dont l'existence est attestée encore en 1041 ([2]) et en 1068 ([3]) et qui doit être localisée dans la région de Polla ([4]). Le partiarche Oreste, dans

(1) MURATORI, *Rerum Italicarum scriptores*, t. II, 1, p. 261.

(2) Gertrude ROBINSON, *History and Cartulary...*, II, 1 (*Orientalia Christiana*, XV, 2), p. 140, l. 26.

(3) Bulle du pape Alexandre II du 13 avril 1068 à l'archevêque Arnaldus d'Acerenza confirmant sa juridiction sur Venosa, Montemilo, Potenza, Tolve, Tricarico, Montepiloso, Gravina, Matera, Oblano, Turri, *Tursico, Latiniano, S. Chirico, Oriolo*, réservant au siège romain *Montemuro* et *Armento*, passés récemment à Acerenza (éd. UGHELLI-COLETI, *Italia sacra*, t. VII, p. 25 ; sur l'authenticité voir W. HOLTZMANN, *Italia Pontificia...*, t. IX, Berlin, 1962, p. 456, n. 6). On aura noté, dans cette énumération, les six principaux centres du thème de Lucanie, Toursikon, Latinianon, S. Chirico, Oriolo, Montemuro et Armento, qui forment un groupe géographique.

(4) L'identification est due à L. GILIBERTI, *L'ubicazione del Castaldato di Latiniano, Miscellanea in onore di M. Schipa*, Naples, 1925, pp. 5-10 ; fondée sur une découverte épigraphique incontestable qui assure l'existence d'une *gens Latinia* et du *praedium Latinianum* (celui-ci suspecté ou retrouvé ailleurs derrière quelque toponyme), elle aurait dû clore l'époque des hypothèses, mais elle est demeurée ignorée. C'est au S.-E. que s. Luc de Demenna restaura le monastère grec abandonné de Saint-Julien (Vie de s. Luc, *Acta Sanctorum, Oct.* VI, p. 340 ; J. GAY, *L'Italie méridionale et l'Empire byzantin...*, Paris, 1904, p. 266 ; B. CAPPELLI, *Il Monachesimo Basiliano...*, Naples, [1963], pp. 21, 266-267, dans sa grande connaissance des lieux, avait bien supposé que le Latinianon ne pouvait être réduit à un trop petit territoire comme on l'avait longtemps supposé, mais se trompait en cherchant Latinianon sous l'actuel Teana). Les autres localisations sont fantaisistes ou trop limités (v. J. GAY, *op. cit.*, carte hors-texte ; L.-R. MÉNAGER, *La « byzantinisation » religieuse de l'Italie méridionale...*, Rev. Hist. Eccl., 53, 1958, p. 765, n. 5 ; G. ALESSIO, *Toponomastica e topografia storica, Calabria Nobilissima*, 16, 1962, pp. 20-25). On a nié qu'il pût s'agir d'une ville, comme si un ressort quelconque à l'époque ne prenait pas le nom d'une ville, en affirmant que celle-ci n'était mentionnée nulle part ; on oubliait, au moins, pour la période byzantine la souscription d'un kouboukleisios de Latinianon, Christogennès, en mai 1041 : Gertrude ROBINSON, *History and Cartulary...*, II, 1 (*Orientalia Christiana*, XV, 2), p. 144.

la Vie de s. Sabas, donne à plusieurs reprises à cette région le nom d'éparchie (ἐπαρχία) (¹), que l'on pourrait considérer comme un terme vague, s'il ne se retrouvait dans une donation de biens : le donateur, Basile d'Armento, cède à son frère Serge tous les biens qu'il possède dans l'éparchie de Latinianon (πάντα τὰ διακρατήματα, ἅπέρ εἰσιν ἐν τῇ ἐπαρχίᾳ τοῦ Λατινιάνου) (²). Le sens technique d'éparchie, diocèse, commun à la langue de l'administration ecclésiastique (³) est ici exclu, ne serait-ce que parce que dans la région considérée intervient à cette époque l'évêque de Tursi (⁴) ; il n'est pas, d'autre part, d'usage dans les actes byzantins de la pratique de décrire les confins d'une propriété en faisant référence au ressort ecclésiastique dont elle dépend, et ce ne serait guère concevable juridiquement. C'est donc au sens commun du terme ἐπαρχία qu'il faut songer : des études récentes ont précisé nos connaissances à ce sujet ; le mot signifie province en général et peut s'appliquer à un ressort quelconque, au *thème* par exemple (θεματικὴ ἐπαρχία)(⁵) et, sans doute, à une subdivision administrative de celui-ci, la τοῦρμα (*τουρματικὴ ἐπαρχία): je suppose donc l'existence d'une *tourma* du Latinianon.

Dominée par le mont Vulturino (point culminant : 1.835 m.) et le mont Raparo (dont le sommet del Papa dépasse

---

(1) J. Cozza-Luzi, *Historia et laudes SS. Sabae et Macarii...*, Rome, 1893, pp. 24, 35 ; une fois même il l'appelle χῶρος (*ibid.*, p. 23), archaïsme normal sous la plume de l'auteur pour χώρα, terme connu des sources narratives pour θέμα (Hélène Glykatzi-Ahrweiler, *Recherches...*, p. 79), circonscription administrative, employé ici pour τοῦρμα, subdivision du thème.

(2) Gertrude Robinson, *History and Cartulary...*, II, 1 (*Orientalia Christiana*, XV, 2), p. 140.

(3) Il suffit de se reporter au texte des *Notitiae episcopatuum* éditées par G. Parthey, *Hieroclis Synecdemus et Notitiae episcopatuum...*, Berlin, 1866, pp. 55 et suiv.

(4) Voir ci-dessous.

(5) P. Lemerle, *Prolégomènes à une édition critique et commentée des « Conseils et Récits » de Kékauménos (Académie royale de Belgique. Classe des Lettres et des Sciences morales et politiques. Mémoires, coll. in-8°, t. LIV, fasc. 1)*, p. 83 ; Hélène Glykatzi-Ahrweiler, *Recherches...*, p. 79.

1.700 m.), laissant à l'influence directe lombarde probablement le massif sauvage du Vulture, elle est creusée de profonds ravins sujets à des éboulements dramatiques ; le Latinianon est traversé du Nord-Est au Sud-Est par deux fleuves, le Sinni et l'Agri, ramifiés dans les hautes bassins, où ils décrivent de vastes coudes, avant de s'élargir ensuite lorsqu'ils traversent les collines et les pré-collines : les nombreux affluents de montagne qu'ils reçoivent et les apports neigeux leur assurent de l'eau presque toute l'année (pleines eaux à la fin de l'automne pour l'Agri, au début de l'automne pour le Sinni), mais ils changent souvent de cours et leur lit est rempli de boues argileuses et de pierrailles. Ils ne sont pas navigables aujourd'hui, mais certaines sources laisseraient supposer qu'il n'en était pas de même au Moyen Age. Le paysage est très pauvre, il était protégé au Moyen Age par les forêts de chênes, de châtaigniers et de hêtres sur les hauteurs ; après les pâturages maigres, les méplats étaient occupés par la vigne, l'olivier, l'amandier, le noisetier et les céréales pauvres (avoine, seigle, orge) ; chaque fois que la terre instable l'a permis on a planté des haricots et des fèvres. Les chèvres sur les contreforts dénudés, les moutons plus bas, puis les cochons, animent peu, par leurs maigres troupeaux, le tableau désolé, dont il y a tout lieu de penser, cependant, que les déboisements du siècle dernier ont accru sensiblement la rigueur en laissant libre cours à l'érosion dévastatrice (¹). Le Latinianon byzantin, comme toute la Lucanie byzantine, a été le résultat, en effet, d'un effort considérable de défrichement dû à des groupes monastiques surtout, depuis la fin du IXᵉ et le début du Xᵉ siècle, j'y reviendrai ailleurs (²). Ces moines, hachant et brûlant les taillis que nous révèlent documents d'archives et vies de saints, songeaient à installer d'abord un lieu de prière, ou à restaurer les murs en ruines d'un

---

(1) L. RANIERI, *Basilicata...*, Turin, 1961, pp. 86, 110-111, 239-240 ; B. KAYSER, *Recherches sur les sols et l'érosion...*, Paris, [1961] pp. 85 et suiv ; ID., *L'érosion par franes en Lucanie, Méditerranée,* 1963, pp. 93-100.

(2) Voir ci-dessus. Ces faits démographiques ressortiront clairement des cartes qui accompagneront les « Regestes des actes grecs d'Italie du Sud et de Sicile » que je prépare.

oratoire fameux ; combien de fois ces cellules rupestres sont-elles devenues rapidement lieu de concentration rurale, d'implantation paysanne? Très souvent. Et telle est bien l'origine du plus grand nombre des χωρία de Lucanie, entendons le mot dans son sens fiscal et aussi humain, des κάστρα ou καστέλλια protecteurs (¹) : les toponymes encore vivants laissent transpirer l'origine de maints d'entre eux, ce sont par exemple ici Cersosimo (Κὺρ Ζώσιμος), là Colobraro-Cironofrio (Κὺρ Ὀνούφριος), S. Nicolas, S. Basile, S. André, S. Chirico, etc.

La population du Latinianon, pour des raisons de salubrité et de sécurité, vivait dans des bourgs fortifiés et quelques petites villes situés sur des hauteurs ; pour ne citer que les centres connus par les textes médiévaux, Marsico (Vetere), placé à 1.039 m., entouré de mille sources, Laurenzana, perché à 850 m. sur un éperon formé par la confluence de deux petits torrents, le Verricello et le Serropotamo (= Ξεροπόταμον), Corleto Perticara à 757 m., Pietrapertosa, à 1.088, le plus haut de la Lucanie, Viggiano, sur un méplat à 975 m., Roccanova, allongé sur le dos d'une croupe à 648 m., Senise, centre de forte influence byzantine depuis le VIIᵉ siècle (²), sur un éperon sableux de 330 m. seulement, Noepoli (ancienne Noa ou Noia) à 676 m. au-dessus du Sarmento, Cersosimo de l'autre côté du même torrent, à 565 m., Oriolo, bourg pittoresque à 450 m. sur un contrefort du mont Rotondella (³), S. Chirico Raparo à 780 m., sur une terrasse surplombée par la Serra della Croce, et qui conserve le seul monument byzantin, Castelsaraceno d'origine arabe comme son nom l'indique,

---

(1) On trouvera les références dans mon étude *Grecs d'Italie du Sud...*, *Mél. d'Archéologie et d'Histoire Éc. Fr. de Rome*, 75, 1963, pp. 90-91.

(2) La preuve de ce fonds byzantin ressort à l'évidence de l'examen des objets (surtout d'un anneau d'or et d'une croix d'argent avec monogramme) trouvés près de Senise. Les problèmes posés par cette découverte déjà ancienne (P. ORSI, *Oggetti bizantini di Senise in Basilicata*, Naples, 1922) seront examinés prochainement dans le cadre général d'une étude de la démographie byzantine au VIIᵉ siècle. Mais il fallait, ici, noter cette possible tradition locale.

(3) L. RAINIERI, *Basilicata...*, Turin, 1961, pp. 137, 174, 326, 327, 333, 373-376, 398 ; L. V. BERTARELLI, *Lucania e Calabria* (*Guida d'Italia del T.C.I.*), Milan, 1938, p. 233.

à 962 m., Teana à 810 m., Carbone, important centre monastique, à 865 m., Calvera à 600 m., riches de vignes, et, enfin, Episcopia, qui domine le Sinni à 530 m. ([1]).

Dans notre voyage d'Est à l'Ouest, remontant la rive du Sinni, nous avons atteint la région de la chaîne sauvage du Sirino qui culmine au Monte del Papa à plus de 2.000 m. d'altitude. C'est le territoire individualisé par le patriarche Oreste, au début du XIᵉ siècle ([2]) sous le nom de *Lagonegro*. Ici pas un plateau, mais de profonds ravins, des gorges, des pics impressionnants, des châtaigniers, des aulnes, des hêtres de plus en plus denses au fur et à mesure que l'on approche du sommet ([3]). Trois centres occupent les pentes du Sirino ; ce sont trois stations routières : la première, au Sud, Lauria, sur l'antique *via Popilia*, est formée de deux agglomérations de type alpestre, l'une dite « Il Castello », à 452 m., l'autre, dite « Il Borgo », à 1 km. de distance, au pied de la Serra S. Elia, riche de vignes, d'oliviers, d'arbres fruitiers et de céréales, mais victime de redoutables éboulements ; la seconde, au Nord, toujours sur la Popilia, qui porte à Salerne et en Campanie, est Lagonegro, juchée sur une roche abrupte, à 660 m., au sud d'une petite conque verdoyante dominée par le Sirino, au-dessus d'un affluent du Noce, le Vaieto ; la troisième, à l'Est, à 513 m., Rivello, sur la route tortueuse qui conduit à Sapri et à la mer, dans une zone autrefois couverte d'arbres ([4]). Cette région particulière constitua-t-elle un territoire administratif du thème de Lucanie ? Rien ne permet de le dire ; elle pouvait, aussi, être rattachée au Latinianon ; je pense, cependant, que par ses trois centres urbains, surtout Lauria et Lagonegro, elle devait complèter la troisième région, citée par le patriarche Oreste, le Merkourion, dont elle constituait la suite par l'essentielle voie de passage qui la borde.

La localisation de l'éparchie du *Merkourion* ([5]) a tenté

---

(1) L. RANIERI, *op. cit.*, pp. 393, 395-396, 397.
(2) Voir ci-dessus.
(3) L. RANIERI, *op. cit.*, p. 58.
(4) L. RANIERI, *op. cit.*, pp. 379-381, 385-392.
(5) Je cite ici, pour mémoire, les tentatives malheureuses d'identification : J. GAY, *L'Italie méridionale et l'Empire byzantin...*, Paris,

plus d'un érudit : « Elle est située », dit la Vie de s. Sabas, « entre la Calabre et la Lagobardie » (¹). Son nom lui venait du château de Merkourion, qui domine le confluent de l'Argentino et du Mercure (tronçon médian du Lao), dans un site de ronces, de figuiers de Barbarie, d'agaves et d'oliviers (²). Elle est barrée au Sud par le massif du Pollino (2.248 m.) et ses appendices occidentaux et orientaux, au Nord par le Sarmento, à l'Ouest par le Sirino, à l'Est elle atteignait peut-être la mer. Région de montagnes calcaires recouvertes de forêts et dont les pentes accueillent la transhumance estivale des ovins. Sa position est essentiellement celle d'une véritable frontière naturelle, comme le notait déjà Procope au VIᵉ siècle, percée au nord de Morano et près de Roseto des deux seuls passages possibles (³). Était-elle le siège d'une *tourma*, ou plutôt d'une *kleisoura*, c'est-à-dire d'un commandement militaire indépendant, comme le gouvernement byzan-

---

1904, p. 264 ; D. L. Matteo-Cerasoli, *La badia di Cava e i monasteri greci della Calabria Superiore*, Archivio stor. Cal. Luc., 8, 1938, p. 175 ; V. Saletta, *Il Mercurio e il Mercuriano*, Bollettino Bad. Gr. Grottaferrata, 16, 1961, pp. 31-57 ; G. Giovannelli, *L'eparchia monastica del Mercurion*, Bollettino Bad. Gr. Grottaferrata, 15, 1961, pp. 121-143.

(1) Selon le texte bien connu, Καλαβρίας μεταξὺ καὶ Λαγοβαρδίας κειμένη (Vie de s. Sabas, éd. J. Cozza-Luzi, *Historia et laudes SS. Sabae et Macarii...*, Rome, 1893, p. 14) ; dans le même récit l'éparchie du Merkourion est citée aux pp. 27, 31, et encore dans la Vie des saints Christophore et Macaire (*ibid.*, p. 82). On l'a dite aussi τὰ Μερκουριακὰ μέρη (Vie de s. Nil, *Acta Sanctorum, Sept.*, VII, p. 279, qui cite encore le Merkourion aux pp. 264, 268).

(2) La localisation de l'éparchie a été faite par B. Cappelli, *L'arte medioevale in Calabria*, « Paolo Orsi », Archivio stor. Cal. Luc., 1935, p. 284 ; Id., *Il Monachesimo Basiliano...*, Naples, [1963], pp. 202-204, qui reproduit un article ancien, *Una voce del Mercurion*, Archivio stor. Cal. Luc., 23, 1954, pp. 1-3, repris par L.-R. Ménager, *La « byzantinisation » religieuse de l'Italie méridionale...*, Rev. Hist. Eccl., 53, 1958, p. 765, n. 2. Le château-fort est cité par la Vie de s. Sabas (éd. citée ci-dessus, p. 46), la ville était connue du Xᵉ au XVᵉ siècle et ses ruines (dont une petite chapelle ancienne de S. Maria di Mercuri) ont été reconnues par B. Cappelli (voir *Il Monachesimo Basiliano...*, Naples, [1963], p. 203).

(3) L. Ranieri, *Basilicata...*, Turin, [1961], p. 61 ; B. Kayser, *Recherches sur les sols et l'érosion...*, Paris, [1961], p. 17. Pour les passages de Calabre en Lucanie cités par Procope, voir ci-dessus.

tin avait coutume d'en fixer aux points stratégiques (¹)?
On sait seulement qu'une « armée byzantine » (βασιλικὸς
στρατός) y fut détruite par les Normands (²), mais on peut
penser, à la rigueur, à des troupes du thème. La population
clairsemée de cette région est mal nourrie par quelques cultures céréalières à très faible rendement. Elle est réunie
dans quelques bourgs misérables, Castelluccio Inferiore et
Castelluccio Superiore, sur une terrasse à 490 m. d'altitude,
dont la présence se justifie par le voisinage de l'ancienne *via
Herculia*, Rotonda, à 634 m., Mormanno, à 840 m. (³), enfin
Aieta, Laino, ancienne capitale de gastaldat, et Orsomarso,
si on admet que la région s'étendait jusqu'à l'embouchure
du Lao, comme y inviterait la géographie des monastères
grecs se réclamant du Merkourion à l'époque normande (⁴).
La floraison des couvents grecs dans ce territoire est certes
connue, mais il restera à déterminer quels sont ceux qui ont
été fondés à l'époque byzantine (⁵).

(1) Hélène GLYKATZI-AHRWEILER, *Recherches...*, pp. 81-82.

(2) Gertrude ROBINSON, *History and Cartulary...*, II, 1 (*Orientalia
Christiana*, XV, 2), p. 173, l. 30-31.

(3) L. RANIERI, *Basilicata...*, Turin, [1961], pp. 61, 376-379 ; *La
Calabre. Une région sous-développée de l'Europe méditerranéenne...*,
sous la dir. de J. MEYRIAT (*Cahiers de la fondation nationale des sciences politiques. Relations internationales*, 104), Paris, 1960, p. 52 ; L.
V. BƎRTARELLI, *Lucania e Calabria* (*Guida d'Italia del T.C.I.*), Milan, 1938, pp. 140, 143, 201, 202.

(4) Une description, toute provisoire, en est donnée par B. CAP-
PELLI, *Il Monachesimo Basiliano...*, Naples, [1963], pp. 201-212 ; S.
BORSARI, *Il monachesimo bizantino nella Sicilia e nell'Italia meridionale prenormanne* (*Istituto italiano per gli studi storici*), Naples,
1963, pp. 55 et suiv.

(5) S. BORSARI, *loc. cit.*, a donné une première approximation ;
mais ce sont les dossiers d'archives monastiques édités, bien ou mal,
et utilisés avec critique, ou inédits, qui fournissent les dates des fondations monastiques à localiser ensuite sur les cartes géographiques.
Avant que ce long travail soit achevé, il paraît vain d'utiliser des
sources peu sûres, à travers des travaux de seconde main. C'est ainsi, pour prendre un seul exemple, qui justifiera les réserves émises
sur l'extension de l'éparchie du Merkourion, que l'on connaît à la fin
du Xᵉ siècle une éparchie d'Aieta (Vie de s. Sabas, éd. J. COZZA-LUZI,
Historia et laudes SS. Sabae et Macarii..., Rome, 1893, p. 28), éparchie calabraise, à coup sûr, et il faudra donc amputer le Merkourion
de cet appendice occidental.

A l'intérieur des limites supposées au thème de Lucanie, une dernière région reste en blanc jusqu'à présent sur la carte, celle qui comprend la plaine littorale sableuse du golfe de Tarente et son rideau de dunes qui s'élèvent peu à peu jusqu'au pied des premières collines ; zone instable encombrée par les marnes, argiles, conglomérats apportés en quantité par les cinq fleuves descendus de l'Apennin et qui la strient perpendiculairement à la côte. Le paysage y était, sans doute, au Moyen Age celui des eaux stagnantes hostiles à tout habitat durable. Toutefois, le thème, tourné vers Tarente et l'Appia, longé en bordure de côte par la route qui joignait Tarente à Reggio, devait fixer sur les premières hauteurs salubres quelques sites, dont l'importance fut réelle, même si on n'en saisit pas aujourd'hui toutes les fonctions, sauf à supposer, comme je l'ai fait plus haut, après d'autres, que les fleuves étaient alors des voies de communication. Les principaux centres connus étaient Stigliano, situé au milieu d'une vaste zone de collines à 909 m. d'altitude, entre les deux torrents du Misegna et du Sauro, sapé de nos jours par de continuels éboulements, et dont le sol connaît pour une moitié le bois et le pâturage permanent et inculte nourrissant un maigre bétail de bovins et d'ovins et pour l'autre moitié des cultures extensives de céréales et quelques olivettes dans la vallée du Sauro ([1]) ; Pisticci, à 364 m., entourée d'oliviers ([2]) ; Montalbano Ionico, sur une terrasse à 292 m. d'altitude, avec ses cultures de céréales et de légumes ([3]) ; Colobraro, au sommet d'une colline aux flancs abrupts, à 600 m., sur la rive gauche du Sinni ([4]) ; Nova Siri, à 300 m. au-dessus du niveau de la mer, dont quelques céréales, oliviers, vignes et arbres fruitiers assurent une existence précaire aux habitants, car l'étendue des terres stériles y est particulièrement grande ([5]) ; Tursi, enfin.

Tursi, en grec *Τουρσικόν*, sur la route qui unit l'Appia à la voie Tarente-Reggio, a été construite sur une colline de 210

(1) L. RANIERI, *Basilicata...*, Turin, [1961], pp. 62-67, 357-360.
(2) L. RANIERI, *op. cit.*, pp. 360-361.
(3) L. RANIERI, *op. cit.*, p. 366.
(4) L. RANIERI, *op. cit.*, p. 368.
(5) L. RANIERI, *op. cit.*, pp. 369-371.

m. d'altitude propice à l'olivier, à droite de la route, en arrière
de ce qui devait être la très grande forêt de Policoro, entre
l'Agri et le Sinni (¹). L'importance de cette ville apparaît
tout à fait notable dans le thème de Lucanie, tel que nous
l'avons défini.

Vers 968, en effet, suite à une décision impériale, le patriarche de Constantinople Polyeucte donne à l'évêque d'Otrante,
jusque là archevêque autocéphale, l'autorisation de consacrer des évêques à Acerenza, Gravina, Matera, Tricarico et
Toursikon (²). On aura remarqué la date de cette mesure,
qui doit être rapprochée de celle où a été créé le katépanat
d'Italie et, à mon avis, le thème de Lucanie. Sans entrer ici
dans l'examen du problème de l'organisation ecclésiastique
du katépanat, qui a vu les historiens byzantinophiles ou by-
zantinophobes exagérer ou minimiser l'acte du patriarche de
Constantinople, dans l'ignorance de la carte démographique
de ces régions (³), je retiens que le titulaire grec (personne ne
conteste ce point) du siège d'Otrante reçoit mission de consacrer un évêque grec à Toursikon, ville liée géographiquement,

---

(1) L. RANIERI, op. cit., pp. 366-368 ; la flore du site, comme
des autres en Lucanie ressort vivement de la feuille 8 en couleurs
de la Carta della utilizzazione del suolo d'Italia de A. ANTONIETTI
et C. VANZETTI, Milan, [1961].

(2) LIUDPRAND DE CRÉMONE, Legatio, M.G.H., SS. Rerum Germa-
nicarum in usum scholarum..., Hanovre-Leipzig, 1915, p. 209 ; V.
GRUMEL, Les regestes des actes du patriarcat de Constantinople, I, 2
(Le patriarcat byzantin..., sér. 1), Paris, 1936, n° 792, p. 226. Nombreux sont les historiens occidentaux qui ont mal interprété ce document important, J. GAY, L'Italie méridionale et l'Empire byzantin...,
Paris, 1904, pp. 352-353.

(3) On lira à titre d'exemple, HOMUNCULUS (= G. RACIOPPI), Storia
della denominazione di Basilicata, Rome, 1874, p. 58 ; J. GAY, loc.
cit. ; F. CHALANDON, Histoire de la domination normande..., t. I, Paris, 1907, p. 24 ; C. G. MOR, La lotta fra la chiesa greca et la chiesa
latina in Puglia nel sec. X, Archivio stor. pugliese, 4, fasc. 3-4, 1951,
pp. 59-60, qui tiennent pour un fait la création par le patriarche de
Constantinople de la province ecclésiastique d'Otrante ; au contraire
L.-R. MÉNAGER, La « byzantinisation » religieuse de l'Italie méridionale..., Rev. Hist. Eccl., 54, 1959, p. 5, assure, sans plus, que « personne n'a jamais songé à s'arrêter bien sérieusement sur ce texte... »,
ce qui est contredit par le volume classique de J. Gay et l'article de
C. G. Mor, cités ci-dessus.

on l'a reconnu, par les voies fluviales et terrestres aux régions montagneuses de Lucanie, organisées en province byzantine, et proche des grandes voies traditionnelles de communication vers l'Est. Les sources documentaires permettent de préciser que la juridiction du prélat s'étendait sur le Latinianon (et probablement le Merkourion), puisque le titulaire souscrit des actes dans cette région (¹), où l'on ne connaît aucun autre évêché à l'époque. Que l'évêque de Tursi soit latin ou grec n'a pas d'importance jusqu'à ce point de mon raisonnement : son existence prouve la situation unique du site au moins du point de vue ecclésiastique. Mais, en relisant un texte déjà cité plus haut, la παράδοσις du couvent de Kyr-Zôsimos au moine Théophylaktos, du 17 janvier 1050 (²), souscrite par le domestique du thème de Lucanie, Nicolas, un des plus hauts personnages après le stratège, je constate qu'en préambule, selon la tradition des actes solennels, l'auteur invoque la Trinité, la Vierge, les Archanges et les Anges, les Prophètes, les Apôtres, les Martyrs, puis l'empereur, le patriarche et, enfin, l'évêque du ressort, Michel, ἁγιώτατος ἐπίσκοπος ἡμῶν, « notre très saint évêque », évêque de Tursi comme l'assurent les localisations précisées par d'autres documents (³). S'il n'y a pas certitude, il y a forte présomption, par la formule même, que Michel soit un Grec (⁴). La seule objection est

---

(1) En 1074, Syméon, évêque de Tursi, souscrit l'acte par lequel Hugues de Chiaromonte (N.-O. Noepoli) confirme et délimite les biens de S. Anastase de *Carbone*, tous dans la région du monastère : Gertrude ROBINSON, *History and Cartulary...*, II, 1 (*Orientalia Christiana*, XV, 2), pp. 176-177 (intervention mentionnée dans un acte de 1140 : Gertrude ROBINSON, *op. cit.*, II, 2 (*Orientalia Christiana*, XIX, 1), p. 32). Le nom d'un évêque Michel est invoqué dans un acte de confirmation de biens concernant la même région en 1050 ; ce doit, donc, être un évêque de Tursi (Fr. TRINCHERA, *Syllabus...*, nᵒ 37, p. 45 = *Cod. Dipl. Cav.*, t. VII, nᵒ 1128, pp. 122-123).

(2) Fr. TRINCHERA, *Syllabus...*, nᵒ 37, p. 45.

(3) Voir, note ci-dessus.

(4) W. HOLTZMANN, *Italia Pontificia*, t. IX, Berlin, 1962, pp. 468-469, le meilleur connaisseur de la géographie ecclésiastique de l'Italie du Sud, ne doute pas plus que moi que le siège fût grec. L.-R. MÉNAGER (*La « byzantinisation » religieuse de l'Italie méridionale...*, *Rev. Hist. Eccl.*, 54, 1959, p. 7) soutient, au contraire, « que nos maigres notices sur cet évêché concordent toutes pour faire de son titulaire un prélat

que le siège épiscopal de Toursikon n'apparaît pas dans les
listes épiscopales grecques antérieures au xiiie siècle, et seulement alors dans deux listes que l'on pourrait dire de pure
érudition pour l'Italie qui ne relève plus de l'Empire byzantin depuis un siècle et demi (¹). Mais si l'on tient compte
de l'état de nos maigres connaissances en ce qui touche la
tradition de ces listes, à leur valeur toute relative pour la
région qui nous occupe, en constatant, par exemple, que le
siège d'Otrante porte, dans toutes celles qui sont actuellement
éditées, le seul titre ancien d'archevêché autocéphale, quand
il est sûr qu'au xe siècle il a été métropole, ne serait-ce que sur
le papier, je crois que la mention du siège de Toursikon doit
être retenue comme un témoignage tout à fait positif, et le
fait que les six listes comprises entre le xe et la fin du xiie
siècle l'ignorent (²) ne me paraît pas conséquent (³). Son
choix comme évêché en 968 au moment où naissait le thème

latin » ; et de nier que Michel (voir p. 145, n. 1) soit évêque de Tursi
(*ibid.*, p. 7, n. 2) !

(1) Éd. B. Benešević, dans *Studi bizantini e neoellenici*, 2, 1927,
p. 154 ; G. Parthey, *Hieroclis Synecdemus...*, Berlin, 1866, p. 223.

(2) Éd. H. Gelzer, *Ungedruckte und ungenügend veröffentlichte
Texte der Notitiae episcopatuum* (*Abhandlungen k. bayer. Akad. der
Wiss. I. Cl., XXI Bd., 3. Abth.*), Munich, 1900, pp. 570-571 ; G.
Parthey, *op. cit.*, pp. 119, 125-129 ; H. Gelzer, *Ungedruckte und
wenig bekannte Bistümerverzeichnisse der orientalischen Kirche*, Byz.
Zeitsch., 1, 1892, pp. 254-255 ; G. Parthey, *op. cit.*, pp. 270, 293-297,
300, 302-303 ; H. Gelzer, *Ungedruckte... Texte.*, p. 585 ; Id., dans
*Index scholarum hibernarum ... in Universitate litterarum Ienensis ...
1891 ... 1892*, p. 4.

(3) On aura observé que je n'ai pas prononcé le nom de Cassano,
évêché du thème de Calabre, relevant de Reggio, comme on s'y attend d'après sa situation au sud de la barrière du Pollino, et comme
le dit par ex. la *notitia* du milieu du xie s. (?) éd. par G. Parthey,
op. cit., p. 119 ; c'est donc par erreur que la chronique de *Tres Tabernae* parle de Cassano comme *caput omnium ecclesiarum Lucaniae*,
éd. E. Caspar, *Die Chronik von Tres Tabernae in Calabrien, Quellen
und Forschungen...*, 10, 1907, p. 26 (l'édition commentée de ce texte
fort peu sûr devrait être reprise sur l'ensemble des manuscrits, *Cod.
Vat. Lat.*, 4936, fol. 27 et suiv. (= *Cod. Neapolit.* V G 31 copie),
Cod. Vat. Ottobon., 2306, *Cod. Paris. Lat.*, 5911, *Cod. Paris. Lat.*
6176, dont j'ai commencé la collation).

de Lucanie, sa renommée de cité grecque ([1]) qui l'a fait inscrire parmi les sièges épiscopaux byzantins, m'autorisent à
proposer même, comme une hypothèse suffisamment fondée,
que Toursikon fut alors aussi la capitale, petite certes, mais
aussi grande et mieux placée que d'autres, du stratège de
Lucanie.

Les derniers travaux de nos collègues géographes, qui ont
apporté à cette étude son support nécessaire, ont permis
d'introduire dans la carte de l'Empire byzantin une nouvelle
province administrative. L'hypsométrie et la géologie qui
déterminent le climat, la végétation, les sols, les formes de
relief, et donc les conditions de la vie humaine ont organisé
les milieux naturels, que j'ai cru pouvoir reconnaître dans les
sources écrites, et réunir dans la notion du thème. Notion
apparemment bien structurée par des coutumes anciennes
et une jurisprudence solidement assise dans les textes, qui
pourrait faire penser à celle de région telle qu'on l'a définie
récemment : « subdivision territoriale étendue, qui vient dans
la hiérarchie immédiatement après l'État » ([2]). Mais cette
définition rigide exprime le fait acquis sur la carte administrative, elle est la conclusion pour l'historien des civilisations.
Il en est une autre, que l'on applique, en général, aux pays
dits « sous-développés », mais qui, dans tous les cas, rend,
seule, compte, à mon avis, des naissances et des croissances ;
je la lis sous la plume du même géographe : « Les seules sub-
divisions possibles (dans de telles contrées dont les activités
traditionnelles ne comportent que des formes rudimentaires
de vie de relations) correspondent soit aux conditions natu-
relles, massifs montagneux, plateaux, bassins fluviaux (pen-
sons au Latinianon, au Merkourion, à la plaine littorale du
thème de Lucanie), soit à l'aire d'extension de tel genre de
vie, au territoire de tel groupe ethnique, c'est-à-dire au pay-

---

(1) La ville devait être habitée par des Grecs, peut-être des Lombards, et comportait, en tout cas, un quartier arabe (appelé « rabba-
tana » ; voir B. CAPPELLI, *Aspetti e problemi dell'arte medioevale in
Basilicata*, Archivio stor. Cal. Luc., 31, 1962, p. 286, et la carte au
1/100.000ᵉ).

(2) E. JULLIARD, *La région : essai de définition*, Annales de Géographie, 71, 1962, pp. 491-492.

sage naturel ou humain » (¹). Ici « ni ville-capitale, ni centre
de gravité économique»(²), ni frontières infranchissables. Telle
est la Lucanie médiévale (voir carte), terre ingrate, moins
qu'aujourd'hui, car elle était pour une bonne part couverte
de forêts. Défrichée par les moines byzantins venus de Sicile par le petit port de Palinuro, en traversant le Cilento (³),
au ixᵉ siècle, d'Orient aussi, par Otrante ou Tarente, Brindisi, Bari, Rossano, Cotrone, Reggio ou Agropoli (⁴), elle se
couvrira d'exploitations rurales nées près des monastères
et par eux, et sous la protection bientôt de petits châteaux-
forts ou de tours, dans des sites élevés, qui pourraient faire
croire à un isolement absolu ; impression fausse, car on voya-
geait en Lucanie au moyen âge, les propriétaires avaient des
biens ou des intérêts ailleurs, à Bari par exemple (⁵), tels
moines du Latinianon n'hésitaient pas à répondre à l'appel
du katépan qui désirait leurs conseils (⁶), tels autres à fonder
ou restaurer un couvent près de la capitale du katépanat (⁷).

La création du thème viendra consacrer, mesure autoritaire, cette occupation pacifique groupée au xᵉ siècle, dont il
faudra déterminer a nature économique et le niveau culturel pour l'histoire d'un siècle qui s'achèvera dans les incendies, les pillages des premières bandes normandes, la peur,

---

(1) *Ibid.*, p. 498.

(2) P. PÉLISSIER, dans *Colloque de géographie appliquée*, Strasbourg,
1961, *Actes*, p. 128, cité par E. JULLIARD, *art. cité*, p. 498.

(3) C'est le port où, par exemple, on peut débarquer venant d'Amalfi : Πρός τινα τόπον Παλινόδιον (lecture vérifiée sur les manuscrits)
τῇ Λατίνων κεκλημένον φωνῇ ἐν τοῖς τῆς Λουκανίας ὁρίοις ὄντα γενό-
μενος τῷ λιμένι προσώκειλεν (Vie de s. Sabas, éd. J. COZZA-LUZI,
Historia et laudes SS. Sabae et Macarii..., Rome, 1893, p. 50).

(4) Les routes maritimes d'Orient et d'Afrique en Italie, au Moyen
Age, n'ont pas été encore recensées.

(5) Gertrude ROBINSON, *History and Cartulary...*, II, 1 (*Orientalia
Christiana*, XV, 2), p. 140.

(6) Vie de s. Vital, *Acta Sanctorum, Mart.* II, p. 29 ; trois moines
de Turri, entre Armento et Guardia Perticara, sont appelés à Bari.

(7) *Cod. Dipl. Barese*, t. I, Bari, 1897, pp. 31-32 ; le katépan d'Italie confie à deux moines de Turri, Pierre et Grégoire, le soin d'organiser
le monastère grec de S. Maria-Nea, S. Jean-l'Évangéliste, S.Jean-
Baptiste, bâti par l'archevêque de Canosa aux portes de Bari (février
1032).

les fuites, la famine, une des nombreuses ἀνωμαλίαι καιρῶν déplorées par les actes de la pratique (¹), entendons ces chaos locaux, destructeurs d'équilibres précaires, qui scandent la vie des groupes humains.

École Française de Rome.   André GUILLOU.

---

(1) Mai 1041, Gertrude ROBINSON, *History and Cartulary...*, II, 1 (*Orientalia Christiana*, XV, 2), p. 142, l. 62 (situation troublée depuis 4 ans?) ; fait passé, acte de 1070-1071 (et non 1061, voir ci-dessus, p. 131, n. 2), *ibid.*, p. 173, l. 34. La famine est mentionnée par Lupus Protospatharius en 1053 (PERTZ, *M.G.H., Scriptores*, V, p. 59), et en 1058 par le *Chronicon Breve Northmannicum* (*Patr. Lat.*, t. 149, col. 1083).

XI

Sulle sponde del Lao nell XI secolo. Inchiesta di microgeografia bizantina

Rivista Storica Italiana LXXIX II
Napoli 1967

STUDI E RICERCHE

SULLE SPONDE DEL LAO NELL'XI SECOLO
INCHIESTA DI MICROGEOGRAFIA BIZANTINA

Ho appena dato alle stampe il primo fascicolo del ' *Corpus* ' *des Actes grecs d'Italie du Sud et de Sicile* che anni fa avevo annunziato su questa rivista [1]; questo *corpus* avrà come sottotitolo *Recherches d'histoire et de géographie*, per precisare l'orientamento dei commenti fatti su ogni documento. L'incartamento è quello di S. Nicola di Donnoso, è inedito [2], ma la cosa più importante è, credo, il metodo impiegato per la pubblicazione, che consiste nello scrutare ogni testo col soccorso delle discipline ausiliarie che vengono al caso (paleografia, diplomatica, filologia, onomastica, toponomastica; ma anche geografia fisica ed umana e cartografia), per cercare di comprendere lo stato di civiltà raggiunto da un angolo di terra bizantina nell'XI secolo. Si tratta, insomma, di un vero e proprio sopralluogo in territorio bizantino.

L'interesse principale dell'inserto d'archivio studiato è quello di farci conoscere un tipo di regione abitata, particolarmente sfavorita, della frontiera calabro-lucana nel Medioevo, una di quelle zone che gli specialisti moderni dei paesaggi agrari chiamano superfici agricole non coltivate (« incolte produttive ») [3]; superfici che, ai nostri giorni, come un tempo, sono destinate in permanenza ed esclusivamente (o quasi), alla produzione di foraggi e a qualche produzione spontanea, essendo l'utilizzazione dei foraggi fatta solamente a mezzo del pascolo, mentre le eventuali piantagioni non occupano mai più del 5% della superficie totale [4]: è il paesaggio limitato dai nostri documenti alle pendici occidentali del monte Palanuda, proseguimento del monte Pollino, e alle pendici orientali del

---

[1] « Rivista storica italiana », LXXV, 1963, p. 53.
[2] *Vat. lat.*, 13.489.
[3] V. A. ANTONIETTI - C. VANZETTI, *Carta della utilizzazione del suolo d'Italia (Istituto nazionale di economia agraria)*, Milano, 1961, foglio 8.
[4] V. A. ANTONIETTI - C. VANZETTI, *op. cit.*, p. 41.

monte Ciagola, propaggine del Sirino, cioè in linguaggio amministrativo la parte occidentale del comune di Orsomarso e la parte orientale del comune di S. Domenico Talao. Regione montagnosa, dunque, che si eleva fino a 800 m. (Serra Bonangelo), incisa dal corso di vari torrenti dal regime bizzarro (Abatemarco, Argentino) e da numerosi fossi e canali, il più sovente vuoti, ma che possiede numerosissime sorgenti, visibili sulla carta, e un fiume, il Lao, nel suo corso inferiore. Alimentato dalle nevi del Pollino, da molte sorgenti e dalla grande pluviosità (più di 1.500 mm. all'anno con precipitazioni da ottobre ad aprile), il Lao emette regolarmente tutto l'anno 10-15 m³ al secondo (rilievo fatto a Laino), ma in certi inverni ha potuto raggiungere 460 m³ al secondo [5]; il suo letto di roccia impermeabile è largo e ingombro di numerosi detriti.

La regione è fra quelle che sono soggette più frequentemente a frane [6]; bisogna dunque pensare che una carta moderna del paesaggio non può dare, nel migliore dei casi, che un aspetto della microgeografia medioevale, spesso soltanto un residuo. Oggi è il luogo caro alla minuscola proprietà, povera, se non totalmente diseredata. Il coraggioso viaggiatore che abbia raggiunto una delle ultime terrazze del Mercurio [7], contemplerà al di sotto dei monti e delle colline ancora boscose una successione di piccole terrazze coltivate a olivi abbastanza poveri, e, principalmente a nord e da una parte e dall'altra del Lao, a cereali (grano in declino, orzo e soprattutto granturco), di valli profonde smaltate di praterie dall'erba corta, di giardini pieni di fave, di patate, di ceci, di alberi da frutto (fichi, noci, ma anche meli, peri, ciliegi, albicocchi) nella valle dell'Argentino, di vigne soprattutto sul pendio che si estende da Bonangelo al Lao. È, con qualche ritocco, il paesaggio suggerito dai nostri documenti per la prima metà dell'XI secolo: piccoli giardini (κηπουρίτξια) [8], peri [9], pioppi [10], campi (χωράφια) piantati a grano e ad orzo [11], e molte vigne disposte probabilmente come oggi in pergole o in file, ed alternantesi con le piantagioni di cereali e di leguminose povere, cosparse qua e là di alberi da frutto. Piantagioni miste dei nostri testi medioevali, che i geografi hanno ragione di ritenere, osservandole oggi, antichissime [12]. Dunque varietà di culture che sodisfacevano ai bisogni locali di una agricoltura chiusa, ma che aveva una fonte di contatto con l'esterno, una fonte anche di profitti: il vino [13].

Parlare di contatti suppone vie di comunicazione: oltre al fiume e ai torrenti che, quando sono secchi o quasi (da 4 a 5 mesi l'anno), sono percorsi anche oggi dalle bestie da soma (muli ed asini) e dai carretti, la

[5] L. GAMBI, Calabria (Le regioni d'Italia, vol. 16), Torino, [1965], pp. 54, 61, 82, 92.
[6] L. GAMBI, op. cit., carta a p. 100.
[7] V. B. CAPPELLI, Voci del, Mercurion, in Il monachesimo basiliano ai confini calabro-lucani, Napoli, [1963], pp. 201-204.
[8] Vat. lat., 13.489, n.° 13, l. 23.
[9] Vat. lat., 13.489, n.° 13, l. 26.
[10] Vat. lat., 13.489, n.° 13, l. 19.
[11] Vat. lat., 13.489, n.° 2, l. 23.
[12] L. GAMBI, op. cit., p. 319.
[13] Vino della valle del Lao ben noto alle tavole principesche di Roma e di Napoli nel XVI sec.; v. L. GAMBI, loc. cit.

regione possedeva una strada addossata alla montagna, che si vede sulla
carta e che raggiungeva il mare una decina di Km. più a sud; verso nord
bisognava arrivare (risalendo il Lao?) all'attuale centro di Papasidero, da
dove parte una strada che giunge alla Popilia a nord di Mormanno. E se
si è spaventati leggendo questi percorsi sulla carta, bisogna ricordare che
nel Medioevo si viaggiava molto in queste regioni ed anche su lunghissime
distanze, come ho già sottolineato altrove [14].

Unico sembra essere il centro laico di attrazione e di scambio della
regione nell'XI secolo: il *kastron* di Mercurion, di cui si sono potute identificare le rovine presso S. Maria di Mercuri, a circa 50 m. d'altezza sopra
il Lao. Si conosce attraverso fonti scritte, l'esistenza di questo « castello »
dal X al XV secolo [15]. Per avvicinare il luogo al torrente Mercure, affluente
del Lao a circa 25 Km. a nord, è stata messa in dubbio o ignorata l'identificazione proposta; ma la sicura identificazione dei luoghi menzionati nel
fascicolo di S. Nicola di Donnoso, che precisa la loro prossimità al *kastron*
di Mercurion, dovrebbe convincere anche i più increduli. Mercurion, abitato di cui ignoro l'origine [16], ha dato il suo nome ad una regione geografica detta « valle », o « territorio » del Mercurion [17], la cui reale estensione
non potrà essere determinata fino a che non saranno stati identificati
con certezza i monasteri di S. Pietro Marcanito, dei SS. Elia e Zaccaria,
di S. Nicola *de Digna* e di S. Venera enumerati nella regione [18]. Si noterà,
ad ogni buon fine, che qui il nome « valle » è sempre dato alla valle di un
corso d'acqua e bisognerà esaminare se il Lao si chiamava veramente Lao
e soltanto Lao in questo luogo oppure Mercure. In ogni caso, l'attuale
estensione del sito di Mercurio sulle carte moderne non deve pregiudicare
l'immagine che esso aveva nel Medioevo. Per limitarmi alle fonti che
commento qui, debbo dire che nulla mi obbliga a pensare che il territorio
amministrativo o la valle del Mercurion passasse nell'XI secolo sulla riva destra del Lao, ma debbo riconoscere che l'autorità dello stratega di Lucania
abbracciava questa riva, senza togliere niente alla giurisdizione che gli ho
attribuito fin qui. La carta del tema di Lucania che ho recentemente pro-
posto [19] dovrà essere, almeno per ora, modificata ed estesa in questa
direzione.

[14] V. A. GUILLOU, *La Lucanie byzantine*, in « Byzantion », XXXV, 1965, pp. 147-148.
[15] V. B. CAPPELLI, *op. cit.*, p. 204.
[16] Questo nome è legato al culto di San Mercurio di Cesarea molto popolare, fin
dall'VIII secolo, in modo particolare a Benevento; v. ST. BINON, *Essai sur le cycle
de saint Mercure martyr de Dèce et meurtrier de l'empereur Julien* « Bibl. de l'Ecole
des Hautes-Etudes. Sciences religieuses, 53e vol. », Parigi, 1937, pp. 99-102; sarebbe
il termine di una delle strade seguite dal commercio delle reliquie all'inizio del IX
secolo, ma conosciute fino adesso soprattutto in Puglia, come spero di poter dimostrare
prossimamente in una pubblicazione delle ricerche archeologiche e agiografiche che
ho condotto nel *kastron* bizantino di Oria.
[17] A. PRATESI, *Carte latine di abbazie calabresi provenienti dall'Archivio Aldobrandini (Studi e Testi, 197)*, Città del Vaticano, 1958, pp. 5 (31 marzo 1065 ?), 19
(luglio 1100).
[18] Le identificazioni proposte da B. CAPPELLI, *op. cit.*, pp. 208-210,, non sono che
soggettive.
[19] A. GUILLOU, *art. cit.*, in « Byzantion », XXXV. 1965, carta tra le pp. 128 e 129.

Accanto a questo centro amministrativo di insediamento umano pro-
tetto da mura, la cui configurazione topografica autorizza a pensare che
non poteva contare più di 150-200 anime, debbono essere citati altri abitati
compatti, poiché il nostro incartamento ne sottolinea il valore di polo di
attrazione, come si vedrà più avanti: i monasteri. I nostri documenti ne
ricordano molti nella regione, oltre a S. Nicola di Donnoso a Donnosito:
l'Apostolo Andrea, S. Angelo, Chir-Macaro, tutti e tre sulla riva destra
del Lao, di fronte a Mercurion, e infine Mavrone a nord dell'Argentino.
Questi cinque monasteri sono greci ed hanno lasciato sulla carta dei
toponimi greci. Altri toponimi sono istruttivi per la storia dell'abitato:
dato che la regione non ha conosciuto l'immigrazione albanese della fine
del XV secolo [20], i toponimi greci provano l'esistenza di abitati greci nel
Medioevo. Se lascio da parte Mercurion, la cui nascita o rinascita è da
precisare cronologicamente, conto nell'inserto di S. Nicola, oltre ai monasteri già citati, soltanto tre toponimi greci su di un totale di dodici nomi
di luogo: Prionia (πριονία), Elafun (<ἐλάφους) e l'Archistratega ('Ο
'Αρχιστράτηγος). Molina sarà, probabilmente, l'antico Οἱ Μύλοι, tradotto
in seguito *Molina*, ma Fortunato, Buonecose, Scaroniti, Francica, Plupposon
(< *ploppus*), Dura, Furna e Veneticum (=Avena?), denunciano chiaramente la loro origine latina: la popolazione greca ha soltanto ellenizzato
questi toponimi. La debole proporzione di nomi di luogo greci nella regione
diventa ancora più sensibile, se, uscendo dall'incartamento di S. Nicola,
si fa l'inventario di tutti i toponimi della regione a cui esso si riferisce:
su una cinquantina di nomi di luogo, nove sono greci, cioè S. Anario
(deformazione, credo, di 'Ανάργυροι), la fonte S. Elia, Anzo Nicola, Ti-
fano (Στέφανος), S. Todero (Θεόδωρος), S. Andrea, Iannino (<Γιάννης?),
Serra Costantino, Orsomarso; pur tenendo conto del valore tutto relativo
della toponomastica come fonte per uno studio demografico, si possono ciò
nonostante ritenere per una regione culturalmente chiusa questi due dati:
abbondanza (persistenza?) dei toponimi latini (soprattutto di origine agricola, La Cerasa, Olivaro, La Cotura, Verna, Spinosa, Piano del Fico, Fi-
nocchio, Pantano, ecc.) e origine agiografica (monasteri o luoghi di culto)
dei toponimi greci. Il nome dello spatarocandidato imperiale Urso Marso
(o della sua famiglia) (Orsomarso) ci dà, quanto a lui, l'esempio di una
famiglia autoctona ellenizzata, il cui dominio ebbe l'importanza economica
necessaria e il nome il valore psicologico sufficiente per costituire il borgo.

L'aspetto latino del fondo toponomastico, che suggerisce, almeno per
un lato, un'occupazione latina consistente prima dell'insediarsi dei Greci,
è tanto più notevole in quanto l'onomastica ci conferma che, dalla metà
del X secolo fino dopo la metà dell'XI (l'ultimo documento è del 1060-1061),
il paese era abitato per grandissima maggioranza dai Greci. Sull'ottantina
di cognomi o nomi di persona menzionati nell'archivio di S. Nicola, soltanto tre sono di origine latina (Cordelle, *da corda*, Acuvato d'*accuvatus*,
Gardile, da *guardia*), tutti gli altri sono greci (Sofronio, Nicone, Niceforo,

[20] V. L. GAMBI, *op. cit.*, carta a p. 158.

Teotimo, Giovanni Sangare, Isaia, Calochire, Cale Atzidone, Leone Panede, Nicandro, Nicodemo Mistracorneno, Mulebo Condocosma, ecc.).

Questa popolazione viveva essenzialmente dello sfruttamento di un suolo, la cui proprietà era divisa fra lo Stato bizantino, dei proprietari laici e dei proprietari ecclesiastici.

Non si sa niente dei domini posseduti dallo Stato greco nell'Italia bizantina dal IX all'XI secolo. Qui un rappresentante dell'Imperatore nel tema di Lucania, lo stratega, nel 1042 rimetteva a dei privati mille piedi di vigna situati probabilmente nella regione di Mercurion [21]. Bisogna dunque supporre che c'erano nella zona *dei beni dello Stato*, sfruttati probabilmente da dei *parichi* di Stato [22]; era prevedibile, ma il fatto economico non ci era noto.

La proprietà laica si frantuma. Delle famiglie (i Sangare e gli Atzidone, nel 1031 e 1036 [23]) vendono due piccoli poderi, una collina (boscosa, ὄρος) e dei terreni coltivati (χωράφια); queste alienazioni si riferiscono a piccole superfici (190 e 125 m² circa, come altrove 600 piedi di vigna [24] o 3000 piedi in tre vendite [25]). Una di esse ci permette di stabilire quasi con certezza perché sia stata fatta: gli eredi di Giovanni Sangare cedono delle terre al monastero di S. Nicola per la somma di 9 *taria*, ma non ricevono che 7 *taria* perché lasciano 2 *taria* al monastero stesso affinché i defunti della famiglia siano commemorati nell'ufficio liturgico [26]; ed è prova di una mancanza di liquido. Lo scopo pio di certe donazioni [27] è talvolta l'unico evidente: è il caso del monaco Sofronio della famiglia dei Fortunati che dona prima di morire tutto il suo patrimonio al suo monastero, come d'altronde ve lo costringono le regole del diritto canonico bizantino.

Un'altra fonte del frazionamento della proprietà laica è la divisione dei beni patrimoniali fra gli eredi, quando, ad esempio, uno di essi si sposa: fu forse il caso del prete di cui si ignora il nome, figlio di Giovanni Sangare [28], e di Leopardo, figlio di Leone Atzidone [29], dato che essi non sono menzionati fra gli aventi diritto ai beni alienati; lo si dice esplicitamente di Eugenia, figlia di Nicola Muletze [30]. Contro questa causa di frazionamento della proprietà fondiaria, dannosissima per i proprietari delle regioni di economia così precaria, si lotta per il mantenimento dell'integrità del patrimonio, espressione anche della resistenza della cellula familiare, come ho detto altrove [31]: il monaco Kleme, « categumeno » di S. Nicola, ha dei beni in comune con suo fratello Giovanni ed i figli di

---

[21] *Vat. lat.*, 13.489, n.º 3.
[22] Leggere G. OSTROGORSKIJ, *Quelques problèmes d'histoire de la paysannerie byzantine* (*Corpus Bruxellense Historiae Byzantinae, Subsidia*, II), Bruxelles, 1956, pp. 11-24.
[23] *Vat. lat.*, 13.489, nn. 14 e 2.
[24] *Vat. lat.*, 13.489, n.º 3, l. 21.
[25] *Vat. lat.*, 13.489, n.º 3.
[26] *Vat. lat.*, 13.489, n.º 14.
[27] *Vat. lat.*, 13.489, n.º 13.
[28] *Vat. lat.*, 13.489, n.º 14, l. 1.
[29] *Vat. lat.*, 13.489, n.º 2, l. 29.
[30] *Vat. lat.*, 13.139, n.º 3, l. 5.
[31] V. le mie *Notes sur la société dans le katépanat d'Italie au XIe siècle*, in « Mélanges d'Archéologie et d'Histoire ». LXXVIII, 1966, p. 458.

un altro fratello morto, Nicola e Kleme [32]; il monaco Sofronio possiede delle proprietà in comune con suo zio Cannata e sua sorella Maria, altre con i suoi figli, altre con i suoi nipoti [33]. D'altra parte, i *periorismi* rivelano, nell'indicazione delle proprietà limitrofe, che i beni di famiglia erano in genere contigui [34]. E si osserverà che i proprietari cedono i loro diritti senza fare riserve.

L'origine monastica dei documenti esaminati fa sì che siamo particolarmente bene informati sulla vita della « proprietà monastica », in questo caso di quella di San Nicola di Donnoso. La base del dominio è costituita dal patrimonio familiare del fondatore, il monaco Kleme, figlio di una famiglia di proprietari locali. Il monastero ha a carico alcuni parenti del fondatore? Non lo so. Ma in ogni caso è comproprietario con dei membri della famiglia di beni familiari rimasti indivisi; compra delle terre e ne riceve in donazione, con l'impegno di assicurare la salute eterna dei donatori: campi coltivati, boschi, pascoli, vigne (χωράφια, ὄρη, ἀμπέλια, *terrae, silvae, vineae*); tale è la natura dei suoi possedimenti. Accaparra anche indovutamente, a prezzo di falsificazioni di titoli di proprietà, e l'autorità degli « igumeni » dei monasteri vicini copre le malversazioni [35]. Non posso fissare con precisione in *modia* l'estensione delle proprietà di S. Nicola alla metà dell'XI secolo, ma mi basta potervi inscrivere un dominio di 6000 piedi all'incirca di vigna e una grande quantità di piccoli beni fondiari dispersi su 45 Km², per avere un'idea dei mezzi relativamente importanti posseduti dal monastero in queste povere regioni. Una situazione economica privilegiata se si considera che il monastero può acquistare più o meno legalmente dei terreni che esso pianta a vigne, mentre i proprietari laici coltivano i loro cereali o li mantenevano incolti (ἐρημοαμπέλια) [36]. Il monastero disponeva dunque di mano d'opera e di denaro liquido, mentre i proprietari laici che conosciamo, mancavano almeno di quest'ultimo.

Appare chiaramente dai documenti che, dall'inizio dell'XI secolo, data possibile della sua fondazione, fino al 1060-1061, la proprietà fondiaria di San Nicola si è estesa progressivamente a spese di qualche proprietà familiare, e non sembra aver risentito le conseguenze delle depredazioni normanne o della grande siccità del 1058 [37].

È essenziale notare che, così attrezzato economicamente, il monastero è stato donato, probabilmente verso il 1065, dai principi normanni all'abbazia benedettina di S. Maria della Matina [38].

Per il problema dei rapporti giuridici tra i monasteri e lo Stato bizantino alla fine della dominazione greca, vediamo come San Nicola, dive-

---

[32] *Vat. lat.*, 13.489, n.° 3.
[33] *Vat. lat.*, 13.489, n.° 13.
[34] *Vat. lat.*, 13.489, nn.° 2, ll. 8-9; 13, ll. 17, 23.
[35] *Vat. lat.*, 13.489, n.° 3.
[36] *Vat. lat.*, 13.489, n.° 3, ll. 10, 28.
[37] Questi flagelli sono segnalati dai cronisti e dagli atti della pratica; v. A. GUILLOU, *art. cit.*, in « Byzantion », XXXV, 1965, pp. 148-149 e nota 1; ID., *art. cit.*, in « Mélanges d'Archéologie et d'Histoire », LXXVIII, 1966, pp. 444-445.
[38] V. A. PRATESI, *op. cit.*, n. 1, pp. 1-5.

nendo nel 1060-1061 comproprietario nel χωρίον degli Scaroniti, acquisti i diritti ed anche i doveri dell'antico proprietario di questo χωρίον [39].

Della società locale, i nostri documenti, che sono dei titoli di proprietà del suolo, ci fanno conoscere i proprietari fondiari, gli scribi, i testimoni degli atti notarili, alcuni funzionari, dunque solamente gli ἀξιόλογοι, cioè le persone importanti, quelle che meritano che si parli di loro, secondo l'espressione usata da uno di essi [40].

Gli ἀξιόλογοι, che sono anche gli ἀξιόπιστοι (due termini impiegati l'uno per l'altro, con χρησιμοὶ ἄνθρωποι, παλοὶ ἄνθρωποι, per designare globalmente i testimoni degli atti notarili), comprendono ufficialmente i preti (ἱερεῖς), gli arconti (ἄρχοντες), i militari (στρατευόμενοι), i funzionari (πολιτευόμενοι), e quanti hanno l'agiatezza o una professione remuneratrice (εὐπορίαν ἢ ἐπιτήδευμα ἔχοντες), e sono pii e rispettosi (dell'ordine stabilito) (εὐσεβῶς δηλονότι καὶ ἐν εὐλαβεία βιοῦντες) [41]. Questa definizione ufficiale dei testimoni ci permette di conoscere la qualità di quelli che non precisano i loro titoli e di fissare così lo strato sociale più elevato del paese:

— *Preti* (e monaci): nel 1031, il figlio di Giovanni Sangare, suo nipote, il monaco Isaia, il notaio Leone Panede; nel 1036, il prete Nicola Atzidone e suo figlio notaio, il prete Giovanni, il prete Leone Scaronite; nel 1042, il monaco Fantino e suo fratello, il prete Leone, il monaco Kleme, il monaco Nicodemo Mistracorneno, quattro monaci di San Nicola, due « igumeni », il prete Nicola, il prete Pietro, il prete Giorgio, il prete Basilio, il monaco Teodoro, il prete Filippo, scriba; nel 1060-1061, due « igumeni », il prete Sisinnio, il prete Leone, il *papas* Criselio.

— *Arconti*: nel 1031, Teodoto, Calochire Benetico (o di Benetico), Costantino, Teodoro Fortunatu, Sergona; nel 1036, Giovanni di Benetico, Pitzileone, Andronico, figlio del notaio Leone Panede; nel 1042, Leonta Plusiano, Costantino Pluna, Leone, figlio di Franco, Costantino Sculara, Mulebo Condocosma; nel 1060-1061, Gregorio Retzarite, Calochire, figlio del prete Leone, Giorgio Crinite. Bisognerebbe aggiungere qui i nomi di tutti i proprietari. Si noterà l'unico nome di famiglia, Sangare, per τσαγγάρης, calzolaio, portato da un proprietario intorno all'anno 1000 [42].

— *Militari*: il taxiarca Zosimo, che conosciamo attraverso suo figlio Gregorio, nel 1060-1061.

— *Funzionari* (o simili): lo stratega Eustazio Schepide, il notaio Leone, lo spatarocandidato imperiale Urso Marso, il protospatario Leone Eptadenone.

Sono poi menzionati i sei superiori di conventi greci, che occupano

---

[39] *Vat. lat.*, 13.489, n.º 13, l. 22.
[40] *Vat. lat.*, 13.489, n.º 3, l. 12.
[41] C. E. ZACHARIAE A LINGENTHAL, *Jus Graeco-Romanum*, t. III, Leipzig, 1857, pp. 57-58 (= F. DÖLGER, *Regesten*, n. 358), Novella dell'imperatrice Irene (797-802).
[42] *Vat. lat.*, 13.489, n.º 14, l. 1.

un rango molto elevato nella scala sociale: il categumeno Kleme di S. Nicola di Donnoso, il categumeno Chiriaco di S. Maria del Padre (Patir di Rossano), di cui all'epoca si ignorava l'esistenza, del categumeno Marco di S. Andrea, del categumeno Leone di Mavrone, dell'igumeno Giorgio di S. Angelo, dell'igumeno Nicone di Chir-Macaro.

E ciò che è molto più interessante, quattro *famiglie* danno la loro composizione: Giovanni Sangare ha avuto due figli, di cui uno è divenuto prete, Calochire, si è sposato e ha avuto tre figli, uno dei quali si è fatto monaco [43]; il prete Leone Atzidone ha avuto due figli, di cui uno si è fatto prete e ha avuto almeno un figlio Giovanni, prete e notaio, e due figlie [44]; Nicola Muletze ha avuto quattro figli, Eugenia che ha avuto due figli, un monaco e un prete, Kleme, il categumeno di San Nicola, Giovanni e Niceta che ha avuto due figli, di cui uno si è fatto monaco [45]; Sergona Fortunato ha avuto quattro figli, Nicola, che ha avuto lui stesso una figlia, Maria, e un figlio, il monaco Sofronio, N. che ha avuto almeno due figli, Cannata, che sambra non aver avuto discendenza e N. che ha avuto almeno un figlio, Sergona [46]. Dagli alberi genealogici che possiamo abbozzare, riceviamo l'impressione che tra l'anno 1000 e il 1050 una famiglia di tre o quattro figli era considerata in questo ambiente greco come la norma, e che d'altra parte, ad ogni generazione le famiglie davano un prete o un monaco alla Chiesa.

Il livello culturale di questa società locale non può essere colto che attraverso l'esame della scrittura, della lingua del testo e delle sottoscrizioni degli atti. Ma il numero dei testimoni è troppo esiguo perché l'analisi di ogni documento possa autorizzare un tentativo di sintesi, tanto più che uno dei documenti presenta una paleografia ed una lingua più evolute, dato che proviene da un ufficio amministrativo, quello dello stratega del tema [47], mentre altri [48] sono stati redatti dallo stesso scriba.

Posso dire soltanto che nessuno di questi documenti farebbe una brutta figura in un'altra provincia dell'Impero nella stessa epoca e noterò anche che, con qualche eccezione, i proprietari ed i notabili (monaci e laici) sapevano scrivere, nella proporzione (importante) di tre su quattro.

Tale è il risultato di questa inchiesta limitata dalle fonti ad un ristretto dominio geografico, che autorizza un esame spinto al limite del suolo e dei suoi abitanti. Ogni inserto del *corpus* darà il pretesto per una ricerca di questo tipo, secondo che la natura dei documenti dia un orientamento all'inchiesta in un senso o in un altro, ma lo scopo finale resta quello di fissare la mobile immagine di una provincia bizantina d'oltremare e la storia della sua popolazione[49].

ANDRE GUILLOU

---

[43] *Vat. lat.*, 13.489, n.° 14.
[44] *Vat. lat.*, 13.489, n.° 2.
[45] *Vat. lat.*, 13.489, n.° 3.
[46] *Vat. lat.*, 13.489, n.° 13.
[47] *Vat. lat.*, 13.489, n.° 3.
[48] *Vat. lat.*, 13.489, nn. 14 e 2.
[49] Ringrazio la Sig.na Maria Teresa Mirri di aver curato la traduzione di questo testo e il Prof. Girolamo Arnaldi di averla migliorata in più di un punto.

XII

Grecs d'Italie du Sud et de Sicile au Moyen Age: Les moines

Mélanges d'Archéologie et d'Histoire 75
Paris 1963

GRECS D'ITALIE DU SUD ET DE SICILE AU MOYEN AGE: LES MOINES *

PAR

M. André GUILLOU
Secrétaire Général de l'École

L'Italie méridionale et la Sicile médiévales sont de ces régions pri-
vilégiées pour l'historien de la civilisation, où se rencontrent, s'affrontent
et cohabitent des populations de races diverses, et sous des régimes politiques successifs; ce sont ici les Latins, les Arabes et les Grecs. Mais
qui dit cohabitation dit points de contacts et de cohérence et points
d'opposition et de séparation; saisir et expliquer ceux-ci, déterminer la
part de chacun dans la vie de l'ensemble constitue une tâche passion-
nante, mais combien délicate. C'est ainsi que l'histoire politique de l'Italie
sous le régime byzantin du VIe au VIIIe siècle pour l'Italie de l'Exarchat
de Ravenne, et du IXe au milieu du XIe siècle pour le Sud, raconte l'histoire du régime byzantin appliqué à ces régions, mais nous laisse ignorer
l'histoire des Byzantins et des Grecs d'Italie qui s'étend bien au-delà
du rembarquement des troupes byzantines à Bari en 1071. Les historiens
de l'art sont venus, certes, colorer et animer ces descriptions et ces récits;
il n'en reste pas moins que, profitant des tendances de l'histoire moderne,
il nous faut repenser ces images dans le cadre d'une histoire de la civilisation grecque; maints faits humains, en outre, qui sont documentés ici,
ne le sont pas dans les terres demeurées plus longtemps byzantines et
sont restées là indéchiffrables. C'est donc à des enquêtes successives
que l'historien doit se livrer, mais, en faisant halte de loin en loin pour

---

* Une première rédaction de ces quelques pages a été présentée en langue italienne sous forme de rapport à la deuxième semaine d'études organisée
par l'Institut d'Histoire Médiévale de l'Université Catholique de Milan à
Passo della Mendola (Trento) en septembre 1962 sur le thème: « L'eremitismo
in Occidente nei secoli XI e XII ».

faire le point et retoucher le tableau d'ensemble, avant de se remettre
en route. D'après les sources éditées et inédites que j'ai pu exploiter
jusqu'à présent, il m'a ainsi paru nécessaire de me préciser le point d'avan-
cement de mes recherches dans un domaine de cette histoire des populations grecques d'Italie du Sud et de Sicile au Moyen Age, celui du monachisme et des moines grecs: j'ai été ainsi amené à constater que les
cadres événementiels devaient être interprétés et qu'à l'intérieur de
ceux-ci je pouvais tenter d'opérer quelque classement en examinant le
fait monastique dans l'économie et dans la société. C'est donc d'une
esquisse partielle qu'il s'agit [1].

I. – ANNALES

Les travaux scientifiques qui se sont intéressé à l'histoire du monachisme grec en Italie du Sud et en Sicile ne sont pas, jusqu'à présent,
parvenus à imposer une vue claire du cadre événementiel de cette histoire [2]. Je l'ébaucherais de la façon suivante.

---

[1] J'ignore ici à dessein le monachisme grec de l'exarchat de Ravenne
proprement dit, celui de Rome et celui de Naples.

[2] P. P. Rodota, *Dell'origine, progresso, e stato presente del rito greco in
Italia osservato dai Greci, monaci basiliani, e Albanesi. Libri tre*, II, Rome,
1760, in-4°, 275 p.; P. Batiffol, *L'abbaye de Rossano. Contribution à l'histoire
de la Vaticane*, Paris, 1891, p. IV-XXXIX; J. Gay, *L'Italie méridionale et l'Empire byzantin depuis l'avènement de Basile I*er *jusqu'à la prise de Bari par les
Normands (867-1071)* (*Bibliothèque des Ecoles Françaises d'Athènes et de
Rome*, 90), Paris, 1904, p. 254-286, 376-386; K. Lake, *The Greek Monasteries
in South Italy, The Journal of Theological Studies*, 4, 1903, p. 345-368, 517-
542; 5, 1904, p. 22-41, 189-202; F. Chalandon, *Histoire de la domination normande en Italie et en Sicile*, t. II, Paris, 1907, p. 584-593; L. T. White, *Latin
monasticism in Norman Sicily* (*The Mediaeval Academy of America. Publication n. 31. Monograph n° 13*), Cambridge, Mass., 1938, p. 16-52; M. Scaduto,
*Il monachismo basiliano nella Sicilia medievale. Rinascita e decadenza, sec.
XI-XIV*, Rome, 1947, in-8°, LX-367 p.; L.-R. Ménager, *La « Byzantinisation » religieuse de l'Italie méridionale (IX*e*-XII*e *siècles) et la politique monastique des Normands d'Italie, Revue d'Histoire Ecclésiastique*, 53, 1958, p. 747-774;
54, 1959, p. 5-40; H.-G. Beck, *Kirche und theologische Literatur im Byzantinischen Reich* (*Handbuch der Altertumswissenschaft...*, *Iv. von Müller, 12.
Abt., 2. Teil, Bd. 1, Byzantinisches Handbuch, 2. Teil., Bd. 2*), Munich, 1960,
p. 227-229.

a) *Les origines: VIIe-VIIIe siècles.*

Procope de Césarée, dans une description peu claire des régions et des populations qui occupent l'ancienne « Grande Grèce » sur le littoral de la mer Adriatique et de la mer Tyrrhénienne, au moment du débarquement des troupes byzantines, au VIe siècle, cite les Καλαβροί, les Βρίττοι, les Λευκανοί, les Καμπανοί, les Ἀπούλιοι et les Σαμνῖται, et note que les premiers Grecs (Ἕλληνες) n'apparaissent qu'en Epire [1]; il semble considérer que l'Italie du Sud était alors habitée par des Latins; les dernières recherches des linguistes sur l'origine des dialectes néo-grecs de ces régions paraissent prouver que les Grecs n'ont jamais disparu de la péninsule [2]. Information lacuneuse de Procope? Question de nuances? L'historien manque de sources décisives pour trancher. L'existence d'une importante population grecque en Sicile, et surtout en Sicile orientale, est, par contre, sûrement attestée par le grand nombre des inscriptions funéraires grecques du IVe et du Ve siècle [3]. Mais il manque encore ici la convergence des preuves. Ce qui peut être considéré comme une hypothèse pour la période précédente, qui reste, — et cela est indiscutable —, muette sur la présence de moines grecs en Italie du Sud et en Sicile, fait place à la certitude pour le VIIe siècle; si on écarte, en effet, à cause de son caractère légendaire la Vie de s. Jean Damascène qui ferait venir d'Italie (ἐξ Ἰταλίας ὁρμώμενος = Italie du Sud ou Sicile) le moine érudit Kosmas, qui fut le maître du grand docteur byzantin [4], on conserve la

---

[1] *De bello gothico*, I, 15 (éd. G. Dindorf, Bonn, 1833, p. 78-80).

[2] C'est la position (convaincante) de St. C. Caratzas, *L'origine des dialectes néo-grecs de l'Italie méridionale*, Paris, 1938, qui (p. 17-77) a clairement résumé les diverses opinions des linguistes; mais tout le problème n'est pas là.

[3] V. Strazzulla, *Museum epigraphicum seu inscriptionum christianarum quae in Syracusanis catacumbis repertae sunt corpusculum*, Palerme, 1897. Les opinions contraires sont rappelées par S. L. Agnello, *Silloge di iscrizioni paleocristiane della Sicilia*, Rome, 1953, p. 8-12. La question est seulement posée. Pour l'existence d'une population grecque à Syracuse au VIe siècle, on notera que Procope au moment du débarquement retrouve un ami d'enfance, installé dans le port sicilien pour ses affaires (*De bello vandalico*, I, 14, éd. G. Dindorf, Bonn, 1833, p. 371).

[4] *Acta SS.*, *Maii*, *II*, Paris-Rome, 1866, p. 112 (trad. lat.), p. II (texte grec); sur cette vie écrite par Jean de Jérusalem au Xe siècle, voir M. Jugie, *Dict. Théol. Cath.*, Paris, 1924, s. vo, p. 696, et H.-G. Beck, *Kirche und theologische Literatur*, ..., Munich, 1959, p. 567 (= F. Halkin, *Bibliotheca Hagiographica Graeca* (*Subsidia hagiographica*, no 8a), Bruxelles, 1957, no 884).

longue lettre théologique de Maxime le Confesseur adressée, entre 646 et 648 « à tous les higoumènes, moines et populations orthodoxes de Sicile » [1]; ce n'est pas dans le terme « orthodoxe », qui à l'époque couvre tout le monde chrétien, que l'on cherchera argument, mais dans le fait que la lettre est écrite en grec. Il y avait donc au milieu du VIIᵉ siècle un certain nombre d'higoumènes et donc de monastères grecs en Sicile; on connait seulement, il est vrai, pour l'époque le nom de quatre d'entre eux, S. Lucia, près de Syracuse [2], S. Pietro ad Baïas, S. Nicolas et la Capitulana, mais de nombreuses grottes et de nombreux ermitages restent anonymes [3], et il me paraît sûr que le pays de Sicile choisi par l'empereur Constant II en 663 pour y installer la nouvelle capitale de l'Empire constituait alors une province de population grecque prospère [4]. En con-

---

[1] Migne, *P. G.*, t. 91, col. 112: Τοῖς κατὰ τήνδε τὴν Σικελῶν φιλόχριστον νῆσον παροικοῦσιν ἁγίοις πατράσιν ἡγουμένοις τε καὶ μονάζουσι καὶ ὀρθοδόξοις λαοῖς. . . Et il paraît certain qu'une partie de ces populations venaient de Syrie, de Palestine, et, peut-être, d'Egypte, fuyant la migration arabe, et aussi du Péloponnèse, chassées par la progression slave. Je reviendrai bientôt sur cet important problème démographique. Pour la date et le sens de la lettre de Maxime le Confesseur, voir P. Sherwood, *An Annotated date-list of the works of Maximus the Confessor (Studia Anselmiana . . .*, 30), Rome, 1952, p. 55.

[2] Vie de s. Zosime, évêque de Syracuse, *Acta SS.*, *Mart.*, *III*, p. 836.

[3] *Liber Pontificalis*, éd. L. Duchesne, I, Paris, 1955 (éd. anastatique), p. 354; l'aspect archéologique du problème a été exposé, dans l'état très fragmentaire où demeure la recherche, par G. Agnello, *L'architettura bizantina in Sicilia (Collezione meridionale diretta da U. Zanotti-Bianco. Ser. III: Il Mezzogiorno Artistico)*, Florence, 1952, p. 14, 61-68, 81-88, etc.

[4] L'archéologie est ici une source précieuse de documentation; contentons-nous de signaler les pièces les plus connues: un anneau d'or nuptial inscrit (VIIᵉ s.) trouvé à Syracuse (Palerme, Musée national, cat. nᵒ 31), un autre, peut-être un peu plus ancien (VIᵉ-VIIᵉ s.), acheté à Paternò (Syracuse, Musée archéologique national, inv. nᵒ 35261), un collier d'or (VIIᵉ s.) trouvé à Campobello di Mazzara (Palerme, Musée national, cat. nᵒ 825). Les derniers sondages archéologiques effectués par D. Adamesteanu à Sofiana (voir le compte-rendu à paraître dans le prochain fascicule du *Bollettino d'Arte*) ont apporté au jour un certain nombre de bijoux de la fin du VIᵉ ou, plus probablement, du VIIᵉ siècle. Devant ces découvertes occasionnelles, faites par les archéologues de l'Antiquité, on se demande quand l'archéologie byzantine ne sera plus considérée comme une parente pauvre de l'archéologie classique: pour l'histoire de la Sicile du VIᵉ au XIᵉ siècle, la documentation la plus sûre et quelquefois la seule est archéologique et elle est encore à rechercher; on peut bien penser qu'il n'est pas encore question d'une future carte archéologique byzantine de la région. Pour la Calabre et les Pouilles, le problème est le même; il faudrait en premier lieu au moins dater les grottes

fisquant les biens de l'Eglise de Rome en Sicile et en Calabre, Léon III, en 731, arrachera pour longtemps ces régions à l'autorité du pontife romain, en donnant aux populations grecques une nouvelle raison de s'épanouir [1].

b) *Naissances et renaissances: IXe-XIIe siècle.*

On ignorera toujours, faute de sources, la nature et l'extension du monachisme grec (et même peut-être de la population grecque) en Sicile jusqu'au XIe siècle [2]; en particulier on ne connaît du sort fait à celui-ci par les Arabes que ce qu'en disent quelques hagiographes, qui ont fait des raids arabes le thème de l'exode et l'origine de migrations vers le Nord (en particulier vers la Calabre) [3]. Il est attesté, certes, qu'un certain

---

monastiques et distinguer celles-là des autres, car on en connaît certaines qui peuvent remonter au VIIe siècle et avoir été occupées par des moines de Syrie ou de Palestine (R. Jurlaro, *Sulle precedenze cultuali paleocristiane di alcune grotte greche eremitiche del Salento*, Bollettino Bad. Gr. Grottaferrata, n. s., 16, 1962, p. 25-32); on peut aussi citer les objets d'art découverts *in situ*, comme les deux très belles boucles d'oreilles (VIe-VIIe s.) qui proviennent d'une tombe des environs d'Otrante (Tarente, Musée national, inv. n° 22617-22618), etc. Voir les dépouillements partiels édités par P. Orsi, *Sicilia Bizantina*, vol. I (*Collezione meridionale diretta da U. Zanotti-Bianco. Ser. III: Il Mezzogiorno Artistico*), Rome, 1942, in-4°, 249 p., et G. Agnello, *Le arti figurative nella Sicilia bizantina (Istituto siciliano di studi bizantini e neoellenici. Testi e monumenti pubblicati da B. Lavagnini... Monumenti, 1*), Palerme, 1962, in-4°, 374 p.

[1] F. Dölger, *Regesten (Corpus der Griechischen Urkunden..., Reihe A, Abt. 1, 1. Teil)*, Munich, 1924, n° 301.

[2] Les iconodules, en tout cas, ne sont pas venus grossir en masse la population grecque de Calabre ou de Sicile, car ils auraient retrouvé dans ces régions les lois impériales, qui les avaient amenés à s'exiler; les victimes de l'iconoclasme se sont réfugiées dans les territoires de l'Italie qui ne faisaient pas partie de l'Empire byzantin, à Rome, à Naples et dans les environs (voir Vie de s. Stéphane le Jeune, Migne, *P.G.*, t. 100, col. 1117, 1120). Si des moines iconodules ont pris le chemin de Lipari, comme le signale Théodore du Stoudiou dans l'une de ses lettres, c'est sous bonne garde et pour y vivre sous surveillance: Ὑπὲρ τίνος ἐν Λιπάρει τῇ ὑπερέκεινα Σικελίας ἀδελφοὶ ἡμῶν φυλακῇ τηρούμενοι; (Migne, *P.G.*, t. 99, col. 1071). Il ne peut s'agir, ici, de mouvement démographique d'une valeur sensible.

[3] Une semblable légende voudrait que le moine Théodore eût été chassé de son monastère de l'Olympe en Bithynie par un raid arabe, qui serait donc à l'origine de la fondation du monastère du Stoudiou. Pour l'Italie, lire les vies de s. Elias de Enna, de Léon-Luc de Corleone, de s. Elias le Spélaiôtès, de s. Luc de Demenna (F. Halkin, *Bibliotheca Hagiographica Graeca ...*,

nombre de moines furent tués à la chute de Syracuse (878) [1]; qu'il y ait eu des assassinats et des déportations, le fait est certain, mais il n'y eut pas de persécution; s'il y eut des départs de colonies monastiques siciliennes vers le continent et une progression de celles-ci vers le nord de la Calabre et la Lucanie, ils furent provoqués plus par l'insécurité économique et le goût de certains moines pour les retraites éloignées que par les sévices du nouvel occupant [2]. Au reste, plus d'un monastère grec poursuivit sous le régime arabe en Sicile sa paisible existence: S. Maria di Vicari dans le Val di Mazzara, S. Angelo di Brolo, S. Filippo e S. Barbaro dans le Val di Demenna, etc. [3]. Les dévastations et les pillages des cavaliers arabes doivent être ramenés à leur juste mesure; les récits des contemporains eux-mêmes nous y invitent: une troupe arabe parcourt-elle la région du Merkourion (haute vallée du Lao), les moines quittent leurs couvents et leurs ermitages pour se réfugier dans la montagne ou dans le καστέλλιον proche sous la protection de la troupe; la bourrasque passée, ils regagnent leurs cellules, pour constater que leurs pauvres affaires leur ont été dérobées [4]; et la vie reprend. S. Sabas fonde-t-il un monastère sur la rive du Sinni, non seulement il choisit le voisinage d'un καστέλλιον mais il assure, en outre, la première défense de son couvent en protégeant les abords par un rempart (προτείχισμα) [5]; et, face aux attaques ennemies, il ne faudrait pas penser que les moines grecs fuyaient toujours ou cherchaient toujours le martyre: s. Luc de Demenna, quand

Bruxelles, 1957, nᵒˢ 580, 581; *Bibliotheca Hagiographica Latina*, Bruxelles, 1900-1901, nᵒˢ 4842, 4978.)

[1] Voir M. Scaduto, *Il monachismo basiliano* ..., Rome, 1947, p. XXVI.

[2] Je me suis élevé récemment contre cette construction soutenue encore par L.-R. Ménager, *La « Byzantinisation » religieuse de l'Italie méridionale...*, *Revue d'Histoire Ecclésiastique*, 53, 1958, p. 747-774, dans l'*Introduction* à mon volume, *Les actes grecs de S. Maria di Messina. Enquête sur les populations grecques d'Italie du Sud et de Sicile (Istituto siciliano di studi bizantini e neoellenici. Testi e monumenti pubblicati da B. Lavagnini ... Testi*, 8), Palerme, 1963, p. 19-29, et dans un article récent, *Inchiesta sulla popolazione Greca della Sicilia e della Calabria nel Medioevo*, *Rivista Storica Italiana*, 75, 1, 1963, p. 53-68. Je crois pouvoir nier énergiquement les migrations massives des populations grecques imaginées par l'auteur.

[3] M. Scaduto, *Il monachismo basiliano* ..., Rome, 1947, p. 69.

[4] Vie de s. Elias le Spélaiôtès, *Acta SS.*, *Sept.*, *III*, § 69, p. 876; vie de s. Nil de Calabre, *Acta SS.*, *Sept.*, *VII*, 1867, § 30, p. 280.

[5] Vie de s. Sabas, éd. J. Cozza-Luzi, *Historia et laudes SS. Sabae et Macarii juniorum e Sicilia*, Rome, 1893, § 9, p. 17-18.

une troupe arabe est en vue, choisit les moines les plus courageux et les plus robustes du couvent et, tel un chef de guerre, enfourche son cheval et marche à l'ennemi; le texte qui raconte le fait ajoute que les Arabes, terrifiés par l'aspect de la monture du saint, qui leur apparaissait environnée de flammes, prirent la fuite [1]; on peut penser que l'allure décidée des compagnons de s. Luc et les armes qu'ils portaient auraient suffi à faire rebrousser chemin à l'ennemi. L'insécurité politique a donc eu pour conséquence la construction de monastères fortifiés et c'est la pénurie économique qui, dans ces régions d'équilibre vital précaire, a pu causer des déplacements sensibles de population [2]; un exemple, la région d'Agira, au sud de l'Etna, qui vient d'être parcourue par des bandes arabes, au milieu du Xe siècle, est victime d'une famine si totale que, si j'en crois un hagiographe, les parents mangèrent leurs enfants et les enfants leurs parents; on comprend la fuite des moines du couvent S. Filippo, situé au centre du fléau, vers les côtes calabraises [3]. Dans une autre région, et au milieu du XIe siècle, Drogo et sa bande normande, ravagent toute la région du Latinianon; le monastère S. Nicolas de Trypa, mis à sac, fut abandonné par son higoumène, Hilarion: les années passèrent, les désordres et l'insécurité ne diminuèrent pas, le monastère et ses terres retournèrent à la friche [4]. Telle est donc l'ambiance; mais je laisse dans l'ombre un problème démographique plus général qu'il faudra poser.

Peut-on localiser sur le terrain les principales institutions grecques pendant la grande période du monachisme? Ou, au moins, leur aire d'extension? Question d'importance, car, en relisant les sources hagiographiques, on reste convaincu que le monastère constitue un élément essentiel de fixation pour la population (lieu de pèlerinage ou point d'exploitation rurale et centre d'échanges). En Sicile, autour de Syracuse, de Taormine [5],

---

[1] Vie de s. Luc de Demenna, *Acta SS.*, *Oct.*, *VI*, p. 340.

[2] Voir A. Guillou, *Inchiesta sulla popolazione Greca* ..., *Rivista Storica Italiana*, 75, 1, 1963, p. 63.

[3] Vie de s. Sabas, éd. J. Cozza-Luzi, *Historia et laudes* ..., Rome, 1893, § VI, p. 13.

[4] Gertrude Robinson, *History and Cartulary of the Greek Monastery of St. Elias and St. Anastasius of Carbone*, II, 1, *Cartulary* (*Orientalia Christiana*, XV, 2), Rome, 1929, n° VIII-57, p. 172-175. La date du document reste à établir, l'auteur ne s'est pas rendu compte que les éléments de celle-ci, 6589 et indiction 9, ne concordent pas.

[5] M. Scaduto, *Il monachismo basiliano* ..., Rome, 1947, p. XXV-XXVI.

Agira[1], le val de Mazzara, le val de Demenna, toute la région de Rametta, Troina, et, naturellement, Messine[2]; en Calabre et Lucanie, les centres sont Reggio, Armo, Penditattilo, « Les Salines » (Melicuccà, Sinopoli, Seminara, Tauriana, S. Cristina)[3], la région de Mesiano[4], celle du Mont Mula près de Cassano[5], la région du Merkourion, sur les pentes occidentales du Mont Pollino[6], le Latinianon, sur le cours moyen du Sinni, avec Carbone, Teana, Chiaromonte, Noepoli (au Moyen Age Noa), et Kyr-Zosimo[7], toute la vallée du Cilento, jusqu'aux portes de Salerne[8], la région du Vulture[9], celle de Tricarico, avec la Théotokos del Rifugio[10]; dans les Pouilles, les recherches archéologiques ont permis de reconnaître habitats monastiques ou lieux de culte entre Otranto et le cap S. Maria di Leuca, entre Brindisi, Monopoli et Andria, enfin autour de Gravina, Matera et peut-être Massafra[11]; on connaît également l'existence de nombreux monastères grecs à Bari[12]. Aucune de ces fondations n'est datée, on s'en doute; les plus récentes ont choisi, parfois, des lieux de culte ou des centres monastiques abandonnés[13]. Mais cette préhistoire est difficile à saisir. Et ici s'achève ce que j'appellerais l'époque byzantine

---

[1] *Acta SS., Mart., 1,* p. 99.

[2] M. Scaduto, *Il monachismo basiliano* ..., Rome 1947, p. XXVI-XXXII.

[3] Voir, par exemple, vie de s. Elias de Enna (éd. G. Rossi Taibbi, *Vita di sant'Elia il Giovane (Istituto siciliano di studi bizantini e neoellenici. Testi e monumenti pubblicati da B. Lavagnini..., Testi, 7, Vite dei santi siciliani,* III), Palerme, 1962, ligne 595, p. 44, 205-206, et la carte hors-texte.

[4] *Ibidem,* ligne 784, p. 58.

[5] Vie de s. Léon-Luc de Corleone, *Acta SS., Mart., 1,* p. 100.

[6] Voir, par exemple, vie de s. Sabas, éd. J. Cozza-Luzi, *Historia et laudes* ..., Rome, 1893, § 7, p. 14.

[7] *Ibidem,* § 9, p. 17-18.

[8] B. Cappelli, *I Basiliani nel Cilento Superiore, Bollettino Bad. Gr. Grottaferrata,* n.s., 16, 1962, p. 9-21.

[9] J. Gay, *L'Italie méridionale et l'Empire byzantin* ..., Paris, 1904, p. 267.

[10] A. Guillou-W. Holtzmann, *Zwei Katepansurkunden aus Tricarico, Quellen und Forschungen aus italienischen Archiven und Bibliotheken,* 41, 1961, p. 19, l. 43 et p. 27-28.

[11] Alba Medea, *Gli affreschi delle cripte eremitiche pugliesi (Collezione meridionale dir. da U. Zanotti-Bianco. Ser. III, Il Mezzogiorno artistico),* Rome, 1939, p. 21; E. Jacovelli, *Gli affreschi bizantini di Massafra,* Massafra, 1960, in-fol., 45 pages.

[12] Gertrude Robinson, *op. cit.,* p. 138, n. 1.

[13] Vie de s. Sabas, éd. J. Cozza-Luzi, *Historia et laudes* ..., Rome, 1893, § 3, p. 8; vie de s. Luc de Demenna, *Acta SS., Oct., VI,* p. 340.

du monachisme grec d'Italie du Sud et de Sicile; retenons qu'il déborde les « frontières », assez imprécises d'ailleurs, entre les thèmes byzantins et les principautés lombardes, et qu'il se maintient dans la Sicile arabe.

Avec l'arrivée des princes normands en Italie du Sud, on assiste à la création ou à la restauration de grands centres monastiques, ce qui n'est pas contraire aux traditions monastiques grecques, comme on le verra plus bas, mais ce qui manifeste de la part du pouvoir un désir de centralisation; les anciennes institutions sont ainsi placées sous l'autorité de ces centres: S. Elias de Carbone, pour la Basilicata, S. Jean le Moissonneur à Stilo pour l'Aspromonte, S. Maria del Patir à Rossano pour la Sila, S. Nicolas de Casole près d'Otranto pour la Lucanie et les Pouilles, S. Salvatore di Messina pour la Sicile [1]; concentration necessitée par l'état de décadence de nombreux couvents, ou voulue par la structure du nouveau royaume? J'ai cru pouvoir établir, après une enquête particulière dans quelques dossiers d'archives que le niveau démographique et culturel des populations grecques de Calabre s'était maintenu jusqu'à la fin du XIIe siècle; si je ne me trompe, on peut donc admettre la volonté des princes normands de contrôler les nombreuses institutions monastiques grecques par la fondation de couvents importants et richement dotés, tout en tolérant la fondation ou la restauration de couvents grecs dans les régions de population grecque majoritaire.

c) *Extinction: XIIIe-XVe siècle.*

Le monachisme grec, comme la population grecque en général, est entré dans le vêtement normand qui l'étouffera: coupé, désormais, des grands foyers orientaux de spiritualité et de culture, au milieu d'une population latine de plus en plus largement majoritaire, bientôt même, sous les Angevins et les Aragonnais, dans un climat d'insécurité ou de guerre permanente, quelquefois d'hostilité marquée de la part du pouvoir, il s'étiole peu à peu; le recrutement devient impossible, la discipline est mal consentie, la culture, pour les meilleurs, a été abandonnée pour l'ascèse la plus extravagante [2]. Les papes tenteront de réformer « l'Ordre de s. Basile » comme disait la Curie romaine; mais la commende avait achevé sur le plan matériel ce qui demeurait encore debout. Bessarion,

---

[1] K. Lake, *The Greek Monasteries in South Italy, The Journal of Theological Studies*, 5, 1904, p. 24-27.

[2] Vie de s. Philarétos, *Acta SS., April., I*, p. 607, 608, 609, etc.

malgré tout son zèle, travaillera en vain à relever les institutions mortes;
les deux visiteurs qu'il enverra en inspection dans les monastères de
Calabre, Athanase Chalkéopoulos et Macaire, lui rapportent en 1457-1458
un long procès-verbal qui constitue le dernier jalon historique de cette
histoire de huit siècles: beaucoup de monastères sont en ruines, les moines
sont tous latins, les biens qui ne sont pas en friche sont exploités par des
gens avides et sans scrupules [1]. L'histoire du monachisme grec en Italie
du Sud et en Sicile doit être close ici.

Telles sont les annales commentées de ce monachisme, dont je voudrais essayer maintenant de comprendre le rôle dans l'histoire de la
civilisation de ces régions.

II. – Le fait monastique dans l'économie et dans la société

Pour Basile de Césarée, maître incontesté des moines orientaux,
l'idéal du moine était de découvrir la mesure entre le Βίος πρακτικός
et le Βίος θεωρητικός, — traduisons la vie active et la vie contemplative —, pour atteindre Dieu et assurer ainsi le salut de son âme [2].

A) Βίος πρακτικός, ou monachisme grec et économie en Italie du
Sud et en Sicile.

« Il convient que le moine se livre à des travaux appropriés à son
état, de ceux qui ne comportent aucun trafic ou de trop grands tracas
ou des gains scandaleux, de ceux qui peuvent être exécutés aussi à l'intérieur du monastère, où nous nous trouvons le plus souvent, afin que,
d'une part, le travail soit fait et que, d'autre part, l' ἡσυχία soit conservée... », dit l'auteur des Διατάξεις [3], qui conclut, ailleurs, que ce sont
les travaux des champs qui lui paraissent le mieux convenir à l'état mo-

---

[1] M.-H. Laurent-A. Guillou, Le « Liber Visitationis » d'Athanase Chalkéopoulos (1457-1458). Contribution à l'histoire du monachisme grec en Italie
méridionale (Studi e testi, 206), Cité du Vatican, 1960, p. XXIV-XLV.

[2] Migne, P.G., t. 31, col. 881: Ὁ ἀσκητικὸς βίος ἕνα σκοπὸν ἔχει, τὴν τῆς
ψυχῆς σωτηρίαν.

[3] Migne, P.G., t. 31, col. 1360; la nécessité du travail manuel est maintes
fois soulignée par le père du monachisme byzantin, voir encore col. 772,
876, 1009-1018, 1349.

nastique¹; mêmes prescriptions chez Dorothée de Gaza au VIᵉ siècle ²
et chez Théodore de Stoudiou, le réformateur du monachisme grec, au
IXᵉ siècle ³; il ne manque plus aucun jalon jusqu'à nos *moines défricheurs*
d'Italie du Sud et de Sicile ⁴.

C'est bien là, en effet, l'activité la plus impressionnante des moines
grecs en Sicile, en Calabre, en Lucanie et jusque dans les Pouilles au Xᵉ
siècle; ils transforment la forêt ou la lande en terres de culture (χωράφια
dans les textes grecs); s. Elias le Spélaiôtès au début du siècle fait couper
des arbres immenses à ses disciples ⁵, le père de s. Sabas le Jeune près
d'Agira, en Sicile, au milieu du siècle doit gagner sur la nature à la force
de ses bras l'espace où il élèvera oratoire et skite ⁶, à la même époque
Jônas, moine de la Théotokos del Rifugio au sud de Tricarico, défriche
un large espace de terres voisines de son couvent ⁷, Sabas et Macaire
défrichent dans la région du Merkourion, dans la haute vallée du Lao ⁸,
puis au nord-est du mont Pollino, dans la vallée moyenne du Sinni, dans
cette région appelée Latinianon ⁹. Les Vies de Saints affirment donc que
les moines grecs défrichaient au Xᵉ siècle et certaines nous laissent déduire

---

¹ Migne, *P.G.*, t. 31, col. 1016-1017.
² Migne, *P.G.*, t. 88, col. 1649, 1652. La bibliographie sur l'abbé Dorothée se trouve dans H.-G. Beck, *Kirche und theologische Literatur...*, Munich,
1959, p. 396.
³ Grande Catéchèse, éd. J. Cozza-Luzi, *Novae Patrum bibliothecae ab
Aug. card. Maio collectae tomi noni pars II*, Rome, 1888, p. 48; Petite Catéchèse, éd. E. Auvray, *Theodori Studitis praepositi, Parva Catechesis*, Paris,
1891, p. 208: Τοῖς ἐργοχείροις ἡμῶν προσέχοντες, ταῖς ψαλμωδίαις, ταῖς στιχολο-
γίαις, ταῖς ἀγνώσεσιν ...., et p. 298; voir J. Leroy, *La réforme studite*, dans
Il monachesimo orientale (Orientalia Christiana Analecta, 153), Rome, 1958,
p. 191-192. Sur Théodore, on trouvera la bibliographie dans H.-G. Beck,
Kirche und theologische Literatur ..., Munich, 1959, p. 491-495.
⁴ On verra plus bas l'influence exercée par le réformateur constantinopolitain sur les monastères grecs de l'Italie du Sud et de la Sicile.
⁵ *Acta SS.*, *Sept.*, *III*, § 68, p. 875: Ὡς γὰρ προετρέπετο τοὺς οἰκείους
μαθητὰς δένδρα παμμεγεθῆ ἐκκόπειν...
⁶ Ed. J. Cozza-Luzi, *Historia et laudes* ..., Rome, 1893, § 3, p. 8: Τὴν
ὕλην διακαθάρας ...
⁷ A. Guillou-W. Holtzmann, *Zwei Katepansurkunden aus Tricarico*,
Quellen und Forschungen ..., 41, 1961, p. 26 et 27, l. 19-20: Ὁ Ἰωνᾶς ἐκεῖνος,
ὁ τὸν τόπον αὐτὸν ὑλοκοπήσας καὶ ἐκκαθάρας μοναχὸς ὢν τῆς τοιαύτης μονῆς ...
⁸ Ed. J. Cozza-Luzi, *Historia et laudes* ..., Rome, 1893, § 7, p. 15.
⁹ Ed. J. Cozza-Luzi, *Historia et laudes* ..., Rome, 1893, § 9, p. 17:
Καὶ δὴ τὴν μὲν ὕλην ἀμφιλαφῆ οὖσαν ἀνακαθαίρει ...

qu'au siècle précédent il en fut autant: Jônas, près de Tricarico ne fait que poursuivre l'œuvre commencée par ses prédécesseurs [1], de même Sabas au Merkourion [2] et Elias aux Salines et ici le pionnier a dû être Elias de Enna cinquante ans plus tôt [3], etc.; le grand moment des défrichements en Italie du Sud fut-il le Xe siècle ou même plus précisément la première moitiée du Xe siècle? J'en ai l'impression, et aucun texte n'y contredit.

Qui dit défrichements dit accroissement de la demande en biens de consommation, même si, ici, ils sont très modestes. Cet accroissement peut-être dû à une montée de la démographie, dont l'origine la plus simple serait à rechercher dans l'Empire byzantin (le Xe siècle est aussi l'époque des défrichements monastiques au Mont-Athos [4] et au Latros [5]), si on admet que les migrations locales ne sont pas importantes en volume. C'est une hypothèse de recherche.

Qui dit défrichements dit mise en exploitation de nouvelles terres, le plus souvent après écobuage; Sabas et Macaire trouvent-ils dans le Merkourion un site qui leur semble propice pour un établissement monastique, ils détruisent arbres et buissons par le feu, assainissant ainsi la terre qui se trouve prête pour une culture de dix à quinze ans [6].

Qui dit défrichements dit, enfin, fixation au sol d'une population rurale; les premiers bénéficiaires en sont, naturellement, les moines. Dans leur fuite les moines parviennent en un lieu désert près de la mer,

---

[1] Le monastère de la Théotokos del Rifugio auquel appartient Jônas menait, avant même la donation que lui fit Jônas, une existence normale: il avait conquis son existence sur la forêt; voir A. Guillou-W. Holtzmann, *Zwei Katepansurkunden aus Tricarico, Quellen und Forschungen...*, 41, 1961, p. 27.

[2] Il trouve à son arrivée une véritable cité monastique, élevée avant lui aux dépens de la forêt; voir éd. J. Cozza-Luzi, *Historia et laudes...*, Rome, 1893, § 7, p. 14.

[3] G. Rossi Taibbi, *Vita di sant'Elia ...*, Palerme, 1962, ligne 595, p. 44.

[4] Ph. Meyer, *Die Haupturkunden für die Geschichte der Athosklöster*, Leipzig, 1894, p. 105 (Typikon d'Athanase).

[5] H. Delehaye, *Vita s. Pauli junioris in monte Latro cum interpretatione Latina Jacobi Sirmondi S. J.*, Analecta Bollandiana, 11, 1892, p. 14-15.

[6] Vie de s. Sabas, éd. J. Cozza-Luzi, *Historia et laudes...*, Rome, 1893, § 9, p. 17-18. C'est l'écobuage; sur les ressources, maigres mais diverses, de ces sols voir A. Guillou, *Les actes grecs de S. Maria di Messina ...*, Palerme, 1963, p. 26-29, et id., *Inchiesta sulla popolazione Greca...*, *Rivista Storica Italiana*, 75, 1, 1963, p. 61-63.

ils découvrent un oratoire : ils voient là le dessein de Dieu; ils défrichent donc l'emplacement nécessaire à leur installation, construisent un nouveau sanctuaire, réunissent un grand nombre de disciples et fondent ainsi un très célèbre couvent, où ils rivalisent dans l'action et la contemplation. Ceci est un exemple type: celui de la naissance du monastère Saint-Laurent dans le Latinianon [1]. On se doute bien que les bâtiments conventuels ne suffisent pas pour constituer la cellule économique qui se forme; les textes nous permettent d'y ajouter seulement le moulin à grain, et, une fois, une saline [2]. Il faut suppléer le silence des sources et nantir le nouvel établissement des installations et de l'équipement requis par toute exploitation agricole. Les moines, dit, en effet, l'un des plus brillants des fondateurs calabrais, s. Nil, qui doivent se suffire à eux-mêmes, font donc tous les travaux des champs [3]. C'était aussi les consignes laissées par Théodore de Stoudiou à ses moines de Constantinople [4].

Les moines ne suffisent bientôt plus à l'exploitation des terrains qu'ils gagnent sur la friche, ils font alors appel à la main d'œuvre civile et prennent ainsi place, sous le régime byzantin, dans la classe enviée des propriétaires terriens. C'est ainsi que le monastère de la Théotokos del Rifugio, près de Tricarico, fondé peut-être au début du Xe siècle, reçoit de l'un de ses moines, à sa mort, une belle étendue de terrains proches du couvent; l'higoumène, Kosmas, appelle des ἐλεύθεροι, paysans dégagés d'obligations vis-à-vis du fisc, pour exploiter le nouveau domaine; quinze années suffisent pour que la nouvelle exploitation soit organisée et assez prospère pour intéresser le cadastre et le fisc impériaux: le représentant de l'administration impériale, à cette date, en effet, reconnaît par un document solennel au monastère la propriété du nouveau *chôrion*

---

[1] Vie de s. Sabas, éd. J. Cozza-Luzi, *Historia et laudes* ..., Rome, 1893, § 9, p. 17-18.

[2] Vie de s. Elias le Spélaiôtès, *Acta SS.*, Sept., *III*, § 43, p. 86⁻: ... ἐργασάμενος τήν τε ἁλικὴν εἰς χρείαν τῆς μονῆς καὶ μικρὸν ἐργαστήριον εἰς τὸ τὸν σῖτον ἀλήθειν ...

[3] Vie de s. Nil, *Acta SS.*, Sept., *VII*, § 31, p. 280: Ὄντος δὲ αὐτοῦ ἐν τῷ μοναστηρίῳ τὸ πρὶν διὰ τὸν θερισμὸν ...

[4] Pour Théodore le monastère est une cité économiquement autonome, comme l'a vu J. Leroy, *La réforme studite*, dans *Il monachesimo orientale* (*Orientalia Christiana Analecta*, 153), Rome, 1958, p. 191-192.

(χωρίον), mot qui désigne la circonscription fiscale dans la langue administrative grecque [1].

Dans le monde religieux de la vie byzantine, il va de soi que la nouvelle circonscription fiscale était dégrevée de toute charge vis-à-vis de l'État [2]. Les revenus de l'exploitation pouvaient donc être consacrés à son entretien et à son extension. Mais les produits du sol ne constituaient pas toujours l'unique ressource du monastère. Non contents d'abandonner aux institutions monastiques les taxes qu'ils étaient en droit de percevoir sur les propriétés, le gouvernement byzantin, l'Empereur, les grands personnages de l'Empire, assuraient leur salut éternel en dotant richement les couvents qui étaient, à leurs yeux, les intermédiaires efficaces entre la terre et le ciel: le monastère des Salines, fondé par Elias de Enna, reçoit ainsi de l'empereur Léon VI un grand nombre de biens-fonds (κτήματα) et une quantité importante de revenus (πρόσοδοι) [3]. C'est un exemple.

La puissance économique de cette population rurale, groupée autour du propriétaire gros ou petit, le monastère, fut certainement un élément important de la vie agricole (sinon commerciale) de ces régions, par son unité et par sa stabilité. Le monastère est une cité économique autonome et hiérarchisée, ici, comme ailleurs dans l'Empire. L'image juridique de ce fait économique se trouve encore dans Théodore de Stoudiou [4].

L'higoumène devient donc, sinon propriétaire [5], du moins gérant responsable des domaines qui lui sont confiés. Le taxiarque Kalôn, père

---

[1] Voir A. Guillou-W. Holtzmann, *Zwei Katepansurkunden aus Tricarico*, *Quellen und Forschungen*, . . ., 41, 1961, p. 26-28.

[2] *Ibidem*.

[3] G. Rossi Taibbi, *Vita di sant'Elia*. . ., Palerme, 1962, ligne 1632, p. 120.

[4] Voir par exemple, la Grande Catéchèse, éd. J. Cozza-Luzi, p. 13: Μὴ διαιρούμενοι ταῖς γνώμαις, μηδὲ ἐθελοθρησκοῦντες ταῖς ἐπιθυμίαις, μηδὲ μεριζόμενοι ταῖς σαρκικαῖς σχέσεσι, μηδὲ κατατεμνόμενοι ταῖς ἰδιοκτημοσύναις, ἀλλ' ἐν ἑ ἑ καὶ τῷ αὐτῷ πνεύματι συμβιβαζόμενοι καὶ συναριθμούμενοι, καὶ πρὸς μίαν ἔφεσιν, δουλεύειν καὶ εὐαρεστεῖν Κυρίῳ, ὡς ἐν ταύτῃ τῇ ἀγγελικῇ καὶ κοινοβιακῇ ζωῇ· et p. 38, Ἵνα ἕκαστος καθὼς διετάχθη ἐν τῇ διακονίᾳ αὐτοῦ παραμένων χρησιμεύσῃ, ῥυθμίζων ἑαυτὸν ἐν πάσῃ ἀγαθῇ πράξει· et p. 202, πρὸς τὸ κοινῇ γὰρ σύμφερον ἅπαντες ἀποσκοποῦμεν . . . (voir Petite Catéchèse, éd. A. Auvray, p. 151, 437).

[5] On sait que d'après le droit canon byzantin les moines ne peuvent être propriétaires (Photius, *Syntagma Canonum*, P.G., t. 104, col. 836: Οἱ μοναχοὶ οὐδὲν ἴδιον ὀφείλουσιν ἔχειν); le sujet est à traiter.

du spatharokandidat Jean, avait donné tout ᴗ qui lui appartenait, terrains, vignes, arbres fruitiers, moulin, situés sur le territoire du châteaufort qu'il avait construit, au moine Gérasimos, pour qu'il y élevât un sanctuaire et un monastère, avec cette clause que, si Gérasimos ne veillait pas à la prospérité de la propriété (εἰς αὔξησιν τοῦ τοπίου), celle-ci serait confiée à un autre moine. Le donateur mort, le spatharokandidat Jean constate l'incurie de l'higoumène; il se met d'accord avec son frère pour congédier Gérasimos et confie l'exploitation et le monastère S. Nicolas au moine Hilarion. Les déprédations commises par les Normands, la chute du régime byzantin en Lucanie et en Calabre, sont accompagnées ou suivies dans la région de troubles économiques parfois déterminants: le moine Hilarion, quant à lui, renonce et abandonne son couvent, après avoir restitué au propriétaire la convention écrite qui lui en donnait la responsabilité spirituelle et temporelle. Quelques années après, le spatharokandidat confie le domaine et le couvent à l'important monastère voisin de S. Anastasios de Carbone [1].

Un siècle plus tard, en Sicile normande, Oulô, fille de Jean Grapheus, un grand officier de l'administration royale, et son mari Roger, un haut fonctionnaire de Messine, fondent et dotent deux monastères grecs, l'un de femmes à Messine même, l'autre d'hommes sur la rivière Bordonaro, au sud de la ville. On a conservé le texte de la convention écrite (ἔγγραφος συμφωνία) passée entre la donatrice (car elle cède son bien) et l'higoumène Arsénios pour le second monastère: celui-ci s'engage à célébrer chaque année un office en l'honneur de la donatrice et un autre en l'honneur de son époux, et à prendre soin, avec une égale attention, des intérêts spirituels et temporels du couvent. Oulô conserve, sa vie durant, la propriété de ses biens qui, à sa mort, passeront à la communauté [2]. Jusqu'ici je ne vois rien de changé dans le régime de gestion des monastères entre l'époque normande et l'époque byzantine. Ce n'est qu'une apparence. Lisons, en effet, plus attentivement. Le nouvel higoumène est choisi en 1189 par Oulô, qui, en principe pourtant, *a donné* son bien

---

[1] Gertrude Robinson, *op. cit.*, n⁰ VIII-57, p. 173-174.

[2] Une copie du document, faite en 1731, par Joseph Vinci, prôtopapas des Grecs de Messine, est conservée à la Bibliothèque Communale de Palerme (Ms. QQ. H. 237, fol. 15-19v⁰) avec une traduction latine de l'auteur (fol. 417-419 v⁰). Elle est éditée et commentée dans mon ouvrage, *Les actes grecs de S. Maria di Messina* ..., Palerme, 1963, *Appendice II*, p. 197-214.

au monastère, et avec l'accord des *boni homines* (χρησιμοὶ ἄνδρες), représentants de la juridiction gracieuse qui assistent le propriétaire; les mêmes
peines spirituelles et financières (très lourdes) sanctionnent l'higoumène
qui négligerait ses devoirs de chef religieux et celui qui négligerait ses
devoirs de chef d'exploitation; d'autre part, la redevance annuelle, fort
élevée, qui grève la donation et qui est destinée, d'après les termes du
contrat, à payer les frais du culte consacré à la mémoire des deux époux
donateurs, est un cens, le terme même employé (κατετούσιον) ne laisse
aucune place au doute: enfin, le « seigneur » du couvent, c'est-à-dire la
donatrice et sa famille, y auront toujours droit au gîte, au couvert et aux
honneurs traditionnels: la scène se passe en terre *féodale* normande, la
propriétaire grecque loue son bien (monastère et exploitation agricole)
à l'higoumène et renonce à celui-ci seulement à sa mort en faveur du
monastère [1]. L'higoumène (προεστώς) reçoit, temporairement, délégation
d'autorité sur la cellule féodale que constitue le monastère (biens-fonds
et personnes, en particuliers les deux serfs mentionnés dans le document),
avant de devenir seigneur lui-même par élection en principe de la communauté [2].

C'est dans cette hiérarchisation des liens personnels et matériels,
propre aux institutions féodales et ignorée des institutions grecques au
Moyen Age, que je crois pouvoir trouver l'origine de la formation des
grands centres monastiques grecs de l'époque normande, témoins heureux
d'une politique intéressée peut-être, mais avisée. Je ne puis déterminer
le sens de ces créations de la fin du XIe siècle et du XIIe siècle ou de
telle ou telle naissance, avant de les avoir localisées géographiquement
toutes, d'une part, et, d'autre part, avant d'avoir fixé la courbe économique de ces régions entre le début et la fin du XIe siècle.

Etendons le champ d'observation du problème. Lors de l'arrivée
des Normands, S. Anastasios de Carbone est un monastère prospère:
il possède le monastère de l'Archistratègos au nord-ouest de Chirico,
celui de la Mère de Dieu, tous les deux dans le Latinianon, le métoque
de S. Sofia à Bari, le monastère de la Théotokos de Casanite, l'église de
S. Pancrace, et il a rassemblé sous son autorité (spirituelle et économique)
les skites, laures, couvents et autres ermitages de Noia et d'Armento,

---

[1] *Ibidem.*
[2] *Ibidem.*

Tout ceci paraît avoir été l'œuvre du second Luc peu avant le milieu du XIe siècle. Les seigneurs normands de Carbone, les Chiaromonte, vingt-cinq ans plus tard par leurs donations accroissent considérablement les propriétés du monastère, leurs successeurs au XIIe siècle feront du monastère byzantin un redoutable concurrent des fondations bénédictines latines. Dès la fin du XIe siècle il a réuni sous son contrôle tous les petits monastères grecs de la région, et, plus tard, tous ceux compris à l'intérieur d'une ligne réunissant Salerne, Eboli, Conza, Melfi, jusqu'au Bradano, suivant la côte ensuite jusqu'à Pollicoro et Cerchiara (moins Cassano, possession de l'évêque de Bari), longeant la vallée du Lao, rejoignant Belvedere au Sud pour suivre enfin de nouveau la côte jusqu'à Salerne [1]. La puissance de l'higoumène Hilarion, au milieu du XIIe siècle, lui permet de se défendre avec succès en justice contre les plus grands seigneurs; je pense au procès qu'il gagna contre Robert, katépan de la vallée du Sinni [2]. Premier exemple d'une baronnie monastique féodale née d'un centre monastique grec déjà prospère.

Observons maintenant une création: celle de Saint-Sauveur de Messine. Je dis tout de suite que l'image que l'on en connaît restera floue, tant que les problèmes posés par la reconstitution des archives du monastère n'auront pas été examinés et tant que l'édition commentée des textes connus n'aura pas été entreprise par un spécialiste. Je vois cette création, pour le moment, ainsi, d'après le texte organique signé par le roi Roger II en mai 1131: il est créé « a la pointe du phare » de Messine un grand monastère destiné à être la maison-mère de tous les monastères grecs qui sont soumis à sa juridiction, soit une quarantaine environ, divisés en monastères mineurs qui seront administrés par des économes envoyés par le Saint-Sauveur de Messine, et en monastères indépendants administrés par des higoumènes, choisis par leur communauté, avec approbation de l'archimandrite du Saint-Sauveur; car tel était le nom du chef de cette « congrégation » du genre bénédictin. L'archimandrite, élu par les moines du Saint-Sauveur, fait ratifier son élection par le roi, avant de recevoir la bénédiction: il ne dépend d'aucune autorité ecclésiastique, ne relève

---

[1] Gertrude Robinson, *History and Cartulary of the Greek Monastery of S. Elias and St. Anastasius of Carbone. I. History* (*Orientalia Christiana*, XI, 5), Rome, 1928, p. 285-302.

[2] Gertrude Robinson, *op. cit.*, p. 298-299.

que du roi, mais verse un cens à l'évêque de Messine [1]. On a reconnu
l'exemple type de la grande seigneurie monastique médiévale d'Occident. L'archimandrite de Saint-Sauveur de Messine est, en effet, un des
plus grands feudataires de Sicile, ses biens domaniaux sont exemptés de
charges seigneuriales, ses biens allodiaux (donations, biens personnels des
moines, biens achetés à des prix dérisoires) sont considérables; tous ne
peuvent que s'accroître puisque la propriété monastique est inaliénable [2].
Et il semble bien que l'agent grec des grandes créations centrales normandes ait été, directement ou indirectement, le fondateur de S. Marie du
Patir de Rossano, s. Barthélémy et il s'est inspiré, il le dit textuellement,
des constitutions monastiques (τυπικά en grec) du Stoudiou, du Mont-
Athos et de S. Sabas de Jérusalem.

L'histoire du temporel de S. Marie du Patir de Rossano et de S.
Jean Théristès de Stilo, qui pourra être écrite, celle de S. Nicolas de
Casole, qui ne pourra être qu'esquissée, faute de sources, étendra la description de ces nouvelles puissances économiques féodales; chacune mérite
une monographie; elles sont nées de la volonté de ne pas laisser périr des
institutions grecques byzantines alors en décadence économique, (comme le reste des autres classes paysannes en Italie sans doute, dans la
deuxième moitié du XIe siècle) [3], mais aussi de la volonté de les inclure
dans un cadre institutionnel, d'où les excluait leur nature première;
substitution d'un lien juridique autoritaire à des liens simplement spirituels, qui rattachaient chacune des skites d'Italie au patriarche de Constantinople et à l'Empereur, par le lien de l'εὐταξία, qui est le bon ordre
de la société humaine dans l'ordre de la Création.

---

[1] Editions: 1) S. Cusa, *I diplomi greci ed arabi di Sicilia*, 1, 1, Palerme,
1868, p. 292-294 (d'après une copie faite par Antonino Amico au XVIIe
siècle); 2) G. Spata, *Diplomi greci inediti*, *Miscellanea di storia italiana*, 9,
1870, p. 94-101 (d'après la même copie); une autre copie du XVIIe siècle
est conservée à Rome, Bibl. vat., *Cod. Vat. Lat.*, n° 8201, fol. 128-129. L'acte
est relevé par E. Caspar, *Roger II (1101-1154) und die Gründung der norman-
nisch-sicilianischen Monarchie*, Innsbruck, 1904, p. 507, n° 69; voir une analyse
du document dans M. Scaduto, *Il monachismo basiliano ...*, Rome, 1947,
p. 75-77.

[2] La description touffue, mais convaincante de cette puissance est à
lire dans le volume de M. Scaduto, *Il monachismo basiliano ...*, Rome, 1947,
p. 217-265.

[3] M. Scaduto, *Il monachismo basiliano...*, Rome, 1947, p. 185.

C'est le rôle des monastères grecs d'Italie du Sud et de Sicile dans
l'histoire économique du Moyen Age que je me suis efforcé d'examiner
et d'expliquer jusqu'à présent; si cette base peut être considérée comme
suffisamment ferme, pénétrons à l'intérieur de ces couvents et immiscons
nous quelque peu dans leur intimité.

B) Βίος θεωρητικός, ou société monastique et spiritualité grecques
en Italie du Sud et en Sicile.

Avant d'essayer de comprendre les cadres spirituels de la vie monastique grecque, il me paraît nécessaire, en introduction, de faire connaissance avec les hommes et de les placer dans le cadre matériel de leur vie
journalière.

1) Introduction

a) *Images de couvents.*

Suivons Christophe et son fils, Macaire, cheminant en Calabre à la
recherche d'une retraite, au milieu du Xe siècle; ils arrivent au Merkourion, région montagneuse couverte de forêts et peuplée de moines disséminés ça et là: « Certains mènent la vie absolument érémitique », écrit
l'hagiographe, « et passent toute leur vie sans autre interlocuteur que
Dieu, d'autres habitent dans une quantité de laures, où ils pratiquent
l'ἡσυχία, d'autres, enfin, suivant une règle mixte, acceptent le combat
pour l'obéissance »[1]. Ce sont là, décrits en un langage un peu fruste,
les trois modes de vie des moines grecs du Merkourion comme des autres
centres monastiques du monde byzantin: *l'ermitage* inaccessible, *le
monastère* composé d'un certain nombre de petites demeures séparées
voisines de l'église conventuelle, et, enfin, *la demeure à l'écart* du moine
qui a reçu de son higoumène l'autorisation de s'isoler pour un temps plus
ou moins long. A ces trois modes de vie correspondent trois formes de
résidences monastiques, dont il reste un assez grand nombre de vestiges

---

[1] Vie de s. Sabas, éd. J. Cozza-Luzi, *Historia et laudes* ..., Rome, 1893,
§ 7, p. 14: Ένθα ὅτι πλεῖστοι κατῴκουν μοναχοὶ πόνοις ἀσκήσεως εὐτόνως ἐγγυ-
μναζόμενοι · οἱ μὲν τὸν ἐρημικὸν πάντη καὶ ἄμικτον μετερχόμενοι βίον καὶ τῷ Θεῷ
προσλαλοῦντες μόνῳ, οἱ δὲ οἰκίσκοις ἡσυχίαν ἱκανοῖς παρέχειν ἐγκαταμείνοντες, ἕτεροι
δὲ μιγάδι στοιχοῦντες κανόνι καὶ τὸν τῆς ὑποταγῆς ἄθλον ἀνύοντες.

incomplètement inventoriés dans tout le sud de l'Italie et en Sicile [1]. J'ai employé le terme imprécis de « résidences », car, jusqu'à l'époque normande où les nouveaux centres furent pourvus de bâtiments importants, la diversité et la rusticité des établissements, allant de la grotte humblement aménagée aux constructions élaborées, et, pour parler en termes économiques, du gîte pastoral le plus élémentaire à l'exploitation rurale, sont l'image la plus vraisemblable, dans l'état actuel de nos connaissances. Il faudrait distinguer encore, bien sûr, entre les installations urbaines et les centres ruraux, puis déterminer les rapports, s'il y en eut, entre les deux: c'est ainsi que les monastères ruraux aidaient le monastère constantinopolitain du Stoudioù [2].

Mais je voudrais insister encore sur cette image descriptive des installations monastiques et ajouter, à l'intention de ceux qui s'occupent de l'histoire du monachisme occidental, que les trois formes citées du monachisme oriental cohabitent et ne sont pas, comme on l'a cru quelquefois, trois stades d'une évolution [3]; le moine d'un monastère cénobitique peut quitter le couvent et mener, non loin, la vie retirée de l'ascète pour rentrer ensuite dans le cadre cénobitique; celui qui, comme Sabas ou Macaire, gagne un centre monastique, peut se fixer dans une grotte ou une caverne, celle-ci sera, en général, située à proximité d'un monastère [4],

---

[1] Les professeurs Adriano Prandi, Agostino Pertusi et moi-même avons obtenu que les savants réunis à Passo della Mendola (Trento) au mois de septembre 1962, pour traiter de « L'eremitismo in Occidente nei secoli XI e XII », émettent le vœu que soit institué à l'Université de Bari un centre international (dit « Centro per lo studio delle sedi eremitiche e cenobitiche d'Italia ») qui serait chargé de centraliser la documentation bibliographique et monumentale dispersée en Italie du Sud et en Sicile, en vue de la rédaction d'une carte archéologique et de la publication des monuments. On peut espérer la réalisation de ce projet.

[2] J. Leroy, *La réforme studite*, dans *Il monachesimo orientale* (*Orientalia Christiana Analecta*, 153), Rome, 1958, p. 206.

[3] K. Lake, *The Greek Monasteries in South Italy*, *The Journal of Theological Studies*, 4, 1903, p. 364, imagine à tort, je crois, une évolution chronologique de chaque institution depuis l'ermitage jusqu'à la laure et au monastère; le texte cité ci-dessus (p. 97, n. 1) prouve le contraire. Une étude sémantique à faire des termes employés pour désigner les établissements monastiques écarterait aussi l'interprétation du savant anglais.

[4] Dans le Merkourion, Nil remarque une grotte, qui était située à peu de distance des monastères, σπήλαιον δέ ἐστιν οὐ μακρὰν τῶν μοναστηρίων (Vie de s. Nil, *Acta SS.*, *Sept.*, *VII*, § 13, p. 270).

dont l'anachorète dépendra plus ou moins. Cet échange perpétuel entre la vie cénobitique et la vie érémitique, sans qu'il y ait, comme on le verra ensuite, à opposer les deux modes de vie, explique l'aspect hétéroclite et désordonné des sites monastiques grecs et l'originalité de ces groupements: la naissance de ces centres serait à chercher et dans des lieux de culte païens ou chrétiens (païens, puis chrétiens) antérieurs et dans des ermitages plus ou moins légendaires, celui de s. Luc pour le Latinianon, celui de s. Sabas pour le Merkourion, celui de s. Elias dans Les Salines et tant d'autres.

Le microcosme monastique formé d'*un* couvent organisé contrôlant et protégeant un certain nombre de skites et d'ermitages isolés a pu s'élargir en Italie, comme dans le reste du monde byzantin, en une véritable « *confédération* » de monastères placée sous l'autorité du centre le plus puissant. Je prends un exemple en Asie mineure, pour écarter certaines interprétations qui voulaient voir dans les associations de monastères grecs en Italie une création latine; celui de S. Paul sur le mont Latros (Besh-parmak) près de Palatia (l'ancienne Milet) en Asie Mineure: en septembre 1222, le patriarche Manuel Ier lui restitue l'archimandritat qui était passé au monastère τῶν Κελλιβάρων; l'higoumène de S. Paul est responsable désormais de la discipline dans les dix monastères patriarcaux fixés sur les flancs de la montagne [1]. Je citerai encore le monastère du Stoudiou à Constantinople qui contrôlait le Sakkoudion sur le mont Olympe en Bythinie, S. Christophore, Les Tripoliens, le monastère des Katharoi, etc. [2] à l'époque de Théodore, celui de S. Anastasios de Carbone, les groupes du Merkourion, du Latinianon et d'autres en Calabre et en Lucanie, plus tard le Mont-Athos en Grèce [3]. Tous ceux-ci pendant

[1] F. Miklosich-J. Müller, *Acta et diplomata graeca medii aevi sacra et profana*, IV, *Acta et diplomata monasteriorum et ecclesiarum Orientis*, Vienne, 1871, p. 296: Τῷ ἐπισκέπτεσθαι τὰ πρὸς ὄνομα διαληφθησόμενα ἐνταυθοῖ μοναστήρια τὰ καὶ ὀφείλοντα εἶναι ὑπὸ τὴν αὐτοῦ διεξαγωγὴν καὶ κυβέρνησιν, ἤγουν ... τὰ χρήζοντα διορθώσεως διορθώσεται καὶ τὸ χωλεῦον ἰάσεται καὶ τὸ πλανώμενον ἐπιστρέψει ... On doit penser que la naissance de ces confédérations était nécessitée par l'état de décadence de certains monastères.

[2] J. Leroy, *La réforme studite*, dans *Il monachesimo orientale* (*Orientalia Christiana Analecta*, 153), Rome, 1958, p. 205-206: c'est l'higoumène du Stoudiou qui nomme aux higoumènats et aux diaconies.

[3] Voir, par exemple, L. Bréhier, *Les institutions de l'Empire byzantin* (*L'évolution de l'humanité*, 32 bis, *Le Monde byzantin*, II), Paris, 1949, p. 560-561.

la période byzantine. La création de l'archimandritat de Messine et des autres grands centres italiens (Casole, Carbone, Stilo, Rossano) par le pouvoir normand avait donc une solide tradition dans l'histoire monastique byzantine depuis l'archimandrite du Mont-Olympe [1] et les réformes disciplinaires du grand higoumène du Stoudiou [2]. L'innovation apportée par l'unification normande est qu'elle a été *voulue* et faite *autour d'institutions* (appuyées, certes, par des implantations grecques antérieures substantielles), tandis que les groupements byzantins se sont effectués progressivement autour de grands noms de religieux et de réformateurs et de leurs monastères. L'esprit est différent, l'aboutissement est le même: ce sont des puissances économiques et religieuses qui « protègent », comme l'on disait au siècle dernier, des groupes économiques plus faibles.

Mais l'aspect de ces couvents reste inachevé, si nous ne munissons pas ceux-ci des moyens de défense exigés par la situation d'insécurité dans laquelle ils sont nés: certains, je l'ai dit plus haut, sont proprement fortifiés, d'autres ont choisi de s'établir près d'ouvrages militaires tenus par la troupe, les moins nombreux sont exposés aux raids des pirates de toutes origines et devront se rapprocher, en cas de danger, de sites moins ouverts.

Passons la porte de l'une de ces pieuses demeures, pour apercevoir quelques uns de leurs habitants.

b) *Portraits de moines.*

Les moines, dont on peut connaître un peu de la physionomie, sont connus par les Vies de Saints. L'hagiographie grecque d'Italie du Sud et de Sicile inspire quelque confiance, car les auteurs sont tous à peu près contemporains des héros dont ils décrivent les exploits. Il n'en reste pas moins qu'ils obéissent à la loi du genre, qui est de plaire au lecteur médiéval en l'édifiant; il reste aussi que la vérité me paraît avoir eu un autre sens en grec et en latin. Ceci dit, regardons.

Voici, d'abord, un grand moine international, Elie de Enna (fin du IXe siècle); né en Sicile de parents illustres, il fait de très bonnes études, puis, après avoir été déporté par les Arabes en Afrique, il visite les grands

---

[1] Ἀρχιμανδρίτης τοῦ Ὀλύμπου ὄρους, cité par J. Pargoire, dans *Dict. Archéol. Chrét. Lit.*, art. *Archimandrite*, Paris, 1907, col. 2750.

[2] J. Leroy, *La réforme studite*, dans *Il monachesimo orientale* (*Orientalia Christiana Analecta*, 153), Rome, 1958, p. 192-195.

sanctuaires et les monastères fameux de Palestine et d'Egypte (Alexandrie, Sinaï), il va jusqu'en Perse, revient en Afrique, rentre en Sicile, mais pour peu de temps, avant une nouvelle course dans le Péloponnèse, l'Epire, Corfou, Rome, pour se retirer enfin dans Les Salines, au nord-est de Reggio où il fonde l'un des plus célèbres monastères de la Calabre byzantine. Il mourra à Thessalonique, en route vers Constantinople, où l'appelait l'empereur Léon VI [1]. Voici un spélaiôtès, un moine qui vit dans une caverne (début du Xe siècle): il est né dans une famille riche de Reggio, où il a étudié longuement les Ecritures, s'est retiré ensuite sur une colline de Sicile, puis a rejoint un monastère voisin de Reggio avant de s'installer dans une tour près de Patras où il vivra huit ans avec son disciple Arsénios, fuyant l'avance arabe, pour revenir ensuite à son monastère de S. Eustratios près de Reggio, puis aux Salines, et se retirer, enfin, dans une caverne à Melicuccà (25 km. N.-E. Reggio) que l'affluence de ses admirateurs le contraindra à transformer en centre monastique [2]. Voici un ascète érudit: s. Vital de Sicile (milieu de Xe siècle); né, lui aussi, dans une famille riche de Sicile, il étudie avec les plus grands savants (de Sicile?) et devient à son tour très expert dans les lettres sacrées; moine dans le célèbre monastère S. Philippe d'Agira, il vivra quinze ans la vie conventuelle, mais se retirera ensuite près de Santa Severina en Calabre dans des thermes en ruines, reviendra en Sicile vivre sur une colline près de son ancien monastère, reprendra la route de Calabre où il vivra dans une grotte près d'Armento, puis fondera deux monastères [3]. Voici le type du grand fondateur: Nil de Calabre (910-1005), né d'une famille illustre de Rossano, il reçoit une éducation soignée et s'intéresse surtout aux vies des Pères, il se retire dans un monastère du Merkourion, puis au monastère S. Nazaire, probablement près du mont Bulgheria, il gagne ensuite Rome pour prier sur le tombeau des Apôtres et chercher des manuscrits, rentre au Merkourion, puis fonde l'important monastère de S. Hadrien au nord-ouest de sa ville natale, puis celui de S. Anastasie à Rossano même; à 60 ans, il gagne la Campanie où il fonde le monastère S. Michel sur le domaine de Valleluce, qui lui a été cédé par l'abbé bénédictin du

---

[1] Vie de s. Elias de Enna, éd. G. Rossi Taibbi, *Vita di sant'Elia...*, Palerme, 1962, p. 2-123.

[2] Vie de s. Elias le Spélaiôtès, *Acta SS., Sept., III*, p. 848-887.

[3] Vie de s. Vital de Sicile, *Acta SS., Mart., II*, p. 26-35.

Mont-Cassin; à 85 ans, il va fonder un autre monastère près de Gaete à Serperi et enfin près de Tusculum, celui de S. Agathe[1].

S. NIL DE ROSSANO
(Abbaye de Grottaferrata. Musée. Panneau d'un
diptyque de bois de l'Ecole florentine du XIIIe s.).

Telles sont les figures les plus hautes en couleurs; il en est de moins éclatantes, celle de Léon de Corleone, un pâtre qui deviendra higoumène

[1] Vie de s. Nil, *Acta SS., Sept., VII*, p. 282-342.

au mont Mula près de Cassano [1], celle de Sabas le Jeune, né d'une famille distinguée des environs de Troina en Sicile, qui vivra au Merkourion [2], comme Christophe et Macaire [3], celle de Luc de Demenna, riche et savant, qui vivra au monastère S. Julien près d'Armento [4]. Tous ou presque sont de famille aisée, ont fait des études sérieuses, entendons qu'ils ont pris en tout cas une solide formation scripturaire près d'un monastère ou à défaut d'un vieux moine; mais Nil de Calabre est aussi un brillant commentateur des textes sacrés [5]. Et notons au passage que les grands monastères voisins des villes étaient des foyers de culture intellectuelle importants [6]. Tout retirés du monde qu'ils sont, ces moines sont sollicités par les plus hauts fonctionnaires ou les notables influents sur la conduite à suivre dans telle ou telle circonstance délicate, ils interviennent aussi pour défendre les faibles ou les opprimés contre les entreprises du pouvoir: Elie de Enna conseille le commandant de la flotte byzantine [7], Elie le Spélaiôtès descend de sa tour pour venir parler aux notables de Patras qui l'invitent à déjeuner en leur compagnie [8], Nil sauve les habitants de Rossano de la vindicte du représentant local de l'empereur, par une démarche personnelle [9]. Ces moines sont les grands fondateurs, les thaumaturges, dont le souvenir, un peu embelli, est nécessaire à toute histoire monastique. Les hagiographes, dans un raisonnable souci de merveilleux, ont tu l'existence des très nombreux disciples de ces grands chefs; et de ceux-là l'histoire ne peut qu'imaginer le visage mais ne doit pas oublier le rôle économique et social essentiel. Il semble qu'à cette époque héroïque d'énergie ait succédé une période de décadence qui se concrétiserait dans

[1] Vie de s. Léon-Luc de Corleone, *Acta SS.*, *Mart.*, *I*, p. 98-102.

[2] Vie de s. Sabas, éd. J. Cozza-Luzi, *Historia et laudes* ..., Rome, 1893, p. 5-70.

[3] Vie des saints Christophe et Macaire, éd. J. Cozza-Luzi, *Historia et laudes* ..., Rome, 1893, p. 71-96.

[4] Vie de s. Luc de Demenna, *Acta SS.*, *Oct.*, *VI*, p. 337-341.

[5] Vie de s. Nil, *Acta SS.*, *Oct.*, *VI*, p. 289-291.

[6] Le sujet reste à traiter; il y a eu plusieurs enquêtes particulières. Il faudra les poursuivre dans deux directions: *scriptoria* et bibliothèques monastiques. On peut lire à titre d'exemple, celle qui a été conduite par R. Devreesse, *Les manuscrits grecs de l'Italie méridionale (Histoire, classement, paléographie) (Studi e testi*, 183), Cité du Vatican, 1955, in-8°.

[7] Vie de s. Elias de Enna, éd. G. Rossi Taibbi, *Vita di sant'Elia...*, Palerme, 1962, p. 74-76.

[8] Vie de s. Elias le Spélaiôtes, *Acta SS.*, *Sept.*, *III*, p. 857.

[9] Vie de s. Nil, *Acta SS.*, *Sept.*, *VII*, § 61-62, p. 296-297.

la figure de s. Philarétos: pâtre, devenu jardinier aux Salines, pendant l'époque normande, c'est un ascète d'une rare résistance physique, mais d'une inculture égale [1]. Est-ce un type lui aussi? Je le crois.

La scène et les acteurs nous sont désormais sensibles. Nous pouvons nous risquer à comprendre « le combat pour le salut » qui se livre devant nos yeux. Il ne peut être question de l'observer dans toute sa vivante et, parfois, « dramatique » diversité. C'est encore à l'essentiel que je tendrai ici, en essayant de saisir et d'expliquer l'idéal spirituel de cette société monastique.

2) L'idéal du moine grec: cénobitisme et hésychasme

a) « Κοινωνία γὰρ βίος τελεωτάτη ..., κοινὰ δὲ τὰ σύμπαντα ... » [2]. La vie cénobitique est la vie parfaite, celle où tous les biens sont en commun... », affirme s. Basile qui résume ici son sentiment et celui des Pères de l'Eglise; le docteur de Césarée, qui réussit à assurer la stabilité de la société monastique en établissant les vœux perpétuels et a voulu lui laisser, non une règle, mais une doctrine de vie, a préféré la vie du cénobite à celle de l'anachorète. Ses disciples, qui édicteront des règles d'application à partir des principes qu'il avait exprimés, et qui avaient été nuancés ou amplifiés par les décrets des conciles, les ordonnances des patriarches et les commentaires, souligneront encore cette tendance. Théodore de Stoudiou, conscient des désordres nés des persécutions iconoclastes, qui avaient pratiquement abouti à la disparition des monastères cénobitique traditionnels, remplacés par des assemblages plus ou moins cohérents d'anachorètes, ou des créations improvisées, renoue avec l'enseignement de s. Basile, en insistant sur la nécessité de la vie en commun [3].

---

[1] K. Lake, *The Greek Monasteries in South Italy*, *The Journal of Theological Studies*, 5, 1904, p. 22.

[2] Ἀσκητικαὶ διατάξεις, Migne, *P.G.*, t. 31, col. 1382; une très belle apologie du cénobitisme est développée par l'auteur jusqu'à la colonne 1388.

[3] C'est tout l'esprit de l'œuvre de Théodore du Stoudiou; lire, par exemple, la Grande Catéchèse, éd. J. Cozza-Luzi, *Novae Patrum bibliothecae... tomi noni pars II*, Rome, 1888, p. 36, ou 44: Ἀλλ' οὖν γινώσκετε, ἀγαπητοί μου καὶ περιπόθητοι, ὅτι αὐτὸς ὁ Κύριος ἡμῶν Ἰησοῦς Χριστός, ὁ διανομεὺς τῶν ἀπερινοήτων ἀγαθῶν, κατελθὼν ἐπὶ τῆς γῆς οὐκ ἐρημικὸν ἠσπάσατο βίον, οὐδὲ στυλιτικόν, οὐδὲ ἐξ ὧν εἰρήκαμεν ἄλλον, τὸν δὲ δι' ὑποταγῆς ὅρον καὶ κανόνα ... Je

L'obéissance à l'higoumène, la pauvreté qui est absence de propriété, mais aussi pauvreté du vêtement et de la nourriture, la chasteté, qui est virginité et fuite devant la femme et le jeune homme, tel est le cadre général imposé par s. Basile et précisé par Théodore du Stoudiou [1], qui insiste en outre, après ses maîtres, sur l'obligation de demeurer dans le même monastère, car l'union du moine et de son couvent est aussi indissoluble que le lien du mariage [2], sur l'obligation de la prière en commun depuis l'aube jusqu'à la nuit suivante [3], enfin sur la nécessité du travail manuel [4]. Théodore du Stoudiou, comme Basile de Césarée, assortiront ces consignes de peines plus ou moins chiffrées, mais qui excluent toujours les peines corporelles et, en particulier, la fustigation [5]; le fait est à noter.

Tels sont les préceptes, pris dans les Catéchèses, le Pénitentiel ou l'Hypotypôsis du Stoudiou, qui servirent de base à la rédaction des *typika* des monastères d'Italie: l'higoumène est responsable de la morale et de la

me réfère à la Grande Catéchèse, car c'est celle qui, de l'avis de tous, eut le plus d'influence sur les monastères grecs de l'Italie du Sud; lire J. Leroy, *La réforme studite*, dans *Il monachesimo orientale (Orientalia Christiana Analecta, 153)*, Rome, 1958, p. 213; T. Minisci, *Riflessi studitani nel monachesimo italo-greco*, dans *Il monachesimo orientale (Orientalia Christiana Analecta, 153)*, Rome, 1958, p. 224.

[1] S. Basile, *P.G.*, t. 31, col. 1424: Ὅτι οὐ χρὴ τὸν ἐν συστήματι πολιτευόμενον ἀσκητὴν ἰδίᾳ τι κεκτῆσθαι τῶν ὑλικῶν. Voir aussi col. 637,1344-1345, 1361. Théodore du Stoudiou, Petite Catéchèse, éd. E. Auvray, *Theodori Studitis praepositi, Parva Catechesis*, Paris, 1891, p. 176, 227, 267, 338, 357 et *P.G.*, t. 99, col. 940 (Lettre à son disciple Nicolas, qui vient d'être élu higoumène): Οὐ κτήσῃ τι τοῦ κόσμου τούτου, οὐδὲ ἀποθησαυρίσεις ἰδιορίστως εἰς ἑαυτὸν μέχρι καὶ ἑνὸς ἀργυρίου, col. 944 Οὐ θησαυρίσεις χρυσίον ἐν τῇ μονῇ σου, col. 1556, etc.

[2] S. Basile, *P.G.*, t. 31, col. 1395; Théodore du Stoudiou, *P.G.*, t. 99, col. 1596: Εἰ γὰρ ἐκεῖ (= dans le mariage) καίτοι σαρκικῇ ζεύξει ἀπηγόρευται ὁ χωρισμός, πόσῳ γε μᾶλλον ἐπὶ πνευματικῇ συναφείᾳ.

[3] S. Basile, *P.G.*, t. 31, col. 1325.

[4] Μετὰ ταῦτα (= chant de l'office) εὐχόμενοι τῷ Θεῷ κατευθυνθῆναι ὑμῶν τὸ ἔργον τῶν χειρῶν καὶ ὁλοτελῆ τὴν ἡμέραν ἀγαθοεργῶς ἐκπληρωθῆναι. Πρόσιτε τοῖς ἔργοις ἄλλος ἀλλαχοῦ ἢ καὶ ὁμοθυμαδὸν ὡς ὑποπίπτουσιν αἱ χρεῖαι, ἀπαρτιζόμενοι κἀκεῖ μετὰ τῆς στιχολογίας ἡ ἐργασία, μετὰ τῆς εὐχῆς καὶ καλονοίας, ἤτε ἀροτρίασις ἔστω ἤτε ἀμπελουργία, ἤτε ὀψοποιΐα, εἴτε ἄλλό τι τῶν ἐνεργουμένων ... (Grande Catéchèse, éd. J. Cozza-Luzzi, p. 48).

[5] S. Basile, Ἐπιτίμια, *P.G.*, t. 31, col. 1305-1316; Théodore du Stoudiou, Ἐπιτίμια, *P.G.*, t. 99, col. 1733-1757, et Grande Catéchèse, éd. J. Cozza-Luzi, p. 79: Γινωσκέτω ἕκαστος τὴν ἰδίαν τάξιν ..., ἀλλὰ ταῦτα (=confusion) μὴ γενηθήτωσαν, ἵνα μὴ ἔλθωσι βαρέα ἐπιτίμια ἐπὶ τοὺς τὰ τοιαῦτα πράσσοντας.

discipline, il ne peut accueillir un moine d'un autre monastère, la vie commune exige limitation dans le vêtement et la nourriture, repas en commun dans le silence avec lecture édifiante, l'higoumène est seul à pouvoir absoudre certaines fautes et à certaines périodes de l'année, il veillera à l'entretien des lampes qui doivent brûler jour et nuit devant les reliques et les icônes saintes et à l'accroissement de la bibliothèque de son monastère, etc. Ce sont les principales règles d'un typikon d'Italie, celui de S. Sauveur de Messine [1]; les autres étaient semblables.

Ces textes sont l'œuvre de réformateurs. L'histoire sait ce que valent ces réformes, lois édictées souvent contre des tendances irréversibles.

S. Nil de Calabre, fondateur et chef attentif de monastères fameux, retourne à sa grotte, pour retrouver la solitude et l'ἡσυχία « qu'il chérit comme une mère » [2]. Nous touchons ici au problème spirituel le plus intime de la société monastique grecque.

b) Ἐρημία καὶ ἡσυχία: solitude et paix contemplatives.

L'ascension spirituelle de celui qui a choisi la vie monastique est une progressive conversion du cœur qui s'éloigne des choses extérieures, où vagabonde l'esprit, pour atteindre les choses intérieures. C'est l'enseignement des Néoplatoniciens puis du Pseudo-Denys l'Aréopagite, de s. Basile, de ceux que l'on appelle les « Pères mystiques » et enfin des Hésychastes. La prière intime (νοερὰ προσευχή) des moines de l'Athos au XIVe siècle est l'expression la plus frappante de cette discipline [3]. Cette conversion du cœur des phénomènes extérieurs vers le moi intérieur, présuppose silence, calme (ἡσυχία) et absence de soucis (ἀμεριμνία).

Ce combat solitaire contre la nature est nécessaire, si l'homme veut *atteindre Dieu* et faire son salut, but de la vie monastique. L'homme qui vit sur la terre est, en effet, comme exilé de sa patrie naturelle, qui est le séjour de Dieu [4]. Le moine s'élevera donc peu à peu au-dessus de cette

---

[1] M. Scaduto, *Il monachismo basiliano* ..., Rome, 1947, p. 196-213.

[2] Ἀνέρχεται πάλιν ἐν τῷ σπηλαίῳ, τῆς συνήθους ἐχόμενος πολιτείας, καὶ τὴν ἡσυχίαν ἀσπαζόμενος ὡς οἰκείαν μητέρα ... οὐ γὰρ εὕρισκεν ἐν αὐτοῖς ὁ ἐπιζήτει ἐρημίαν καὶ ἡσυχίαν καὶ πολλῶν ἀποικίαν (*Acta SS.*, *Sept.*, *VII*, § 22, p. 276; voir aussi le § 86, p. 311).

[3] Théoklètos de Dionysiou, Μεταξὺ οὐρανοῦ καὶ γῆς. Ἁγιορειτικὸς μοναχισμός, Athènes, 1956, p. 73.

[4] *Ibidem*, p. 67.

terre pour se rapprocher du ciel: ἐξώκοσμος, extrait du monde, il main-
tiendra son existence en suspens « entre ciel et terre », comme le veut le
titre d'un volume récemment paru sur la spiritualité orientale, écrit par
un moine orthodoxe [1].

Ce but spirituel a-t-il un support philosophique? On le nie, car les
systèmes philosophiques, nés de la contrainte d'expliquer les phénomènes,
ne sont que germes de désordre et de trouble pour l'âme. Le moine, au
lieu de chercher à expliquer le mystère du monde et son cheminement
vers le salut, doit repaître son âme de mystère, car *l'âme* est naturellement *mystique* [2]. Point essentiel, et l'on peut dire que le moine oriental
cultive ce mysticisme à tout prix, de ses formes les plus hautes aux manifestations les plus enfantines. Ce mystère est son climat de vie, la spiritualité qui mène à la sainteté est, en effet, sentiment de l'âme et non ré-
flexion de l'esprit. Autre point important, car les théologiens et les savants,
outre qu'ils sont souvent « bouffis par leur science », suivent une voie qui
ne conduit pas à Dieu. Les moines se défient donc des sciences; certains
peuvent renoncer quelque temps à l'ἡσυχία salvatrice sous une pression
extérieure et s'intéresser aux dernières découvertes faites en théologie ou
en histoire de l'Eglise, mais, pour la plupart, il ne reste « ni problèmes,
ni lacunes, car ils savent que leur croyance est juste et que leur silence
est de sagesse... »; ce sont les paroles de l'un d'entre eux [3].

La *pensée scientifique* reste en deçà de la spiritualité, elle est donc
superflue, sauf, car il faut un cadre mental à l'ascèse pour Dieu, l'étude
des Pères de l'Eglise, et encore pas de tous: il suffira de lire les principes
d'ascétisme donnés par s. Basile, s. Jean Chrysostome, s. Denys l'Aréopagite (toujours très écouté), Diadoque de Photicée, Maxime le Confesseur [4]. Pour la plupart de nos moines grecs du Moyen Age cette lecture
a tenu lieu de culture. Et cela paraît juste si la vie du moine est Foi
(dans le mystère nécessaire à l'ascèse) et Amour (de son salut). On ne
peut que rester pétrifié devant cette forteresse ou saisi d'étonnement.

La conversation intérieure avec Dieu étant l'exercice perpétuel du
moine à l'Eglise ou dans sa cellule, on comprend que les maîtres du mo-

---

[1] *Ibidem*, p. 28.

[2] *Ibidem*, p. 72.

[3] ... δὲν ὑπάρχουν προβλήματα καὶ ἀπορίαι, διότι γνωρίζουν νὰ πιστεύουν ὀρθῶς
καὶ νὰ σιωποῦν ἐν σοφίᾳ ... (*Ibidem*, p. 11).

[4] *Ibidem*, p. 7 et *passim*.

nachisme oriental aient eu un certain mal à faire admettre le *travail
manuel* comme une démarche de l'ascèse monastique. Elie de Enna, au

S. BARTHÉLÉMY DE ROSSANO
(Abbaye de Grottaferrata. Musée. Panneau d'un
diptyque de bois de l'Ecole florentine du XIIIᵉ s.).

milieu du IXᵉ siècle, dans son monastère des Salines, passe tout le jour
et toute la nuit en prières, car le vrai travail, pensait-il, est celui qui consiste à prendre soin de son âme, les exigences du corps étant des besoins

accessoires [1]. C'est un trait qui sépare la spiritualité orientale et la spiritualité occidentale: la spiritualité orthodoxe a toujours estimé que sa sœur latine attachait une valeur démesurée au travail. N'est-ce- pas une conséquence normale de la valeur éminente de la Crucifixion du Christ, élevée en exemple par les pères du monachisme occidental, François d'Assise, Joachim de Flore, Ignace de Loyola, Bernard de Clairvaux, Jean de la Croix? La spiritualité orthodoxe ne s'attarde pas sur le fait de la souffrance régénératrice (le monachisme oriental ignore la pénitence corporelle puisque le corps n'a pas de valeur), mais tend toute entière vers la joie de l'Anastasis, la *Résurrection* [2].

On voit mal le rôle que jouent ces ascètes dans la société de leur temps. Car, à son état de perfection, ce monachisme est *asocial*: il ignore et veut ignorer tout contact avec le monde. Mais dans la société essentiellement religieuse du monde byzantin, ces moines sont le message continuel du royaume des cieux; classe contemplative de l'Eglise, le moine « prie pour lui-même, pour l'Eglise toute entière, pour toutes les âmes qui souffrent et peinent, pour celles, enfin, qui n'ont jamais prié » [3]. Le rôle reconnu des ascètes est là. Et ils sont ainsi partie intégrante de la société byzantine. Les joues ravinées par les exercices ascétiques, les yeux creusés par les veilles, le visage blafard marqué du sceau des jeûnes et des prières continues, tel est l'ermite grec, tels étaient Nil de Calabre, Barthélémy de Rossano, Luc de Demenna, et tant d'autres, dans leur singulière grandeur, tels nous les ont livrés fresques et icones [4].

On ne regrettera pas, pour l'histoire sociale et économique du temps, qu'ils n'aient pas atteint, eux-mêmes et leurs disciples, l'idéal du moine oriental qu'ils s'étaient fixé: chaque monastère a eu ses ermites, les ermites ont vécu à l'ombre des monastères; les deux formes extrêmes

---

[1] Καὶ γὰρ τὸ πλεῖστον τῆς ἡμέρας καὶ τῆς νυκτός, πολλάκις δὲ καὶ ὅλην τὴν νύκτα εἰς τὸ τῆς προσευχῆς ἔργον ἀνήλισκεν· ἔργον γὰρ ἦν αὐτῷ τῷ ὄντι ἡ τῆς ψυχῆς ἐπιμέλεια, αἱ δὲ τοῦ σώματος ἀνάγκαι πάρεργον (éd. G. Rossi Taibbi, *Vita di sant'Elia* ..., Palerme, 1962, § 41, p. 62).

[2] Théoklètos de Dionysiou, *op. cit.*, p. 96. Un exemple très net: le sens donné au tombeau du Christ, τάφος, ὅθεν ἔλαμψεν ἡ τῆς Ἀναστάσεως χάρις (Vie de s. Elie le Jeune du Xᵉ siècle, éd. G. Rossi Taibbi, *Vita di sant'Elia...*, Palerme, 1962, § 18, p. 26).

[3] *Ibidem*, p. 70.

[4] Voir p. 102, 108.

de la vie monastique ont toujours cohabité dans le monachisme grec, sauvé de la dispersion par l'unité de sa doctrine et de ses principes de vie.

CONCLUSION

Je n'ai pas mis en doute l'origine byzantine du monachisme grec de l'Italie du Sud et de la Sicile, puisqu'il ne demeure plus, me semble-t-il, d'hésitation sur ce principe. Historien de la civilisation byzantine, j'ai donc cherché à individualiser certains aspects du fait monastique grec dans ce pays pour comprendre quel rôle il y a joué, quelle évolution il a subie, quelle a été sa place dans l'histoire de la civilisation grecque médié-vale, au sens le plus large (histoire des hommes et de leurs idées); isolé, en effet, pour l'analyse, le fait monastique grec doit être replacé ensuite dans son cadre, qui est la vie des populations grecques de l'Italie du Sud et de la Sicile, où il s'insère étroitement. Et c'est à déterminer la place occupée par les moines grecs au milieu de ces populations (latine, grecque, arabe) qu'il faut parvenir pour comprendre l'étrange tableau humain offert par ces régions au Moyen Age; et je crois pouvoir dès à présent retenir comme hypothèse de recherche que le monachisme grec, sous son aspect économique, social et culturel, a été l'élément d'unité et de con-tinuité de la vie grecque en Italie du Sud et en Sicile du VIIe siècle peut-être, en tout cas du Xe jusqu'au XIIIe siècle. Stable par son prin-cipe, vivant par sa résistance aux influences étrangères (et il en mourra), et ces deux traits lui donnent aux yeux des profanes son apparente iner-tie, si proche des populations rurales dont il est, en général, issu et qui dépendent matériellement ou spirituellement de lui, le monachisme grec, ici, comme ailleurs en d'autres époques, a été le levain avant de devenir le reliquaire des traditions byzantines.

Et ceci est un trait original de la civilisation grecque médiévale.

André GUILLOU.

XIII

Notes sur la société dans le Katépanat d'Italie au XIe siècle

Mélanges d'Archéologie et d'Histoire 78

Paris 1966

NOTES SUR LA SOCIÉTÉ
DANS LE KATÉPANAT D'ITALIE AU XIe SIÈCLE

On remet en cause les idées acquises sur l'évolution sociale et économique de l'Empire byzantin au XIe siècle [1]; la discussion va être ouverte à nouveau sur la genèse de l'une des grandes crises de l'Empire grec médiéval. Il m'a semblé donc opportun de jeter dans le débat une documentation, dont l'historien se défie en général, car elle lui paraît trop teintée d'influences étrangères, celle de la province byzantine d'Italie du Sud. L'historiographie byzantine est, il est vrai, presque muette sur l'histoire de cette province, et l'on ne peut interpréter sans précautions le langage des annales latines. Mais, des dossiers d'archives grecques que j'ai pu réunir, et de plusieurs sources archéologiques ou

[1] Il faut relire N. Skabalanovič, *Vizantijskoe gosudartsvo i cerkov' v XI veke* (*L'Etat byzantin et l'Eglise au XIe siècle*), Pétersbourg, 1884, ouvrage de base souvent utilisé, trop peu cité, C. Neumann, *La situation mondiale de l'Empire byzantin avant les Croisades*, traduction française Renaud et Kozlowski, Paris, 1905, dont le point de vue ne peut être ignoré, et enfin G. Ostrogorsky, *Geschichte des Byzantinischen Staates* (*Byzantinisches Handbuch*, I. T., 2. Bd.), 3e éd., Munich, 1963, p. 264-289, qui résume là tous ses travaux antérieurs sur la question avec une très grande clarté. L'un des meilleurs spécialistes de l'histoire de la société rurale dans l'Empire byzantin, N. Svoronos, sur la base du Cadastre de Thèbes qu'il a découvert, croit pouvoir réévaluer le Traité Fiscal (voir ses *Recherches sur le cadastre byzantin et la fiscalité aux XIe et XIIe siècles...*, dans *Bull. Corr. Hell.*, 83, 1959, p. 144-145 du T.P.), et, d'un large examen du problème d'ensemble présenté au 13e Congrès International des Etudes Byzantines (Oxford, 1966) sous le titre *Société et organisation intérieure dans l'empire byzantin au XIe siècle: Les principaux problèmes*, dans *Thirteenth International Congress of Byzantine Studies, Main Papers*, XII, Oxford, 1966, 17 p., conclure que la crise du XIe siècle a commencé au siècle précédent et a libéré des forces nationales économiquement structurées.

géographiques peu utilisées, je veux extraire quelques documents que l'on considérera comme typiques, et en donner un commentaire très proche de la vie locale du katépanat, pour écarter les chances d'erreur. Toute synthèse ici étant, pour moi, prématurée, je me contenterai du décousu de mes sources et des fructueuses lacunes qu'elles comportent. Je n'utilise pas les dossiers latins qui concernent Gaète, Naples, Amalfi, Salerne, d'abord parce qu'ils obscurcissent l'image réelle de la province grecque, ensuite parce que l'histoire qu'ils enseignent est celle de domaines indépendants de l'Empire, et qui n'intéressent donc pas mon propos [1].

Il s'agira d'une analyse de sources et de notes prises à leur lecture, groupées pour essayer de comprendre les cadres et un peu de la nature de la société rurale de l'Italie du Sud byzantine au XIe siècle, ou, si l'on préfère, fixer quelques traits de son visage.

A. – CADRES ET ANOMALIES

1. – STRUCTURES DU KATÉPANAT D'ITALIE

Les *cadres administratifs* de l'Italie byzantine au XIe siècle sont relativement nets: vers 975, et probablement un peu avant cette date, Jean I Tzimiskès, faisant aboutir une réforme administrative de centralisation conçue peut-être par son prédécesseur, Nicéphore II Phocas, a constitué en Italie du Sud un katépanat réunissant trois thèmes: la

---

[1] L'insuffisance en volume et en qualité des sources émanées du katépanat (éditions difficilement utilisables sans une longue préparation, nombreux dossiers d'archives, nombreuses inscriptions, monuments inédits) a conduit dans une voie que j'estime erronée les études récentes les plus sérieuses; tel est le cas des articles de M. L. Abramson, *Krestjanstvo v Vizantijskich oblastjach Južnoj Italii* (*IX-XI vv.*) (La paysannerie dans les régions byzantines de l'Italie méridionale, IXe-XIe s.), dans *Viz. Vrem.*, 7, 1953, p. 161-193, *Votčina v Južnoj Italii, IX-XI vv.* (Le bien patrimonial en Italie méridionale, IXe-XIe s.), dans *Viz. Očerki*, 1961, p. 137-172, *O roli arendych otnošenii v socialno-ekonomičeskom razvitii Južnoj Italii* (*IX-XI vv.*) (Sur le rôle des relations de fermage dans l'évolution sociale et économique de l'Italie méridionale, IXe-XIe s.), dans *Sbornik « Iz istorii trudjaščichsja mass Italii »*, (Recueil « De l'histoire des masses laborieuses d'Italie »), Moscou, 1959, p. 3-46, où les dossiers latins d'Amalfi, de Gaète, de Salerne et de Naples ont été étudiés dans la ligne marxiste et fournissent

Longobardie, la Lucanie et la Calabre[1]. La province s'étendait au nord
et au nord-ouest sans doute jusqu'au Fortore, aux monts de la Daunia,
aux monts Vulture et Santa Croce et ne dépassait pas le Vallo del
Diano; partout ailleurs elle était entourée par la mer[2]. Ses voisins immédiats étaient les principautés lombardes de Capoue, de Bénévent et de
Salerne. Les stratèges des trois thèmes byzantins résidaient à Reggio(?),
Toursikon (= Tursi) et probablement Bari[3]. Cette dernière ville était
aussi la capitale du katépanat. Chaque thème était divisé en τοῦρμαι,
en δροῦγγοι et βάνδα, dont je n'ai pas encore achevé l'inventaire[4], com-
mandés par des τουρμάρχαι, δρουγγάριοι et κόμητες (ou τοποτηρῆται),
dont beaucoup ont un nom[5], ou plutôt dirigés par ces fonctionnaires,

un exposé nourri des problèmes posés par la préféodalité dans les régions
concernées (ou au moins une base très solide de discussion), mais essentiellement différentes des domaines de juridiction byzantine. Le volume ancien
de A. Lizier, *L'economia rurale dell'età prenormanna nell'Italia meridionale*
(*Studi su documenti editi dei secoli IX-XI*), Palerme, 1907, ne distingue pas
les terres byzantines des autres, et ignore la documentation grecque; ceci
connu, sa description des éléments de la production agricole, de la condition juridique de la propriété et des diverses sortes de contrats, de cultures
aussi, épargne de longues et fastidieuses recherches; l'ouvrage a été tiré
malheureusement en un très petit nombre d'exemplaires.

[1] Voir mon article *La Lucanie byzantine. Etude de géographie historique*, dans *Byz.*, 35, 1965, p. 119-148.

[2] Pour les limites nord et nord-ouest, voir l'esquisse géographique du
thème de Lucanie, qui documente l'article cité à la note précédente.

[3] Voir *art. cit.*, *Byz.*, 35, 1965, p. 128.

[4] Il ne pourra être achevé avant l'édition d'un certain nombre d'inédits importants.

[5] Sélantzianos, stratège (de Longobardie), avant 975 (mention en
1001-1002, A. Guillou-W. Holtzmann, *Zwei Katepansurkunden aus Tricarico*,
Quellen und Forschungen..., 41, 1961, p. 18, ligne 37); Antiochos, stratège
de Calabre, en nov. 1059 (Fr. Trinchera, *Syllabus graecarum membranarum*,
Naples, 1865, nᵒ 44, p. 58); Stéphane, ek prosôpou du stratège de Calabre
Antiochos (*ibid.*); Georges, ek prosôpou de Tarente (Fr. Trinchera, *op. cit.*,
p. 8), en 984; Stéphane Maléïnos, ancien ek prosôpou dans le thème de Ca-
labre (mention, Fr. Trinchera, *op. cit.*, nᵒ 44, p. 57), mort avant 1059; de
nombreux tourmarques: Léon (Fr. Trinchera, *op. cit.*, nᵒ 11, p. 10), en 999,
Argyros (*ibid.*, *loc. cit.*), à la même date, Jean, Philippe, Nicolas (Gertrude
Robinson, *History and Cartulary...*, II, 1 (*Orientalia Christiana*, XV, 2),
Rome, 1929, nᵒ 1, lignes 49, 53, 56), en 1006-1007, Anthime (*ibid.*, ligne 32),
à la même date, Oursoulos et Théodore (Fr. Trinchera, *op. cit.*, nᵒ 15, p. 15 =
Cod. Dipl. Cav., t. IV, Milan-Pise-Naples, 1877, nᵒ 684, p. 251-254), le 12
janvier 1015, Falco (Fr. Trinchera, *op. cit.*, nᵒ 19, p. 20), en juin 1021, Michel

car les attributions administratives de ceux-ci sont partout évidentes. Le chef suprême de l'administration, au civil comme au militaire, est le katépan; celui-ci représente l'empereur à la tête de la province et n'omet pas de souligner qu'il agit en son nom: Eustathios Palatinos, par exemple, qui vient de débarquer à Otrante, pour venir prendre son poste à Bari, reconnaissant les services rendus à l'Empire récemment par le juge (κριτής) Byzantios, mentionne dans le privilège qu'il accorde à celui-ci, « sa fidélité inébranlable aux puissants et saints empereurs », qui justifie « une bienveillance égale » de la part de ceux-ci[1]. L'empereur n'emploierait pas un autre langage. L'étroite dépendance de la charge de katépan du gouvernement central ressort, au reste, de la brièveté du séjour des titulaires: en un siècle, plus de vingt titulaires se sont succédés, et il ne faut pas oublier que Basile Bojôannès occupa le poste exceptionnellement pendant dix ans; mais Kalokyros Delphinos resta un an environ, Rômanos, trois ans, Grégoire Tarchanéiôtès, six ans, Alexis Xiphéas, un an, Basile Mésardônitès, sept ans, Tornikios Kontoléon, un an, Christophore, un an également, etc.[2].

Philéni, Néophytos, Léon (*ibid.*, n° 27, p. 32), Jean (*ibid.*, n° 26, p. 31), en février 1033, en novembre 1033, Anastase (*ibid.*, n° 30, p. 36), en août 1035, Jean (*ibid.*, n°s 31 et 32, p. 37 et 39), en janvier 1039 et avril 1040, Stéphane (*ibid.*, n° 33, p. 41), en juillet 1042, Théodore, Léon, un autre Léon (Gertrude Robinson, *op. cit.*, n° 3, lignes 52, 53, 54, p. 149), en 1043-1044, Loukas (Fr. Trinchera, *op. cit.*, n° 40, p. 49 = *Cod. Dipl. Cav.*, t. VII, Milan-Pise-Naples, 1888, n° 1175, p. 193-195), en 1052-1053, Rômanos (Gertrude Robinson, *op. cit.*, n° 7, ligne 65, p. 170), en 1058-1059, Léon Lybakès (Fr. Trinchera, *op. cit.*, n° 45, p. 59), en février 1061, Loukas (Gertrude Robinson, *op. cit.*, n° 8, ligne 63, p. 175), en 1070-1071; un drongaire (*ibid.*, n° 3, ligne 4, p. 145), en 1043-1044, etc.; Byzantios, topotèrètès (Fr. Trinchera, *op. cit.*, n° 18, p. 20), en 1019; Pantaléon, topotèrètès (*ibid.*, n° 22, p. 24), en 1029; Eustathios, topotèrètès (*ibid.*, n° 25, p. 29 = *Cod. Dipl. Cav.*, t. V, Milan-Pise-Naples, 1878, n° 847, p. 221-224), en 1031-1032; Nicéphore, chartoularios et topotèrètès (Gertrude Robinson, *op. cit.*, n° 4, ligne 1, p. 150), mort avant mars 1049; Iskanakios, comte du kastron de Tarente (Fr. Trinchera, *op. cit.*, n° 26, p. 29-31), en février 1033, etc.

[1] ... πίστην ὀρθὴν καὶ εἰλικρινὴν πρὸς τοὺς κραταιοὺς καὶ ἁγίους ἡμῶν βασιλεῖς ... δίκαιόν ἐστιν καὶ τῆς προσηκούσης ἀπολαύειν εὐνοίας (Acte du katépan Eustathios, décembre 1046, disparu des archives de Saint-Nicolas de Bari, éd. défectueuse *Cod. Dipl. Barese*, t. IV, Bari, 1900, p. 67, que l'on peut contrôler sur le fac-similé II, lignes 3 et 4).

[2] Ces dates sont approximatives, plusieurs séjours ont des durées encore imprécises; voir la dernière liste compilée par A. Pertusi, *Contributi*

Cette mobilité des fonctionnaires byzantins se vérifie aux postes subalternes, sauf, peut-être (la recherche reste à faire) pour les titulaires autotochtones, et ce n'est pas certain: ainsi, en 1031-1032, le prôtomandatôr aux arsenaux impériaux, Basile Krommydès, né d'une famille byzantine d'Italie, regagne-t-il Constantinople, sur ordre du katépan, Pothos Argyros, après plus de quatorze années de service à Bari [1]. La stabilité de l'administration byzantine dans le katépanat paraît donc indéniable, la régularité de son fonctionnement, dont l'aspect financier est naturellement le plus sensible à travers la documentation conservée, frappa les chroniqueurs occidentaux qui appelèrent oppression [2] la rigidité d'un système parfaitement au point.

Au-delà de la machine de l'Etat, les *cadres mentaux* de la vie byzantine, ou au moins certains des principaux, se manifestaient dans le katépanat. On pourrait décrire ceux de la vie monastique, sur lesquels je me suis étendu ailleurs [3], ils ont servi de supports à la vie rurale; j'en soulignerai, ici, un autre, plus général et plus typique: l'οἰκείωσις. Je le trouve dans un sigillion du duc Argyros Mélès de juin 1053: le représentant de l'empereur remercie l'évêque de Tarente, Génésios, de sa fidélité à l'Empire, lors du récent soulèvement de la ville, et de

---

alla storia dei temi bizantini dell'Italia meridionale, Atti del 3⁰ congresso internazionale di studi sull'Alto Medioevo, Spolète, 1959, p. 512-517.

[1] Fr. Trinchera, *op. cit.*, n⁰ 25, p. 27-29.

[2] Lupus Protospathaire, éd. Pertz, *M.G.H., SS.*, t. V, Hanovre, 1844, p. 56-57; Léon d'Ostie, *Chronica*, éd. W. Wattenbach, dans Pertz, *M.G.H., SS.*, t. VII, Hanovre, 1846, p. 652-653. Voir G. de Blasiis, *La insurrezione pugliese e la conquista normanna nel secolo XI*, t. I, Naples, 1864, p. 39-47; J. Gay, *L'Italie méridionale et l'empire byzantin (Bibliothèque des Ecoles françaises d'Athènes et de Rome*, 90), Paris, 1904, p. 563-568; F. Chalandon, *Histoire de la domination normande en Italie et en Sicile*, t. I, Paris, 1907, p. 38-41. L'occasion de la révolte du parti lombard contre le pouvoir byzantin dans certains centres urbains des thèmes de Longobardie et de Calabre a pu être la levée de l'impôt (c'est ce que prétendent certaines chroniques et annales occidentales et les historiens qui les ont utilisées), la cause est certainement ailleurs, dans le terrible hiver de 1009, comme ont bien su le relever les chroniques grecques (Georges Kédrènos, *Synopsis*, éd. Bonn, t. II, p. 457; Michel Glykas, *Annales*, éd. Bonn, p. 577). Il reste à prouver, au reste, que les taxes qui frappaient les populations vivant sous la domination lombarde étaient moins lourdes que les impôts levés par les Byzantins.

[3] *Grecs d'Italie du Sud et de Sicile au Moyen Age: Les moines, Mélanges d'Archéologie et d'Histoire*, 75, 1963, p. 88-108.

l'οἰκείωσις qu'il a montrée, en ces circonstances, à l'égard des Ῥωμαῖοι, c'est-à-dire, les Grecs en général et ceux de Tarente en particulier, οἰκείωσις, ajoute Argyros, que l'évêque tient de ses ancêtres [1]. Le terme d'οἰκείωσις attend son historien; disons que c'est une sorte d'esprit de famille qui vient du sentiment d'appartenir à la même maison (οἶκος). Un Byzantin est οἰκεῖος de l'empereur, comme il l'est des autres Byzantins. L'observation est notable dans le cas de l'évêque Génésios, qui est un Grec, certes, mais né dans le katépanat.

2. – « ANOMALIES » (ἀνωμαλίαι καιρῶν)

A l'intérieur de ce cadre, il faut discerner les *événements* locaux d'une consistance certaine qui ont pu modifier la vie de la population. Des *fléaux*, d'abord: l'hiver de 1009 cruel pour tout l'Empire [2], qui vit en Italie une neige spécialement dense et durable brûler les oliviers, toutes les plantes, causant la mort, dit une chronique, des oiseaux et même des poissons [3]; ce fléau, sensible surtout à des pays d'équilibre économique précaire, frappa la Longobardie et doit être mis en rapport avec la révolte de la haute couche sociale lombarde de quelques villes du nord de ce thème à la suite de Mélès [4]. Les raids des troupes de Henri II, quelques années plus tard et dans la même région [5]. Bien plus, ensuite, la chevauchée dévastatrice des Normands et surtout de Robert Guiscard: par ses pillages, destructions et incendies, elle causa des ravages profonds documentés surtout pour la Lucanie et la partie nord de la Calabre peu avant le milieu du XIe siècle [6]. Les ruines qu'elle laissa

[1] Gertrude Robinson, *op. cit.*, n° 5, ligne 6, p. 161; on notera que le duc reconnaît à la fois l'*oikeiôsis* de Génésios envers les « Grecs » et sa loyale et fidèle *douleia* vis-à-vis de l'empereur, autre catégorie essentielle de la mentalité byzantine.

[2] Γέγονε χειμὼν ἐπαχθέστατος . . ., ταῦτα δὲ προεμήνυε τὴν μετὰ ταῦτα γενομένην ἐν Ἰταλίᾳ στάσιν, Georges Kédrènos (*Synopsis*, éd. Bonn, t. II, p. 457), et Michel Glykas (*Annales*, éd. Bonn, p. 577).

[3] Lupus Protospatharius, p. 56, Annales de Bénévent, *M.G.H.*, *SS.*, t. III, p. 177.

[4] Voir ci-dessus, p. 443, n. 2.

[5] Fr. Trinchera, *op. cit.*, n° 20, p. 21-22; voir J. Gay, *op. cit.*, p. 419-422.

[6] Fr. Trinchera, *op. cit.*, n° 40, p. 50 (incendie du monastère Saint-André de Calavera); Gertrude Robinson, *op. cit.*, n° 7, lignes 24-29, p. 167-168 (« le commun fléau qui frappa tout le pays, avec ses vols, ses pillages, les coups donnés aux moines, les vêtements volés, les enlèvements de moines,

derrière elle furent accrues, et rendues irrémédiables par la terrible
sécheresse du printemps de 1058: la famine, puis la dysenterie décima
la population pendant deux années ¹; et il n'est pas certain que le grand
départ de 1071 lui soit totalement étranger. Les vingt années qui ont
suivi le demi-siècle ont dû être des années de peur, καιρὸς τῆς ἀνάγκης,
τῶν πραγμάτων ἀνωμαλίαι, dit un texte grec ², *pruina mortalitatis horri-
biliter defluens*, dit une chronique latine ³. Et il faudra déterminer les
effets de cette ponction sur la densité de la population qui est toujours
restée faible ⁴, et sur les courbes de l'économie.

Mais la première moitié du XIᵉ siècle est une période de prospérité
économique relative, de reprise de l'agriculture en tout cas, pour le

---

la dispersion de ceux qui restèrent »); *ibid.*, nᵒ 8, lignes 28-32, p. 173 (« la
peuplade ennemie s'empara de tout le pays, tout fut détruit, l'armée impériale fut totalement annihilée, et ce fut le chaos »); *ibid.*, nᵒ 13, lignes 10
et 11, p. 196 (dans la région de Sicili, au nord-ouest de Sapri, les monastères
sont déserts). Les destructions relevées dans ces documents concernent la
zone frontière entre le thème de Lucanie et celui de Calabre, qui était
défendue notamment par un corps des *tagmata*. Les destructions effectuées
par Robert Guiscard en Calabre sont décrites par Guillaume de Pouille,
La Geste de Robert Guiscard, vers 320-334, éd. Marguerite Mathieu (*Istituto
Siciliano di Studi bizantini e neoellenici. Testi e monumenti. Testi*, 4), Palerme, 1961, p. 151.

¹ Une description précise de cette catastrophe a été faite par Gaufredus Malaterra, *Historia Sicula*, éd. Muratori, *R.I.SS.*, t. V, Bologne, 1928
(E. Pontieri), p. 21; une traduction française de ce texte difficile a été faite
par O. Delarc, *Les Normands en Italie...*, Paris, 1883, p. 286-287. L'aspect
économique du fléau est particulièrement noté, car l'auteur de la chronique
n'était pas originaire du pays et en ignorait la civilisation matérielle bien
différente de celle de son pays natal (la Normandie?). Gaufredus situe le
mal en Calabre (entendre Calabre et Lucanie byzantines), le *Chronicon
breve Northmannicum* assure qu'il s'étendait au thème de Longobardie: *Fuit
magna fames in terra Tarentina et Calabria; et postea venit pestis, et mortui
sunt homines cum animalibus in numero maximo in mense Madio* (éd. *Patrol. lat.*, t. 149, col. 1085). La calamité est mentionnée par Lupus Protospatharius, p. 56 (*ad. ann.* 1058), et Georges Kédrènos, *op. cit.*, éd. Bonn, t. 11,
p. 721-722.

² *Sigillion* d'Eustathios Palatinos, katépan d'Italie, décembre 1045,
éd. *Cod. Dipl. Barese*, t. IV, Bari, 1900, p. 67, lignes 5 et 15 (lignes 2, 5-6
de l'original).

³ Gaufredus Malaterra, *op. cit.*, *loc. cit.*

⁴ A. Lizier (*op. cit.*, p. 71) a proposé pour la population rurale le chiffre
de 10 habitants au km² en précisant, bien sûr, qu'il s'agissait d'un chiffre
très approximatif.

katépanat; le fait est, du moins, admis [1], et il peut surprendre l'historien de l'Empire byzantin. Au moment où, dans le reste de l'Empire, la crise financière et la chute du nomisma mettaient en péril l'économie générale, un *facteur favorable* insufflait un sang neuf à l'économie du katépanat, qui est toujours restée à base monétaire, l'installation du tari d'or (ταρίον, *tarenus*, le rubâ'î arabe) comme monnaie réelle qui a relégué le nomisma au rang de monnaie de compte. La recherche est à faire, mais on se rappellera que les premiers contrats de vente de terre traités en taria d'or (χρυσᾶ ταρία) remontent au tout début du XIe siècle [2], et on tiendra compte d'un *dernier fait*, géographique celui-là, lié, certainement, à la reprise de l'économie rurale après le marasme du début du Xe siècle: la prédominance absolue de la culture de la vigne, partout où le sol le permettait, jusqu'au milieu du siècle, l'extension de l'olivier ne survenant qu'à partir de cette date [3].

---

[1] A. Lizier, *op. cit.*, p. 158; elles seraient dues à l'ouverture des marchés ou à leur rapprochement: le problème, lui-même, est encore mal défini. Les éléments en sont très divers: marchés internes du katépanat, marché byzantin, marchés externes (Arabes, principautés maritimes, Amalfi, Gaète, Salerne et aussi Venise); voir la toute dernière étude de M. L. Abramson, *O sostojanii proizvoditel'nych sil v sel'skom chozjajstve Južnoj Italii (X-XIII vv.)* (De l'état des forces productives dans l'agriculture de l'Italie méridionale, Xe-XIIIe s.), *Srednie Veka*, 28, 1965, p. 18-37, où l'auteur souligne que les progrès de l'agriculture se développent au XIIe et au XIIIe s.

[2] La première mention connue, jusqu'à présent, se trouve dans un diplôme de Gaète de 909, éd. *Regii Neapolitani Archivii Monumenta*, t. I, 1, Naples, 1845, p. 9; son poids (± 1 gr.) était le 1/4 (= rubâ'î) du dînâr ummayade, abbasside et fatimide environ; il était aussi compté pour 1/4 du sou byzantin et fut battu à Naples, Salerne et Amalfi; le nomisma se raréfia au milieu du Xe siècle, pour disparaître complètement comme monnaie réelle (M. Amari, *Storia dei Musulmani di Sicilia*, éd. C. A. Nallino, t. II, Catane, 1935, p. 522-525); J. Allan, dans *Encyclopédie de l'Islam*, t. IV, 1939, s.v. *Tari*, suggère que les Fatimides voulaient peut-être le substituer au *tremissis* byzantin. Il est, en tout cas, essentiel de noter que les premiers contrats de terres traités en taria, *dans le katépanat*, remontent au tout début du XIe siècle (Fr. Trinchera, *op. cit.*, no 13, p. 13, du 15 avril 1005), et que le dernier, traité en nomismata, est de 1076-1077 (en Calabre) (A. Guillou, *Les Actes grecs de S. Maria di Messina...*, Palerme, 1963, no 1, p. 46).

[3] De nombreux contrats prouvent ce changement de cultures, A. Lizier, *op. cit.*, p. 120, en a relevé un certain nombre et tiré la conclusion qui s'impose; reste à expliquer cette évolution; il a pu établir, en outre,

« Plante des vignes et travaille la terre », dira Kékauménos à son lecteur dans le dernier quart du siècle, c'est le seul moyen de gagner agréablement sa vie [1]. La société dans le katépanat d'Italie, comme dans le reste de l'Empire, vit de l'exploitation du sol.

B – PROPRIÉTAIRES ET PAYSANS

1. – L'EGLISE

Dans une description de la propriété du sol, il faut mettre à part la propriété ecclésiastique, qui ne peut que s'étendre sous le régime byzantin, puisqu'elle ne peut être aliénée. Jusqu'à présent, je n'ai eu connaissance, par les documents grecs que j'ai pu atteindre, que d'un seul *domaine épiscopal*, celui de Trani, à la fin du Xᵉ siècle: il est considérable, puisqu'il s'étend aux kastra de Giovinazzo, Ruvo, Minervino, Montemilone (à 50 kms de Trani environ), et à leurs territoires; et le katépan d'Italie, après le départ des troupes germaniques de la région, confirme son trône à l'évêque lombard Rodostamos, puisqu'il a favorisé les entreprises du katépan qui assiégeait la ville, et l'invite à reconstituer le patrimoine du domaine épiscopal en contrôlant si les changements de propriétaires qui ont pu intervenir sous ses prédécesseurs ont été opérés dans l'intérêt ou non de son église, et en effectuant les restitutions nécessaires [2]. C'est, en même temps que l'exécution d'un

---

que la culture de la vigne s'accroît de 950 à 1025, dates des documents qu'il a examinés, pour l'ensemble de l'Italie du Sud, et représente les deux tiers de la culture arboricole; voir aussi M. L. Abramson, *art. cit.*, *Srednie Veka*, 28, 1965, p. 26-35.

[1] ... φύτευε δὲ μᾶλλον ἀμπελῶνας καὶ ἐργάζου τὴν γῆν (*Stratègikon*, éd. B. Wassiliewsky-V. Jernstedt, *Zapiski istoriko-filologičeskago fakulteta imperatorskago S. Peterburgskago universiteta*, 38, 1896, p. 51, ligne 17).

[2] L'original est conservé à Trani, archives de la curie métropolitaine, caissette n° 1 venant des archives capitulaires et portant l'étiquette: « Diplomi reali dell'anno 983 al 1808 ordinati e raccolti nel 1886 dal cancelliere capitolare Vincenzo canonico teologo Rossi », éd. défectueuse de l'original par J. S. Assemani, *Italicae Historiae scriptores*, t. III, Rome, 1752, p. 558-559; cette édition a été recopiée par A. Prologo, *Le carte che si conservano nell'archivio del capitolo metropolitano della città di Trani*, Barletta, 1877, n° VII, p. 32, et G. Beltrani, *Documenti longobardi e greci per la storia dell'Italia meridionale nel Medio Evo*, Rome, 1877, p. 9-11. Je possède la photographie de cet original.

ordre impérial précis, l'application raisonnable de la règle codifiée par
Justinien en 534 [1].

Les archives des couvents grecs du katépanat fournissant l'essentiel de notre documentation, on comprendra que nous soyons plus précisément informés de la vie de la *propriété monastique*: je puis saisir
celle d'une quarantaine de couvents, dispersés à travers toute la province, surtout en milieu rural, et mises à part les institutions grecques
établies dans les principautés lombardes, celle de Salerne surtout. Ces
propriétés peuvent s'accroître par des donations d'intérêt politique:
c'est ainsi qu'en 1021 le katépan Basile Bôjôannès fait remettre à Saint-
Benoît du Mont-Cassin tous les biens que le rebelle Maraldus tenait de
ses parents à Trani et dans les environs [2]. Les plus fréquentes sont les
donations faites par de pieux laïcs à des monastères pour s'assurer le
salut éternel ou contre le simple mnêmosynon: des terrains sont ainsi
remis au monastère de Kyr-Zôsime en Lucanie en 1034 [3], d'autres, au
même monastère en 1057-1058, par les treize ayants droit d'une grande
famille [4] et encore en 1062-1063 [5], et tous viennent grossir une propriété
du couvent au lieu-dit Appion; le tourmarque Loukas donne un monastère en ruines à la Trinité de Cava en 1052-1053 [6]; une famille, comptant
un prêtre, un drongaire et un comte, donne en 1043-1044 au monastère
d'Atzôpan, près de Viggiano, en Lucanie, le couvent abandonné construit au milieu du Xe siècle par leurs grands-parents, « avec ses champs
cultivés ou incultes, ses arbres fruitiers et l'accès au point d'eau » [7];
la veuve du topotérète Nicéphore, Gemma, avant de mourir, divise
ses biens entre ses neveux et le monastère S. Barthélémy de Tarente,
en 1049 [8]; en 1055-1056 un certain Léopardos, exécutant les dernières
volontés de sa veuve Kalè, remet à S. Anastase (près de Carbone) les
biens-fonds qu'elle tenait par héritage [9], etc. Parfois le monastère, en
échange de terres qui viennent arrondir son domaine, doit accorder au

---

[1] *C.J.*, 1, 3, 55 (57).
[2] Fr. Trinchera, *op. cit.*, nᵒ 19, p. 20.
[3] *Ibid.*, nᵒ 29, p. 33-34.
[4] *Ibid.*, nᵒ 43, p. 55-56.
[5] *Ibid.*, nᵒ 46, p. 60-61.
[6] *Ibid.*, nᵒ 40, p. 49-51.
[7] Gertrude Robinson, *op. cit.*, nᵒ 3, p. 145-149.
[8] *Ibid.*, nᵒ 4, p. 150-157.
[9] *Ibid.*, nᵒ 6, p. 163-165.

donateur une sépulture sous lè parvis de l'église conventuelle [1], coutume connue dans d'autres régions de l'Empire, sinon aussi bien documentée [2]. Parfois même, et la préoccupation du bénéficiaire est alors éclatante, le fait de donner au monastère un terrain proche de ses jardins contre remise d'un terrain situé ailleurs, paie le droit au τάφος [3]. Les donateurs sont des membres de familles fortunées de fonctionnaires: le fils du comte du kastron de Tarente, les fils du domestique Constantin, le gendre de celui-ci; ils se nomment Léon, Georges, Martin, Diomède, les femmes, Flavia et Donata. Les monastères acceptent de s'agrandir même au prix de certaines charges; l'exemple le plus net est celui d'un prêtre latin, nommé Pierre, qui cède à S. Eustratios de Bari la moitié de son ὑπόστασις, qui comprend des maisons, des fermes, des jardins potagers, des vignes, des oliviers, des arbres fruitiers, des bois, des pièces d'eau, avec promesse de lui laisser l'autre moitié de laquelle il vivra jusqu'à sa mort, à condition que le monastère paie au fisc le total de l'impôt foncier [4]. Ceci se passe en 1032; défaillance du propriétaire laïc. Celle-ci peut apparaître sous une autre forme: un tourmarque Oursoléon d'Oriolo, dans le sud de la Lucanie, et sa famille dont un moine, cèdent au couvent de S. Ananias une « rocca » pour que le monastère et les paysans des environs y construisent un couvent qui accueillera le moine, sa vie durant, et une forteresse où pourront se réfugier aussi les donateurs en cas de danger [5]. Un autre moyen pour les monastères de grossir leurs domaines est l'achat aux particuliers: les seuls exemples connus concernent les monastères de S. Nicolas (en 1031 et 1036) [6], au nord de la Calabre, et ceux de S. Mémnôn et des Saints-Apôtres à Tarente (en 1042 et 1054) [7], ils portent sur des sommes très faibles (5 nomismata,

---

[1] Donations à Saint-Mémnôn de Tarente: en 1040 (Fr. Trinchera, *op. cit.*, n° 32, p. 38-39), 1045 (*ibid.*, n° 34, p. 41-42); donation au monastère des Saints-Apôtres en 1052 (*ibid.*, n° 39, p. 48-49).

[2] Ph. Koukoulès, Βυζαντινῶν βίος καὶ πολιτισμός, t. 4 (*Collection de l'Institut français d'Athènes*, 73), Athènes, 1951, p. 184.

[3] Fr. Trinchera, *op. cit.*, n° 35, p. 42-43, en 1047.

[4] *Cod. Dipl. Barese*, t. IV, Bari, 1900, p. 43-46; l'original a disparu des archives de Saint-Nicolas de Bari.

[5] Fr. Trinchera, *op. cit.*, n° 15, p. 15-17.

[6] *Cod. Vat. Lat.*, n° 13489, « cartella II », pièces 14 et 2, documents inédits dont je prépare la publication.

[7] Fr. Trinchera, *op. cit.*, n° 33, p. 40-41, et n° 41, p. 51-52.

1 nomisma, 9 taria, 6 taria) et donc de petits lots, mais les couvents eux-mêmes sont modestes. Sur les moyens d'exploitation dont dispose la propriété monastique on sait très peu de chose; un document toutefois parle du manque de main-d'œuvre, qui contraint le monastère à louer son bien: en 1035, S. Pierre de Tarente cède à quatre paysans des vignes et des jardins potagers contre un canon partiaire de la moitié de la récolte, contrat favorable au cultivateur, ce qui paraît indiquer que le capital d'exercice du monastère est suffisant, d'autant plus qu'il fait porter dans la convention écrite que les quatre cultivateurs feront fructifier les plantations qui leur sont confiées, «comme s'il s'agissait de leur bien propre»[1]. La main-d'œuvre manquait donc au monastère impérial de S. Pierre[2]. D'autres exemples pourront être ajoutés à celui-ci, je pense.

Le domaine monastique, grand ou petit, n'est pas toujours propriété de la communauté représentée par son higoumène. Ce dernier, en effet, a maintes fois l'allure d'un propriétaire authentique: en 1050, le kathigoumène Théodore de Kyr-Zôsime a-t-il désigné pour son successeur le moine Théophylakte, il prie celui-ci de prendre soin de son frère Loukas, et, lorsqu'en présence des autorités civiles, on donne lecture du testament de l'higoumène défunt, on demande à Loukas son accord pour l'élection de Théophylakte[3]. L'histoire du couvent S. Basile peut être interprétée dans le même sens: fondé par un moine Benjamin au début du Xe siècle, donné par celui-ci au moine Sabas de S. Laurentios, puis au moine Cosmas qui, affaibli par la maladie, le cède en 1006-1007 au prêtre Théodore et à son frère Nicétas, avec tous ses biens meubles et immeubles, pour qu'ils le remettent en état; donation réelle avec réserve, puisque Cosmas, qui n'a plus les forces nécessaires pour assurer sa subsistance, compense le gîte et le couvert qu'il réclame par une donation supplémentaire (deux maisons, 6 ânes, 24 moutons, 3 tonneaux, 300 jarres à vin, etc.)[4]. Avec l'histoire du taxiarque Kaloun, nous assistons (ou aurions pu assister) à la naissance et à la croissance d'un domaine monastique entre les mains d'un pro-

---

[1] *Ibid.*, no 30, p. 35-36.
[2] M. L. Abramson, *art. cit., Sbornik « Iz istorii trudjaščichsja mass Italii »*, Moscou, 1959, p. 13, a noté l'intéressante expression.
[3] Fr. Trinchera, *op. cit.*, no 37, p. 45-47.
[4] Gertrude Robinson, *op. cit.*, no 1, p. 133-137.

priétaire laïc: vers le début du XIᵉ siècle, le taxiarque Kaloun a confié à un moine Gérasimos des champs, des arbres fruitiers, des vignes et un moulin sur le territoire de la forteresse qu'il a construite, avec mission d'élever un monastère et son église et de faire prospérer le bien-fonds; à la mort du taxiarque, son fils, le spatharokanditat Jean, constatant l'incurie de Gérasimos, se met d'accord avec son frère Nicolas pour remettre l'exploitation et le monastère S. Nicolas au moine Hilarion; ce dernier, victime de la crise causée par les déprédations normandes, restitue aux propriétaires la convention écrite qui lui donnait la responsabilité spirituelle et temporelle du couvent, et part; pour exécuter la volonté de son père, Jean remet le couvent et les biens, dans l'état où ils se trouvent, à S. Anastase (1070-1071)[1]. On peut parler, jusqu'à présent, de fondations privées avec abandon progressif de la propriété laïque à la propriété monastique; et je parierais que cette situation apparemment complexe où se mêlent les deux propriétés, deviendra limpide, si l'on y sous-entend un arrière-plan fiscal.

2. – LES PROPRIÉTAIRES LAÏCS

La transition naturelle entre la propriété ecclésiastique et la propriété laïque, plus étroitement liée à l'Etat, est naturellement faite par le χαριστίκιον; un seul exemple sûr connu en Italie du Sud au XIᵉ siècle, celui du monastère S. Pierre de Tarente, qui est remis avec ses ἐξκουσσᾶτοι, ses trois navires et ses viviers, en 999, au prôtospathaire Christophore Bochomakès: le katépan Grégoire Tarchanéiôtès précise que le bénéficiaire a mérité cette récompense impériale pour l'héroïsme qu'il a montré lors des derniers raids arabes, et que la concession est valable pour la durée de sa vie et celle de son fils[2]. A la mort du fils, l'Etat reprendra donc son bien.

---

[1] *Ibid.*, nᵒ 8, p. 171-175; l'édition de ce texte est très insuffisante: il faut corriger l'an du monde que je lis très clairement sur l'original 6579, donc 1070-1071, et non 1061.

[2] Fr. Trinchera, *op. cit.*, nᵒ 10, p. 9 (novembre 999); S. Borsari, *Istituzioni feudali e parafeudali nella Puglia bizantina, Archivio storico per le province napoletane*, N.S., 38, 1959, p. 123-135 a restitué au terme ἐξκουσσᾶτοι sa valeur institutionnelle ignorée des historiens italiens, mais en a tiré des aspects « préféodaux » insoutenables.

La grande propriété laïque peut être entre les mains d'un *haut fonctionnaire ecclésiastique*; elle suivra les fluctuations de sa destinée politique. Génésios, évêque grec de Tarente, est exilé par les chefs du parti lombard de la ville, menés par un certain Basile, un Grec qui a abandonné la cause de sa patrie d'origine; sa mère est maltraitée par les rebelles, ses biens lui sont enlevés, ses maisons sont rasées. L'ordre est rétabli par le katépan: Génésios retrouve en 1052-1053 son ὑπόστασις familiale à Tarente, les terres qu'il a achetées hors de la ville, et reçoit, en récompense de sa fidélité à l'Empereur, les ὑποστάσεις des quatre personnages responsables de la révolte [1].

Le rôle de *l'Etat*, propriétaire de toute la terre de l'Empire, et premier intéressé à sa consciencieuse exploitation, ressort des concessions d'ἐξκουσσεῖαι, telle celle qui est concédée en 1043 au nom de l'Empereur par le katépan au juge Byzantios, qui s'est valeureusement comporté contre Maniakès, puis contre les Normands, et qui s'étend aux habitants du χωρίον et du κάστρον de Phoulianon (un probable Folignano près de Bari), et aux charges fiscales qui les grèvent (δουλεῖαι), avec l'autorisation de recruter, pour exploiter ce domaine important, des parèques également « inconnus » du fisc (ξένοι) [2]. Autre intervention directe de l'Etat, mais qui me reste énigmatique: Sasso, un Latin, serviteur fidèle de l'Empire, est revendiqué par une famille de Trani, comme son *exkoussatos*; les plaignants, convoqués par le katépan en 1054, ne peuvent prouver leur bonne foi, tandis que Sasso fait serment devant le tribunal avec douze personnes de sa famille que ni lui ni son fils n'ont jamais acquitté l'*exkoussatikion*, justification qui permet au katépan de garantir paix et tranquillité à Sasso [3]. Lorsque l'Etat a concédé un bien, il lui arrive même d'y renoncer, apparemment, définitivement: un ἐπὶ τῶν βασιλικῶν ἀρμαμέντων de Bari, qui a reçu de l'Etat en récompense de ses services un kalybion, obtient, avant son départ pour Constantinople, en 1031-1032, l'autorisation expresse du katépan de vendre ce bien à un particulier [4].

---

[1] Gertrude Robinson, *op. cit.*, n° 5, p. 160-162.

[2] *Cod. Dipl. Barese*, t. IV, Bari, 1900, p. 67-68.

[3] Ed. défectueuses de A. Prologo, *op. cit.*, n° XV, p. 50-51 et de G. Beltrani, *op. cit.*, p. 23-25; l'original se trouve dans les archives de la curie métropolitaine de Trani (voir ci-dessus, p. 447, n. 2), j'en possède la photographie.

[4] Fr. Trinchera, *op. cit.*, n° 25, p. 27-29.

La stabilité impressionnante de certains *grands domaines* laïcs résulte d'un acte de partage rédigé en 1054 [1]; première observation, cette μοιρασία est destinée à remplacer une ancienne μοιρασία, vieille d'un siècle et demi. L'opération achevée, les héritiers des sept lots initiaux (dits μεγάλαι μοῖραι) de l'importante propriété des Πρεσβυτερᾶνοι près de Stylo en Calabre, constatent que les sept lots se retrouvent intacts entre les mains des quatorze héritiers actuels, que six des parts de la famille dans le χωρίον des Kannaboutzoi ont été conservées, que la septième a été échangée, que les champs et la colline boisée de S. Procope sont demeurés indivis aux sept μοῖραι, la seule anomalie étant que l'un des héritiers, le spatharokanditat Constantin, détient à lui seul quelques autres champs pour avoir acquitté un droit pour les sept parts sur ceux-ci [2]; l'acte prévoit le remboursement de chacun à Constantin et la division de ces derniers champs en leurs sept parts originelles, et affirme la nécessité de conserver l'intégrité du domaine et sa composition (y compris sa part du χωρίον), qui n'a donc pas été pratiquement modifiée entre 900 (environ), date du permier partage entre sept frères, et le mois de février 1054!

Dans le même ordre d'idées, je note qu'une grande propriétaire, originaire de Stylo (Calabre), habite Bari et donne en héritage à sa fille Hélène les biens-fonds de famille qu'elle a conservés dans son pays natal [3].

Cette stabilité de certains patrimoines fonciers laïcs n'est peut-être pas à généraliser; notre documentation contient la preuve de fractionnements de propriétés, par des donations, des ventes; elle nous renseigne aussi sur des transferts significatifs de propriétés entières; ainsi, en 1033 et 1039, le fils du comte de Tarente, cousin du domestique Constantin, vend deux vignes importantes, amputant une partie de sa propriété familiale qui est d'un seul tenant, et une autre vigne divisée en

---

[1] Acte inédit, que je pense publier bientôt: *Cod. Vat. Lat.*, n° 13118, pièce 8.

[2] 'Ἐκταγή,, ligne 36.

[3] *Cod. Dipl. Barese*, t. IV, Bari, 1900, p. 92-94; l'acte a disparu des archives de Saint-Nicolas de Bari; A. P. Každan (*Ob odnoj južnoitaljanskoj gramote XI v.* (Sur un document de l'Italie du Sud du XIe siècle), *Srednie Veka*, 17, 1960, p. 319-320) a proposé quelques améliorations au texte et un commentaire des lignes concernant l'affranchissement de l'esclave Pitzoulos.

quatre lots enclavés dans les terrains de l'acheteur, dans les deux cas, un Juif de Tarente, Théophylakte Chimarias [1] : il est clair que la propriété du comte de Tarente est peu à peu « grignotée » par le Juif Théophylakte.

Les difficultés rencontrées dans l'exploitation de leur bien, d'autre part, par certains *propriétaires moyens*, font suspecter quelque évolution dans les ressources économiques de cette classe sociale. Un exemple curieux dans le voisinage de Bari: une certaine Kônstantina a racheté à son fils adoptif Basile, chaudronnier ou forgeron de son métier (ὁ τῇ τέχνῃ χαλκεύς) une plantation, dont la nature n'est pas indiquée, et des terrains; la plantation a périclité, les terrains ne produisent plus rien. Kônstantina, par une location *ad pastinandum* vers 1030-1035 (la date peut être déterminée par la durée moyenne de ces contrats), cède ses deux biens aux conditions suivantes: Basile remettra en état d'exploitation normale la plantation, et transformera les terres incultes en vignoble, après quoi il gardera comme son bien propre le tiers du tout, et remettra les deux autres tiers à Kônstantina. J'ai retrouvé, dans les archives de la Trinité de Cava, la μοιρασία effectuée en 1051 entre Basile et le fils de la défunte Kônstantina, suivant les clauses prévues par cette dernière [2]. Les propriétés moyennes sans doute les mieux protégées dans le katépanat au Xe siècle ont été les biens militaires; la dernière mention que je connaisse de stratiôtès (οἱ ἔχοντες στρατείας), dont on précise qu'ils doivent servir selon les anciennes règles (ἐκδουλεύειν καθὼς ἀπὸ παλαιοῦ τύπον ἔχωσιν) et ne peuvent être exemptés, date de 999 et concerne la Longobardie [3]; la strateia mentionnée dans un acte de 1045 est une strateia fiscale.

La *petite propriété* est toujours vivante et me paraît, grâce à l'autarcie de son existence économique, à la diversité des cultures prati-

---

[1] Fr. Trinchera, *op. cit.*, no 26, p. 29-31; no 31, p. 36-38.

[2] *Ibid.*, no 38, p. 47-48; le texte de l'original est assez différent du texte édité, il sera repris dans l'édition des actes grecs de la Cava dei Tirreni. Pour d'autres exemples du même type de contrat dans les dossiers latins, voir M. L. Abramson, *art. cit.*, *Viz. Vrem.*, 7, 1953, p. 176.

[3] Acte du katépan Grégoire Tarchanéiôtès à Chrysostome, archevêque de Bari et Trani; l'original est conservé dans les archives de la curie métropolitaine (voir ci-dessus, p. 447, n. 2), il a été édité par J. S. Assemani, *Italicae Historiae scriptores*, t. III, Rome, 1752, p. 563, édition reproduite par A. Prologo, *op. cit.*, no VIII, p. 35-37, et G. Beltrani, *op. cit.*, p. 11-13.

quées par chacun, s'être maintenue malgré les appétits de la grande
propriété laïque ou ecclésiastique, et malgré les troubles, parfois locale-
ment graves, grâce à la protection des *kastra*-refuges[1]. De ces petits propriétaires, je citerai trois exemples, car ils permettent d'apprécier le
volume de la cellule économique et son caractère: deux affranchis, l'un,
en 1032, possède une petite culture de lin [2]; l'autre, en 1049, possède
une petite vigne et un kalybion [3]; deux moines ruraux, ensuite, Pierre
et Grégoire, détiennent deux bœufs, un cheval, outre quelques livres
liturgiques, des vêtements sacerdotaux et des vases sacrés [4].

Il faudrait citer encore d'autres représentants de la grande masse
des paysans libres propriétaires ou non d'un lopin de terre, parèques,
salariés et esclaves, ces derniers devenus domestiques et de moins en
moins nombreux, mais cette catégorie sociale, qui n'écrit pas, est encore
mal définie [5]. Un caractère de cette *paysannerie libre*, base de l'économie
du katépanat, est sa *mobilité*; je le souligne car la nature géographique
du pays ferait supposer toutes les stagnations. Au tout début du XIe
siècle, un Grec de Calabre, Kallinos, s'installe, en Lucanie lombarde,
au village d'Ancilla Dei et reçoit du monastère grec S. Michel-Archange
une terre à cens [6]; était-il marié à son arrivée? Il semble, en tout cas,
que c'est en terre lombarde, qu'il donne naissance à trois enfants, Co-
mitas, Ursus et une fille, dont on ignore le nom; en janvier 1040 [7], ses
enfants signent avec le même monastère un contrat d'exploitation *ad
pastinandum*, donc de longue durée (une quinzaine d'années peut-être),
mais quittent la terre dix ans environ après, probablement parce que
la propriété du monastère est tombée alors entre les mains du vicomte
lombard local, nommé Giacinthus [8]; en 1056, les documents signalent
dans le même village d'Ancilla Dei la présence d'une famille de Bisignano

---

[1] *Cod. Dipl. Barese*, t. IV, Bari, 1900, p. 67-68.

[2] Fr. Trinchera, *op. cit.*, n° 24, p. 26-27.

[3] Gertrude Robinson, *op. cit.*, n° 4, p. 153, ligne 41.

[4] *Cod. Dipl. Barese*, t. I, Bari, 1897, p. 31-32.

[5] La nature de la paréquie, toutefois, a été expliquée par G. Ostrogorsky, *Quelques problèmes d'histoire de la paysannerie byzantine* (*Corpus
Bruxellense Historiae Byzantinae, Subsidia*, II), Bruxelles, 1956, p. 66-70.

[6] *Cod. Dipl. Barese*, t. IV, Bari, 1900, p. 122.

[7] *Cod. Dipl. Barese*, t. VI, Bari, 1906, p. 125; t. VII, Bari, 1912, p. 133,
135.

[8] *Cod. Dipl. Barese*, t. VIII, Bari, 1914, p. 148.

en Calabre [1]. Faut-il penser à un appel de main-d'œuvre grecque par le petit monastère de S. Michel-Archange? Le fait de ces migrations paysannes me paraît, en tout cas, à retenir et la question à creuser.

C – XΩPÍA ET KÁΣTPA

L'image de l'habitat rural dans le katépanat est celui si soigneusement décrit par le Traité Fiscal, coloré de préoccupations locales, qui n'ont pas été ignorées de l'administration centrale. Le χωρίον, le bourg, est la forme normale de cet habitat. Les textes nous font assister à la naissance de l'un de ceux-ci près de Tricarico, à la frontière des thèmes de Longobardie et de Lucanie: vers 983, un moine Jonas, qui a défriché une belle étendue de terres, remet au monastère de la Théotokos dite « del Rifugio » le domaine à exploiter; l'higoumène Kosmas y installe des ἐλεύθεροι et constitue avec cette main-d'œuvre «libre» une commune fiscale (χωρίον) en 998; le katépan d'Italie, à la demande du monastère, reconnaît à celui-ci la propriété du χωρίον, et ajoute donc sur les registres du fisc une nouvelle circonscription, dont l'existence nous est encore confirmée par un acte de 1023 [2]. Ce χωρίον est propriété monastique. Et je me demande si certains habitats rupestres, celui que l'on vient de découvrir près d'Altamura par exemple, ne sont pas de ces *chôria* [3]. En 1043-1044, une partie d'un χωρίον (un προάστειον), dont la ῥίζα porte curieusement un nom, ῥίζα Μαρτίνου, près de Viggiano à l'ouest du thème de Lucanie, est cédée par un groupe de συγχωρῖται (dont un drongaire et un comte), qui semblent de la même famille, au monastère de la Théotokos d'Atzôpan [4]; de même en 1054, les descendants d'une grande famille calabraise, les Presbytéranoi, gros propriétaires de la

---

[1] *Cod. Dipl. Barese*, t. VI, Bari, 1906, p. 125; t. VII, Bari, 1912, p. 132, 288.

[2] A. Guillou-W. Holtzmann, *art. cit.*, *Quellen und Forschungen...*, 41, 1961, p. 20-28.

[3] Le site dit Fornello voisin d'Altamura (7 kms NE) n'est pas encore publié. Le responsable de la fouille, mon ami A. Prandi, m'a communiqué le plan ci-joint, avec son habituelle courtoisie (v. hors-texte). L'ensemble des sites connus comme centres monastiques rupestres doit être revu dans cette ligne de recherche.

[4] Gertrude Robinson, *op. cit.*, n° 3, lignes 5-6, p. 146.

NORD

MÈTRES

0 5 10   20   30   40   50   60   70   80   90   100

Χωρίον RUPESTRE: LIEU-DIT FORNELLO, PRÈS D'ALTAMURA.

(Plan communiqué par le Prof. A. Prandi)

région de Stylo, font partie de la commune des Kannaboutzoi pour un certain nombre de terrains qu'ils détiennent depuis le début du Xᵉ siècle [1]; en 1060-1061, encore, un χωρίον des Kéronitoi, dans la région de S. Marco Argentano, est entre les mains de deux propriétaires laïcs Sophrone Phortounatos et son oncle, et l'un d'eux cède au monastère S. Nicolas une vigne en friches, une autre en état, un jardin et des champs du territoire de cette commune [2]. Ces domaines échappent-ils à l'autorité impériale? Certes non: jusqu'au moment, par exemple (en 1045), où le katépan cède au juge Byzantios la commune de Folignano, les χωρῖται qui résident dans le bourg fortifié (κάστρον), dans les προάστεια et les ἀγρίδια, acquittaient au fisc (τὸ μέρος τοῦ δημοσίου) l'impôt foncier, le kapnikion, les droungaraia, etc. qu'ils verseront donc désormais, indique l'acte de donation, au bénéficiaire [3]. La résistance de la formule du χωρίον tient à la ferme organisation de l'Empire, mais correspond aussi à la solidité de la cellule familiale, si sensible dans tous les mouvements de la terre, consignés dans les documents de la pratique, et dont je trouve encore une preuve éloquente dans de curieux documents archéologiques, les « pozzelle »: ce sont de petits puits profonds de trois à six mètres dans lesquels confluent les eaux de pluie, appelés aussi dans le Salento « freata » (= φρέατα) [4]; ils étaient groupés à proximité du village et pouvaient ravitailler en eau les habitants de celui-ci et permettre l'arrosage des jardins par exemple; chaque puits portait le nom d'une famille; on en conserve des groupes assez nombreux, une

---

[1] *Cod. Vat. Lat.*, n° 13118, pièce 8, lignes 31-32; acte inédit, voir ci-dessus, p. 454, n. 1.

[2] *Cod. Vat. Lat.*, n° 13489, « cartella II », pièce 13, inédite, voir ci-dessus, p. 449, n. 6.

[3] *Cod. Dipl. Barese*, t. IV, Bari, 1900, p. 67-68; le texte est souvent cité parce que le katépan précise au bénéficiaire que les habitants des domaines qu'il vient de recevoir seront jugés par lui selon la loi lombarde; il faut entendre, à mon sens, d'abord que ces habitants étaient déjà jugés selon cette loi par l'administration byzantine, ensuite que le fisc byzantin n'y perdait pas. Il faudra faire quelques sondages pour tenter de déceler les avantages financiers retirés par le pouvoir byzantin de l'application à certaines régions de leurs lois traditionnelles.

[4] G. Rohlfs, *Lexicon Graecanicum Italiae Inferioris*, Tübingen, 1964, s.v. φρέαρ. Ces monuments sont mentionnés dans les sources médiévales pour le XIᵉ s. (*et vadit ad* puteos *qui sunt in via*, lit-on dans un périhorismos: G. Del Giudice, *Codice diplomatico del regno di Carlo I...*, Naples, 1863, *App.*, I, p. xv).

trentaine près de Corigliano, autant près de Soleto, et près du bourg grec déserté d'Apigliano, une soixantaine dans le vallon voisin de Martignano, une quarantaine près de Zollino, cent quatre près de Castrignano, etc. [1]. L'ancienneté de ces modestes monuments paraît sûre et ils sont une image encore tangible d'une exploitation économique collective fondée sur le groupe familial, dans le cadre du χωρίον.

Des indices d'une évolution? La disparition et l'abandon de deux χωρία: celui des Paloi, près de Bari, connu encore en 1032, et qui semble rayé des rôles fiscaux vingt ans après, absorbé sans doute par le monastère S. Eustratios de Bari [2]; celui Degli Alberi, près de Folignano, abandonné, puis absorbé dans les προάστεια de la commune voisine [3].

S'agit-il d'un éclatement de la commune fiscale qui indiquerait un relâchement de l'autorité de l'Etat? Si les manifestations considérées ne sont pas des accidents locaux, j'y chercherais un aspect des transformations subies par l'habitat rural à cette époque, conséquence de l'insécurité qui a entraîné la construction de murailles protectrices par les représentants locaux du pouvoir central ou les populations elles-mêmes peut-être. Le paysage du katépanat est rempli, en effet, de tours (πύργοι), de κάστρα et de καστέλλια. Tel couvent, dont les moines ont fui une zone dévastée, se reconstitue à l'abri des murs d'un bourg fortifié [4]; un taxiarque reconstruit une forteresse et y accueille les habitants des environs [5]; la population de Melfi s'accroît au point que le katépan doit y faire construire des maisons d'habitation [6]; le chiffre élevé des habitants

---

[1] B. Spano, *La grecità bizantina e i suoi riflessi geografici nell'Italia meridionale e insulare* (*Pubblicazioni dell'Istituto di Geografia dell'Università di Pisa*, 12), Pise, 1965, p. 177-184, a dressé un premier inventaire de ces importants monuments pour le Salento qu'il a reportés sur une carte (sa pl. X).

[2] *Cod. Dipl. Barese*, t. IV, Bari, 1900, p. 43; Fr. Trinchera, *op. cit.*, nº 38, p. 47 (en 1051).

[3] *Cod. Dipl. Barese*, t. IV, Bari, 1900, p. 68.

[4] Gertrude Robinson, *op. cit.*, nº 7, lignes 31-32, p. 168.

[5] Fr. Trinchera, *op. cit.*, nº 15, p. 15.

[6] Guillaume de Pouille, *La Geste de Robert Guiscard, éd. cit.*, vers 246-250, p. 112:

> *Hac sede* (= Melfia) *Basilius* (= Mésardonitès) *ante*
> *Quem supra memini, modicas* (le Normand a fait mieux) *fabricaverit*
> > *aedes*
> *Esse locum cernens inopinae commoditatis.*
> *Accessu populi nunc urbs illustris habetur.*

de Scribla, en Calabre, au milieu du siècle ne s'explique pas autrement [1]; la construction des villes-fortes de Troja, Dragonara, Fiorentino (Ferenzuola) et Civitate (et d'autres non nommées) par le katépan Basile Bôjôannès [2] eut le même résultat: une concentration de la population rurale dont on n'a pas fini de mesurer les effets.

Une nouvelle répartition du sol a nécessité l'intervention de l'Etat; dans les points nouveaux de concentration ou à la suite d'afflux de population dans les anciens bourgs récemment fortifiés, elle a été nécessaire; en 1001-1002, à la demande des habitants et après enquête d'une commission qui s'est rendue sur les lieux, le katépan Grégoire Tarchanéiôtès procède à la fixation de la frontière (σύνορον) économique entre le kastellion de Tolve, qui est compris sur le territoire du kastron d'Acerenza et qui traite en son nom, et le kastron de Tricarico, et confirme la copropriété des deux sociétés paysannes sur les pâturages et les bois [3]; en juin 1019, à la requête de la population latine qui est venue s'installer dans les murs relevés de Troia, le katépan envoie un prôtospathaire, un topotèrète, un *chartoularios*, deux comtes de la Cour, et le domestique du thème, déterminer les confins du territoire du nouveau bourg et les champs qui resteront communs à celui-ci et au bourg voisin de Baka-

---

[1] *Ibid.*, vers 335-337, p. 150.

[2] Léon d'Ostie, *Chronica*, II, 51, éd. Wattenbach, dans Pertz, *M.G.H.*, *SS.*, t. VII, p. 661: *Ea tempestate supradictus Boiano catapanus, cum jamdudum Troiam in capite Apulie construxisset, Draconariam quoque et Florentinum ac Civitatem et reliqua municipia, que vulgo Capitinata dicuntur, edificavit et ex circumpositis terris habitatores convocans deinceps habitari constituit*; la restauration, le repeuplement, la reconstitution économique de l'un de ces centres, sont décrits par deux documents de la pratique particulièrement suggestifs (Fr. Trinchera, *op. cit.*, n° 18, p. 18-20, et n. 20, p. 21-22) et très incomplètement compris jusqu'à présent. La reconstruction de Troia est encore mentionnée par Romuald de Salerne au XIIe siècle, *Chronicon sive Annales*, éd. W. Arndt, dans Pertz, *M.G.H.*, *SS.*, t. XIX, p. 402 (= Muratori, *R.I.SS.*, VII, 1, Bologne, 1919, éd. C. A. Garufi, p. 175). Il est essentiel de se rappeler que les centres fortifiés créés ou restaurés par le katépan Basile se trouvaient dans une région particulièrement fertile; il suffit de lire ce qu'écrit de la région de Troia le moine Gauferius du Mont-Cassin, vers 1060, dans la *Vita Secundini* (*Acta SS.*, *Febr. II*, c. 1, p. 532; *Patrol. Lat.*, t. 147, col. 1295): blé, arbres fruitiers de toutes sortes, vignes, etc., y poussent avec une extrême facilité.

[3] A. Guillou-W. Holtzmann, *art. cit.*, *Quellen und Forschungen*..., 41, 1961, p. 12-20.

ritza (= Biccari) pour le pacage du bétail, ainsi que les droits que les deux bourgs pourront percevoir sur le bétail des étrangers venu y paître [1]. Il est clair que ces droits reviennent à l'Etat qui y renonce au profit des deux χωρία, qui lui garantissent des rentrées autrement substantielles.

Nous apercevons ici déjà l'embryon d'une personnalité économique du bourg fortifié (κάστρον), comme il y avait celle du χωρίον, dont il est issu [2], sous le contrôle strict de l'Etat. Cette personnalité du groupe des καστρηνοί se manifeste par des cessions de biens (le monastère S. Nicolas de Monopoli par exemple) à des particuliers [3], ou à des monastères [4] l'intervention à l'élection de l'higoumène d'un monastère [5], mais aussi par le paiement en commun à l'Etat de taxes: Troja doit verser au βασιλικὸν σακέλλιον 100 sous d'or (scyphati) par an [6], le kastellion de Pélagianon (= Palagiano) remet en août 1016, par l'intermédiaire de l'un de ses habitants Kinnamos Kalligraphos (nom propre ou métier?), au katépan Basile Mésardonitès la συνήθεια (= ?) due pour une indiction, soit 36 nomismata d'or (διὰ χαράγματος) (chiffre élevé), et reçoit du représentant de l'empereur un reçu de ce versement (ἀπόδειξις) qui nous est conservé [7].

La composition de la population du kastron nous est connue: en 1050 le bourg fortifié de Kyr-Zôsime, en Lucanie, comprend les archontes (et parmi eux un *domestikos*), le clergé (séculier et régulier), le peuple (λαός) [8]; en 1058-1059, le kastron de Battifaranno fait apparaître la même répartition [9]. Les archontes sont souvent les fonctionnaires, en même temps propriétaires d'exploitations rurales, à titre personnel, ou comme συγχωρῖται ou συγκαστρηνοί, les membres du clergé peuvent

---

[1] Fr. Trinchera, *op. cit.*, n° 18, p. 18-20.
[2] Il faudra revenir sur cette genèse et en déterminer peut-être les degrés d'évolution; un exemple en Longobardie (*Cod. Dipl. Barese*, t. IV, Bari, 1900, p. 67-68), un autre en Calabre (*ibid.*, p. 92-94), un autre, enfin, en Lucanie (Gertrude Robinson, *op. cit.*, n° 3, p. 145-149).
[3] Fr. Trinchera, *op. cit.*, n° 42, p. 53-55 (mai 1054).
[4] Gertrude Robinson, *op. cit.*, n° 8, p. 171-175 (1070-1071).
[5] Fr. Trinchera, *op. cit.*, n° 37, p. 46 (en 1050), n° 42, p. 53 (en 1054).
[6] *Ibid.*, n° 20, p. 22.
[7] *Ibid.*, n° 16, p. 17 (août 1016).
[8] *Ibid.*, n° 37, p. 46.
[9] Gertrude Robinson, *op. cit.*, n° 7, lignes 30-35, p. 168.

être dans la même situation et sont également atteints par les taxes et services dus à l'Etat [1]; le peuple des artisans et des agriculteurs, qui constitue la masse de cette démographie, malheureusement muette, car nos documents en parlent peu, sont, au moins fiscalement, reliés eux aussi à la grande machine de l'Etat.

On devine que les relations entre la campagne et la ville sont très étroites: les gros propriétaires habitent le kastron, l'artisan investit ses gains à la campagne, le paysan libre vient s'abriter derrière les murailles, le monastère urbain vit de ses exploitations agricoles.

HYPOTHÈSES

Telle est la description partielle de la vie rurale du katépanat d'Italie, que je crois utile de proposer, dans l'état présent de ma documentation. J'ignore certains groupes essentiels de cette société, l'armée, par exemple, certains documents de civilisation aussi déterminants: la démographie complexe du katépanat, qui varie avec les thèmes, la langue écrite et parlée par la population, que l'on connaît assez bien, le niveau intellectuel, dont on a maints témoignages, les moyens et les procédés de l'exploitation agricole, les salaires et les prix, les relations du katépanat avec ses voisins immédiats, etc. L'exposé fragmentaire auquel je me suis, à dessein, limité, permet de mettre en lumière, je crois, certaines qualités de la société du katépanat et d'en apprécier la nature, par comparaison avec la société byzantine du XIᵉ siècle, du moins ce qu'on en connaît. Les institutions administratives et de gouvernement, qui encadrent la société des trois thèmes du katépanat, on l'a dit en commençant, est celle des autres provinces de l'Empire

---

[1] Je crois devoir insister encore sur la stabilité de cette administration fiscale, et la limitation des exemptions accordées, car la documentation écrite conservée, puisqu'elle ne comporte pas de rôles fiscaux, ne parle que des exemptions; on ne donnera donc jamais assez d'importance aux taxes maintenues dans les privilèges d'exemptions. C'est ainsi qu'en 999, 36 prêtres de la cathédrale de Bari et 60 du kastron de Trani sont exemptés du mètaton et de la kastroktèsia, par un acte du katépan qui précise que le chiffre est une limite pour les deux kastra, et que, d'autre part, l'exemption ne concerne pas le clergé séculier ou les moines des autres kastra (éd. citée ci-dessus, p. 454, n. 3).

byzantin: les incertitudes qui demeurent seront écartées par de prochains travaux, qui apporteront aussi les nuances nécessaires.

Mettons, cependant, en relief les faits surprenants: pérennité de certaines grandes propriétés, larges immunités, qui peuvent comporter concession de certains pouvoirs judiciaires (et donc perception d'amendes et de frais de justice), *exkoussatikion* versé à une personne par « son » *exkoussatos*; d'autre part, multiplication des murailles autour des centres habités, grands (κάστρα) ou petits (καστέλλια), qui paraissent constitués en ressorts économiques, le territoire d'un *kastron* groupant plusieurs *kastellia* (je pense à l'exemple d'Acerenza), taxes payées à l'Etat par le groupe urbain. Les antécédents de la population du katépanat, la proximité des principautés lombardes, le fait aussi que l'Etat byzantin a respecté la législation lombarde, lorsqu'elle était profondément entrée dans les mœurs, invitent à chercher l'explication de ces faits « chez le voisin ».

On connaît bien mal la société lombarde du Xe-XIe siècle; on peut dire que les comtes lombards étaient devenus des « seigneurs » indépendants et héréditaires, tout en demeurant, comme les *gastaldi*, qui les ont précédés, des fonctionnaires: ils tiennent la terre du prince à titre de bénéfice, mais certains liens personnels sont déjà nés à la fin de la période considérée et les immunités sont passées de la simple exemption fiscale à l'affranchissement des contraintes administratives et judiciaires[1]. Le point d'évolution de la société du *Regnum Italicum*, parvenue à l'expression féodale classique des peuples d'origine germanique, et les rapports étroits de celui-ci avec les principautés lombardes, qui appliquent encore comme lui le vieux droit, fondé sur les anciens édits royaux modifiés par les *capitula* de Radelchis et d'Adelchis, expliquent le développement de la société des principautés voisines du katépanat, qui, avec quelque lenteur, arrivera à la même reconstitution des liens juridiques et économiques entre les biens et les personnes.

Des historiens fidèles à la courbe marxiste de l'évolution des sociétés ont essayé de trouver les traits précurseurs de relations « féodales »

---

[1] R. Poupardin, *Etude sur les institutions politiques et administratives des principautés lombardes de l'Italie méridionale*, Paris, 1907, p. 60; N. Cilento, *Le origini della signoria Capuana nella Longobardia Minore (Istituto storico italiano per il Medio Evo. Studi Storici*, 69-70), Rome, 1966, p. 172-179.

(le fameux « process feodalizacii ») en Italie du Sud [1]: malgré l'utilisation qu'ils ont faite des archives latines des duchés et des principautés maritimes, ils sont honnêtement amenés à observer que, même dans la principauté de Salerne, le duché de Naples et celui d'Amalfi, « l'évolution vers la féodalisation est beaucoup plus lente » qu'en Italie centrale et en Italie du Nord: pas de longues corvées sur la terre du « seigneur », pas de tribunal seigneurial, et une abondante petite propriété « allodiale » [2]. L'hypothèse de recherche de ces études, le sérieux de celles-ci, le matériel documentaire employé, le résultat obtenu pour les domaines latins de l'Italie méridionale, indépendants de l'Empire byzantin, rendent vaine toute tentative de réponse aux questions qui restent posées par des contaminations lombardes.

Il faut chercher des solutions possibles dans les lacunes de notre information concernant le reste de l'Empire et, en désespoir de cause, dans la vie propre du katépanat. Certains aspects, apparemment archaïques, de la société (grosses propriétés non fractionnées, par exemple), un certain formalisme et une excessive solennité dans les rapports entre l'administration et les individus, alliés à certaines tolérances, un contrôle très strict de l'économie locale, peuvent s'expliquer par l'éloignement du gouvernement central, malgré les mutations fréquentes des hauts fonctionnaires, de même qu'aussi la protection du territoire par la construction de nombreuses fortifications.

La société du katépanat d'Italie était différente, certes, de la société du thème d'Hellade au XIe siècle, mais elle différait bien plus, et c'est là l'important, de la société latine des domaines étrangers à l'Empire; le Christ trônant du sanctuaire rural des Saintes-Marine-et-Christine de Carpignano (au nord-ouest d'Otrante, dans le thème de Longobardie), peint en mars 1020 par un certain Eustathios, pour une famille grecque du lieu et qui a, par chance, signé et daté son œuvre [3],

---

[1] M. L. Abramson, *art. cit.*, *Vizantijskie Očerki*, 1961, p. 137.

[2] Id., *art. cit.*, dans *Sbornik « Iz istorii trudjaščichsja mass Italii »*, Moscou, 1959, p. 46; N. Cilento, *Le origini . . .*, *loc. cit.*

[3] Tout a été dit sur le Christ de Carpignano par Ch. Diehl, *Peintures byzantines de l'Italie méridionale*, *Bull. Corr. Hell.*, 9, 1885, p. 207-219, du même *L'art byzantin dans l'Italie méridionale*, Paris, s.d. (1894), p. 30-33, 42-43; l'inscription est publiée dans l'article à la p. 210, dans le volume à la p. 32; le tout a été reproduit par Alba Medea, *Gli affreschi delle cripte eremitiche pugliesi (Collezione meridionale dir. da U. Zanotti Bianco, ser. III: Il Mezzo-*

CARPIGNANO (PROV. DE LECCE): CHRIST TRÔNANT DE 1020.

n'aurait pu être dessiné par un artiste latin, la preuve en a été faite; la technique est celle des mosaïques d'Hosios-Loukas en Phocide, même si la plume et le rendu sont plus rustiques. Nous sommes bien en terre byzantine.

André GUILLOU

giorno artistico), Rome, 1939, p. 109-118 (inscription, p. 114), avec une planche très médiocre (fig. 50 de l'album); cette inscription a été mal lue par Ch. Diehl, sa lecture a fait foi. Je la reprendrai dans une prochaine publication des inscriptions grecques médiévales d'Italie du Sud et de Sicile; E. Berteaux (*L'art dans l'Italie méridionale*, Paris, 1903, p. 138-140) et P. Toesca (*Storia dell'arte italiana. Il Medioevo*, t. II, Turin, 1927, p. 935) ont accueilli les vues nuancées de Ch. Diehl. La description des mosaïques de Hosios-Loukas a été faite par Ch. Diehl, *L'église et les mosaïques du couvent de Saint-Luc en Phocide* (*Bibliothèque des Ecoles françaises d'Athènes et de Rome*, 55), Paris, 1889, p. 39-72; une bonne reproduction en couleur de certains détails des mosaïques se trouve dans *Grecia. Mosaici bizantini*, publié par New York Graphic Society (*Collezione Unesco dell'arte mondiale*), 1959, pl. 10 à 14; pour les ensembles, on se reportera toujours à Ch. Diehl, *Mosaïques byzantines de Saint-Luc*, Monuments Piot, 3, 1896, pl. XXIV (Christ de l'Anastasis); il faudrait ajouter d'autres expressions locales de l'art à la même époque, les mosaïques de la Nea Monè de Chio (voir p. ex. G. Matthiae, *I mosaici della Nea Moni a Chios*, Rome, 1964, pl. 27 et 28), les premières fresques de S. Sophie de Kiev (voir V. Lazarev, *I mosaici e gli affreschi della cattedrale di Santa Sofia a Kiev*, dans *Corsi di cultura sull'arte Ravennate e Bizantina*, 1959, p. 123-135); voir aussi du même auteur, *Costantinopoli e le scuole nazionali alla luce di nuove scoperte*, Arte Veneta, Rivista di storia dell'arte, 13-14, 1959-1960, p. 15-18, fig. 7-21; voir aussi la pl. 122 dans Ch. Rufus Morey, *Early Christian Art*, Londres, 1953; et certaines de Cappadoce: G. de Jerphanion, *Une nouvelle province de l'art byzantin. Les églises rupestres de Cappadoce* (*Haut-Commissariat de la République Française en Syrie et au Liban. Service des Antiquités et des Beaux-Arts. Bibliothèque archéologique et historique.* T. 6), Texte, t. 2, 1ᵉʳᵉ p., Paris, 1936, p. 307-332, et troisième album, Paris, 1934, pl. 186,2 (probablement de 1021); N. et M. Thierry, *Nouvelles églises rupestres de Cappadoce. Région du Hasan Daği*, Paris, 1963, pl. 50 b, 56 a.

XIV

L'agonie d'une province grecque:
L'Italie méridionale au XVe siècle

L'Hellénisme contemporain X
Athènes 1956

L'AGONIE D'UNE PROVINCE GRECQUE

L'ITALIE MÉRIDIONALE AU XVe SIÈCLE [1]

«Malheur aux détails», s'exclame cette mauvaise langue de Voltaire en 1738, «c'est une vermine qui tue les grands ouvrages». Qui est le condamné? L'érudit, celui que le philosophe nomme «l'antiquaire», plus soucieux des notes qui noircissent le bas des pages que du texte de son livre. Querelle ancienne, querelle moderne, aujourd'hui où l'on prétend repenser les méthodes et les buts de la science historique; deux partis s'affrontent: l'ancienne école qui met l'accent sur les faits politiques, l'événement, la nouvelle, qui insiste sur les faits économiques, «les idées». L'actif de cette bataille? L'histoire, succession de récits militaires et d'assassinats, est une vieille dame positiviste qui ne dépasse pas le niveau de la critique documentaire, sa jeune héritière se dit plus exigeante, elle veut expliquer. Disons tout de suite que l'histoire dans le second sens, que je crois le vrai, n'est possible que parce que la première l'a précédée, que parce que les faits sont connus, ont été discutés. Mais où nous conduisent ces considérations générales? A ceci: l'histoire de l'Empire grec médiéval n'a pas eu en assez grand nombre ces premiers pionniers, condamnés aujourd'hui, qui pourchassaient l'inédit, le classaient, le décrivaient, le commentaient. L'ère de la broderie historique a duré longtemps, nous léguant une littérature certes, mais une littérature de salon. En bref, alors qu'on cherche maintenant en histoire à définir la notion de document, pris au sens de source, l'historien de Byzance manque souvent de sources pour écrire; elles existent, ces sources, mais elles sont inédites ou éditées de telle façon, qu'il ne peut s'en servir sans une nou-

---

1. Conférence prononcée le 16 mars 1956 à l'Ecole française d'Athènes. Cf. *L'Hellénisme Contemporain*, 1956, p. 161.

velle critique. Au risque d'être écartelé l'historien doit donc affronter
cette double lutte: la course à l'inédit de toute nature pour enrichir essentiellement la matière historique, la recherche des causes des «phénomènes» et de leur enchaînement, parce que notre esprit contemporain
l'exige.

Je joue le jeu devant vous. La science historique existe, je ne discute
pas ce principe, mais, comme le dit justement Raymond Aron: «la
théorie précède l'histoire» «Le document n'était pas document avant
que l'historien n'ait songé à lui poser une question», complète, en philosophe, Paul Ricoeur dans un livre récent; et c'est ce que nous repro-
chent les archéologues et les collectionneurs. J'ai donc le droit de choisir
mes sources. Je vous demande de croire à mon intention d'objectivité.

Je vous offre deux images aux couleurs vives, deux documents humains, comme nous disons dans notre jargon; sans souci de nuances, je
les oppose devant vos yeux, pour tenter ensuite une explication.

Nous sommes au milieu du Xe siècle, dans les montagnes qui dominent
le golfe de Policastro, sur la côte occidentale de la Calabre; partout d'immenses forêts, c'est la région du Mercourion toute peuplée de moines ha-
bitant soit de modestes communautés soit de sauvages cavernes situées
à l'écart; dans l'un de ces antres, la grotte de Saint-Michel, Nil, que la
tradition a rangé dans la théorie des saints, mène la vie effrayante de
l'ascète: restant parfois deux ou trois jours sans rien manger, il se nour-
rit habituellement de pain, de racines et de fruits; jamais de poisson,
jamais de vin; son vêtement est fait d'une sorte de sac en poil de chèvre,
attaché par une ceinture; il n'en change qu'une fois par an, pour morti-
fier sa chair accoutumée autrefois au bien-être et même au luxe. Ses
journées sont partagées entre le travail et la prière: du lever du jour à la
troisième heure, Nil écrit, couvrant le parchemin de son écriture fine
et serrée, puis jusqu'à la sixième heure il prie courbé devant une croix
rustique, de la sixième à la neuvième heure il s'assied pour lire les Ecritures et les oeuvres des Pères de l'Eglise, après la neuvième heure il va
se promener et contempler la nature. Plein d'admiration pour cette
vie exemplaire, un moine, Etienne, vient habiter près de la grotte et
sollicite la direction de l'ascète. Le maître se montre impitoyable pour
l'élève: trouvant que les progrès d'Etienne sur le chemin de la perfection
sont trop lents, il le maltraite et n'hésite pas à le souffleter; c'est que le
pauvre moine a beaucoup de peine à supporter le rude régime de Nil, il
tombe souvent de sommeil avant le coucher du soleil. Le terrible ascète
fabrique alors un siège spécial n'ayant qu'un seul pied, c'est le seul siège

dont Etienne pourra se servir en lisant les Ecritures; plus d'une fois le malheureux s'endort et tombe par terre.

Travail manuel du défrichement et de la culture, travail intellectuel et artistique même de la calligraphie et du chant liturgique, oeuvre hospitalière d'aide aux pauvres et aux étrangers, tel est le programme que Nil trace à ses disciples; c'est celui des milliers de moines grecs dispersés dans les centaines de monastères de l'Italie méridionale, en Calabre, dans le Principat, la Basilicate et les Pouilles. Certes tous ces saints hommes n'ont pas la culture distinguée de Nil, mais les plus illustres n'ont guère à lui envier. Leur prestige s'exerce à la fois sur la foule, qui se presse aux portes du monastère les jours de fête, comme sur les grands. L'empereur envoie en Calabre, terre d'Empire, un juge impérial. C'est un très haut personnage. Nil est à ce moment au monastère de Saint-Adrien. Les higoumènes des monastères calabrais s'empressent autour du nouveau fonctionnaire pour obtenir des faveurs. Le juge, qui a sûrement déjà entendu parler de Nil, s'étonne de ne pas le voir venir lui présenter ses hommages: «Le patriarche lui-même, s'écrie-t-il, n'aurait pas osé se conduire de la sorte!» Quelqu'un lui répond: «Ce moine n'est pas le patriarche et ne craint rien du patriarche, ni même du basileus. Il habite dans la montagne, avec quelques moines, et il n'a besoin d'aucune aide: il n'est pas attaché à la terre par l'étendue de ses domaines ou la richesse de ses troupeaux; c'est pourquoi il n'a de dispute avec personne et peut vivre en se suffisant à lui-même». Le fonctionnaire, frappé de ces paroles, prie Nil par une lettre déférente de venir lui rendre visite; Nil se déplace; le fonctionnaire se précipite vers lui, lorsqu'il le voit arriver, se prosterne à ses pieds, et le supplie de l'accompagner à Constantinople; mais Nil, attaché à sa solitude, refuse les honneurs, et retourne à sa grotte.

Un dernier trait de cette vie, qui montre le rôle prépondérant dans la province grecque de la population monastique. Le fait est bien connu: le magistros Nicéphore exige des habitants de Rossano la fourniture de vaisseaux. Les habitants refusent. Le magistros, malgré la résistance des habitants, fait armer de force les bateaux qui se trouvent dans le port. La nuit venue, les gens de Rossano mettent le feu à leurs navires et tuent les commandants installés par Nicéphore. Le cas est grave, les autres villes vont suivre cet exemple. La vengeance du magistros sera terrible. Les habitants de Rossano effrayés de leur geste même courent demander conseil à Nil. Soumettez-vous, leur dit l'ascète, et je m'efforcerai d'apaiser le ressentiment de Nicéphore. Nil vient trouver le fonctionnaire furieux et obtient de lui non seulement qu'il épargne la vie

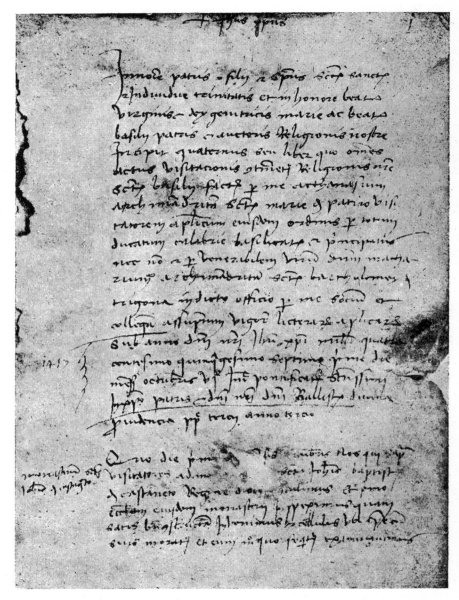

Cod. Crypt., n° 893 (ancien I. Δ. III) : *Liber Visitationis*
a'Athanase Chalkéopilos (1457 - 1458), fol. 1.

des rebelles, mais qu'il se montre indulgent en fixant le prix de l'amende qui les frappera.

Le cas de Nil n'est pas isolé. C'est le plus connu, rien d'autre.

C'était ma première image.

Voici la seconde; sautons cinq siècles. Un Grec de Constantinople, Athanase Chalkéopilos, entré au service de l'Eglise de Rome, devient higoumène d'un des plus grands monastères grecs de Calabre, Sainte-Marie du Patir, et reçoit la change de visiter tous les monastères grecs de Calabre, Principat et Basilicate, au nom du cardinal Bessarion, protecteur de ces monastères. J'ai retrouvé, au monastère de Grottaferrata, près de Rome, «une bonne fortune» comme disent les érudits, les procès-verbaux de ces visites qui ont conduit l'archimandrite et un collègue dans 72 monastères grecs encore debout ou presque: 72 photographies des choses et des gens en 1457-1458. J'en choisis deux, et je puis vous assurer que ce ne sont pas les plus pittoresques.

10 novembre 1457. Athanase et Macaire, c'est le nom de son compagnon, arrivent à la terre de Stilo et s'en vont visiter le monastère Saint-Jean-Théristès, situé à deux ou trois milles de la ville. L'église est désolée, les bâtiments conventuels abandonnés; Athanase et Macaire n'ont que la ressource de redescendre à la ville et de demander à l'évêque le gite et le couvert qu'il leur accorde volontiers. Ils interrogent leur hôte au sujet de l'archimandrite de Saint-Jean-Théristès; celui-ci habite au village de Guardavalle non loin de là. Athanase convoque alors les moines du monastère qui se louent comme journaliers dans les fermes. De la déposition de ces pauvres gens, qui ont nom Gérasime, Isaïe, Jean, Jacques, Romain, Antoine et Athanase, il ressort ceci: l'archimandrite ne réside jamais au monastère, il ne dit pas l'office, parce qu'il ne sait pas lire et confond tous les livres liturgiques, il se désintéresse du sort de ses moines, qui, ne trouvant rien à manger au couvent, sont obligés de venir prendre leur nourriture au village et de retourner ensuite à leurs cellules, où il n'y a même pas de lits. L'archimandrite, qui a déjà une femme au village nommée Jacquotte, n'a pas honte de poursuivre les pucelles dans la lande, et de se livrer à des manifestations que la morale condamne, et que le bon goût m'interdit de vous décrire. Faute du nécessaire, les moines n'observent pas le jeûne des carêmes, sont contraints d'aller dehors gagner leur subsistance, certains influencés par l'exemple de leur higoumène, ont pris femme dans les villages voisins; les biens du couvent sont à l'abandon, les revenus dilapidés. Un jour l'évêque de Squillace, décidé à punir le coupable archimandrite, envoya quelques clercs pour se saisir de lui; le hardi personnage fit appel à quel-

ques complices qu'il arma de pierres et de bâtons et se retrancha avec eux dans le campanile de son église. Athanase, voulant vérifier si les moines de Saint-Jean-Théristès en savent plus long que leur higoumène en matière ecclésiastique, appelle le Père Antoine qui a juré qu'il lisait chaque jour l'office; il lui met entre les mains le livre contenant l'office de Vêpres et lui demande de le lire à haute voix. Antoine prend le livre à l'envers et est incapable de prononcer une parole. Le visiteur apostolique, édifié, termine son inspection par un inventaire des biens du monastère. Notons que la règle spécifie que chaque couvent doit posséder un inventaire tenu à jour; or, sur 72 couvents visités, Athanase a vu un seul inventaire. Il trouve à Saint-Jean-Théristès 143 manuscrits de contenu profane ou liturgique, de magnifiques ornements sacerdotaux, des vases sacrés précieux et bien d'autres objets d'orfèvrerie, enfin près de mille documents d'archives enfermés dans des sacs. Le tout conservé sous une poussière scrupuleusement respectée.

Dernier tableau. Le 30 mars 1458. Athanase et Macaire terminent leur périple commencé en octobre 1457. Ils entrent au monastère de Sainte-Marie de Pattano. Suivons-les.

Dans ce couvent, deux moines, le Père Romain et le Père Nicodème, et l'higoumène Hélias, mais aussi le neveu de l'higoumène, Antoine, et plus de vingt laïcs. Athanase, qui n'en est plus à s'étonner pour si peu, note tout de suite que le monastère possède une belle quantité d'armes, des arbalètes, des roncies, sortes de haches d'armes, des épées etc. Surtout ne pensez pas que l'higoumène soit un collectionneur. Athanase, comme il l'a fait dans chaque monastère depuis cinq mois, prend les deux moines à l'écart et les interroge l'un après l'autre après leur avoir fait prêter serment:

«--L'higoumène récite-t-il l'office?

—Quelquefois, répond Romain.

—Célèbre-t-il la messe?

—Rarement.

—Se confesse-t-il avant de la célébrer?

—Jamais.

—Comment s'occupe-t-il des biens du monastère?

—Très mal et le revenu diminue chaque année: il a cédé une terre pour vingt-huit ans à des paysans du voisinage, il a donné une olivaie et des vignes à deux de ses parents, il a cédé à un certain Laurent pour une somme dérisoire le pressoir à huile, il a abandonné la terre de Saint-Benoît pour une somme ridicule et bien d'autres terrains.

—Mais les sommes retirées de ces ventes interdites, à quoi ont-elles été utilisées? reprend le moine Athanase,—et les revenus du monastère? puisqu'aucune amélioration ne se laisse voir dans le couvent?

—Pour la plus grande partie, répond Romain, l'argent est bu et mangé par Hélias et sa famille. Et cela ne lui a pas suffi cette année, puisqu'il a arraché pour la vendre une pierre d'une mitre précieuse.

—Comment l'higoumène pourvoit-il à la subsistance des moines?

—Il leur verse (ce qui est contraire aux canons) un salaire de cinq ducats à chacun par an, avec lequel ils doivent s'habiller, se chausser et vivre, dit le moine, la main sur son estomac vide».

Et voici l'interrogatoire de moralité :

«—Quelle est la réputation de l'higoumène? demande Athanase.

—Bien des fois, répond Romain, et Nicodème confirmera ensuite, des femmes viennent au monastère, restent plusieurs jours, mangent avec l'higoumène, passent la nuit au couvent; Hélias dit que ce sont des parentes. Une petite, répondant au nom de Brunette, est restée tout un mois, Hélias lui a fait beaucoup de cadeaux; elle était mariée, son mari l'a tuée. Cela se passait il y a trois ou quatre ans. Hélias est allé jusqu'à percer un passage qui conduisait de sa résidence au jardin, pour recevoir ses «parentes». On dit que par sa faute deux maris trompés punirent de mort les infidèles, l'un du hameau de Grasso, l'autre de Pattano, l'une s'appelait Pacidola, elle était la femme de Ludovico, l'autre était l'épouse de Sagaro. Le bruit court aussi qu'Hélias donna un poison mortel au moine Pierre qu'il soupçonnait de l'avoir dénoncé au duc Suesso».

Sans sourciller, mais après avoir pris note, Athanase continue:

«—L'higoumène Hélias a-t-il l'habitude de porter sur lui des armes?

—Quand il sort, répond Romain, il porte un coutelas». Puis il ajoute: «Quand il y a des noces dans le village, Hélias revêt le tablier du mitron et prépare la cuisine; et lorsque le banquet est terminé, il mène le bal comme le font les laïcs, et il s'est vu pour ce motif maintes fois réprimander par monseigneur l'évêque.

—Porte-t-il quelquefois l'habit monastique?

—Jamais, répond Romain, mais une petite jupe comme les laïcs. Il élève aussi à l'intérieur du monastère des porcs et des chèvres, qui entrent jusque dans l'église; la présence de ces animaux nous contraint de nous éloigner l'été du monastère.

—L'higoumène Hélias est-il réservé? continue Athanase inutilement.

—Non, répond Romain, il est plein de morgue avec tout le monde, et n'hésite pas à invoquer le nom des démons, à blasphémer le nom des saints et tout spécialement celui de saint Jacques de Galice».

L'interrogatoire du Père Nicodème confirme en tout point celui du

Père Romain, et apprend en outre à l'archimandrite Athanase que le Révérend Père Hélias a laissé tomber en ruines plusieurs bâtiments du monastère et qu'il entretient dans le couvent une troupe d'hommes armés.

Le Père Nicodème parle encore lorsque survient le très saint higoumène, qui écoute la suite de l'interrogatoire et fait de l'obstuction malgré les réprimandes mesurées d'Athanase, qui ne font qu'exaspérer le pittoresque bonhomme. Celui-ci, se considérant comme seul maître chez lui, je pense, ordonne à voix haute à ses hommes de saisir leurs armes. Ce qu'entendant, écrit Athanase dans son procès-verbal, je repliai mon bagage en toute hâte et rejoignis le village de Pattano.

Rudes moeurs, reconnaissons-le. Et à ces mains, inaptes pour le moins, étaient confiés, comme je le lis dans l'inventaire des biens du monastère, joint à l'interrogatoire, plus de trente manuscrits, derniers vestiges d'une collection plus importante, des objets d'art, des ornements anciens etc.

«L'histoire byzantine est peut-être parmi toutes les branches de la science historique», se plaignait Ernest Stein, «celle qui est effleurée occasionnellement par le nombre le plus grand d'historiens». J'ajouterai qu'il y a pire: je connais des livres, et qui font autorité, consacrés à l'histoire de l'Italie du Sud au moyen-âge et écrits par des savants qui n'ont pas utilisé les sources grecques. Vous souriez, mais c'est la plus stricte vérité. L'histoire politique de l'Italie méridionale, province de l'Empire grec, jusqu'à la fin du XIe siècle est écrite; ce que l'on a écrit et ce que l'on recopie au sujet de la survie de cette province est caricatural.

Je vous ai présenté deux tableaux, le premier offre l'aspect d'une civilisation dans laquelle le rôle des moines est essentiel: conseillers de l'administration, ou plutôt intermédiaires entre celle-ci et la population; grandes figures de thaumaturges, gens de parole et de plume, symboles d'une culture et d'une race auxquelles l'orthodoxie et la langue tiennent lieu de nationalité. On connaît les railleries de notre Montesquieu à l'adresse de l'histoire de Byzance, et cette expression de «peuple de bigots» par laquelle il condamne les Grecs du moyen-âge. Vous êtes peut-être surpris vous-mêmes, si vous n'êtes pas les familiers de l'histoire de ce peuple, que je me complaise aujourd'hui à ces histoires de moines. Ouvrons le livre des Novelles de Justinien. Qu'y lisons-nous? «Si les mains pures et les âmes sanctifiées de ceux qui ont revêtu l'habit évangélique (ce sont les moines) prient pour l'Empire, l'armée sera plus solide, les cités seront prospères et la terre et la mer nous offriront leurs richesses, sous la bienveillance assurée de Dieu». Ce rôle d'intercesseurs reconnu aux moines explique la force sociale du monachisme dans l'Empire tout au long des onze siècles de son existence mouvementée. Ma première image n'évoquait-elle pas la puissance et le rayonnement d'une population monastique numériquement considérable sur la vie politique, économique et sociale de la province grecque d'Italie? Et ceci en pays latin ou latinisé. Le plus curieux est qu'ici le phénomène se prolonge et s'intensifie après l'abandon de la province par l'Empire grec à la fin du XIe siècle. «Singulière force d'expansion», remarque Charles Diehl, «qui a assimilé l'Italie du Sud à l'Empire pendant cinq siècles», et si complètement que les nouveaux maîtres, Normands ou Angevins, ont dû accepter de parler à ces populations la langue grecque, ont dû tenir compte de la force politique qu'elles constituaient; que les papes latins ont dû tolérer dans ce pays la présence d'une église grecque régulièrement constituée près de l'église latine, il faut même dire très vite contre l'église latine. Ramassée autour de ses monastères que le Normand, par calcul sans doute, mais quelquefois par admiration, enrichira, et qui résisteront de toutes leurs forces aux attaques de l'Angevin, la population grecque constituera, dans l'Etat latin, un Etat qui refusera de se laisser assimiler jusqu'au XIIIe siècle au moins.

Tout ceci, qui est le jalon historique nécessaire entre la première image et la seconde, celle de l'agonie, est fondé sur l'étude des centaines de documents grecs édités ou inédits, des manuscrits et des monuments disséminés dans le pays. Si nous prenions un microscope et que nous le dirigions sur l'un des villages de la côte orientale de la Calabre au XIIe siècle, en pleine période normande, j'imagine fort bien que nous puissions voir vivre un village complètement grec ayant son église desservie par un prêtre grec formé dans le monastère voisin, son tribunal grec, son embryon de municipalité grecque avec un représentant du pouvoir latin. Dès le XIIIe siècle le spectacle change, certains villages ont disparu, le bilinguisme apparaît, le monastère enrichi par le prince latin perd la notion de sa mission conservatrice. On célébrera bientôt l'office dans les deux langues. L'agonie est proche. Athanase Chalkéopilos dans ses procès-verbaux nous en a laissé, sans le savoir, le spectacle attristant: absence de culture, ces moines ne savent même plus tous le grec, relâchement des moeurs, la province grecque d'Italie est morte, laissant au milieu de murs abandonnés des richesses historiques dont on n'a retrouvé que de trop rares vestiges. Le fait doit être enregistré. Il est désormais daté: 1457-1458.

L'analyse critique est terminée. Mon travail d'historien commence.

Il faut expliquer les faits. Rassurez-vous je vous en épargnerai «les angoisses»; mais vous ne m'épargneriez pas, vous, si je ne vous disais le fond de ma pensée à la vue de cette déchéance. Le voici. Certains, indulgents, estiment que l'éloignement de la patrie grecque fut la cause de la décadence; d'autres cherchent dans la pauvreté économique de la région la raison de la chute, mais à ceux-ci je rétorquerai par exemple que ce pays a su ravitailler pendant des siècles les armées romaines; des amateurs parleront de fatalité, je n'y crois pas. «L'homme est le maître de sa destinée», disait Goethe; ce n'est pas une loi historique, mais ici ce pourrait être une idée utile: le brillant hellénisme italien devenu le maître de l'élève latin pendant des siècles, durant lesquels le génie d'une race a pu modeler une matière étrangère pour produire une civilisation originale (je pense à la civilisation gréco-normande), cet hellénisme, exsangue déjà, se réfugie au monastère, et le moine inconscient le laisse se ternir, péricliter et mourir, cédant la place aux humanistes et aux premiers historiens, bref aux savants de cabinet.

ANDRÉ GUILLOU

ERRATA

(1970 corrections of original publications)

I.   Page 10, 1. 32, *leg.* Marano; p. 13, 1. 27, *leg.* Tarchanéiôtès; p. 16, 1. 28, *leg.* l'intendente della Chiesa di Taranto.

II. P. 298, 1. 7, *leg.* Avaro-slavi.

IV. P. 98, 1. 5, *leg.* l'intendente; p. 101, Tabella A, *leg.* Italia del Sud: 113, 436. Totale: 789.

VI. P. 142, 1. 4, *leg.* Castroreale.

X.   P. 132, 1. 4, *del.* entendre Longobardie; p. 136, 1. 36, *leg.* limitées.

XI. P. 483, 1. 3, *leg.* S. Domenica Talao.

XII. P. 95, 1. 9, *leg.* Policoro; p. 97, 1. 21, *leg.* enfin, acceptent une règle de communauté et livrent le combat ...; p. 101, 1. 17, *leg.* milieu du ...

XIII. P. 443, 1. 19, *leg.* remercier *l'épi tès mégalès ekklèsias;* p. 444, 1. 3, *leg.* que le fonctionnaire tient; p. 452, 1. 3, *leg.* *l'épi tès mégalès ekklèsias;* p. 455, 1. 36-38, 456, 1. 27, *leg. Codex dipl. Cavensis.*

XIV. P. 216, 1. 2, *leg.* Chalkéopoulos; p. 217, 1. 6, *leg.* Chalkéopoulos, 1. 8, *leg.* charge; p. 221, 1. 33, *leg.* Chalkéopoulos.

GENERAL INDEX

Abatemarco, XI 483
Acerenza, I 13; VII 3, 4, 6, 7, 8, 10, 12, 13, 15, 16, 17; X 125, 136; XIII 459
Acri. V 307
Adelaia, wife of Geoffroy, count of Tricarico, VII 10
Adorator, II 302
Adria, II 298,300
Africo, IX 62
Agathe Lekapena, VIII 6, 7
Agape, I 15, 16
Agilulf, III 210
Agira, XII 85, 86, 89
Agnellus, clergyman of Ravenna, II 297, 298
Agnellus, bishop of Acelina, I 9
Agnellus, bishop of Trento, I 9
Agri, VII 2; X 130, 131, 138, 144
Agrigento, IX 56
Agropoli, harbour, X 148
Aieta, X 142
Akros, IX 59
Akubatos, XI 485
Aldobrandini archives, V 304; See Alessandro. Giacomo
Alento, X 125
Alenzo, see William
Alexander II, pope, VII 7
Alexandria, II 315
Alexis Xipheas, Katepano, XIII 442
Altzek, III 204
Amalfi, VI 138, 142; VII 10
Ambuto, VI 137
Amico, see Antonino
Anagia, see Umfroy
Anakoinosis, VII 14
Anastasius the Monk, I 4
Ancellara, Ancilla Dei, X 135; XIII 455
Ancilla Dei, see Ancellara
Ancona, II 299
Andrew, IX 58
Andrew, clergyman, IX 67
Andrew Kakodapanos, IX 57
Andria, X 134; XII 86
Andronic Doux, VIII 7
Antes, III 202
Anthimos, tourmarchos, X 129
Antiochia, II 303, 315
Antonino Amico, VI 139
Antonios, monk, IX 57
Antonius Opilio, II 301
Antonius Sarapio, II 301
Anzo Nicola, XI 485
Apennin, II 298, 299
Aphierosis, VII 21, 26
Aplekta, VIII 12
Apochae, II 300
Apollinaris, saint, II 316

Barbarian people, I 9
Barberini diptych, III 212
Bari, I 11, 16; V 307; VIII 13, 16; VIII 5-12; X 128, 131, 132, 134, 148; XIII 441, 442,
    443, 458; Harbour, X 148.–Kastron, VIII 12.–Monasteries, XII 86; XIII 449, 454.–
    "Palace", VIII 12.–Propylon, VIII 12
Barisianos, see John
Barthelemy, IX 58
Barthelemy, hegumenus, XII 96
Barthelemy, judge, VII 11
Basendon, see Basento
Basento, Basendon, VII 15; X 129, 131, 134
Basile, IX 60
Basileus, III 213
Basilicate, X 126
Basilius, XIII 454
Basilius, clergyman, X 121
Basilius, count, X 130
Basilius of Armento, X 137
Basilius of Cesarea, XII 88, 104-106
Basilius Bojoannes, katepano, I 13; VII 20, 22, 23-25; X 132; XIII 442, 448, 459
Basilius Chrysochenos, I 17
Basilius Krommydes, XIII 443
Basilius Mesardonites, Argyros, strategus of the thema of Samos, katepano of Italy,
    strategus of the thema of Vaspurakan, I 14; VII 24, 25; VIII 4-14; XIII 442, 460
Basilius Tarchaneiotes, X 132
Basilius Theodorokanes, katepano, X 128
Bassus Hilarus, II 301
Belisarius, II 302, 304, 307; III 202
Belvedere, IX 61; XII 95
Benetico, see Kalokyros
Benevento, VII 2
Bernardus of Clairvaux, XII 109
Berne Museum, III 214
Bertinoro, II 299
Bessarion, XII 87
Biccari, Bakaritza, I 14; XIII 460
Bisignano, V 307
Bithynia, III 202
Bobbio, chancel plaque, III 216
Bochomakes, see Christophoros
Bodena, Aquaviva, III 205
Boerda, II 301
Bojoannes, see Basilius
Bologna, II 299, 310
Bonifacius Melminius, II 303
Bonophilen, IX 64
Bonus, II 301
Bonus, II 302
Bordonaro, VI 135, 139, 141; XII 93
Boulkeramos, see John
Bradano, XII 95
Breve, II 312
Briatico, IX 54, 55, 59
Brindisi, XII 86; Harbour, X 148
Brinto, II 299
Brunellus de Argyro, VIII 9
Bucellarii, II 307
Bugeton, VII 15
Bukoleon, judges of, I 5
Bulgars, III 202, 204, 205
Bulgarus, see John
Bulgheria, mount, XII 101